T0216265

XML

Margit Becher

XML

DTD, XML-Schema, XPath, XQuery, XSL-FO, SAX, DOM

2. Auflage

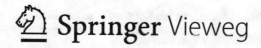 Springer Vieweg

Margit Becher
Hochschule Hannover
Hannover, Deutschland

ISBN 978-3-658-35434-3   ISBN 978-3-658-35435-0   (eBook)
https://doi.org/10.1007/978-3-658-35435-0

Die Deutsche Nationalbibliothek verzeichnet diese Publikation in der Deutschen Nationalbibliografie; detaillierte bibliografische Daten sind im Internet über http://dnb.d-nb.de abrufbar.

1 Auflage: © Springer Nature Campus GmbH | w3l. 2009
2 Auflage: © Der/die Herausgeber bzw. der/die Autor(en), exklusiv lizenziert durch Springer Fachmedien Wiesbaden GmbH, ein Teil von Springer Nature 2021

Planung: Sybille Thelen
Springer Vieweg ist ein Imprint der eingetragenen Gesellschaft Springer Fachmedien Wiesbaden GmbH und ist ein Teil von Springer Nature.
Die Anschrift der Gesellschaft ist: Abraham-Lincoln-Str. 46, 65189 Wiesbaden, Germany

Vorwort

Vielen Dank, dass Sie sich für dieses Buch entschieden haben.

Die Bedeutung von XML für die Layout-unabhängige Beschreibung von Dokumenten und somit als Ausgangformat für Single-Source Publishing sowie als Austauschformat beim elektronischen Datenaustausch ist heute unstrittig. Daher gehört XML zum Grundwissen jedes Informatikers, Fachinformatikers und Programmierers.

Gender-Hinweis Zur besseren Lesbarkeit wird bei Personenbezeichnungen, personenbezogenen Hauptwörtern und Pronomen die grammatisch männliche Form verwendet, das generische Maskulinum. Entsprechende Begriffe gelten im Sinne der Gleichbehandlung selbstverständlich für alle Geschlechter.

Für wen? Dieses Buch ist für Leser geschrieben, die noch keine Vorkenntnisse in XML haben.

Ihre Voraussetzungen Für die Grundlagenkapitel zu XML, DTD und XML-Schema sind *keine* Vorkenntnisse notwendig. Im Kapitel zu XSLT wird gezeigt, wie ein XML-Dokument nach HTML transformiert werden kann. Grundkenntnisse in HTML erleichtern hier das Verständnis. Im letzten Kapitel werden die Programmierschnittstellen SAX und DOM vorgestellt. Da die Beispiele hierzu in Java präsentiert werden, sollten Sie über Kenntnisse dieser Programmiersprache verfügen.

Der Inhalt Anhand vieler Beispiele lernen Sie, wie mit den Sprachen DTD und XML-Schema eigene Auszeichnungssprachen definiert werden können. Ein weiterer Schwerpunkt dieses Buches bildet eine fundierte Einführung in Techniken zur Weiterverarbeitung von XML: XPath und XQuery, um Anfragen an XML-Dokumente zu stellen, und XSLT, um XML-Dokumente in andere (XML-)Dokumente zu transformieren. Ein Einstieg in die Formatiersprache XSL-FO ermöglicht Ihnen, XML-Dokumente zu PDF zu transformieren. Im letzten Kapitel werden die Programmierschnittstellen SAX und DOM vorgestellt.

Praxis & Fallbeispiele Die meisten Beispiele in diesem Buch basieren auf einem Fallbeispiel, der „Hochschulwelt". In der Hochschule gibt es Dozenten, die Vorlesungen halten. Mit den unterschiedlichen Techniken wird nun gezeigt, wie die vorhandenen Daten modelliert und in XML erfasst werden können, wie Abfragen zum Datenbestand möglich sind und Dozentenlisten und Vorlesungsverzeichnisse generiert werden können. Um Ihnen die praktische Arbeit zu erleichtern, erhalten Sie alle Beispiele zum Herunterladen.

Danksagung zu 1. Auflage Mein besonderer Dank gilt Frau Prof. Dr. Heide Balzert für die Übernahme des Lektorats und die vielen hilfreichen Korrekturvorschläge. Ein weiterer Dank gilt meinem Kollegen Prof. Dr. Volkert Brosda für viele Fachdiskussionen und die kritische Durchsicht des Manuskripts. Da das Buch aus den Anforderungen in der Lehre entstanden ist, danke ich allen Studierenden für ihr Interesse an diesem Thema und für viele Anregungen. *Last but not least:* Ein großer Dank an meine Familie für ihr Verständnis und ihre Unterstützung bei diesem Projekt.

Anmerkungen zur 2. Auflage Seit Erscheinen der 1. Auflage dieses Lehrbuchs ist die Bedeutung von XML weiter gestiegen. Kontinuierlich wird in verschiedenen Arbeitsgruppen des W3C an der Weiterentwicklung der XML-Technologien gearbeitet. Die vorliegende 2. Auflage stellt die verschiedenen Themen daher konsequent anhand der neuesten Versionen, insbesondere XML Schema 1.1, XPath und XQuery 3.1 und XSLT 3.0, dar. Zudem ist diese Auflage auch um einige Themen erweitert worden, dazu gehören im Kapitel zu XML-Schema: *Assertions* (bei einfachen und komplexen Typen) und bedingte Typzuweisung, im Kapitel zu XPath und XQuery: Gruppierung in FLWOR-Ausdrücken, die neuen Datentypen Map und Array, sowie die Möglichkeiten JSON zu parsen und zu serialisieren, im Kapitel zu XSLT: Text-Value-Templates, Template-Modus und Gruppierung.

Danken möchte ich an dieser Stelle dem Lektorat des Springer-Verlags, insbesondere David Imgrund und Sophia Leonhard.

Ans Werk Starten Sie jetzt mit Ihrem Einstieg in die Welt der Sprache XML. Viel Spaß und Erfolg!

Ihre

Über dieses Buch

Aufbau Dieses Buch besteht aus **Kapiteln** und **Unterkapiteln**. Jedes Kapitels beginnt mit einem Überblick über die folgenden Unterkapitel. Jedes Unterkapitel ist im **Zeitungsstil** geschrieben. Am Anfang steht eine Zusammenfassung. Diese kann Ihnen zur Orientierung dienen – aber auch zur Wiederholung. Anschließend folgen die Details.

Didaktische Elemente Um Ihnen das Lernen zu erleichtern, werden im Text die folgenden didaktischen Elemente verwendet:

Beispiel

Beispiele helfen Sachverhalte zu verdeutlichen. Die Beispieldateien stehen zum Download zur Verfügung. ◄

Übung

Übungen ermöglichen eine Selbstkontrolle und dienen zur Vertiefung des Stoffs.

▶ **Tipp/Hinweis** Durch Tipps und Hinweise erfahren Sie, worauf Sie besonders achten sollen.

Typografische Auszeichnungen Wichtige Begriffe werden **fett**gedruckt. Englische Bezeichnungen werden *kursiv* und Programmcode wird in der Nicht-Proportionalschrift Courier dargestellt.

Gliederung

Zunächst werden die Grundlagen von XML *(Extensible Markup Language)* behandelt. Der Ursprung von XML liegt in Überlegungen, wie Struktur, Inhalt und Layout eines Dokumentes getrennt werden können:

- Kap. 1 XML-Grundlagen

Mit CSS *(Cascading Style Sheets)* ist eine einfache Präsentation von XML möglich:

- Kap. 2 XML und CSS

Die ältere Möglichkeit, eine Strukturdefinition für Dokumente anzugeben, ist die DOCTYPE-Definition, kurz DTD:

- Kap. 3 DTD

Bei der Kombination mehrerer XML-Vokabulare kann es zu Konflikten kommen. Mit Namensräumen kann die universelle Eindeutigkeit gewährleistet werden:

- Kap. 4 XML-Namensräume

Für viele Anwendungsbereiche reichen die Validierungsmöglichkeiten mit einer DTD nicht aus. Aus diesem Grund wurden weitere Sprachen zur Angabe einer Strukturdefinition entwickelt. Der W3C-Standard „XML-Schema" wird vorgestellt:

- Kap. 5 XML-Schema

Der W3C-Standard „XInclude" gibt eine Methode an, wie XML-Dokumente aus Teildokumenten zusammengesetzt werden können:

- Kap. 6 Xinclude

XPath ist eine Teilmenge von XQuery und wird von XQuery und XSLT für die Adressierung und den Zugriff auf Strukturbestandteile eines XML-Dokumentes verwendet. Mit XQuery sind komplexere Anfragen an XML-Dokumente möglich und es können zudem neue Dokumente erzeugt werden:

- Kap. 7 XPath und XQuery

Mit XSLT ist die Transformation von XML-Dokumenten in andere (XML-)Dokumente möglich:

- Kap. 8 XSLT

XSL-FO ist eine XML-basierte Formatiersprache, mit der eine Transformation von XML-Dokumenten in das PDF-Format möglich wird:

- Kap. 9 XSL-FO

Mit der ereignisbasierten Programmierschnittstelle SAX und der baumbasierten Programmierschnittstelle DOM sind Zugriffe auf ein XML-Dokument, bei DOM zusätzlich auch Manipulationen möglich:

- Kap. 10 SAX und DOM

Inhaltsverzeichnis

Abbildungsverzeichnis

Tabellenverzeichnis

XML-Grundlagen

1

Dieses Kapitel führt Sie in die Grundlagen von XML ein. Hierzu sind keine Vorkenntnisse erforderlich.

- 1.1 Modell der strukturierten Dokumente
- 1.2 Aufbau eines XML-Dokumentes
- 1.3 XML-Elemente und -Attribute
- 1.4 Wohlgeformtes XML

▶ **Was Sie brauchen** Zum Schreiben eines XML-Dokumentes eignet sich jeder normale Texteditor. Allerdings werden Sie sehr schnell feststellen, dass dies alles andere als komfortabel ist. Daher sollten Sie möglichst früh mit einem speziellen XML-Editor arbeiten.

1.1 Modell der strukturierten Dokumente

Zusammenfassung

Bestandteile eines Dokumentes sind Inhalt, Struktur und Layout. Mit XML ist es möglich, eine Strukturdefinition für eine Klasse von Dokumenten anzugeben. Die dazu passenden Dokumentinstanzen werden entsprechend ausgezeichnet. Das Layout

Ergänzende Information Die elektronische Version dieses Kapitels enthält Zusatzmaterial, auf das über folgenden Link zugegriffen werden kann https://doi.org/10.1007/978-3-658-35435-0_1.

wird in einem Stylesheet beschrieben. Instanz und Stylesheet werden von einem Prozessor eingelesen, dieser generiert das Ergebnisdokument. Eine XML-Anwendung ist eine Auszeichnungssprache, die mit XML definiert worden ist.

XML hat heute zwei Haupteinsatzgebiete: Zum einem ist mit XML eine Layout-unabhängige Beschreibung von Dokumenten möglich und somit kann XML als Ausgangsformat für Single-Source-Publishing verwendet werden. Das zweite Einsatzgebiet von XML ist der Einsatz als universelles Datenaustauschformat.

Single-Source Publishing
In vielen Anwendungsbereichen ist es heute erforderlich, Dokumente für mehrere Medien bereitzustellen. Zum Beispiel sollen Dokumente der Marketingabteilung gedruckt und online bereitgestellt werden, Schulungsunterlagen in Form eines Skriptes und einer Präsentation veröffentlicht werden. Gewünscht wird häufig auch eine adressatengerechte Publikation, die Schulungsunterlage für den Dozenten soll auch Musterlösungen enthalten, die Bedienungsanleitung für ein Fahrzeug nur genau die Komponenten beschreiben, die dieses Fahrzeug auch enthält. Es wird schnell klar, dass es wenig effektiv und sehr kostenintensiv ist, jedes dieser Dokumente einzeln zu erstellen. Wünschenswert ist, alle Dokumente aus einer Quelle und möglichst automatisiert zu generieren. Dieser Prozess wird heute als Single-Source-Publishing bezeichnet.

Verwendet man zur Erstellung der Ausgangsdokumente ein herkömmliches Textverarbeitungsprogramm, stößt man sehr schnell an Grenzen, was die Qualität und auch die Flexibilität anbelangt. Die Entwicklung einer besseren Lösung erfordert zunächst einen genauen Blick auf die Bestandteile eines Dokumentes (vgl. 3).

Dokument Inhalt, Struktur und Layout sind Bestandteile jedes Dokumentes.

Inhalt ist die zu vermittelnde Information, oft in Textform, ergänzt durch Bilder, immer häufiger auch durch multimediale Elemente, wie Töne oder Videos.

Struktur ist die Aufteilung und Abfolge der Inhaltsstücke. Beispielsweise haben die Unterkapitel dieses Buches – grob betrachtet – immer den gleichen Aufbau: Zuerst eine Überschrift, dann eine Zusammenfassung – die Essenz des Inhalts –, dann folgt der eigentliche Inhalt (s. Abb. 1.1).

Diese grobe Struktur kann nun weiter verfeinert werden: Zum Beispiel besteht die Überschrift aus der Kapitelnummer und einem Text (s. Abb. 1.2). Die Kapitelnummer sollte i. Allg. nicht vom Autor notiert, sondern automatisch vergeben werden. Daher gehört sie in den meisten Fällen nicht zur Struktur.

Abb. 1.1 Grobstruktur

Überschrift

Zusammenfassung

Text Text Text Text Text Text
Text Text Text Text Text Text

Inhalt Inhalt Inhalt Inhalt Inhalt
Inhalt Inhalt Inhalt Inhalt Inhalt
Inhalt Inhalt Inhalt Inhalt Inhalt
Inhalt Inhalt Inhalt Inhalt Inhalt
Inhalt Inhalt Inhalt Inhalt Inhalt

Abb. 1.2 Feinstruktur

2.3 — Kapitelnummer

Text Text — Überschriftstext

Layout Das Layout, ausgedrückt durch eine entsprechende Formatierung, dient zur Visualisierung des Inhaltes und der Struktur des Dokumentes. Für Überschriften wird im Vergleich zum Inhaltstext eine größere Schriftart und der Fettdruck verwendet, die Zusammenfassung ist etwas eingerückt. Im Inhaltstext selbst werden unterschiedlichste Formatierungen verwendet: Innerhalb des Inhaltstextes werden wichtige Begriffe fett, englische Begriffe kursiv und Programmcode in der Nicht-Proportionalschrift Courier dargestellt. Beispiele und Übungen werden durch eine Linie optisch vom übrigen Text getrennt.

Zusammengefasst Die Formatierung erleichtert das Erkennen der Struktur, die Struktur wiederum erleichtert das Erkennen des Informationsgehaltes eines Dokumentes.

Beim Publizieren für ein anderes Medium genügt es nicht, die Publikation lediglich in ein neues Format zu konvertieren. Es müssen auch die medienspezifischen Besonderheiten des Zielmediums bezüglich Struktur und Layout berücksichtigt werden. Beispielsweise soll ein Buch nicht als eine lange HTML-Seite dargestellt werden, sondern aufgeteilt in viele HTML-Seiten, etwa eine HTML-Seite pro Kapitel, versehen auch mit passenden Hyperlinks statt Querverweisen zu einer bestimmten Seite durch Angabe der Seitennummer.

Dies lässt sich kaum automatisieren, wenn die Strukturinformation nicht wirklich vorhanden ist, sondern mit Formatierungsinformationen vermischt ist. Im dargestellten Beispiel können die Kapitel nur dann in einzelne HTML-Seiten transformiert werden, wenn die Kapitelgrenzen klar erkennbar sind.

Die Vermischung von Struktur, Inhalt und Layout kommt daher, dass viele Dokumentformate es nur ermöglichen, ein Dokument zu formatieren. Strukturinformation lassen sie nicht wirklich zu. In einer Textverarbeitungssoftware, wie z. B. MS Word, kennzeichnen Sie beispielsweise einen Absatz als Überschrift, indem Sie für diesen Absatz eine größere Schriftart und den Fettdruck wählen. Sind Sie ein fortgeschrittener Word-Benutzer, arbeiten Sie mit Formatvorlagen und weisen dem Absatz die Formatvorlage „Überschrift" zu. Aber unabhängig von Ihrer Vorgehensweise, Sie kennzeichnen die Struktur, indem Sie formatieren.

Trennung: Struktur – Inhalt – Layout
Für einen automatisierten Single-Source-Publishing-Prozess ist es jedoch notwendig, Struktur und Inhalt vom Layout zu trennen. Realisiert werden kann dies, indem Inhalte nicht mit Formatierungsinformationen, sondern mit Strukturinformationen versehen werden. Das heißt, ein Absatz, der eine Überschrift ist, wird als solcher gekennzeichnet, „ausgezeichnet". Alle Formatierungsinformationen für diese Überschrift werden davon getrennt – im Idealfall in einem eigenen Dokument – gespeichert.

Markup Die Auszeichnungen werden Markierungen *(Markup)* genannt. Der Begriff *„Markup"* stammt aus dem Verlagswesen, aus einer Zeit als Begriffe wie *Desktop Publishing* noch unbekannt waren. Als *Markup* wurden die typografischen Festlegungen bezeichnet, die in Form handschriftlicher Markierungen in das Manuskript eingefügt und anschließend im Satz berücksichtigt wurden. Im Kontext elektronischer Dokumente ist **Markup** eine Folge von Zeichen, die an bestimmten Stellen in ein Dokument eingefügt wird, um die Form der Darstellung, des Druckes oder der Struktur des Dokumentes zu beschreiben. Die einzelnen, voneinander getrennten Markup-Elemente nennt man Tags.

Strukturdefinition Zusätzlich wird noch vorab, in einer sogenannten **Strukturdefinition** (Dokumentgrammatik), festgelegt, wie Dokumente aufgebaut sind, also welche Struktur sie haben.

Dokumentinstanz Ein Dokument, das einer bestimmten Strukturdefinition entspricht, wird dann als **Dokumentinstanz**, kurz Instanz, bezeichnet (s. Abb. 1.3).

Vorteile
- Es kann per Programm überprüft werden, ob die Dokumente einer vorgegebenen Struktur entsprechen. Dies wird als **Validierung** bezeichnet.

Abb. 1.3 Strukturdefinition –
Dokumentinstanzen

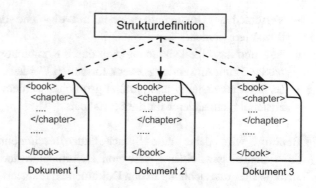

• Die logische Strukturierung unterstützt weitere Anwendungen der Dokumentenver-
arbeitung, z. B. kann die Kapitelnummerierung berechnet, ein Inhaltsverzeichnis oder
eine Übersicht der verwendeten englischen Begriffe automatisch generiert werden.

Das Layout wird in einem **Stylesheet** beschrieben, d. h. ein Stylesheet enthält
Anweisungen oder Regeln, wie die Inhalte in einem strukturierten Dokument formatiert
werden sollen.

Das Dokument mit der Strukturmarkierung und das Stylesheet werden von einem
Programm (Prozessor) eingelesen. Dieses generiert daraus das Ergebnisdokument
(s. Abb. 1.4).

Die Trennung der Formatierungsinformation vom Inhalt und die Auslagerung in
Stylesheets hat folgende Vorteile:

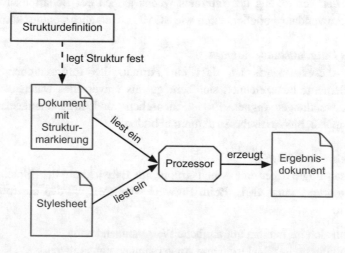

Abb. 1.4 Generierung eines Ergebnisdokumentes

- Verschiedene Dokumente können mit ein- und demselben Stylesheet einheitlich formatiert werden.
- Ein- und dasselbe Dokument kann durch Kombination mit verschiedenen Stylesheets passend zum Anwendungszweck formatiert werden.
- Es kann arbeitsteilig und parallel gearbeitet werden: Ein Mitarbeiter ist für die Texte zuständig, ein anderer für die Stylesheets.

Benötigt wird daher eine Sprache zur Beschreibung der Strukturdefinition eines Dokumentes bzw. einer Klasse von Dokumenten und auch eine Festlegung, wie die strukturelle Auszeichnung in den Dokumenten realisiert wird.

SGML

1986 wurde **SGML** *(Standard Generalized Markup Language)* als ISO-Standard veröffentlicht. SGML ist eine Metasprache zur Beschreibung von **Auszeichnungssprachen** (Markup-Sprachen). Mit ihr ist es also möglich eigene Markup-Sprachen zu definieren. Die Strukturdefinition wird in einer sogenannten DTD *(Document Type Definition)* beschrieben. Durch diese DTD sind nun die Auszeichnungselemente, **Tags,** festgelegt. Die Namen der Auszeichnungselemente wählt der DTD-Entwickler so, dass sie eine semantische Bedeutung haben. Der Name eines Auszeichnungselementes gibt somit bereits Informationen über den Inhalt.

HTML

Die bekannteste Sprache, die mit SGML definiert ist, ist **HTML** *(Hypertext Markup Language)*. Mit SGML ist also festgelegt, welche *Tags* in HTML erlaubt sind. HTML zu lernen und anzuwenden ist jedoch auch ohne Kenntnis von SGML problemlos möglich.

SGML selbst ist sehr komplex und hat sich daher nur in wenigen Branchen durchgesetzt. Mit der Verbreitung des Internets wuchs jedoch der Bedarf nach einer Metasprache, die Anwendungsmöglichkeiten wie SGML bietet, aber weniger komplex ist.

Universelles Datenaustauschformat

Hintergrund dieses Bedarfs ist, dass ein Format, das Informationen durch Auszeichnungselemente kennzeichnet, sich sehr gut als universelles Datenaustauschformat zwischen Anwendungen eignet. Es ist menschen- und maschinenlesbar und kann beliebig komplexe, hierarchische Strukturen abbilden.

Entwurfsziele von XML

Das W3C beauftragte daher eine Arbeitsgruppe zur Entwicklung der Sprache *Extensible Markup Language,* kurz XML. Beim Entwurf von XML wurden die folgenden zehn Ziele verfolgt:

1. XML soll sich im Internet auf einfache Weise nutzen lassen.
2. XML soll ein breites Spektrum von Anwendungen unterstützen.

3. XML soll zu SGML kompatibel sein.
4. Es muss einfach sein, Programme zu schreiben, die XML-Dokumente verarbeiten.
5. Die Anzahl optionaler Merkmale in XML soll minimal sein, idealerweise Null.
6. XML-Dokumente sollen für Menschen lesbar und angemessen verständlich sein.
7. Der XML-Entwurf soll zügig abgefasst werden.
8. Der Entwurf von XML soll formal und präzise sein.
9. XML-Dokumente sollen leicht zu erstellen sein.
10. Die Knappheit von XML ist von minimaler Bedeutung.

1998 wurde vom W3C die Version 1.0 der XML-Spezifikation verabschiedet, s. W3C-XML-Website (https://www.w3.org/TR/REC-xml/). Innerhalb kurzer Zeit wurden auf XML basierende Sprachen und auch Werkzeuge zur Verarbeitung – viele davon Open-Source – entwickelt.

XML-Anwendung
Eine Auszeichnungssprache, die mit XML definiert worden ist, heißt **XML-Anwendung.** Eine XML-Anwendung konzentriert sich immer auf ein bestimmtes Problemfeld.

Beispiele für XML-Anwendungen sind
- Extensible Hypertext Markup Language (https://www.w3.org/TR/xhtml11/), kurz **XHTML,** Neuformulierung von HTML mit XML.
- Scalable Vector Graphics (https://www.w3.org/Graphics/SVG/), kurz **SVG,** für die Erstellung von zweidimensionalen Vektorgrafiken. Die Grafiken lassen sich verlustfrei skalieren, sie können Animationen enthalten, Interaktionen können mit JavaScript programmiert werden.
- Synchronized Multimedia Integration Language (https://www.w3.org/AudioVideo/), kurz **SMIL,** zur Beschreibung von zeitsynchronisierten, multimedialen Inhalten.
- Mathematical Markup Language (https://www.w3.org/TR/MathML2/), kurz **MathML,** zur Darstellung mathematischer Formeln.
- **XForms** (https://www.w3.org/MarkUp/Forms/) zur Darstellung elektronischer Formulare.
- **DocBook** (https://docbook.org) zur Erstellung von Büchern, Artikeln und Dokumentationen im Bereich der Technischen Dokumentation, insbesondere von Hardware- und Software-Dokumentation.
- Text Encoding Initiative (https://tei-c.org), kurz **TEI,** zur Darstellung von Texten, insbesondere in den Geisteswissenschaften.
- **RSS,** Akronym für *Really Simple Syndication, Rich Site Summary* oder *RDF Site Summary.* XML-Anwendung für *Newsfeeds.* Es gibt verschiedene Versionen, s. Webseite des RSS Advisory Boards (https://www.rssboard.org).

- **BMECat,** standardisiertes Austauschformat für Katalogdaten im B2B Bereich, das vom Bundesverband Materialwirtschaft, Einkauf und Logistik e. V. (http://www. bmecat.org) gepflegt wird.
- Extensible Business Reporting Language (http://www.xbrl.de), kurz **XBRL,** zur Darstellung elektronischer Dokumente im Bereich der Finanzberichterstattung, z. B. Jahresabschlüssen.
- Automation Markup Language (https://www.automationml.org), kurz **Automation ML,** für die Speicherung und zum Austausch von Anlagenplanungsdaten.

1.2   Aufbau eines XML-Dokumentes

Zusammenfassung

Jedes XML-Dokument sollte mit einem Prolog beginnen. Er enthält die XML-Deklaration, die Informationen für den Parser angibt, insbesondere über die verwendete XML-Version und Kodierung. Optional sind Verarbeitungsanweisungen und der Verweis auf eine DOCTYPE-Definition oder ein XML-Schema. Dann folgen die XML-Daten, der mit Markierungen ausgezeichnete Text. XML-Parser lesen XML-Dokumente und prüfen sie auf Korrektheit.

Abb. 1.5 zeigt den allgemeinen Aufbau eines XML-Dokumentes.

Prolog Jedes XML-Dokument *sollte* mit einem **Prolog** beginnen. Die erste Zeile des Prologs ist die sogenannte **XML-Deklaration.** Vor der XML-Deklaration dürfen keine Leerzeichen stehen.

Prolog	**XML-Deklaration**	`<?xml version="1.0" encoding="UTF-8"?>`
	Verarbeitungs-anweisung (optional) **hier: Stylesheet-Zuordnung**	`<?xml-stylesheet  type="text/css"` `                   href="format.css" ?>`
	Verweis auf DTD (optional)	`<!DOCTYPE dozent SYSTEM "dozent.dtd">`
XML-Daten **(getaggter Text)**		`<dozent did="d1" anrede="Frau">` `    <name>Schmitt</name>` `    <vorname>Sabine</vorname>` `</dozent>`

Abb. 1.5   Aufbau eines XML-Dokumentes

```
XML-Deklaration <?xml version="1.0" encoding="UTF-8"?>
```

Mögliche Attribute sind `version`, `encoding` und `standalone`. Nur das Attribut `version` ist Pflicht. Werden auch die anderen notiert, müssen sie in der angegebenen Reihenfolge auftreten.

Attribut version Mit `version` wird die verwendete XML-Version angegeben. Zurzeit existieren die Versionen 1.0 und 1.1. Der Einsatz der Version 1.0 wird empfohlen, da die Version 1.1 nicht in allen Fällen rückwärts kompatibel ist.

Attribut encoding Das Attribut `encoding` gibt die im Dokument verwendete **Zeichenkodierung** an, d. h. mit welcher Codierung die Datei gespeichert wird. Fehlt die Angabe wird als Vorgabe `UTF-8` *(8-Bit Unicode Transformation Format)* verwendet.

Attribut standalone Ein weiteres – aber selten verwendetes – Attribut, ist `standalone`. Erlaubte Attributwerte sind `yes` und `no`. `standalone="yes"` bedeutet, dass die DTD innerhalb der DOCTYPE-Deklaration angegeben, also gemeinsam mit der XML-Instanz gespeichert wird. Man spricht in diesem Fall von einer internen DTD *(internal subset)*. `standalone="no"` bedeutet, dass die DTD in einer eigenen Datei, als externe DTD *(external subset)* abgespeichert ist (s. auch Abschn. 3.1).

Verarbeitungsanweisung Verarbeitungsanweisungen *(processing instructions)* sind Anweisungen für weiterverarbeitende Programme. Hiermit können Informationen vom XML-Parser an eine Anwendung weitergereicht werden. Sie beginnen mit `<?` und enden mit `?>`.
Die Syntax einer Verarbeitungsanweisung lautet:

```
<?PI-Name PI-Anweisung?>
```

Als `PI-Name` ist die Zeichenkette `"xml"` nicht erlaubt.
Der gebräuchlichste Einsatz von Verarbeitungsanweisungen ist die Referenzierung von Stylesheets (CSS oder XSLT) in XML-Dokumenten, die sogenannte **Stylesheet-Referenz.** Moderne Webbrowser und XML-Editoren können diese Verarbeitungsanweisung interpretieren und zeigen das XML-Dokument entsprechend formatiert an.

Beispiel

Mit folgender Verarbeitungsanweisung wird ein XML-Dokument mit dem CSS-Stylesheet `format.css` verbunden.

```
<?xml-stylesheet type="text/css" href="format.css"?>
```

Ein Webbrowser zeigt das XML-Dokument dann entsprechend den im CSS-Stylesheet angegebenen Formatierungsregeln an. ◄

Verweis auf DTD Soll das XML-Dokument bzgl. einer DTD validiert werden, wird mit einer DOCTYPE-Deklaration auf die DTD verwiesen, oder die DTD wird als interne DTD eingebunden. Genauere Informationen darüber erhalten Sie in Abschn. 3.1.

Getaggter Text Den größten Teil des XML-Dokumentes umfasst der mit den Strukturmarkierungen versehene, sogenannte getaggte Text.

XML-Parser sind Programme, die ein XML-Dokument lesen und die einzelnen Markierungen herausfiltern können. XML-Parser prüfen ein Dokument beim Einlesen auf Korrektheit. Dabei unterscheidet man:

- **Nicht-validierende Parser** prüfen, ob ein Dokument die syntaktischen Regeln der Spezifikation (z. B. korrekte Schachtelung und Bezeichnung der Strukturelemente) erfüllt. Wird ein Fehler gefunden, meldet der Parser diesen und bricht den Parsing-Vorgang ab.
- **Validierende Parser** prüfen zusätzlich, ob die Struktur des XML-Dokumentes den Vorgaben einer Dokumenttypdefinition oder eines Schemas entspricht.

API Weiterhin kann eine Applikation über den Parser auf das XML-Dokument zugreifen. Dazu stellt der Parser der aufrufenden Applikation eine vergleichsweise komfortable Schnittstelle *(Application Programming Interface),* kurz API, für den Zugriff auf die einzelnen Dokumentbestandteile (s. Kap. 10) zur Verfügung.

1.3   XML-Elemente und -Attribute

Zusammenfassung

Für XML-Namen gelten einschränkende Regeln. Es gibt einfache, strukturierte und leere Elemente sowie Elemente mit gemischtem Inhalt. Zu jedem Element können beliebig viele Attribute in Form von Name-Wert-Kombinationen angegeben werden. Abschnitte, die nicht geparst werden sollen, werden als CDATA-Abschnitte gekennzeichnet. Da die Zeichen <, >, ", ' und & in XML eine besondere Bedeutung haben, gibt es für diese eine Ersatzdarstellung, die vordefinierten Zeichen-Entities.

XML-Namen Für Namen, die Sie in XML verwenden, sogenannte **XML-Namen,** gelten nach der Spezifikation die folgenden Regeln (vgl. 4):

- Der Name muss mit einem Buchstaben oder Unterstrich beginnen.
- Danach dürfen als zusätzliche Zeichen Ziffern, Bindestrich und Punkt verwendet werden.
- Ein Doppelpunkt sollte nicht verwendet werden, da er das Namensraum-Präfix vom übrigen Namen trennt (s. Kap. 4).

- Die Zeichenfolge "xml" ist reserviert und darf nicht am Anfang eines Namens stehen.
- Die Länge des Namens ist nicht begrenzt.
- Groß- und Kleinschreibung werden unterschieden *(case-sensitiv)*.

> ▶ **Hinweis** Wählen Sie stets Namen mit semantischer Bedeutung, sodass der menschliche Leser anhand des Namens bereits Informationen über die Bedeutung des Inhalts erhält.

Elemente

Die „Grundbausteine" eines XML-Dokumentes sind **Elemente.** Sie beschreiben die Struktur des XML-Dokuments und enthalten andere Elemente oder Text oder beides oder sind leer.

Elemente haben einen Namen. Für diesen Namen gelten die Regeln der XML-Namen. Elemente bestehen aus (s. Abb. 1.6):

- einem Start-Tag *(start tag),*
- dem dazugehörigen Ende-Tag *(end tag)* und
- einem Inhalt *(content).*

Unterschieden werden:

- einfache Elemente,
- strukturierte Elemente,
- Elemente mit gemischtem Inhalt und
- leere Elemente.

Einfache Elemente Bei einfachen Elementen besteht der Inhalt aus einer Zeichenkette.

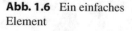

Beispiel 1

Ein einfaches Element: `<name>Maier</name>` ◀

Abb. 1.6 Ein einfaches Element

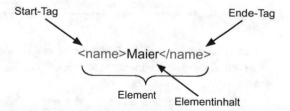

Start-Tag Ende-Tag

`<name>Maier</name>`

Element Elementinhalt

Strukturierte Elemente Strukturierte Elemente enthalten selbst wieder Elemente, die sowohl einfache als auch strukturierte Elemente sein können. Diese Elemente müssen korrekt ineinander verschachtelt sein, ansonsten wird die sogenannte Wohlgeformtheit (s. Abschn. 1.4) verletzt.

Beispiel 2

Das Element `<dozent>` ist ein strukturiertes Element, das die beiden einfachen Elemente `<name>` und `<vorname>` enthält:

```
<dozent>
  <name>Maier</name>
  <vorname>Fritz</vorname>
</dozent>◀
```

Elternelement – Kindelement Ein Element, das andere Elemente enthält, wird **Elternelement** dieser Elemente genannt. Die enthaltenen Elemente werden **Kindelemente** oder **Unterelemente** des Elternelementes genannt.

Beispiel 2 – Fortsetzung

In Beispiel 2 ist `<dozent>` das Elternelement der Elemente `<name>` und `<vor­name>`.

Umgekehrt sind `<name>` und `<vorname>` Kindelemente von `<dozent>`. ◀

Wurzelelement Jedes XML-Dokument besitzt ein **Wurzelelement** *(root element)*. Es ist das erste Element im Dokument und dasjenige, das alle anderen Elemente enthält. Jedes XML-Dokument bildet daher eine Baumstruktur von Elementen.

▶   **Hinweis** Es wird empfohlen, die Elemente entsprechend der Schachtelung einzurücken. XML-Editoren bieten hierzu oft einen Menüpunkt oder ein Icon zur automatischen Formatierung an.

Gemischter Inhalt Elemente mit **gemischtem Inhalt** *(mixed content)* sind Elemente, die andere Elemente und auch Text gleichzeitig enthalten.

Beispiel 3

Das Element `<beschreibung>` ist ein Element mit gemischtem Inhalt. Es enthält Text und das Kindelement `<em>`.

```
<beschreibung>Bei dieser Veranstaltung
  gilt<em>Anwesenheitspflicht</em>.
</beschreibung>◀
```

▶ **Hinweis** Elemente mit gemischtem Inhalt werden eher bei narrativen Texten, also Texten im „Erzählstil", selten bei XML-Dokumenten für den elektronischen Datenaustausch *(Electronic Data Interchange)* verwendet.

Leere Elemente Neben Elementen mit Inhalt gibt es auch **leere Elemente**, d. h. Elemente, die keinen eigenen Inhalt in Form von Elementen oder Daten haben. Sehr üblich ist, statt der Schreibweise `<Elementname></Elementname>`, auch die Kurzform `<Elementname/>` oder `<Elementname />`.

▶ **Hinweis** Beachten Sie, dass zwischen dem Start- und Ende-Tag eines leeren Elementes kein Zeichen, auch kein Leerzeichen oder Zeilenumbruch, stehen darf.

Beispiel 4

Leere Elemente in XHTML sind z. B.:
  `<br/>` erzeugt einen Zeilenumbruch
  `<hr/>` zeichnet eine waagerechte Linie ◄

Attribute
Jedes Element kann beliebig viele **Attribute** enthalten. Sie werden im Start-Tag durch Name-Wert-Paare angegeben (s. Abb. 1.7). Die Attributwerte müssen stets in einfachen oder doppelten Hochkommata angegeben werden. Werden mehrere Attribute aufgeführt, müssen diese durch mindestens ein Leerzeichen getrennt werden. Die Reihenfolge der Attribute spielt keine Rolle.

Attributname Für Attributnamen gelten die Regeln der XML-Namen. Innerhalb eines Elementes muss jeder Attributname eindeutig sein. Es ist jedoch erlaubt, den gleichen Attributnamen bei verschiedenen Elementen zu verwenden.

Elemente oder Attribute?
Häufig stellt sich die Frage, ob Informationen als Elemente oder in Form von Attributen modelliert werden sollen. Hierauf gibt es keine allgemeingültige Antwort, sondern lediglich einige Entscheidungshilfen (vgl. 1, S. 37).

Abb. 1.7 Ein Element mit Attribut

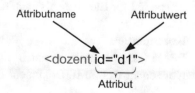

- Elemente sollten eher den eigentlichen darzustellenden Inhalt enthalten, während in Attributen Zusatzinformationen oder Metadaten über den Inhalt gespeichert werden sollten.

Beispiel 5

Dem Element `<dozent>` wird das Attribut `id` zugefügt, um ihm eine eindeutige Kennung zu geben:

```
<dozent id="d1">
```

Hier ist die Angabe der Sprache eine Metainformation zum Text:

```
<titel sprache="de">XML-Kurs</titel>
<titel sprache="en">XML course</titel>◄
```

- Soll eine Information weiter strukturiert werden oder tritt eine Information mehrfach auf, müssen Elemente verwendet werden.

Beispiel 6

Ein Name besteht aus 1 oder mehreren Vornamen und einem Nachnamen.

```
<name>
  <vorname>Hans</vorname>
  <vorname>Peter</vorname>
  <nachname>Maier</nachname>
</name>◄
```

- In Weiterverarbeitungsprozessen, z. B. mit XSLT, kann auf Elementinhalte und Attributwerte zugegriffen werden. Werden jedoch alternative Bedingungen durch verschiedene Attributwerte repräsentiert und nicht durch An- oder Abwesenheit von Elementen, lassen sich entsprechende Fallunterscheidungen einfacher und besser verständlich programmieren (Eckstein und [1], S. 39).
- Wird eine Strukturdefinition über eine DTD angegeben, sind für Elemente und Attribute unterschiedliche Datentypen vorgesehen. Für Attributwerte etwa kann eine Liste von erlaubten Werten notiert werden, für Elemente ist dies nicht möglich. Bei der Verwendung von XML-Schema entfällt dieses Argument, da alle Datentypen sowohl für Elemente als auch für Attribute verwendet werden können.

Kommentare

Wie in Programmiersprachen üblich, können Kommentare verwendet werden, um Notizen in das XML-Dokument einzufügen oder bestimmte Abschnitte zeitweise vom

Parsing-Vorgang auszuschließen, d. h. „auszukommentieren". Kommentare beginnen mit
<!-- und enden mit -->. Alles was zwischen <!-- und --> steht wird vom XML-
Parser ignoriert.

Beispiel 7

```
<?xml version="1.0" encoding="UTF-8"?>
<!-- nun folgt ein dozent-Element -->
<dozent>
  <name>Maier</name>
  <vorname>Fritz</vorname>
</dozent> ◀
```

▶   **Beachten Sie:**
- Kommentare dürfen nicht vor der XML-Deklaration stehen.
- Kommentare dürfen nicht in Tags eingefügt werden.
- Die Zeichenfolge -- (zwei Bindestriche) darf nicht innerhalb eines
  Kommentars vorkommen. Daher sind auch Kommentare innerhalb von
  Kommentaren nicht möglich.

Zeichen-Entities

Die Zeichen <, >, ", ' und & haben in XML eine besondere Bedeutung. Sie dienen als
Begrenzungszeichen für Tags, Attributwerte bzw. Entities.

Wird das Zeichen < oder das Zeichen & im Inhalt eines Elementes oder innerhalb
eines Attributwertes verwendet oder das Zeichen " bzw.', wenn der Attributwert von
doppelten Hochkommata bzw. von einfachen Hochkommata eingeschlossen ist, zeigt der
Parser einen Fehler an.

Beispiel 8

Verwendung des <-Zeichens im Elementinhalt:

```
<e>a<b</e>
```

Der Parser Xerces zeigt folgende Fehlermeldung:

```
The content of elements must consist of well-formed character data
or markup.
```

Verwendung des <-Zeichens innerhalb eines Attributwertes:

```
<test attr="a<b" />
```

Tab. 1.1   In XML vordefinierte Zeichenreferenzen

Zeichen	Zeichenreferenz	Erläuterung
<	`&lt;`	Kleiner als *(less than)*
>	`&gt;`	Größer als (greater than)
"	`&quot;`	Doppeltes Anführungszeichen *(quotation mark)*
'	`&apos;`	Einfaches Anführungszeichen *(apostrophe)*
&	`&amp;`	Kaufmännisches Und *(ampersand)*

Der Parser Xerces zeigt folgende Fehlermeldung:

```
The value of attribute "attr" associated with an element type
"test" must not contain the '<' character. ◀
```

Sollen diese Zeichen daher vom Parser nicht als Markup-Zeichen interpretiert werden, wird für sie eine Ersatzdarstellung benötigt. In der XML-Spezifikation sind daher die in Tab. 1.1 aufgeführten fünf Zeichenreferenzen, oft auch Entity-Referenzen genannt, vordefiniert.

Weitere Informationen über Zeichen-Entities erhalten Sie in Abschn. 3.4.1.

CDATA-Abschnitte

Innerhalb des getaggten Textes können sogenannte **CDATA-Abschnitte** *(character data section)* eingefügt werden. CDATA-Abschnitte sind Abschnitte mit Zeichendaten, die nicht geparst werden sollen. Das bedeutet, dass die Zeichen <, >, ", ' und & nicht als Begrenzungszeichen des Markups erkannt werden und in dieser Form erhalten bleiben.

CDATA-Abschnitte beginnen mit "`<![CDATA[`" und enden mit "`]]>`". Die Zeichenfolge "`]]>`" darf in einem CDATA-Abschnitt nicht vorkommen, da sie das Ende des CDATA-Abschnittes markieren würde.

Sinnvoll ist die Verwendung von CDATA-Abschnitten für Textabschnitte, in denen die Zeichen <, >, ", ' oder & häufig vorkommen. Dies ist zum Beispiel der Fall bei der Einbettung von JavaScript-Programmen. Ein anderer Anwendungsbereich ist die Einbettung von XML-Code in ein XML-Dokument, wenn der XML-Code wie „einfacher Text" behandelt und nicht geparst werden soll.

Beispiel 9

```
<erklaerung>
<![CDATA[
<dozent>ist ein Start-Tag und
</dozent> ein Ende-Tag.
&lt; ist das Zeichen-Entity für das
```

```
"<"-Zeichen.
]]>
</erklaerung>
```

Ohne CDATA-Abschnitt sähe dieser Abschnitt so aus:

```
<erklaerung>
  &lt;dozent&gt; ist ein Start-Tag und
  &lt;/dozent&gt; das Ende-Tag.
  &amp;lt; ist das Zeichen-Entity für das
  &quot;&lt;&quot;-Zeichen.
</erklaerung>◄
```

▶   **Hinweis** Innerhalb eines CDATA-Abschnittes werden allgemeine Entities
    (s. Abschn. 3.4.2) nicht ersetzt/aufgelöst.

Beispiel 10

Dieses Beispiel zeigt eine Dozentenliste in XML. Es werden die meisten der in
diesem Kapitel vorgestellten Konzepte verwendet.

```
<?xml version="1.0" encoding="UTF-8"?>
<!-- Alle Dozenten -->
<dozentenliste>
  <dozent did="d1" anrede="Herr">
    <name>Maier</name>
    <vorname>Fritz</vorname>
    <img src="maier.jpg"/>
    <aktuelles>Nächste Woche findet die Sprechstunde
      am<em>Montag</em> statt.
    </aktuelles>
  </dozent>
  <dozent did="d2" anrede="Frau">
    <name>Müller</name>
    <vorname>Sabine</vorname>
    <img src="mueller.jpg"/>
    <aktuelles>Heute: Vortrag zum Thema
        quot;Auslandsstudium&quot;
    </aktuelles>
  </dozent>
</dozentenliste>
```

(dozentenliste.xml) ◄

1.4   Wohlgeformtes XML

Zusammenfassung

Wohlgeformtheit ist die Mindestvoraussetzung, damit XML-Dokumente weiterverarbeitet werden können. In der XML-Spezifikation sind Syntaxregeln festgelegt, die
erfüllt sein müssen, damit ein XML-Dokument wohlgeformt ist. Dazu gehören u. a.
„Attribute in Hochkommata setzen", „Jeder Start-Tag braucht einen Ende-Tag",
„Es darf nur ein Wurzelelement geben".

▶ Ein Dokument heißt **wohlgeformt** *(well-formed)*, wenn es den Syntaxregeln und
Wohlgeformtheitsbeschränkungen der XML-Spezifikation genügt.

Webbrowser zeigen HTML-Dokumente an, auch wenn diese fehlerhaft sind. Eine entsprechende Fehlermeldung wird niemals anzeigt.

Ganz anders ist die Situation bei XML. Die XML-Spezifikation verbietet es XML-
Parsern strikt, nicht wohlgeformte Dokumente zu korrigieren oder für eine Weiterverarbeitung bereitzustellen. Wird ein Fehler gefunden, meldet der XML-Parser diesen und
bricht den Parsingvorgang ab (s. Abb. 1.8).

Damit ein XML-Dokument wohlgeformt ist, müssen mehr als 100 Regeln befolgt
werden. Im Folgenden werden die wichtigsten Regeln aufgeführt. Es wird jeweils ein
Beispiel für eine Regelverletzung sowie die entsprechende Fehlermeldung des XML-
Parsers Xerces angegeben.

• Jeder Start-Tag muss einen entsprechenden Ende-Tag haben.

Beispiel 1

```
<?xml version="1.0" encoding="UTF-8"?>
<dozent did="d1">
  <name>Maier
  <vorname>Fritz</vorname>
</dozent>
```

Fehlermeldung:

```
XML-Verarbeitungsfehler: Nicht übereinstimmendes Tag. Erwartet: </name>.
Adresse: file:///Users/margit/Desktop/w3l/XML_DTD_texte/codebeispiele/dozenten.xml
Zeile Nr. 5, Spalte 3:

</dozent>
--^
```

Abb. 1.8   Fehleranzeige im Browser

```
The element type "name" must be terminated by the matching end-tag
"</name>".
```

Der Fehler ist klar: Der Ende-Tag `</name>` fehlt. ◄

- XML unterscheidet zwischen Groß- und Kleinschreibung.

Beispiel 2

```
<?xml version="1.0" encoding="UTF-8"?>
<dozent did="d1">
  <name>Maier</name>
  <vorname>Fritz</vorname>
</Dozent>
```

Fehlermeldung:

```
The element type "dozent" must be terminated by the matching end-
tag "</dozent>".
```

Da XML zwischen Groß- und Kleinschreibung unterscheidet, wird `</Dozent>` nicht als Ende-Tag zu `<dozent>` akzeptiert. ◄

- Auch leere Elemente müssen explizit geschlossen werden.
  Statt `<element></element>` kann auch die Kurzform `<element/>` verwendet werden. Die Kurzform ist vorzuziehen.

Beispiel 3

```
<?xml version="1.0" encoding="UTF-8"?>
<dozent did=d1>
  <name>Maier</name>
  <vorname>Fritz</vorname>
  <img src="maier.gif">
</dozent>
```

Fehlermeldung:

```
The element type "img" must be terminated by the matching end-tag
"</img>".
```

Das Ende-Tag `</img>` fehlt.

Korrekt ist:

```
<img src="maier.gif"></img>
```

oder die Kurzform:

```
<img src="maier.gif"/>◄
```

- Elemente dürfen verschachtelt sein, sich aber nicht überlappen.

Beispiel 4

```
<?xml version="1.0" encoding="UTF-8"?>
<dozent did="d1">
  <name>Maier<vorname>Fritz</name></vorname>
</dozent>
```

Fehlermeldung:

```
The element type "vorname" must be terminated by the matching end-
tag "</vorname>".
```

Die Elemente `<name>` und `<vorname>` überlappen sich. Der Start-Tag `<name>` steht vor dem Start-Tag `<vorname>`, jedoch steht der Ende-Tag `</name>` vor dem Ende-Tag `</vorname>` statt dahinter. ◄

- Ein XML-Dokument muss genau ein Wurzelelement besitzen, das alle anderen Elemente vollständig enthält.

Beispiel 5

```
<?xml version="1.0" encoding="UTF-8"?>
<dozent did="d1">
  <name>Maier</name>
  <vorname>Fritz</vorname>
</dozent>
<dozent did="d2">
  <name>Müller</name>
  <vorname>Sabine</vorname>
</dozent>
```

Fehlermeldung:

```
The markup in the document following the root element must be well-
formed.
```

Sollen zwei oder mehr `<dozent>`-Elemente im Dokument erfasst werden, muss ein weiteres Element z. B. `<dozentenliste>` als Wurzelelement in das XML-Dokument eingefügt werden. Korrekt ist also:

```
<?xml version="1.0" encoding="UTF-8"?>
<dozentenliste>
  <dozent did="d1">
    <name>Maier</name>
    <vorname>Fritz</vorname>
  </dozent>
  <dozent did="d2">
    <name>Müller</name>
    <vorname>Sabine</vorname>
  </dozent>
</dozentenliste>◄
```

• Attributwerte müssen immer in Anführungszeichen (doppelte oder einfache) stehen.

Beispiel 6

```
<?xml version="1.0" encoding="UTF-8"?>
<dozent did=d1>
  <name>Maier</name>
  <vorname>Fritz</vorname>
</dozent>
```

Fehlermeldung:

```
Open quote is expected for attribute "did" associated with an
element type "dozent".
```

Der Fehler ist klar: Die Hochkommata beim Attributwert des Attributes `did` fehlen.
◄

• Ein Element darf nicht zwei Attribute mit dem gleichen Namen besitzen.

Beispiel 7

```
<dozent did="d1" anrede="Herr" anrede="Dr.">
  <name>Maier</name>
```

```
    <vorname>Fritz</vorname>
</dozent>
```

Fehlermeldung:

```
Attribute "anrede" was already specified for element "dozent".
```

- Kommentare und Verarbeitungsanweisungen dürfen nicht in Tags auftreten.

Beispiel 8

```
<dozent did="d1" <!--Beginn Dozent--> >
  <name>Maier</name>
  <vorname>Fritz</vorname>
</dozent>
```

Fehlermeldung:

```
Element type "dozent" must be followed by either attribute
specifications, ">" or "/>".◀
```

Weiterhin gilt, dass die aus zwei Bindestrichen bestehende Zeichenkette (--) nicht innerhalb eines Kommentars vorkommen darf und dass Kommentare nicht verschachtelt werden dürfen.

Literatur

1. Eckstein R, Eckstein S (2004) XML und Datenmodellierung. dpunkt.verlag, Heidelberg.
2. Harold, ER (2002) Die XML Bibel. mitp-Verlag, Bonn.
3. Rothfuss, G, Ried, C (2003) Contentmanagement mit XML. Springer, Berlin.
4. Vonhoegen, H (2018) XML: Einstieg, Praxis, Referenz. Rheinwerk Verlag, Bonn.

XML und CSS

2

Zusammenfassung

Über eine Verarbeitungsanweisung kann ein CSS-Stylesheet mit einem XML-Dokument verknüpft werden. Zur Darstellung von Elementen in einem Absatz, einer Liste oder einer Tabelle muss die `display`-Eigenschaft auf den passenden Wert gesetzt werden. Mittels Pseudo-Elementen ist die Ausgabe von statischem Text oder auch eine automatische Nummerierung möglich. Formatdefinitionen, die nur für Elemente mit bestimmten Attributen oder Attributwerten gelten, werden über attributbedingte Formate definiert.

Die Browser der neuesten Generation verfügen über eingebaute XML-Parser und können XML-Dokumente anzeigen. Dargestellt werden sie meist in einer Baum-Ansicht. Mit den Gliederungssymbolen „+" bzw. „-" können Elemente ein- bzw. ausgeblendet werden. Abb. 2.1 zeigt eine Ansicht in Firefox.

Die gezeigte Darstellung ist natürlich keine, die einem Web-Nutzer gefällt. Firefox gibt einen Hinweis darauf, was fehlt: die Verknüpfung zu einem Stylesheet.

Eine einfache und schnelle Möglichkeit, XML-Dokumente im Browser ansprechend zu präsentieren, ist die Verknüpfung mit einem **Cascading Stylesheet** (CSS).

CSS nutzen mittlerweile auch viele XML-Editoren, um dem Anwender eine Autorensicht anzubieten. Der Autor kann dann in einer (fast) WYSIWYG-Ansicht editieren. Oft kann er auch selbst festlegen, ob und wie die XML-Tags angezeigt werden. Abb. 2.2 zeigt einen Screenshot des Oxygen XML-Editors.

Ergänzende Information Die elektronische Version dieses Kapitels enthält Zusatzmaterial, auf das über folgenden Link zugegriffen werden kann https://doi.org/10.1007/978-3-658-35435-0_2.

Mit dieser XML-Datei sind anscheinend keine Style-Informationen verknüpft.
Nachfolgend wird die Baum-Ansicht des Dokuments angezeigt.

```
-<dozentenliste>
  -<dozent did="d1" anrede="Herr">
     <name>Maier</name>
     <vorname>Fritz</vorname>
   </dozent>
  -<dozent did="d2" anrede="Frau">
     <name>Müller</name>
     <vorname>Sabine</vorname>
   </dozent>
</dozentenliste>
```

Abb. 2.1   Darstellung eines XML-Dokumentes in Firefox

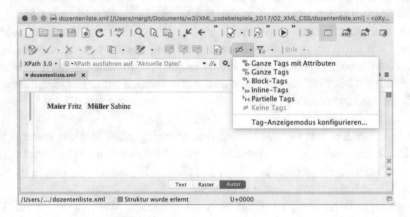

Abb. 2.2   Autorenansicht im XML-Editor

▶   **Hinweis** Dieses Kapitel bietet keine vollständige Einführung in CSS, sondern
zeigt, wie CSS eingesetzt werden kann, um XML-Dokumente darzustellen und
welche Besonderheiten dabei zu beachten sind. Gute Informationsquellen
zu CSS sind z. B. SELF-HTML Wiki (https://wiki.selfhtml.org/) und CSS 4 you
(http://www.css4you.de). Offizielle Informationen finden Sie auf der Cascading
Style Sheets Homepage (https://www.w3.org/Style/CSS) des W3C.

Vorteile

CSS *(Cascading Stylesheets)* ist eine Formatierungssprache für die Gestaltung von strukturierten Dokumenten. CSS ermöglicht es, die Gestaltungsregeln für ein oder mehrere Dokumente zentral zu definieren. Auf diese Weise wird eine Trennung von Struktur, Inhalt und Layout für Webseiten umgesetzt. Zudem ist es möglich, Stylesheets für verschiedene Medien, z. B. Print, Bildschirmdarstellung oder Sprachausgabe, zu definieren und so eine einfache Form des Single-Source-Publishings zu realisieren.

Historie

Die Version CSS 1 *(CSS Level 1)* wurde 1996 als W3C Empfehlung verabschiedet. Im Jahr 1998 folgte CSS 2 *(CSS Level 2)*. Seit 2000 wird *CSS Level 3* entwickelt. Diese Version ist modular aufgebaut und die einzelnen Module werden in eigenen Versionsschritten weiterentwickelt. Informationen zum aktuellen Stand finden Sie unter CSS Current Work (https://www.w3.org/Style/CSS/current-work#CSS3).

▶ **Probleme** Bei der Verwendung von CSS müssen Sie beachten, dass ein Browser ggf. nicht alle CSS-Eigenschaften unterstützt. Hilfreich ist z. B. die CSS Browser Support Reference (https://www.w3schools.com/cssref/css3_browsersupport.asp). Ein weiteres Problem ist, dass die Darstellung nicht in jedem Browser gleich ist.

CSS-Regeln

Ein CSS-Stylesheet besteht aus einer Sammlung von **CSS-Regeln**, oft auch CSS-Stilvorlagen genannt.

Eine einfache CSS-Regel hat folgende Form:

```
selektor {
   Eigenschaft1: Wert1;
   Eigenschaft2: Wert2;
   …
}
```

Der **Selektor** gibt an, welchen Elementen die gewünschte Formatierung zugewiesen werden soll. Die Formatierungseigenschaften werden innerhalb der geschweiften Klammern in Form von `Eigenschaft:Wert`-Paaren festgelegt, der sogenannten **Deklaration**.

Mit der folgenden CSS-Regel wird der Text der p-Elemente `fett`, in der `Schrift-farbe blau` und mit `silberner Hintergrundfarbe` dargestellt.

```
p {
    font-weight: bold;
    color: blue;
    background-color: silver;
} ◄
```

CSS und XML

CSS wurde ursprünglich für HTML entwickelt, doch bereits 1999 hat das W3C eine ausdrückliche Empfehlung für die Zuordnung von Stylesheets zu XML-Dokumenten mit Hilfe von Verarbeitungsanweisungen herausgegeben, s. W3C-Website Style Sheets with XML (https://www.w3.org/TR/xml-stylesheet/).

Zur Verknüpfung eines XML-Dokumentes mit einem CSS-Stylesheet wird im Prolog eine Verarbeitungsanweisung *(processing instruction)* eingefügt. Diese hat folgende Form:

```
<?xml-stylesheet type="text/css" href="URI"?>
```

Dem Attribut `type` wird der **MIME-Typ** des Stylesheets zugewiesen, in diesem Fall `text/css`. Als Wert des Attributes `href` wird der Pfad zur Datei, in der die CSS-Regeln gespeichert sind, notiert.

Die XML-Datei muss wohlgeformt sein, eine DTD oder ein XML-Schema sind nicht erforderlich.

In einem CSS-Stylesheet sind die Selektoren der CSS-Regeln die Namen von XML-Elementen und nicht von HTML-Elementen.

Die XML-Datei `dozentenliste.xml` wird mit dem CSS-Stylesheet `st1.css` verknüpft.

```
<?xml version="1.0" encoding="UTF-8"?>
<?xml-stylesheet type="text/css" href="st1.css"?>
<dozentenliste>
    <dozent did="d1" anrede="Herr">
        <name>Maier</name>
        <vorname>Fritz</vorname>
    </dozent>
    <dozent did="d2" anrede="Frau">
```

```
        <name>Müller</name>
        <vorname>Sabine</vorname>
    </dozent>
 </dozentenliste>
```

Die Datei st1.css enthält die folgenden CSS-Regeln:

```
name {
    color: blue;
    font-weight: bold;
}
vorname {
    color: blue;
}◄
```

(dozentenliste.xml, st1.css)

Abb. 2.3 zeigt die Darstellung von Beispiel 1 im Browser. Der Browser formatiert das Dokument, wie dies im CSS-Stylesheet für die einzelnen Elemente festgelegt wurde. Alle Inhalte stehen in einer Zeile, wie ein Fließtext. Dies ist die Default-Darstellung. Der Browser hat keine Informationen, welche Elemente in einer Zeile und welche in einem Absatz dargestellt werden sollen.

Für HTML ist dies dem Browser bekannt. Elemente wie z. B. h1, h2, div, p sind sogenannte **Block-Elemente** und werden in einen eigenen Absatz dargestellt, während Elemente wie z. B. em, i, b oder img sogenannte **Inline-Elemente** sind und innerhalb einer Zeile, also ohne vorherigen und nachfolgenden Zeilenumbruch, dargestellt werden. Zudem gibt es in HTML noch spezielle Elemente zur Darstellung von Listen oder Tabellen.

Eigenschaft display Um diese Anzeigemöglichkeiten für XML-Dokumente zu realisieren, müssen Sie die bereits definierten CSS-Regeln um die Eigenschaft display ergänzen.

Mögliche Werte für display zur Absatzformatierung sind (Auswahl):

- block: erzwingt einen Block und somit einen neuen Absatz.
- inline: Anzeige im Textfluss, kein neuer Absatz.
- none: keine Anzeige.

Maier Fritz **Müller** Sabine

Abb. 2.3 Anzeige von dozentenliste.xml mit st1.css im Browser

Beispiel 2

Mit den folgenden CSS-Regeln werden die Daten eines Dozenten in einem eigenen
Absatz dargestellt.

```
dozent {
    display: block;
}
name {
    color: blue;
    font-weight: bold;
}
vorname {
    color: blue;
}◄
```

(st2.css)

Übung

Ändern Sie die CSS-Datei st2.css so, dass die Vornamen nicht mehr angezeigt
werden.

Listen Für eine Listendarstellung muss die Eigenschaft display auf folgenden Wert
gesetzt werden:

- list-item: Darstellung wie bei block, zusätzlich mit Listenaufzählungszeichen
  (bullet).

Weitere Gestaltungsmöglichkeiten für eine Liste sind mit folgenden Eigenschaften
realisierbar:

- list-style-image: url(URI_der_Grafik): Anzeige einer Bullet-Grafik.
- list-style-position: Positionierung des Aufzählungszeichens innerhalb oder
  außerhalb des Listenelementes, mögliche Werte: inside, outside (default).
- list-style-type: Art des Aufzählungszeichens, mögliche Werte: circle,
  disc, square, none.

Beispiel 3

Die Dozenten sollen nun in einer Listendarstellung angezeigt werden, als Listenaufzählungszeichen wird ein Quadrat verwendet. Es wird ein Abstand von linken Rand
angegeben (margin-left), da sonst das Listenaufzählungszeichen nicht sichtbar
ist.

```
        dozent {
        display: list-item;
        list-style-type: square;
        margin-left: 15px;
    }
    name {
        color: blue;
        font-weight: bold;
    }
    vorname {
        color: blue;
    }◄
```

(st3.css)

Tabellen Mit folgenden Werten für die Eigenschaft display ist eine tabellarische Darstellung möglich:

- table: Darstellung als Tabelle, wirkt wie das table-Element in HTML.
- table-row: Darstellung als Tabellenzeile, wirkt wie das tr-Element in HTML.
- table-cell: Darstellung als Tabellenzelle, wirkt wie das td-Element in HTML.

Beispiel 4

Mit folgenden CSS-Regeln werden die Daten der Dozenten in einer Tabelle dargestellt. Um die Tabellenzellen mit einem Rahmen zu versehen, wird die Eigenschaft border verwendet. Abb. 2.4 zeigt die Darstellung im Browser.

```
dozentenliste {
    display: table;
}
dozent {
    display: table-row;
}
name {
    color: blue;
    font-weight: bold;
    display: table-cell;
    border: 1px solid black;
    width: 100px;
```

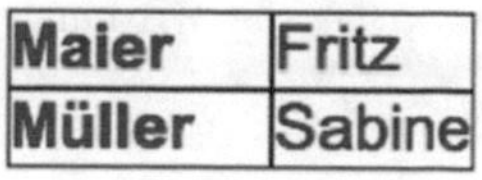

Abb. 2.4 Darstellung von
Beispiel 4 im Browser

Maier	Fritz
Müller	Sabine

```
}
      vorname {
      color: blue;
      display: table-cell;
      border: 1px solid black;
} ◄
```

(st4.css)

Pseudoelemente und automatisch generierter Inhalt

Mit Pseudoelementen und Pseudoklassen können Sie Deklarationen für Dokumentbestandteile definieren, die sich nicht durch ein eindeutiges HTML- bzw. XML-Element
ausdrücken lassen.

Für die Darstellung von XML-Dokumenten sind die Pseudoelemente interessant,
mit denen automatisch zusätzliche Textinhalte vor oder nach einem Element eingefügt
werden können. Dies sind die Pseudoelemente:

- `::before`: für Inhalt, der vor dem Inhalt des Elements eingefügt werden soll,
- `::after`: für Inhalt, der nach dem Inhalt des Elements eingefügt werden soll.

Eigenschaft content Innerhalb der geschweiften Klammern bestimmen Sie dann mit
der Eigenschaft `content` was angezeigt werden soll. Folgende Werte sind erlaubt:

- `"text"`: In Hochkommata wird angegeben, welcher (statische) Text vor bzw. nach
  dem Elementinhalt automatisch eingefügt werden soll.
- `attr(Attributname)`: Der Wert des angegebenen Attributes wird angezeigt.
- `url("URI_der_Grafik")`: Die referenzierte Grafik wird angezeigt.

Zähler Mit folgenden Werten für `content` ist eine automatische Nummerierung von
Elementen möglich:

- `counter(Zählvariable)`: Der Wert der Zählvariable wird eingefügt.
- `counter-increment:Zählvariable`: Zählt die Zählvariable um 1 hoch.
- `counter-reset:Zählvariable`: Setzt die Zählvariable auf den Anfangswert 1
  zurück.

Beispiel 5

Die folgenden CSS-Regeln fügen diverse Texte zur Anzeige hinzu.

Der Text „Die Dozenten" wird als Überschrift eingefügt, der Wert des Attributes
`anrede` wird angezeigt. Die Datensätze werden durchnummeriert.

```
dozentenliste::before {
    content: "Die Dozenten";
    display: block;
    font-size: 18pt;
    font-weight: bold;
    margin-bottom: 6px;
    margin-left: 20px;
}
dozent::before {
    content:counter(Zaehler01) " - " attr(anrede);
}
dozent {
    display: block;
    counter-increment: Zaehler01;
}
name {
    color: blue;
    font-weight: bold;
}
vorname {
    color: blue;
}◄
```

(st5.css)

Attributbedingte Formate

Mithilfe attributbedingter Formate können Sie in Selektoren angeben, dass Format-definitionen nur für Elemente mit bestimmten Attributen oder sogar nur für Elemente, bei denen Attribute bestimmte Werte besitzen, gelten sollen. Attributbedingte Formate werden in folgender Form notiert:

- `element[attribut]`: Format wird nur angewandt, wenn das Element über das angegebene Attribut verfügt,
- `element[attribut=wert]`: wenn das Attribut genau den angegebenen Wert besitzt,
- `element[attribut^=wert]`: wenn das Attribut mit dem angegebenen Wert beginnt,
- `element[attribut~=wert]`: wenn das Attribut den angegebenen Wert enthält.

Beispiel 6

Das XML-Dokument `vorlesungsliste.xml` wird dem CSS-Stylesheet `st6.css` verbunden.

```
<?xml version="1.0" encoding="UTF-8"?>
<?xml-stylesheet type="text/css" href="st6.css"?>
<vorlesungsliste>
   <vorlesung beginn="20.09.2021">
      <titel>Informatik</titel>
      <semester>1</semester>
      <beschreibung>Grundlagen der<em>EDV</em>.
         Einfache Übungen.
      </beschreibung>
   </vorlesung>
   <vorlesung beginn="24.09.2021">
      <titel>Technik I</titel>
      <semester>2</semester>
   </vorlesung>
   <vorlesung beginn="25.09.2021">
      <titel>Technik II</titel>
      <semester>3</semester>
   </vorlesung>
</vorlesungsliste>
```

Die folgenden CSS-Regeln setzen die Überschrift „Alle Vorlesungen“ vor die Vorlesungsliste. Vorlesungen, die am `20.09.2021` beginnen, werden in `blau` dargestellt.

```
vorlesungsliste::before {
    color: maroon;
    font-size: 14pt;
    content: "Alle Vorlesungen";
}
vorlesungsliste {
    display: block;
}
vorlesung {
    display: block;
    font-size: 12pt;
}
vorlesung[beginn="20.09.2021"] {
    color: blue;
}
vorlesung::after {
    content: " Beginn: " attr(beginn);
}
semester::before {
    content: " Semester: ";
}
```

```
beschreibung {
    display: none;
}◄
```

(vorlesungsliste.xml, st6.css).

Übung

Erweitern Sie das Stylesheet st4.css. Je nach Wert des Attributes anrede sollen die Dozentendaten in verschiedenen Farben dargestellt werden.

Schwächen von CSS

- Die Referenz auf das CSS-Stylesheet ist im XML-Dokument hart codiert. Eine Darstellung mit einem anderen Stylesheet erfordert ein Editieren des XML-Dokumentes.
- Die Elemente des XML-Dokumentes können nur in der Reihenfolge angezeigt werden, in der sie im Dokument auftreten. Mit CSS ist es nicht möglich, Elemente zu sortieren.
- Die Verarbeitung ist eine rein clientseitige. Die Darstellung ist also von den Fähigkeiten des jeweiligen Browsers abhängig.

DTD

3

Wohlgeformtheit sichert nur die syntaktische Korrektheit eines XML-Dokumentes. In vielen Bereichen ist es zusätzlich sehr wichtig sicherzustellen, dass ein Dokument auch einer vorab festgelegten Struktur entspricht. Die älteste Möglichkeit, eine Strukturdefinition für eine Klasse von Dokumenten zu definieren, ist in Form einer **DTD** *(Document Type Definition)*.

In einer DTD wird festgelegt, welche Elemente erlaubt sind, wie diese verschachtelt sind und welche Attribute ein Element haben darf oder muss. Für wiederkehrende Textabschnitte können Kürzel (allgemeine Entities) festgelegt werden, die der Autor in der XML-Instanz verwenden kann. Auch für DTD-Teile können Kürzel (Parameter-Entities) definiert werden, sodass eine DTD selbst modular aufgebaut werden kann.

▶ Ein XML-Dokument ist **gültig** bzw. valide *(valid)*, wenn seine Struktur der zugehörigen DTD (oder alternativ dem referenzierten Schema) entspricht. Ein gültiges Dokument ist immer wohlgeformt.

Als Erstes wird gezeigt, wie eine XML-Instanz eine DTD referenziert bzw. wie eine DTD in eine XML-Instanz eingebettet wird. Dieses Wissen wird bewusst zuerst vermittelt, auch wenn Sie zu diesem Zeitpunkt den genauen Aufbau einer DTD noch nicht kennen. So wird es Ihnen möglich sein, die Beispiele und Übungen in den folgenden Kapiteln auf Ihrem Computersystem nachzuvollziehen:

- 3.1 Verknüpfung DTD – XML-Instanz
- 3.2 Elementtyp-Deklaration
- 3.3 Deklaration von Attributlisten

© Der/die Autor(en), exklusiv lizenziert durch Springer Fachmedien Wiesbaden GmbH, ein Teil von Springer Nature 2021
M. Becher, *XML,* https://doi.org/10.1007/978-3-658-35435-0_3

3.1   Verknüpfung DTD – XML-Instanz

Zusammenfassung

Mit einer Dokumenttyp-Deklaration wird auf die DTD verwiesen, bezüglich der
das XML-Dokument valide sein soll. Die DTD kann innerhalb der DOCTYPE-
Deklaration notiert werden oder es wird eine Referenz auf eine separate Datei
angegeben. Auch eine Kombination von beidem ist möglich.

Ein XML-Dokument soll einer vorgegebenen Strukturbeschreibung, die in Form
einer DTD vorliegt, genügen und validiert werden. Dazu ist es notwendig, dass das
XML-Dokument die DTD enthält oder auf sie verweist. Verwendet wird hierzu die
Documenttyp-Deklaration, kurz DOCTYPE-Deklaration. Die DOCTYPE-Deklaration
muss nach der XML-Deklaration und vor dem ersten Element stehen. Neben der DTD
legt sie auch das Wurzelelement der XML-Instanz fest.

Interne DTD

Wird die DTD innerhalb der DOCTYPE-Deklaration angegeben, also gemeinsam mit
der XML-Instanz gespeichert, spricht man von einer **internen DTD** *(internal subset).*
    Die XML-Deklaration kann um die optionale Angabe `standalone="yes"`
ergänzt werden. Auf diese Weise wird dem XML-Parser mitgeteilt, dass sich die DTD
innerhalb des XML-Dokumentes befindet.

```
<?xml version="1.0" encoding="UTF-8" standalone="yes"?>
```

Nach der XML-Deklaration folgt die DOCTYPE-Deklaration. Es gilt folgende
Syntax:

```
<!DOCTYPE name [
    <!-- Element-/Attribut-/
        Entity-/Notations-Deklarationen -->
]>
<name>
  ...
</name>
```

Die DOCTYPE-Deklaration beginnt mit dem Schlüsselwort DOCTYPE. Der dann folgende Name ist nicht frei wählbar, es muss der Name des Wurzelelementes des XML-Dokumentes sein. Oder anders ausgedrückt: Dies ist der Name des definierten Dokumenttyps. Innerhalb der eckigen Klammern werden Element-, Attribut-, Entity- und Notation-Deklarationen notiert. Eine spitze Klammer schließt die Dokumenttyp-Deklaration ab.

Beispiel 1

In diesem Beispiel wird die DTD als interne DTD in die XML- Instanz eingebettet:

```
<?xml version="1.0" standalone="yes"?>
<!DOCTYPE dozent [
  <!ELEMENT dozent  (name, vorname)>
  <!ELEMENT name    (#PCDATA)>
  <!ELEMENT vorname (#PCDATA)>
]>
<dozent>
  <name>Maier</name>
  <vorname>Fritz</vorname>
</dozent>◄
```

(dozent1.xml)

Externe DTD

In den meisten Fällen ist jedoch die DTD eine Strukturbeschreibung für eine ganze Klasse gleichartiger Dokumente. Daher ist es nicht praktikabel, sie als interne DTD in jedem dieser Dokumente zu speichern. Sinnvoll ist, die DTD in einer eigenen Datei abzuspeichern und diese Datei zu referenzieren. Man spricht in diesem Fall von einer **externen DTD** *(external subset)*. Üblicherweise wird für diese Datei die Endung .dtd verwendet.

Die XML-Deklaration kann um die Angabe standalone="no" ergänzt werden. Auf diese Weise wird dem XML-Parser mitgeteilt, dass er eine externe Datei laden muss. Da dies die Default-Angabe ist, kann sie auch entfallen (vgl. 4, S. 52).

Die externe DTD kann eine private oder auch eine öffentlich zugängliche DTD sein.

Private DTD Eine private DTD ist eine DTD, die von nur von einem einzelnen Autor oder einer geschlossenen Benutzergruppe verwendet wird. Bei einer privaten DTD wird das Schlüsselwort SYSTEM und der Pfad zur Datei (relativ oder absolut) angegeben.

Die Dokumenttyp-Deklaration hat folgende Syntax:

```
<!DOCTYPE name SYSTEM "URI">
```

Bei der DTD-Datei selbst fehlt nun natürlich die Angabe der Dokumenttyp-Deklaration `<!DOCTYPE ...>`.

Beispiel 2

Im folgenden XML-Dokument (`dozent2.xml`) wird die externe DTD, die in der Datei `dozent.dtd` enthalten ist, referenziert:

```
<?xml version="1.0" encoding="UTF-8" standalone="no"?>
<!DOCTYPE dozent SYSTEM "dozent.dtd">
<dozent>
  <name>Maier</name>
  <vorname>Fritz</vorname>
</dozent>
```

In der Datei `dozent.dtd` sind die Elementdeklarationen gespeichert:

```
<!ELEMENT dozent   (name,vorname)>
<!ELEMENT name     (#PCDATA)>
<!ELEMENT vorname  (#PCDATA)>◀
```

(dozent.dtd, dozent2.xml)

Öffentliche DTD Eine öffentliche DTD ist eine DTD, die für eine allgemeine Verwendung zugänglich ist. Bei einer öffentlichen DTD wird das Schlüsselwort `PUBLIC`, ein öffentlicher Bezeichner sowie ein URI angegeben.

```
<!DOCTYPE name PUBLIC "FPI" "URI">
```

Die XML-Spezifikation sieht vor, dass der XML-Parser versuchen soll, anhand des öffentlichen Bezeichners eine öffentlich bekannte DTD zuzuordnen, über die er bereits verfügt. Gelingt dies nicht, kann der nachfolgende URI den konkreten Zugriff ermöglichen.

FPI Meist entsprechen öffentliche Bezeichner dem Standard ISO 8879, der einen **Formalen öffentlichen Bezeichners** *(Formal Public Identifier, FPI)* definiert, in der Form `"Präfix//Eigentümer//Beschreibung//ISO 639 Sprache"`.

Beispiel 3

Dieses Beispiel zeigt, wie die öffentlich verfügbare Dokumenttyp-Definition DocBook (https://docbook.org) referenziert wird.

```
<!DOCTYPE book PUBLIC "-//OASIS//DTD DocBook XML V4.5//EN"
         "http://www.docbook.org/xml/4.5/docbookx.dtd">
<book>
  <bookinfo>
    ...
  </bookinfo>
    ...
</book>
```

Die Zeichenkette -//OASIS//DTD DocBook XML V4.5//EN ist der öffentliche Bezeichner der DocBook-DTD in der Version 4.5. ◀

Kombination von interner und externer DTD

Interne und externe DTDs können auch kombiniert werden. Dies ist sinnvoll, wenn eine vorhandene DTD in einem konkreten Anwendungsfall erweitert oder eingeschränkt werden soll. Die externe DTD kann eine private oder eine öffentliche DTD sein.

Die Syntax lautet:

```
<!DOCTYPE name SYSTEM "URI" [
     <!-- Deklarationen der internen DTD -->
]>
```

bzw.

```
<!DOCTYPE name PUBLIC "Kennung" "URI" [
     <!-- Deklarationen der internen DTD -->
]>
```

Die Deklaration beginnt mit der Referenz auf die externe DTD. Innerhalb von eckigen Klammern folgen die Deklarationen der internen DTD.

Beispiel 4

Die externe DTD dozent.dtd wird um interne Deklarationen ergänzt. In diesem Beispiel um das allgemeine Entity ma. Dieses kann nun innerhalb der XML-Instanz genutzt werden.

```
<?xml version="1.0" encoding="UTF-8"?>
<!DOCTYPE dozent SYSTEM "dozent.dtd"[
  <!ENTITY ma "Maier">
]>
<dozent>
  <name>&ma;</name>
  <vorname>Fritz</vorname>
</dozent>◄
```

(dozent3.xml)

Konflikte Deklarationen, die sowohl in der internen DTD als auch in der externen DTD vorkommen, können zu Konflikten führen. Diese werden wie folgt behandelt:

- Mehrfach deklarierte Elemente oder Attribute erzeugen einen Fehler.
- Bei Entity-Deklarationen haben die Deklarationen der internen DTD Vorrang vor denen der externen DTD.

Katalog-Dateien
Die Adressierung einer privaten externen DTD ist problematisch, wenn XML-Dokumente und ihre DTDs auch anderen zur Verfügung gestellt werden sollen. Der nach SYSTEM folgende URI ist betriebssystemabhängig. Evtl. liegt beim Zielrechner auch eine andere Verzeichnisstruktur als bei Ihrem Rechner vor. Wird eine öffentliche DTD angegeben, muss eine funktionierende Netzverbindung existieren, sonst findet der Parser die DTD nicht.

Diese Probleme können umgangen werden, wenn sogenannte **Katalog-Dateien** verwendet werden. In der XML-Instanz wird zum Verweis auf die DTD der öffentliche Bezeichner verwendet. Die Katalog-Datei enthält Angaben, um dem öffentlichen Bezeichner den systemspezifischen Ort, an dem sich die DTD befindet, zuzuordnen. XML-Dokumente sind nun leichter übertragbar, da nur die URIs in den Katalogdateien geändert werden müssen.

Verweise auf die Spezifikation der Katalog-Dateien und weitere interessante Artikel zu diesem Thema finden Sie auf der Webseite OASIS Entity Resolution TC (https://www.oasis-open.org/committees/tc_home.php?wg_abbrev=entity). Eine ausführliche Darstellung finden Sie in [3], S. 99.

3.2 Elementtyp-Deklaration

Zusammenfassung

Jedes Element muss mit einer Elementtyp-Deklaration der Form `<!ELEMENT Elementname Inhaltsmodell>` in der DTD beschrieben werden. Mögliche Inhaltsmodelle sind Zeichendaten, eine Folge oder Alternative von Elementen, gemischter Inhalt, das Element ist leer oder hat beliebigen Inhalt. Häufigkeitsindikatoren geben an, wie oft ein Element auftreten darf oder muss.

Elemente sind logische Behälter, die weitere Elemente oder den eigentlichen Textinhalt *(content)* oder auch beides *(mixed content)* enthalten oder leer sind. Alle in einem XML-Dokument auftretenden Elemente müssen in der DTD deklariert werden. Dazu dient die Elementtyp-Deklaration, oft auch kurz Elementdeklaration genannt.

Die Syntax einer Elementtyp-Deklaration lautet:

```
<!ELEMENT Elementname Inhaltsmodell>
```

Die Elementnamen dürfen nicht beliebig gewählt werden, sie müssen die Regeln für XML-Namen erfüllen (s. Abschn. 1.3):

Inhaltsmodell

Das **Inhaltsmodell** *(content model)* legt den erlaubten Inhalt eines Elementes fest. Die XML-Spezifikation sieht für eine DTD die folgenden fünf Inhaltsmodelle vor:

- Elemente, die nur Zeichendaten enthalten (einfache Elemente) (#PCDATA),
- Elemente, die nur Elemente enthalten (Elementgruppierung),
- Elemente mit gemischtem Inhalt, d. h. Elemente, die weitere Unterelemente und Zeichendaten beinhalten *(mixed content)*,
- leere Elemente (EMPTY),
- Elemente ohne Inhaltsbeschränkung (ANY).

Einfache Elemente mit Zeichendaten

Sollen für ein Element nur Zeichendaten und kein weiteres Markup erlaubt werden, ist #PCDATA der geeignete Datentyp. #PCDATA wird in Klammern, wie eine Gruppierung, notiert.

Beispiel 1

Hier wird ein einfaches Element name deklariert:

```
<!ELEMENT name (#PCDATA)>
```

XML:<name>Maier</name> ◄

PCDATA steht für *parsed character data,* d. h. vom Parser analysierte Zeichendaten. Der Parser untersucht, ob sich im Inhalt Markup-Zeichen befinden. Die Zeichen < bzw. & kennzeichnen den Beginn eines Tags bzw. eines Entities. Werden Sie als Inhalt eines Elementes benötigt, müssen Sie durch ihre Zeichenreferenzen < bzw. & ersetzt werden.

Beispiel 1 – Fortsetzung

Als Name soll „Ina & Willi" erfasst werden. Dies ist wie folgt in XML zu notieren:

```
<name>Ina &amp; Willi</name>◀
```

▶   **Hinweis** Weiterhin gilt, dass Referenzen auf allgemeine Entities aufgelöst werden, d. h. an ihre Position wird ihr Ersetzungstext geschrieben.
Informationen hierzu finden Sie in Abschn. 3.4.2.

Kein weiterer Datentyp Außer `#PCDATA` steht in einer DTD kein weiterer Datentyp
für einfache Elemente zur Verfügung. So gibt es beispielsweise keine Möglichkeit festzulegen, dass ein Elementinhalt nur aus Ziffern bestehen darf oder einem Datumsformat
entsprechen muss. Dies ist eine der großen Schwächen der DTD (s. Abschn. 3.6).

Elementgruppierung
Ein Element, das Unterelemente, auch Kindelemente genannt, enthält, wird als Eltern-
element oder auch Containerelement bezeichnet. Welche Kindelemente erlaubt sind
und welche Regeln für sie bezüglich Anordnung und Häufigkeit gelten, wird in einer
Gruppierung beschrieben.
   Die Gruppierung wird stets in runden Klammern notiert:

```
<!ELEMENT Elementname (Gruppierung)>
```

Konnektoren Innerhalb der runden Klammern werden die Kindelemente notiert.
Diese werden durch Operatoren, genannt **Konnektoren**, getrennt. Es existieren zwei
Konnektoren `","` und `"|"` mit folgender Bedeutung:

- (a, b): In der XML-Instanz müssen die Elemente a und b in der angegebenen Reihenfolge auftreten, sogenannte **Folge** oder **Sequenz** *(sequence)*.
- (a | b): In der XML-Instanz tritt *entweder* Element a *oder* Element b auf, sogenannte
  Auswahl *(choice)*.

▶   **Hinweis** Beachten Sie, dass auch die in der Gruppierung aufgeführten
Kindelemente deklariert werden müssen.

Beispiel 2

Das folgende DTD-Stück deklariert ein Element `dozent` mit den Kindelementen
`name` und `vorname`, die genau in dieser Reihenfolge vorkommen müssen.

```
<!ELEMENT dozent  (name, vorname)>
<!ELEMENT name    (#PCDATA)>
<!ELEMENT vorname (#PCDATA)>
```

Beispiel für eine XML-Instanz (`dozent1.xml`):

```
<?xml version="1.0" encoding="UTF-8"?>
<!DOCTYPE dozent SYSTEM "dozent.dtd">
<dozent>
  <name>Maier</name>
  <vorname>Fritz</vorname>
</dozent>◀
```

```
(dozent.dtd, dozent1.xml)
```

Übung

Erweitern Sie die DTD und die XML-Instanz aus Beispiel 2 um das Element `titel`.

▶ **Hinweis** Anders als in der mathematischen Logik sind für die Operatoren
   " , " und " | " keine Prioritäten definiert. Treten beide Operatoren auf, müssen
   Klammern gesetzt werden.

Beispiel 3

```
<!ELEMENT test (a, b | c)>
```

Hier liefert der Parser die Fehlermeldung:

```
')' is required in the declaration of element type "test".
```

Korrekt ist je nach fachlicher Anforderung entweder

```
<!ELEMENT test ((a, b) | c)>
```

oder

```
<!ELEMENT test (a, (b | c))>◀
```

Beispiel 4

Die folgende DTD modelliert eine Adresse. Nach dem Namen folgt entweder die
Strasse oder das Postfach und als letzte Angabe der Ort.

```
<!ELEMENT adresse  (name, (strasse | postfach), ort)>
<!ELEMENT name     (#PCDATA)>
<!ELEMENT strasse  (#PCDATA)>
```

```
<!ELEMENT postfach  (#PCDATA)>
<!ELEMENT ort       (#PCDATA)>
```

Gültige Adressen sind z. B.: `adresse1.xml`:

```
<?xml version="1.0" encoding="UTF-8"?>
<!DOCTYPE adresse SYSTEM "adresse.dtd">
<adresse>
  <name>Peter Mai</name>
  <strasse>Wiesenweg</strasse>
  <ort>Bonn</ort>
</adresse>
```

oder auch `adresse2.xml`:

```
<?xml version="1.0" encoding="UTF-8"?>
<!DOCTYPE adresse SYSTEM "adresse.dtd">
<adresse>
  <name>Susanne Schmitt</name>
  <postfach>12345</postfach>
  <ort>Berlin</ort>
</adresse>◀
```

`(adresse.dtd, adresse1.xml, adresse2.xml)`

Häufigkeitsangaben

In einer Gruppierung wird durch die Operatoren *, ? bzw. +, auch **Häufigkeits-indikatoren** oder **Kardinalität** genannt, angegeben, wie oft ein Element oder eine Gruppierung auftreten darf oder muss. Die in einer DTD erlaubten Operatoren sind in Tab. 3.1 aufgelistet. Ein Operator bezieht sich immer auf das vor ihm stehende Element bzw. die vor ihm stehende Gruppierung.

Beispiel 5

Ein Vorlesungsverzeichnis besteht aus mindestens einer Vorlesung. Eine Vorlesung hat einen Titel, eine Semesterangabe sowie optional eine Beschreibung. Diese Anforderungen werden durch folgende DTD beschrieben:

Tab. 3.1 Operatoren zur Angabe der Häufigkeit

Operator	Bedeutung
Keine Angabe	genau einmal
*	0 bis beliebig oft
?	0 oder 1 Mal
+	1 bis beliebig oft

```
<!ELEMENT vorlesungsliste (vorlesung+)>
<!ELEMENT vorlesung       (titel, semester, beschreibung?)>
<!ELEMENT title           (#PCDATA)>
<!ELEMENT semester        (#PCDATA)>
<!ELEMENT beschreibung    (#PCDATA)>
```

Es ist klar, dass eine XML-Instanz, die valide zur DTD vorlesung.dtd ist, folgende Form haben kann:

```
<?xml version="1.0" encoding="UTF-8"?>
<!DOCTYPE vorlesungsliste SYSTEM "vorlesung.dtd">
<vorlesungsliste>
  <vorlesung>
    <titel>Informatik</titel>
    <semester>1</semester>
    <beschreibung>Grundlagen der EDV</beschreibung>
  </vorlesung>
  <vorlesung>
    <titel>Webprogrammierung</titel>
    <semester>2</semester>
    <beschreibung>HTML, CSS, JavaScript, PHP</beschreibung>
  </vorlesung>
</vorlesungsliste>
```

(vorlesung.dtd, vliste.xml)◄

▶ **Hinweis** Beachten Sie, dass durch eine DTD jedoch nicht vorgegeben wird, welches der deklarierten Elemente das Wurzelelement einer XML-Instanz ist. Auf den ersten Blick scheint es so, als könne in Beispiel 5 dies nur das Element vorlesungsliste sein. Tatsächlich kann aber jedes Element Wurzelelement einer XML-Instanz sein.

___

Beispiel 5 – Fortsetzung

Auch folgende XML-Instanz ist valide zur DTD vorlesung.dtd:

```
<?xml version="1.0" encoding="UTF-8"?>
<!DOCTYPE vorlesung SYSTEM "vorlesung.dtd">
<vorlesung>
  <titel>Statistik I</titel>
  <semester>3</semester>
  <beschreibung>Deskriptive Statistik</beschreibung>
</vorlesung>◄
```

(v_statistik.xml)

▶   **Hinweis** Wichtig ist, dass in der DOCTYPE-Deklaration das Wurzelelement –
im obigen Beispiel also `vorlesung` – korrekt angegeben wird.

Abb. 3.1 zeigt ein Fenster des Oxygen XML-Editors aus dem Dialog „Ein
XML-Dokument erstellen". Zur Auswahl „Wurzelelement" wird eine alphabetisch sortierte (!) Liste aller Elemente angeboten.

Übung

Deklarieren Sie ein Element `person` für folgende Situationen: Eine Person hat

a. genau einen Nachnamen und einen Vornamen,
b. genau einen Nachnamen und einen bis beliebig viele Vornamen,
c. genau einen Nachnamen und genau zwei Vornamen,
d. genau einen Nachnamen und ein bis zwei Vornamen.

Mixed Content
Die bisherigen Inhaltsmodelle erlauben für ein Element *entweder* Kindelemente *oder*
Zeichendaten. Mit dem Inhaltsmodell **gemischter Inhalt** *(mixed content)* ist eine

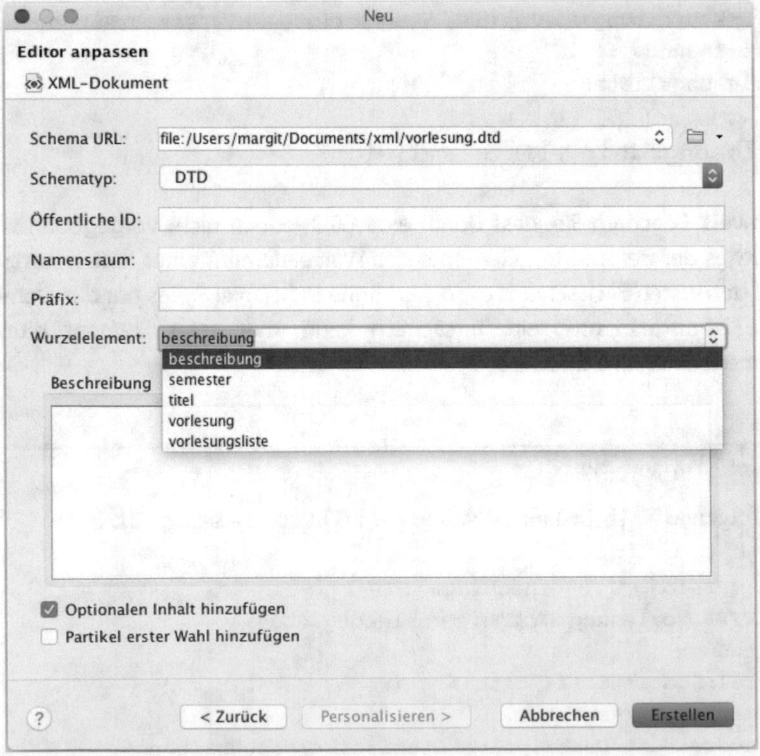

Abb. 3.1   Dialogfenster: XML-Dokument erstellen (Oxygen XML-Editor)

Kombination von beidem möglich. Daher dürfen in den Instanzen alle aufgeführten Elemente in beliebiger Reihenfolge und beliebig oft vorkommen, zwischen den Elementen darf Text stehen.

Die Syntax des Mixed-Content-Inhaltsmodells lautet:

```
<!ELEMENT name (#PCDATA | Kindelement1 | Kindelement2 | ...)*>
```

Die XML-Spezifikation verlangt, dass `#PCDATA` an erster Stelle steht und die erlaubten Kindelemente durch " | " getrennt werden. Auch der Operator " * " ist Pflicht.

Beispiel 6

Die Anforderungen für das Vorlesungsverzeichnis aus Beispiel 5 ändern sich:

Im Element `beschreibung` sollen bestimmte Textabschnitte mit der Auszeichnung `<em>` besonders hervorgehoben werden. `beschreibung` wird daher als Element mit gemischtem Inhalt deklariert.

```
<!ELEMENT vorlesungsliste (vorlesung+)>
<!ELEMENT vorlesung        (titel, semester, beschreibung?)>
<!ELEMENT title            (#PCDATA)>
<!ELEMENT semester         (#PCDATA)>
<!ELEMENT beschreibung     (#PCDATA | em)*>
<!ELEMENT em               (#PCDATA)>
```

Beispiel für eine XML-Instanz (`vliste2.xml`):

```
<?xml version="1.0" encoding="UTF-8"?>
<!DOCTYPE vorlesungsliste SYSTEM "vorlesung2.dtd">
<vorlesungsliste>
  <vorlesung>
    <titel>Informatik</titel>
    <semester>1</semester>
    <beschreibung>Bei dieser Veranstaltung gilt
      <em>Anwesenheitspflicht</em>!
    </beschreibung>
  </vorlesung>
</vorlesungsliste>◀
```

(`vorlesung2.dtd`, `vliste2.xml`)

Übung

Überlegen Sie sich eine DTD für folgende Aufgabenstellung und geben Sie auch eine passende XML-Instanz an: Ein Kapitel besteht aus 1 bis beliebig vielen Paragrafen.

Paragrafen enthalten Text. Einzelne Textabschnitte können als „wichtig" bzw. als „unwichtig" markiert werden.

Leere Elemente

Mit dem Schlüsselwort EMPTY wird gekennzeichnet, dass ein Element keinen Inhalt enthalten darf, also ein leeres Element ist:

```
<!ELEMENT Elementname EMPTY>
```

▶ **Hinweis** In der XML-Instanz darf zwischen dem Start- und Ende-Tag eines als leer deklarierten Elementes kein Zeichen, nicht einmal ein Leerzeichen oder ein Zeilenumbruch, stehen.
   Sehr üblich ist statt`<Elementname></Elementname>` die Kurzform `<Elementname/>` oder `<Elementname />`.

Beispiel 7

Beispiele für leere Elemente in XHTML (vgl. XHTML 1.1 DTD, https://www. w3.org/TR/xhtml-modularization/dtd_module_defs.html):

- `<br/>`   für einen Zeilenumbruch,
- `<hr/>`   für eine horizontale Linie,
- `<img/>` für ein Bild. ◀

Einsatz leerer Elemente Leere Elemente können natürlich nicht zur Auszeichnung von Textabschnitten genutzt werden. Sie haben eher eine funktionale Bedeutung, wie z. B. das Element `<br/>` aus XHTML, das einen Zeilenumbruch erzeugt. Häufig werden erforderliche Informationen in Attributen gespeichert. So ist dies z. B. beim XHTML-Element img gelöst. Die Referenz auf die Bilddatei wird als Wert des Attributes src angegeben.

Keine Inhaltsbeschränkung

Wird als Inhaltsmodell eines Elementes ANY angegeben, ist als Elementinhalt jede Angabe erlaubt, also beliebige Kindelemente, auch das Element selbst, gemischt mit Zeichendaten. Die verwendeten Kindelemente müssen natürlich deklariert werden.

Beispiel 8

Gegeben ist die DTD:

```
<!ELEMENT test     ANY>
<!ELEMENT name     (#PCDATA)>
<!ELEMENT vorname  (#PCDATA)>
```

Ein Beispiel für eine XML-Instanz ist:

```
<?xml version="1.0" encoding="UTF-8"?>
<!DOCTYPE test SYSTEM "test.dtd">
<test>
  <name>Maier</name>
  <vorname>Peter</vorname>
  <name>Müller</name>
</test>◀
```

```
(test.dtd, test.xml)
```

▶ **Hinweis** Das Inhaltsmodell ANY wird nicht sehr häufig verwendet, da es beliebige Inhalte zulässt und gerade verhindert, was man mit einer DTD erreichen möchte, nämlich die Vorgabe einer klaren Strukturdefinitionen und Überprüfung derselben.

3.3   Deklaration von Attributlisten

Zusammenfassung

Attribute werden in einer Attributlisten-Deklaration definiert. Es wird festgelegt, welche Attribute für ein Element existieren können oder müssen und welchen Typ diese haben. Es kann auch ein Default-Wert oder ein fester Wert vorgegeben werden.

Attribute beschreiben zusätzliche Eigenschaften von Elementen. Für ein Element können beliebig viele Attribute deklariert werden. Dazu wird eine **Attributlisten-Deklaration** verwendet. Sie legt fest,

- welchem Element Attribute zugewiesen werden,
- welchen Typ oder mögliche Werte die Attribute besitzen,
- ob das Attribut erforderlich oder optional ist, oder welcher Standardwert bzw. fester Wert gilt (Vorgabedeklaration).

Es gilt folgende Syntax:

```
<!ATTLIST Elementname
          Attributname1 Attributtyp1 Vorgabedeklaration1
          Attributname2 Attributtyp2 Vorgabedeklaration2
...
>
```

Sie können für jedes Attribut eine eigene Deklaration verwenden oder die Attribute eines Elementes in einer Deklaration zusammenfassen, daher rührt der Name „Attribut-liste".

Attributtypen
Der Attributtyp legt fest, welche Werte als Attributwerte erlaubt sind. In einer DTD gibt es zehn verschiedene Attributtypen. In diesem Kapitel werden die sieben wichtigsten Typen CDATA, NMTOKEN, NMTOKENS, Aufzählungstyp, ID, IDREF und IDREFS besprochen. Eine ausführliche Darstellung der übrigen Attributtypen (ENTITY, ENTITIES, NOTATION) folgt in Abschn. 3.5.

Attributtyp CDATA Attribute vom Typ CDATA *(character data)* können beliebige Zeichenketten enthalten, jedoch nicht das Zeichen "<" und das Zeichen """ bzw. "′", wenn der Attributwert von doppelten Hochkommata bzw. von einfachen Hochkommata eingeschlossen ist. Diese Zeichen sind durch die entsprechenden Entity-Referenzen < und " bzw. ' zu maskieren.

▶   **Hinweis** Referenzen auf interne allgemeine Entities (s. Abschn. 3.4.2) sind
        erlaubt und werden vom Parser aufgelöst.

Beispiel 1

Folgende Deklaration definiert für das Element vorlesung das Attribut typ.

```
<!ELEMENT vorlesung (titel, semester, beschreibung?)>
<!ATTLIST vorlesung typ CDATA #REQUIRED>
```

In der XML-Instanz:

```
<vorlesung typ="Pflicht">
  ...
</vorlesung>◄
```

```
(vorlesung1.dtd, vorlesung1.xml)
```

Attributtyp NMTOKEN Der Wert eines Attributs vom Typ NMTOKEN ist ein **XML-Namenstoken.** XML-Namenstoken sind Zeichenketten, welche aus Buchstaben, Ziffern, Unterstrich, Bindestrich, Doppelpunkt und Punkt bestehen dürfen. Nicht erlaubt sind Leerzeichen. NMTOKEN ist also ein restriktiverer Datentyp als CDATA.

Beispiel 2

Folgende Deklaration definiert für das Element vorlesung das Attribut beginn.
Es dient zur Speicherung des ersten Vorlesungstermins. Da Leerzeichen auf keinen
Fall im Datum vorkommen dürfen, wird für beginn der Datentyp NMTOKEN und
nicht CDATA gewählt.

```
<!ELEMENT vorlesung (titel, semester, beschreibung?)>
<!ATTLIST vorlesung beginn NMTOKEN #REQUIRED>
```

In der XML-Instanz:

```
<vorlesung beginn="20.09.2021">
  ...
</vorlesung>
```

(vorlesung2.dtd, vorlesung2.xml) ◀

Attributtyp NMTOKENS Ein Attribut vom Typ NMTOKENS enthält ein oder mehrere
XML-Namenstoken, die jeweils durch Leerzeichen getrennt sind.

Beispiel 3

Das Attribut termine des Elementes vorlesung soll die Termine enthalten, an
denen die jeweilige Vorlesung stattfindet. Da dies mehrere Werte sein können, wird
als Datentyp NMTOKENS gewählt.

```
<!ELEMENT vorlesung (titel, semester, beschreibung?)>
<!ATTLIST vorlesung termine NMTOKENS #IMPLIED>
```

In der XML-Instanz:

```
<vorlesung termine="21.09.2021 12.10.2021 23.11.2021">
  ...
</vorlesung>◀
```

(vorlesung3.dtd, vorlesung3.xml)

Attributtyp Aufzählung Bei dem Attributtyp Aufzählung *(enumeration)* wird die
Liste der erlaubten Attributwerte in Klammern angegeben. Jeder Wert muss ein XML-
Namenstoken sein. Die einzelnen Werte werden durch einen senkrechten Strich "|"
(Pipe-Zeichen) getrennt.

Folgende Deklaration definiert für das Element dozent das Pflichtattribut anrede, das nur einen der aufgeführten Werte Herr bzw. Frau annehmen darf.

DTD:

```
<!ELEMENT dozent (name, vorname)>
<!ATTLIST dozent anrede (Herr | Frau) #REQUIRED>
```

XML:

```
<dozent anrede="Herr">
   ...
</dozent>◄
```

(dozent1.xml, dozent1.dtd)

Erweitern Sie Beispiel 2: Das Element vorlesung soll zusätzlich das Attribut typ erhalten. Als Attributwerte von typ sind nur die Werte Pflicht und Wahlpflicht erlaubt.

Attributtyp ID Wird ein Attribut mit dem Typ ID deklariert, muss es einen Wert besitzen, der im ganzen XML-Dokument einzigartig ist. Kein anderes Attribut vom Typ ID darf diesen Wert haben, und zwar unabhängig davon, bei welchem Elementtyp es vorkommt. Als Attributwerte sind nur gültige XML-Namen erlaubt, daher darf z. B. eine Ziffer nicht das erste Zeichen sein.

Weiterhin gilt, dass ein Element nur ein Attribut vom Typ ID haben darf und bei Attributen vom Typ ID als Vorgabedeklaration (s. u.) entweder #REQUIRED oder #IMPLIED angegeben werden muss.

Attribute vom Typ ID können daher zur Identifizierung von Elementen verwendet werden. Sie entsprechen einem Schlüsselwert in einem Datensatz, wobei in diesem Kontext eine dokumentweite Eindeutigkeit verlangt wird. Im Unterschied hierzu wird bei Relationalen Datenbanksystemen verlangt, dass der Primärschlüssel nur eindeutig innerhalb einer Tabelle und nicht in der gesamten Datenbank ist.

Folgende Deklaration definiert für das Element dozent das Attribut did vom Typ ID.

DTD: dozentenliste.dtd:

```
<!ELEMENT dozentenliste (dozent+)>
<!ELEMENT dozent     (name, vorname)>
<!ELEMENT name       (#PCDATA)>
<!ELEMENT vorname    (#PCDATA)>
<!ATTLIST dozent did ID #REQUIRED>
```

Diese Deklaration besagt, dass jedes Element `dozent` ein Attribut `did` vom Typ `ID` haben muss.

XML-Instanz `dozentenliste.xml`:

```
<?xml version="1.0" encoding="UTF-8"?>
<!DOCTYPE dozentenliste SYSTEM "dozentenliste.dtd">
<dozentenliste>
  <dozent did="d1">
    <name>Maier</name>
    <vorname>Fritz</vorname>
  </dozent>
  <dozent did="d2">
    <name>Müller</name>
    <vorname>Sabine</vorname>
  </dozent>
</dozentenliste>◀
```

(dozentenliste.dtd, dozentenliste.xml)

Attributtyp IDREF   Der Wert eines Attributes vom Typ `IDREF` muss mit dem Wert eines Attributes vom Typ `ID` eines anderen Elementes übereinstimmen.

Fallbeispiel

Jede Vorlesung wird von einem Dozenten gehalten. Die entsprechende Dozenten-ID soll in einem Attribut des Elementes `vorlesung` gespeichert werden. Dieses Attribut wird ebenfalls `did` genannt, so wird klar, was es bedeutet. Da das Attribut `did` des Elementes `vorlesung` nur Werte annehmen darf, die bereits als Wert des Attributes `did` eines Elementes `dozent` vorkommen, wird als Attributtyp `IDREF` gewählt.

DTD `fb.dtd`:

```
<!ELEMENT fb (dozentenliste, vorlesungsliste)>
<!ELEMENT dozentenliste    (dozent+)>
<!ELEMENT dozent           (name, vorname)>
<!ELEMENT name             (#PCDATA)>
<!ELEMENT vorname          (#PCDATA)>
<!ATTLIST dozent did ID #REQUIRED>
```

```
<!ELEMENT vorlesungsliste (vorlesung+)>
<!ELEMENT vorlesung       (titel, semester, beschreibung?)>
<!ELEMENT title           (#PCDATA)>
<!ELEMENT semester        (#PCDATA)>
<!ELEMENT beschreibung    (#PCDATA | em)*>
<!ELEMENT em              (#PCDATA)>
<!ATTLIST vorlesung vid ID    #REQUIRED
                    did IDREF #REQUIRED>
```

XML-Instanz fb.xml:

```
<?xml version="1.0" encoding="UTF-8"?>
<!DOCTYPE fb SYSTEM "fb.dtd">
<fb>
  <!-- Dozentenliste -->
  <dozentenliste>
    <dozent did="d1">
      <name>Maier</name>
      <vorname>Fritz</vorname>
    </dozent>
    <dozent did="d2">
      <name>Müller</name>
      <vorname>Sabine</vorname>
    </dozent>
  </dozentenliste>
  <!-- Vorlesungsliste -->
  <vorlesungsliste>
    <vorlesung did="d1" vid="v1">
    <titel>Informatik</titel>
    <semester>1</semester>
    <beschreibung>Grundlagen der <em>EDV</em>.
      Einfache Übungen.
    </beschreibung>
    </vorlesung>
  ...
  </vorlesungsliste>
</fb>
```

Ein Element <vorlesung did="d3" vid="v3"> würde einen Fehler ver-
ursachen, da der Wert "d3" kein Wert eines Attributes vom Typ ID ist. ◀

(fb.dtd, fb.xml)

Einsatz Mit Attributen vom Typ IDREF können interne Verweise innerhalb eines Dokumentes erstellt werden. Attribute vom Typ IDREF ähneln Fremdschlüsseln in Datenbanksystemen. Allerdings kann in einer DTD nicht festgelegt werden, dass ein IDREF-Attribut nur den ID-Wert bestimmter Elemente annehmen darf.

Attributtyp IDREFS Als Wert eines Attributes vom Typ IDREFS ist eine durch Leerzeichen getrennte Liste von XML-Namen erlaubt, die jeweils Wert eines Attributes vom Typ ID sein müssen. Ein Element kann so auf mehrere andere Elemente verweisen.

Beispiel 6

In der „Hochschulwelt" ist es jetzt möglich, dass auch mehrere Dozenten gemeinsam eine Vorlesung halten. Das Attribut did des Elementes vorlesung erhält daher den Typ IDREFS.

In der DTD ändert sich eine Zeile:

```
<!ATTLIST vorlesung
          vid ID     #REQUIRED
          did IDREFS #REQUIRED>
```

XML-Instanz fb2.xml:

```
<?xml version="1.0" encoding="UTF-8"?>
<!DOCTYPE fb SYSTEM "fb2.dtd">
<fb>
  <!-- Dozentenliste -->
  <dozentenliste>
    <dozent did="d1">
      <name>Maier</name>
      <vorname>Fritz</vorname>
    </dozent>
    <dozent did="d2">
      <name>Müller</name>
      <vorname>Sabine</vorname>
    </dozent>
  </dozentenliste>
  <!-- Vorlesungsliste -->
  <vorlesungsliste>
    <vorlesung did="d1 d2" vid="v1">
      <titel>Informatik</titel>
    <semester>1</semester>
    <beschreibung>Grundlagen der <em>EDV</em>.
      Einfache Übungen.
    </beschreibung>
```

```
    </vorlesung>
    ...
    </vorlesungsliste>
</fb>
```

Das Attribut `did` von Vorlesung kann nun mehrere Werte enthalten, im Beispiel: `did="d1 d2"`. ◄

(`fb2.dtd`, `fb2.xml`)

Übung

Erweitern Sie die DTD des obigen Fallbeispiels um eine `Raumliste`. Jeder Raum besitze ein Attribut `rid` vom Typ `ID` und ein Unterelement `ausstattung`. Fügen Sie dem Element `vorlesung` ein Attribut `rid` hinzu. Hierin soll der Verweis auf den Raum, indem die Vorlesung stattfindet, gespeichert werden. Ergänzen Sie die XML-Instanz entsprechend und testen Sie Ihre Lösung.

Tab. 3.2 zeigt die in einer DTD möglichen Attributtypen im Überblick. Die mit "*" gekennzeichneten Datentypen werden in Abschn. 3.5 erläutert.

▶   **Hinweis** Außer den in Tab. 3.2 aufgeführten Datentypen stehen in einer DTD keine weiteren zur Verfügung. Es gibt also beispielsweise keine Möglichkeit festzulegen, dass ein Attributwert nur aus Ziffern bestehen darf oder einem Datumsformat entsprechen muss. Dies ist eine der großen Schwächen der DTD (s. Abschn. 3.6).

Vorgabedeklaration
Für eine Vorgabedeklaration stehen vier Angaben zur Verfügung: `#REQUIRED`, `#IMPLIED`, ein Attributwert oder `#FIXED`.

#REQUIRED Die Vorgabedeklaration `#REQUIRED` besagt, dass das Attribut ein Pflichtattribut ist. Fehlt das Attribut beim Element, ist das XML-Dokument nicht valide.

#IMPLIED Die Vorgabedeklaration `#IMPLIED` definiert ein Attribut als optional. Für das zugehörige Element kann in einer Dokumentinstanz das Attribut angegeben werden oder es kann fehlen.

Attributwert Als Vorgabewert (Default-Wert) kann auch ein Attributwert in einfachen oder doppelten Hochkommata angegeben werden. Wird in einer XML-Instanz das Attribut beim Element nicht angegeben, setzt der XML-Parser diesen Default-Wert ein. Das Attribut besitzt also immer einen Wert, entweder den definierten Default-Wert oder

Tab. 3.2 Attributtypen in einer DTD

Attributtyp	Erklärung
CDATA	Beliebige Zeichenkette, außer "<" und """ bzw. "'"
Aufzählung	Angabe der erlaubten Werte in Klammern, getrennt durch "|"
NMTOKEN	XML-Namenstoken
NMTOKENS	Liste von XML-Namenstokens, getrennt durch Leerzeichen
ID	Der Wert muss im Dokument einzigartig sein
IDREF	Wert, den bereits ein Attribut vom Typ ID hat
IDREFS	Werte von IDs, getrennt durch Leerzeichen
ENTITY*	Wert des Attributes ist der Name eines in der DTD deklarierten ungeparsten Entities
ENTITIES*	Liste von ENTITY-Werten, getrennt durch Leerzeichen
NOTATION*	Wert des Attributes ist eine in der DTD definierte Notation

den Wert, den der Autor eingetragen hat. Die Angabe #IMPLIED oder #REQUIRED muss daher entfallen.

Beispiel 7

Zur DTD vorlesung4.dtd:

```
<!ELEMENT vorlesungsliste (vorlesung+)>
<!ELEMENT vorlesung (titel, semester, beschreibung?)>
<!ATTLIST vorlesung beginn NMTOKEN "20.09.2021">
...
```

ist die XML-Instanz vorlesung4.xml valide:

```
<?xml version="1.0" encoding="UTF-8"?>
<!DOCTYPE vorlesungsliste SYSTEM "vorlesung4.dtd">
<vorlesungsliste>
  <vorlesung>
    ...
  </vorlesung>
  <vorlesung beginn="23.09.2021">
    ...
  </vorlesung>
</vorlesungsliste>
```

Beim ersten Element vorlesung setzt der Parser den in der DTD festgelegten Default-Wert ein. ◄

```
(vorlesung4.dtd, vorlesung4.xml)
```

#FIXED Die Vorgabedeklaration #FIXED bedeutet, dass das Attribut stets den nach #FIXED in Hochkommata angegebenen Wert hat.

Beispiel 8

In der DTD:

```
<!ELEMENT vorlesungsliste (vorlesung+)>
<!ELEMENT vorlesung (titel, semester, beschreibung?)>
<!ATTLIST vorlesung beginn NMTOKEN #FIXED "20.09.2021">
...
```

In der XML-Instanz:

```
<?xml version="1.0" encoding="UTF-8"?>
<!DOCTYPE vorlesungsliste SYSTEM "vorlesung5.dtd">
<vorlesungsliste>
  <vorlesung>
     ...
  </vorlesung>
  <vorlesung beginn="25.09.2021"> <!-- Fehler!-->
     ...
  </vorlesung>
</vorlesungsliste>
```

Der Parser setzt für das Attribut beginn den festen Wert 20.09.2021 ein. Trägt der Autor im XML-Dokument einen anderen Wert ein, ist dies ein Fehler. ◀

```
(vorlesung5.dtd, vorlesung5.xml)
```
Tab. 3.3 zeigt die möglichen Vorgabedeklarationen in einer Übersicht.

3.4   Entities

Mit Entities werden Kürzel für wiederverwendbare Einheiten definiert. Die Abb. 3.2 zeigt eine Übersicht über die möglichen Arten von Entities (vgl. [1], S. 23).

Entities lassen sich in zwei Klassen einteilen:

- **Allgemeine Entities** definieren Kürzel für wiederkehrende Textabschnitte. Die Kürzel (Entity-Referenzen) werden innerhalb der Dokumentinstanz eingesetzt.

Tab. 3.3 Mögliche Vorgabedeklarationen

Deklaration	Erklärung
#REQUIRED	Das Attribut ist ein Pflichtattribut
#IMPLIED	Die Angabe eines Attributwertes in einer XML-Instanz ist optional
"Attributwert"	Wert, den das Attribut erhält (wird bei der Verarbeitung vom Parser eingesetzt), wenn im XML-Dokument kein Wert angegeben wird
#FIXED "Attributwert"	Das Attribut hat stets den angegebenen Wert

- **Parameter-Entities** definieren Kürzel für DTD-Bausteine. Referenzen auf Parameter-Entities können daher nur in der DTD eingesetzt werden.

Je nachdem, ob der Ersetzungstext in der Entity-Deklaration angegeben wird oder sich in einer externen Datei befindet, wird zwischen **internen** und **externen** Entities unterschieden.

Innerhalb der allgemeinen Entities lassen sich folgende Typen unterscheiden:

- Zeichen-Entities
- Entities mit gemischtem Inhalt
- Ungeparste Entities

Zeichen-Entities dienen der Repräsentation eines einzelnen Zeichens. Ein Zeichen-Entity muss verwendet werden, wenn das gewünschte Zeichen auf der Tastatur nicht verfügbar ist, oder wenn es in XML eine besondere Bedeutung hat, wie beispielsweise das "<"-Zeichen.

Bei **Entities mit gemischtem Inhalt** kann der Ersetzungstext aus Zeichenketten bestehen, die auch Markup enthalten dürfen.

Der XML-Parser geht bei diesen beiden Arten von Entities wie folgt vor: Er ersetzt die Entity-Referenz durch den Ersetzungstext und analysiert *(parsed)* den so entstandenen Gesamttext. Daher spricht man auch von **geparsten oder analysierten Entities.**

Im Gegensatz dazu werden **ungeparste Entities** nicht geparst, sie dienen dem Einbinden von Fremdformaten, wie z. B. Bildern oder Tönen.

Im Folgenden wird gezeigt, wie die verschiedenen Arten von Entities deklariert und angewendet werden:

- 3.4.1 Zeichen-Entities
- 3.4.2 Allgemeine Entities
- 3.4.3 Parameter-Entities

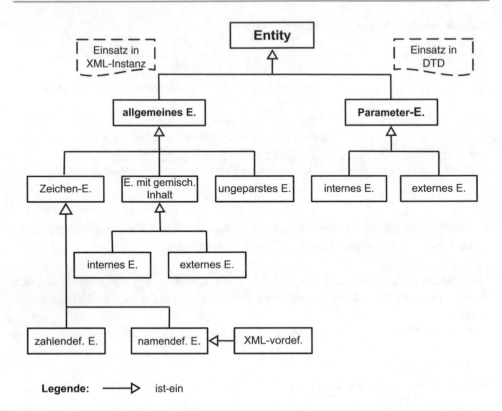

Abb. 3.2   Arten von Entities

Da ungeparste Entities nur gemeinsam mit Notationen verwendet werden können, werden diese in Abschn. 3.5 erläutert.

3.4.1   Zeichen-Entities

Zusammenfassung

Zeichen-Entities sind Entities, die einzelne Zeichen repräsentieren. Ein Zeichen-Entity muss verwendet werden, wenn das gewünschte Zeichen auf der Tastatur nicht verfügbar ist oder wenn es in XML eine besondere Bedeutung hat.

Zeichen-Entities sind allgemeine Entities. Sie repräsentieren jedoch nur ein einzelnes Zeichen.

Nummerische Zeichen-Entities

In einem XML-Dokument mit der Zeichencodierung `UTF-8` können alle Zeichen des Unicode-Zeichensatzes verwendet werden. Das Problem ist jedoch, dass nicht alle Zeichen auf einem Eingabegerät, z. B. der Tastatur, zur Verfügung stehen.

Über Zeichenreferenzen *(Character Entity Reference)*, oft auch Zeichen-Entities genannt, können Sie jedes Unicode-Zeichen nummerisch angeben. Verwendet wird dabei die Positionsnummer des Zeichens im Unicode-Zeichensatz. Die Nummer kann im dezimalen oder hexadezimalen Format angegeben werden.

Dezimales Format Die Nummer des Zeichens im Zeichensatz wird in dezimaler Notation eingeschlossen in "`&#`" und "`;`":

```
&#dezimalzahl;
```

Hexadezimales Format Die Nummer in hexadezimaler Notation wird eingeschlossen in "`&#x`" und "`;`":

```
&#xhexadezimalzahl;
```

Tab. 3.4 zeigt einige Beispiele für nummerische Zeichenreferenzen. Alle Unicode-Zeichen, deren Namen und Codepunkte sind in den Unicode Character Code Charts (http://www.unicode.org/charts/) tabelliert.

Übung

Fügen Sie einer beliebigen XML-Instanz mehrere Zeichen-Entities hinzu. Lassen Sie sich die XML-Instanz in einem Webbrowser oder der Autorensicht Ihres XML-Editors anzeigen. Wie werden die Zeichen-Entities dargestellt?

Benannte Zeichen-Entities Da sich die nummerischen Zeichen-Entities schlecht merken lassen, ist es sinnvoll für sie benannte Zeichen-Entities, also „Namenskürzel für die Zahlen", zu definieren. Wie dies durchgeführt wird, erfahren Sie in Abschn. 3.4.2.

Tab. 3.4 Beispiel für nummerische Zeichenreferenzen

Zeichen	Dezimal	Hexadezimal
ä	`&#228;`	`&#xE4;`
ü	`&#252;`	`&#xFC;`
ö	`&#246;`	`&#xF6;`
Leerzeichen		` `
Ç (c mit cedile)	`&#231;`	`&#xE7;`
© (copyright)	`&#169;`	`&#xA9;`
€ (Euro Symbol)	`&#8364;`	`&#x20AC;`

Vordefinierte Zeichenreferenzen Die Zeichen$<$, $>$, $"$,$'$ und & haben in XML eine besondere Bedeutung. Sie dienen als Begrenzungszeichen für Tags, Attributwerte bzw. Entities.

Wird das "$<$"-oder "&"-Zeichen im Inhalt eines Elementes oder innerhalb eines Attributwertes verwendet oder das Zeichen """ bzw. "'", wenn der Attributwert von doppelten Hochkommata bzw. von einfachen Hochkommata eingeschlossen ist, zeigt der Parser einen Fehler an (s. Abschn. 1.3, Beispiel 7).

Für diese Zeichen wird also eine Ersatzdarstellung benötigt. Eine Möglichkeit ist die Verwendung eines nummerischen Entities, z. B. < für das Zeichen "$<$". Einfacher ist jedoch die Verwendung des in XML bereits vordefinierten Entities. Die in Tab. 3.5 notierten fünf Zeichenreferenzen sind in der XML-Spezifikation bereits vordefiniert.

3.4.2   Allgemeine Entities

Zusammenfassung

Mit allgemeinen Entities werden Kürzel für wiederkehrende Textabschnitte definiert. Bei internen Entities wird der Ersetzungstext in der Deklaration angegeben, bei externen Entities befindet er sich in einer separaten Datei. Während der Verarbeitung durch den XML-Parser wird die Entity-Referenz durch den Text, auf den sie verweist, ersetzt.

Allgemeine Entities stellen eine ähnliche Funktionalität zur Verfügung wie Textbausteine in einem Textverarbeitungsprogramm. Für häufig wiederkehrende Textabschnitte wird ein Kürzel definiert, welches dann an den gewünschten Positionen an Stelle des Textabschnitts eingesetzt wird.

Die Kürzel werden in der DTD definiert und können dann im Inhalt von Elementen und innerhalb von Attributwerten referenziert werden. Bei der Verarbeitung des XML-Dokumentes ersetzt der XML-Parser das Kürzel durch den Ersetzungstext und parst das dadurch entstandene Dokument. Daher spricht man auch von einem allgemeinen *geparsten* Entity oder auch von einem allgemeinen *analysierten* Entity.

Tab. 3.5   In XML vordefinierte Entities

Zeichen	Zeichenreferenz	Erläuterung
$<$	<	Kleiner als (*less than*)
$>$	>	Größer als (*greater than*)
"	"	Doppeltes Anführungszeichen (*quotation mark*)
'	'	Einfaches Anführungszeichen (*apostrophe*)
&	&	Kaufmännisches Und (*ampersand*)

Interne allgemeine Entities

Deklaration Bei internen Entities wird der Ersetzungstext direkt in der Deklaration des Entities als Zeichenkette angegeben.

Die Syntax der Deklaration eines internen allgemeinen Entities lautet:

```
<!ENTITY name "Ersetzungstext">
```

Eine Entity-Deklaration beginnt mit dem Schlüsselwort `<!ENTITY`. Es folgt, getrennt durch ein Leerzeichen, der Name des Entities. Anschließend wird, wiederum getrennt durch ein Leerzeichen, der Ersetzungstext für das Entity in Hochkommata angegeben.

Referenzierung Referenziert wird das Entity durch die Angabe von "`&`" (Ampersand), Name des Entities und einem Semikolon:

```
&name;
```

▶ **Hinweis** Trifft der Parser auf eine Entity-Referenz, die nicht deklariert wurde, ist das XML-Dokument nicht wohlgeformt.

Fallbeispiel

Das Fallbeispiel „Hochschulwelt" wird erweitert. Für die Dozenten wird zusätzlich die URL der persönlichen Homepage erfasst. Da alle Webseiten der Dozenten in derselben Domain liegen, wird für den Domainnamen in der DTD das Entity web definiert.

```
<!ENTITY web "http://www.meine-fh.de">
```

Die DTD hat also folgende Form (Ausschnitt):

```
<!ELEMENT fb (dozentenliste, vorlesungsliste)>
<!ELEMENT dozentenliste (dozent+)>
<!ELEMENT dozent   (name, vorname, website)>
<!ELEMENT name     (#PCDATA)>
<!ELEMENT vorname (#PCDATA)>
<!ELEMENT website (#PCDATA)>
<!ATTLIST dozent did ID #REQUIRED>
<!ENTITY web "http://www.meine-fh.de">
```

In der Dokumentinstanz wird das Entity innerhalb des Elementes `<website>` referenziert:

```
<?xml version="1.0" encoding="UTF-8"?>
<!DOCTYPE fb SYSTEM "fb.dtd">
<fb>
  <dozentenliste>
    <dozent did="d1">
      <name>Maier</name>
      <vorname>Fritz</vorname>
      <website>&web;/maier.htm</website>
    </dozent>
  ...
</fb>◄
```

(fb.dtd, fb.xml)

► **Tipp** Wechseln Sie in die Autorensicht Ihres XML-Editors. Sie sehen, der Ersetzungstext steht anstelle des Entities. Webbrowser verarbeiten die DTD jedoch nicht. Daher können Sie ein allgemeines Entity nicht auflösen und eine Fehlermeldung wird angezeigt.

Beispiel 1

` ` ist das nummerische Zeichen-Entity für ein festes Leerzeichen. Nummerische Entities lassen sich schlecht merken, daher wird – wie in HTML, XHTML – für dieses Zeichen-Entity ein allgemeines Entity mit dem sprechenden Namen `nbsp` deklariert. `nbsp` ist ein Kürzel für *„non-breaking space"*, auf Deutsch „geschütztes Leerzeichen".
 DTD: `<!ENTITY nbsp " ">`
 XML: `<vorname>Peter Michael</vorname>` ◄

Übung

Erweitern Sie die DTD des Fallbeispiels um folgende Entities: ein Entity `P` mit Ersetzungstext `"Prof."`, ein Entity `D` mit Ersetzungstext `"Dr."` und ein Entity `PD` mit Ersetzungstext `"Prof. Dr."`. Wenden Sie die Entities in der XML-Instanz an.

Markup in Entities Da der Ersetzungstext geparst wird, sind die Zeichen `<`, `&` und `"` bzw. `'` nicht direkt erlaubt und müssen durch ihre Zeichenreferenzen ersetzt werden. Es ist aber möglich, dass der Ersetzungstext Markup enthält. Elemente müssen im Entity jedoch immer vollständig *(well-formed)* sein, d. h. enthält ein Entity einen Start-Tag, muss es auch den dazu passenden Ende-Tag enthalten (vgl. 2, S. 265).

Beispiel 2

Dieses Beispiel ist korrekt:

```
<!ENTITY maier "<name>maier</name>">
```

XML:

```
<dozent did="d1">
  &maier;
  <vorname>Fritz</vorname>
  ...
</dozent>
```

Dieses Beispiel erzeugt eine Fehlermeldung:

```
<!ENTITY maier "<name>maier">
```

XML:

```
<dozent did="d1">
  &maier;</name>
  <vorname>Fritz</vorname>
  ...
</dozent>◀
```

▶ **HInweis** Entity-Deklarationen können Entity-Referenzen enthalten. Es darf jedoch keine zirkulären Referenzen geben.

Beispiel 3

Dies ist korrekt:

```
<!ENTITY fr "Fritz">
<!ENTITY ma "Maier">
<!ENTITY frma "&fr; &ma;">
```

Nicht korrekt ist:

```
<!ENTITY e1 "abc&e2;">
<!ENTITY e2 "abc&e1;">
```

Hier referenziert das Entitiy e1 das Entity e2 und e2 referenziert e1. Es liegt also eine zirkuläre Referenz vor. ◀

▶   **Hinweis** Mit allgemeinen Entities kann kein Ersetzungstext für Bestandteile
    der DTD definiert werden. Folgende Deklarationen erzeugen einen Fehler:

```
<!ENTITY pc "#PCDATA">
<!ELEMENT name (&pc;)>
```

Für diesen Fall muss ein Parameter-Entity verwendet werden.

Externe allgemeine Entities
Bei externen Entities liegt der Ersetzungstext außerhalb der DTD in einer separaten
Datei. Dies kann eine private oder auch eine öffentlich zugängliche Ressource sein.

Private Ressource Bei einer privaten Ressource, also einer Datei, wird das Schlüsselwort SYSTEM und der Pfad zur Datei (relativ oder absolut) angegeben. Es gilt folgende
Syntax:

```
<!ENTITY name SYSTEM "URI">
```

Öffentliche Ressource Bei einer öffentlichen Ressource wird das Schlüsselwort
PUBLIC, der öffentliche Bezeichner, meist in Form eines FPI *(Formal Public Identifier)*,
sowie ein URI angegeben. Es gilt folgende Syntax:

```
<!ENTITY name PUBLIC "FPI" "URI">
```

Referenzierung Referenziert wird ein externes allgemeines Entity wie ein internes allgemeines Entity:

```
&name;
```

Der Parser ersetzt die Entity-Referenz durch den Inhalt der angegebenen Datei. Hierbei
gelten die gleichen Regeln wie bei internen Entities.

Beispiel 4

Dieses Beispiel ist eine Abwandlung von Beispiel 1. Das Entity web wird als externes
Entity definiert und zeigt auf die Datei web.txt, die im gleichen Ordner wie die
DTD-Datei liegt.

```
<!ENTITY web SYSTEM "web.txt">
```

In der Datei web.txt befindet sich der Textstring:

```
http://www.meine-fh.de◄
```

```
(fb_ext.dtd, web.txt)
```

▶   **Hinweis** Wird ein allgemeines Entity mehrfach deklariert, gilt immer die erste
      Deklaration. Wird eine externe DTD mit einer internen kombiniert, haben
      die Entity-Deklarationen in der internen DTD Vorrang. Somit können die
      importierten externen Deklarationen durch interne überschrieben werden.

Modularisierung einer Dokumentinstanz

Mit Hilfe von allgemeinen externen Entities kann eine Dokumentinstanz in einzelne
Module aufgeteilt werden. So ist eine parallele Entwicklung und Pflege von XML-
Dokumenten möglich.

Fallbeispiel

In diesem Beispiel wird die externe DTD fb.dtd um interne DTD-Deklarationen
ergänzt: Es werden zwei externe Entities definiert, die die zu inkludierenden Dateien
dozent1.xml und dozent2.xml referenzieren (s. Abb. 3.3):
      Datei doz_gesamt.xml:

```
<?xml version="1.0" encoding="UTF-8"?>
<!DOCTYPE dozentenliste SYSTEM "fb.dtd" [
  <!ENTITY dozent1 SYSTEM "dozent1.xml">
  <!ENTITY dozent2 SYSTEM "dozent2.xml">
]>
<dozentenliste>
  &dozent1;
  &dozent2;
</dozentenliste>
```

In dozent1.xml:

```
<?xml version="1.0" ?>
<dozent did="d1">
  <name>Maier</name>
  <vorname>Fritz</vorname>
  <website>&web;/maier.htm</website>
</dozent>
```

Beachten Sie: Das Gesamtdokument doz_modul.xml ist valide. Da in dozent1.
xml die Referenz auf die DTD fehlt, kann das Entity &web; nicht aufgelöst werden
und der Parser zeigt einen Fehler an. Wird die Referenz auf die DTD eingefügt, ist
das Gesamtdokument nicht valide. ◀

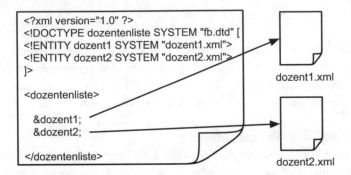

Abb. 3.3 Einsatz von Entities zur Modularisierung einer Dokumentinstanz

(doz_gesamt.xml, fb.dtd, dozent1.xml, dozent2.xml)

Übung

Modularisieren Sie analog zu obigem Fallbeispiel die Vorlesungsliste.

Nachteile externer Entities
- Die Deklaration eines Entities ist in der DTD-Syntax vorzunehmen. Dies hat zur Folge, dass das Konzept bei anderen Strukturbeschreibungssprachen, wie z. B. XML-Schema, nicht angewendet werden kann.
- Die einzelnen Module dürfen keine DOCTYPE-Deklaration enthalten, dies erzeugt einen Fehler. Die Module können daher nicht validiert werden bzw. müsste die entsprechende Code-Zeile vor der Inklusion gelöscht werden.
- Die referenzierten Dokumente können mehrere Wurzelelemente haben, müssen also nicht wohlgeformt sein.
- Da auch der Ersetzungstext geparst wird, können Entity-Referenzen nicht auf eine reine Textdatei zeigen, die vom Parsing-Prozess ausgenommen werden soll. Dies wäre der Fall, wenn z. B. Quellcode eines Programms oder HTML- bzw. XML-Code in das XML-Dokument inkludiert werden soll.
- Wenn die externe Datei nicht vorhanden bzw. es nicht möglich ist, diese über das Netz zu laden, gibt es eine Fehlermeldung. Es gibt jedoch keine Möglichkeit der Fehlerbehandlung (Fallback-Mechanismus).

Da diese Nachteile u. U. sehr schwerwiegend sind, hat das W3C im Jahr 2004 die Spezifikation XML Inclusions (https://www.w3.org/TR/xinclude/), kurz XInclude, veröffentlicht. Informationen hierzu erhalten Sie in Kap. 6.

3.4.3 Parameter-Entities

Zusammenfassung

Mit Parameter-Entities können Kürzel für wiederkehrende Bestandteile einer DTD deklariert werden. Bei internen Entities wird der Ersetzungstext in der Deklaration angegeben, bei externen Entities befindet er sich in einer separaten Datei. Mit Parameter-Entities ist somit der modulare Aufbau einer DTD möglich.

In größeren DTDs kommt es häufig vor, dass mehrere Elemente über ein identisches oder teilweise identisches Inhaltsmodell verfügen. Oft besitzen auch verschiedene Elemente gleiche oder teilweise gleiche Attributlisten. Beispielsweise haben in XHTML alle Elemente die Attribute `id`, `class` und `title`.

Mit **Parameter-Entities** können Kürzel für wiederkehrende DTD-Bestandteile definiert werden.

Interne Parameter-Enities
Bei internen Parameter-Entities wird der Ersetzungstext in der Deklaration des Entities angegeben. Die Syntax einer internen Parameter-Entity-Deklaration lautet:

```
<!ENTITY % name "Ersetzungstext">
```

Die Parameter-Entity-Deklaration beginnt mit dem Schlüsselwort `<!ENTITY`. Nach einem Leerzeichen folgt ein `"%"`-Zeichen, danach folgt ein Leerzeichen und der Name des Entities. Anschließend folgt, nach einem weiteren Leerzeichen, der Ersetzungstext in einfachen oder doppelten Hochkommata.

Anwendung in der DTD Referenziert wird ein Parameter-Entity durch eine Parameter-Entity-Referenz. Sie beginnt mit einem Prozentzeichen, dann folgt der Name des Parameter-Entities, abgeschlossen wird sie durch ein Semikolon:

```
%name;
```

Ein Parameter-Entity muss stets vor seiner Referenzierung deklariert werden. Parameter-Entities können auch ineinander verschachtelt werden, es darf jedoch keine zirkulären Referenzen geben.

▶ **Hinweis** Die Referenzierung eines Parameter-Entities ist nur in einer DTD sinnvoll. Außerhalb einer DTD hat das Prozentzeichen `"%"` keine Bedeutung. In einer Dokumentinstanz wird eine Parameter-Entity-Referenz demzufolge auch nicht als solche erkannt.

Beispiel 1

Im Fallbeispiel „Hochschulwelt" werden Dozenten und Studenten erfasst. Für die Dozenten werden Name, Vorname und die URL ihrer Website gespeichert, für die Studenten Name, Vorname und Matrikelnummer. Die Elemente `dozent` und `student` verfügen also über ein teilweise identisches Inhaltsmodell. Für die Sequenz `"nachname, vorname"` wird deshalb das Parameter-Entity `name` deklariert. Dieses wird in der Elementdefinition von `dozent` und `student` referenziert.

```
<!ENTITY % name "nachname, vorname">
<!ELEMENT hochschule (dozentenliste, studentenliste)>
<!ELEMENT dozentenliste  (dozent+)>
<!ELEMENT studentenliste (student+)>
<!ELEMENT dozent     (%name;, website)>
<!ELEMENT student    (%name;, matrnr)>
<!ELEMENT nachname (#PCDATA)>
<!ELEMENT vorname  (#PCDATA)>
<!ELEMENT website  (#PCDATA)>
<!ELEMENT matrnr   (#PCDATA)>◀
```

(hochschule.dtd)

▶ **Hinweis** Enthält der Ersetzungstext keine vollständige Deklaration, wie dies in obigem Beispiel der Fall ist, muss eine externe DTD vorliegen.

Übung

Für Zugverbindungen werden Abfahrts- und Ankunftsdaten gespeichert. Die Daten enthalten Angaben zum Ort, zur Uhrzeit und dem Gleis. Geben Sie eine DTD und eine valide XML-Instanz an. Verwenden Sie in der DTD Parameter-Entities.

Beispiel 2: XHTML-DTD

Viele Beispiele für die Anwendung von Parameter-Entities finden Sie in der XHTML 1.1 DTD (https://www.w3.org/TR/xhtml-modularization/dtd_module_defs.html). Hier ein kleiner Ausschnitt (leicht vereinfacht):

Das Entity `Text.datatype` hat als Ersetzungstext die Zeichenkette `CDATA`. Statt `CDATA` wird ein sprechender Name gewählt, da es so einem menschlichen Leser leichter fällt, zu erkennen, um was es sich bei der Angabe des Attributtyps handelt. Typisch für die XHTML Version 1.1 sind Benennungen, die aus mehreren Teilen bestehen. Nach dem eigentlichen Namen folgt eine Ergänzung, die Aussagen über die Art des Begriffs macht, in diesem Fall, dass es sich um einen Datentyp handelt.

```
<!-- textual content -->
<!ENTITY % Text.datatype "CDATA">
```

Die Entities `title.attrib`, `id.attrib`, `class.attrib` enthalten in ihrem
Ersetzungstext die Deklarationen der Attribute `title`, `id` bzw. `class`.

```
<!ENTITY % title.attrib "title %Text.datatype; #IMPLIED">
<!ENTITY % id.attrib    "id ID #IMPLIED">
<!ENTITY % class.attrib "class NMTOKENS #IMPLIED">
```

Diese Entities werden innerhalb des Ersetzungstextes des Entities `Core.attrib`
(etwa: Kern-Attribute) referenziert. Dieses Entity enthält als Ersetzungstext somit
die Attributdeklarationen der Attribute `id`, `class` und `title`, die jedes XHTML-
Element besitzt.

```
<!ENTITY % Core.attrib
        "%XHTML.xmlns.attrib;
        %id.attrib;
        %class.attrib;
        %title.attrib;
        xml:space ( preserve ) #FIXED 'preserve'
        %Core.extra.attrib;"
>
```

Das Parameter-Entity `Core.attrib` wird auch innerhalb der Deklaration weiterer
Parameter-Entities eingesetzt, z. B. innerhalb von `Common.attrib`:

```
<!ENTITY % Common.attrib
        "%Core.attrib;
         %I18n.attrib;
         %Events.attrib;
         %Common.extra.attrib;"
>
```

wobei das Entity `I18n.attrib` als Ersetzungstext Attributdefinitionen für Attribute
der Internationalisierung (z. B. `lang`), `Events.attrib` Attributdefinitionen für
Eventhandler (`onclick`, `onmouseover` usw.) beinhaltet.

Die Entities `Core.extra.attrib` und `Common.extra.attrib` enthalten
als Ersetzungstext eine leere Zeichenkette. Bei Bedarf können diese Entities durch
Deklarationen in einer internen DTD überschrieben werden und so die DTD an
eigene Bedürfnisse angepasst werden.

Für Elementdeklarationen wird jeweils zuerst ein Entity für das Inhaltsmodell und ein Entity für den Namen definiert. Die Elementdeklaration referenziert dann diese Entities. Das leere Element `br` wird daher wie folgt deklariert:

```
<!ENTITY % br.content "EMPTY">
<!ENTITY % br.qname "br">
<!ELEMENT %br.qname; %br.content;>
```

Attribute von `br` sind alle Core-Attribute. Die Attributlisten-Deklaration für `br` hat folgende Form:

```
<!ATTLIST %br.qname; %Core.attrib;>◄
```

Übung

Rufen Sie die XHTML 1.1 DTD (https://www.w3.org/TR/xhtml-modularization/dtd_module_defs.html) auf. Betrachten Sie nun die Verwendung von Parameter-Entities innerhalb der Inhaltsmodelle, z. B. bei den Elementen für Überschriften, Listen, Paragrafen.

Externe Parameter-Entities

Bei externen Parameter-Entities steht der Ersetzungstext in einer separaten Datei. Dies kann eine private oder auch eine öffentlich zugängliche Ressource sein.

Private Ressource Bei einer privaten Ressource wird das Schlüsselwort `SYSTEM` und ein URI (relativ oder absolut) angegeben. Es gilt folgende Syntax:

```
<!ENTITY % name SYSTEM "URI">
```

Öffentliche Ressource Bei einer öffentlichen Ressource wird das Schlüsselwort `PUBLIC`, der öffentliche Bezeichner, meist in Form eines FPI *(Formal Public Identifier)*, sowie ein URI angegeben. Es gilt folgende Syntax:

```
<!ENTITY % name PUBLIC "FPI" "URI">
```

Referenzierung Referenziert wird ein externes Parameter-Entity wie ein internes Parameter-Entity:

```
%name;
```

Beispiel 3

Dieses Beispiel ist eine Abwandlung von Beispiel 1. Das Entity `name` wird als externes Parameter-Entity definiert und zeigt auf die Datei `name.dtd`.

```
<!ENTITY % name SYSTEM "name.dtd">
<!ELEMENT dozent  (%name;, website)>
<!ELEMENT student (%name;, matrnr)>
...
```

In der Datei `name.dtd` befindet sich der Textstring.

```
nachname, vorname◀
```

```
(hochschule2.dtd, name.dtd)
```

Viel häufiger werden jedoch komplette Deklarationen in externen Dateien abgespeichert. Ausführliche Beispiele hierzu enthält der nächste Abschnitt.

Modularisierung einer DTD

Es hat viele Vorteile eine große DTD in kleinere Komponenten bzw. Module aufzuteilen. Sie ist übersichtlicher, leichter zu warten und besser an eigene Bedürfnisse anzupassen. Weiterhin können die Module auch in verschiedenen DTDs wiederverwendet werden. Üblich ist es, für die einzelnen DTD-Bestandteile die Dateinamenserweiterung `.mod` zu verwenden. In einer sogenannten „Shell-DTD", die die Dateinamenserweiterung `.dtd` erhält, werden die einzelnen Module referenziert.

Fallbeispiel: „Modularisierung der fb.dtd"

Die DTD `fb.dtd` wird in zwei Module aufgeteilt. Das Modul `dozent.mod` enthält alle Deklarationen, um Dozenten zu beschreiben, das Modul `vorlesung.mod` die Deklarationen für Vorlesungen. Die Datei `fb_gesamt.dtd` enthält die Shell-DTD.

Es werden zwei Entities deklariert, die auf die Moduldateien verweisen. Diese Entities werden nach ihrer Deklaration referenziert.

Datei `dozent.mod`:

```
<!ELEMENT dozentenliste (dozent+)>
<!ELEMENT dozent  (name, vorname, website)>
<!ELEMENT name    (#PCDATA)>
<!ELEMENT vorname (#PCDATA)>
<!ELEMENT website (#PCDATA)>
<!ATTLIST dozent did ID #REQUIRED>
```

Datei `vorlesung.mod`:

```
<!ELEMENT vorlesungsliste (vorlesung+)>
<!ELEMENT vorlesung (titel, semester, beschreibung?)>
<!ELEMENT title       (#PCDATA)>
<!ELEMENT semester    (#PCDATA)>
<!ELEMENT beschreibung (#PCDATA | em)*>
<!ELEMENT em          (#PCDATA)>
<!ATTLIST vorlesung vid    ID      #REQUIRED
                    did    IDREF   #IMPLIED
                    beginn NMTOKEN #REQUIRED>
```

Datei `fb_gesamt.dtd`:

```
<!ENTITY % dozent SYSTEM "dozent.mod">
%dozent;
<!ENTITY % vorlesung SYSTEM "vorlesung.mod">
%vorlesung;
<!ELEMENT fb (dozentenliste, vorlesungsliste)> ◄
```

(`fb_gesamt.dtd`, `dozent.mod`, `vorlesung.mod`)

Beispiel 4: „Entity-Sammlung"

Die Datei `isogrk1.ent` enthält allgemeine Entities, die als Ersetzungstext nummerische Zeichen-Entities beinhalten, in diesem Fall Entities für die griechischen Buchstaben.

```
<!ENTITY Agr "&#x00391;" >
            <!--GREEK CAPITAL LETTER ALPHA -->
<!ENTITY agr "&#x003B1;">
            <!--GREEK SMALL LETTER ALPHA -->
<!ENTITY Bgr "&#x00392;">
            <!--GREEK CAPITAL LETTER BETA -->
<!ENTITY bgr "&#x003B2;">
            <!--GREEK SMALL LETTER BETA -->
<!ENTITY Dgr "&#x00394;">
            <!--GREEK CAPITAL LETTER DELTA -->
<!ENTITY dgr "&#x003B4;">
            <!--GREEK SMALL LETTER DELTA -->
...
```

Mit den beiden folgenden Zeilen können diese Entity-Deklarationen in jeder beliebigen DTD zur Verfügung gestellt werden.

```
<!ENTITY % isogrk1 SYSTEM "pfad/isogrk1.ent">
%isogrk1;
```

Der Autor des XML-Dokumentes kann nun die „sprechenden Namen" anstelle der schlecht zu merkenden nummerischen Entities benutzen, z. B. &Agr; statt &#x00.391; für das große griechische Alpha. ◄

(isogrk1.ent)

▶ **Zusammenfassung** Zusammengefasst noch einmal die Unterschiede zwischen Parameter-Entities und allgemeinen Entities:

- In der Deklaration von Parameter-Entities muss das %-Zeichen notiert werden.
- Parameter-Entity-Referenzen beginnen mit einem %-Zeichen, allgemeine Entity-Referenzen mit einem &-Zeichen.
- Parameter-Entity-Referenzen werden nur in einer DTD als solche erkannt.

3.5 Notationen und ungeparste Entities

Zusammenfassung

Notationen definieren Kürzel für Verarbeitungsanweisungen. Sie können als Attributtyp eingesetzt werden und liefern so weitere Informationen über den Inhalt des entsprechenden Elementes. Ungeparste Entities dienen dem Einbinden von Fremdformaten, wie z. B. Bildern oder Tönen. Ihre Deklaration enthält eine Notationskennung, um den Typ der Daten im ungeparsten Entity zu identifizieren.

XML-Dokumente können Referenzen auf Dateien, in denen Nicht-XML-Formate gespeichert sind, enthalten. Dies können multimediale Inhalte wie Grafiken, Audio- oder Video-Dateien sein. Der XML-Parser soll und kann diese Inhalte nicht analysieren. Unter Umständen kann es aber sinnvoll sein, dass der Parser Informationen über das Format oder das Programm, mit dem der Inhalt angezeigt werden kann, an eine Anwendung, in der er integriert ist, weiterreicht.

Notationen

Zu diesem Zweck können in einer DTD sogenannte **Notationen** deklariert werden. Eine Notation definiert ein Kürzel für die Verarbeitungsinformation:

```
<!NOTATION Abkürzung Identifier>
```

Notationen lassen sich mit öffentlichen Identifikatoren definieren. In diesem Fall wird das Schlüsselwort PUBLIC notiert und ein öffentlicher Bezeichner, meist in Form eines FPI *(Formal Public Identifier)* angegeben. Alternativ kann das Schlüsselwort SYSTEM, dem der URI einer Softwareanwendung oder eines MIME-Typs folgt, verwendet werden.

Beispiel 1

Die folgenden Notationen sind aus dem „DocBook notations module V4.5", Dateiname dbnotnx.mod, der DocBook-DTD entnommen:

```
<!NOTATION BMP  PUBLIC
  "+//ISBN 0-7923-94.2-1::Graphic Notation//NOTATION
   Microsoft Windows bitmap//EN">
<!NOTATION EPS  PUBLIC
  "+//ISBN 0-201-18127-4::Adobe//NOTATION
   PostScript Language Ref. Manual//EN">

<!NOTATION JPG  SYSTEM "JPG">
<!NOTATION JPEG SYSTEM "JPG">
<!NOTATION TIFF SYSTEM "TIFF">
<!NOTATION PNG  SYSTEM "http://www.w3.org/TR/REC-png">
<!NOTATION PDF  SYSTEM
   "http://www.adobe.com/products/acrobat/adobepdf.html">◄
```

Anwendung von Notationen Eine Notationskennung kann als Attributwert angegeben werden. Dazu ist es notwendig, dass ein Attribut vom Typ NOTATION deklariert wird. Die Syntax der Attributdeklaration hat folgende Form:

```
<!ATTLIST Elementname
        Attributname NOTATION (n1 | n2 | ...)
        Vorgabedeklaration>
```

Nach dem Schlüsselwort NOTATION folgt in Klammern die Angabe der erlaubten Werte, jeweils getrennt durch "|", und anschließend die Vorgabedeklaration.

Beispiel 2

Über eine Notation wird einer verarbeitenden Anwendung mitgeteilt, dass das Bild eine EPS-Grafik ist:

```
<!NOTATION EPS PUBLIC
  "+//ISBN 0-201-18127-4::Adobe//NOTATION PostScript
   Language Ref. Manual//EN">
```

```
<!ELEMENT image (#PCDATA)>
<!ATTLIST image typ NOTATION (EPS) #IMPLIED>
```

In einer XML-Instanz kann dies verwendet werden:

```
<image typ ="EPS">bild1.eps</image>◄
```

▶   **Einschränkungen** Für keinen Elementtyp darf mehr als ein NOTATION-
Attribut spezifiziert werden. Ein Attribut vom Typ NOTATION darf nicht für ein
Element deklariert werden, das das Inhaltsmodell EMPTY hat.

Ungeparste Entities

Im Gegensatz zu analysierten Entities werden **ungeparste Entities** – wie der Name
schon sagt – nicht geparst. Sie dienen dem Einbinden von Fremdformaten, wie z. B.
Bildern oder Tönen. Ungeparste Entities sind immer externe Entities. Die Syntax der
Deklaration eines ungeparsten Entities lautet:

```
<!ENTITY name SYSTEM "URI" NDATA Kennung>
```

Nach dem Schlüsselwort SYSTEM und der Angabe eines URI folgt das Schlüsselwort
NDATA *(notation data)* gefolgt von einer Notationskennung. Die entsprechende Notation
muss vorab in der DTD definiert sein.

Im XML-Dokument dürfen Referenzen auf ungeparste Entities nur als Wert von
Attributen des Typs ENTITY oder ENTITIES verwendet werden. Es muss also ein
Attribut vom Typ ENTITY oder ENTITIES deklariert werden:

```
<!ATTLIST Elementname
          Attributname ENTITY Vorgabedeklaration>
```

Im XML-Dokument wird als Attributwert der Name des Entities und *nicht* die sonst für
allgemeine Entity-Referenzen übliche Schreibweise &name; verwendet.

Beispiel 3

Die Datei bild.bmp enthält eine Grafik im Bitmap-Format. Die Grafik wird im
XML-Dokument mehrfach eingebunden, daher wird das externe ungeparste Entity
meinBild deklariert, das auf diese Grafik verweist.

```
<!NOTATION BMP PUBLIC
   "+//ISBN 0-7923-94.2-1::Graphic Notation//NOTATION
    Microsoft Windows bitmap//EN">
<!ENTITY meinBild SYSTEM "bild.bmp" NDATA BMP>
<!ELEMENT image EMPTY>
<!ATTLIST image src ENTITY #REQUIRED>
```

In einer XML-Instanz kann dies verwendet werden:

```
<image src="meinBild"/>◀
```

```
(bilder.xml)
```

3.6   Schwächen der DTD

Zusammenfassung

Für viele Anwendungen reichen die Validierungsmöglichkeiten mit einer DTD nicht aus.

DTDs sind eine Folge von XML's Erbe aus der SGML. SGML war für narrative Dokumente, also Dokumente im „Erzählstil", gedacht. Der Einsatz von XML geht aber weit über die Verwendungen hinaus, die für SGML vorgesehen waren. Wird XML etwa als Datenaustauschformat, z. B. bei E-Commerce-Anwendungen, eingesetzt, reichen die Validierungsmöglichkeiten mithilfe einer DTD oft nicht mehr aus.

Schwächen der DTD

- Für DTDs wird keine XML-Syntax verwendet. Dies bedeutet, dass für die Erstellung einer DTD eigene Editoren, Parser und APIs benötigt werden.
- Fehlende Datentypisierung, insbesondere beim Elementinhalt.
  - Es gibt keinen Datentyp außer `#PCDATA`.
  - `<!ELEMENT datum (#PCDATA)>`
    Hier fehlt ein eigener Typ für ein Datum.
  - `<!ELEMENT isbn (#PCDATA)>`
    Es kann nicht ausgedrückt werden, dass eine ISBN ein bestimmtes Format aufweist. Reguläre Ausdrücke wären sinnvoll.
  - `<!ELEMENT land (#PCDATA)>`
    Hier wäre z. B. eine Liste der erlaubten Werte sinnvoll.
- Unzureichende Kardinalitätsangaben.
  `<!ELEMENT liste (eintrag+)>`
  Es ist nicht möglich oder sehr umständlich, präzise Angaben über die Häufigkeit des Auftretens von Elementen zu notieren.
- Es können keine Beschränkungen formuliert werden, die die Existenz oder die Werte mehrerer Elemente und/oder Attribute einbeziehen. Ein Beispiel: Der Wert des Attributes `beginn` muss kleiner als der Wert des Attributes `ende` sein.
- DTDs sind nur unzureichend mit Namensräumen kompatibel (s. Kap. 4).
- Schlechte Erweiterbarkeit: Soll eine (Standard-)DTD an eigene Bedürfnisse angepasst werden, gibt es hierzu nur eingeschränkte Möglichkeiten.

Literatur

1. Eckstein R, Eckstein S (2004) XML und Datenmodellierung. dpunkt.verlag, Heidelberg.
2. Harold, ER (2002) Die XML Bibel. mitp-Verlag, Bonn.
3. Schraitle, T (2009) DocBook-XML: Medienneutrales und plattformunabhängiges Publizieren. millin, Lohmar.
4. Vonhoegen, H (2018) XML: Einstieg, Praxis, Referenz. Rheinwerk Verlag, Bonn.

XML-Namensräume

4

Zusammenfassung

Mit Namensräumen kann die universelle Eindeutigkeit von Element- und Attributnamen gewährleistet werden. Somit können Namenskonflikte, die bei der
Kombination mehrerer XML-Anwendungen vorkommen können, vermieden werden.
Namensräume werden über das `xmlns`-Attribut definiert. Dazu gibt es zwei Möglichkeiten: die Angabe eines Default-Namensraumes oder die Verwendung von Namensraum-Präfixen.

Problem XML ermöglicht die freie Wahl von Element- und Attributnamen. Werden
nun in einem Dokument zwei oder mehr unterschiedliche XML-Vokabulare verwendet,
kann es vorkommen, dass in den verschiedenen Vokabularen gleiche Namen verwendet
werden.

Ausgangssituation Im folgenden XML-Codesegment wird das Element `titel` als
Titel einer Vorlesung verwendet.

```
<vorlesungsliste>
  <vorlesung did="d1" vid="v1">
    <titel>Informatik</titel>
    <semester>1</semester>
  </vorlesung>
```

Ergänzende Information Die elektronische Version dieses Kapitels enthält Zusatzmaterial,
auf das über folgenden Link zugegriffen werden kannhttps://doi.org/10.1007/978-3-658-
35435-0_4.

```
<vorlesung>
  ...
</vorlesung>
  ...
</vorlesungsliste>
```

Das Vorlesungsverzeichnis soll um eine Literaturliste erweitert werden. Hierzu wird die XML-Anwendung eines Verlages verwendet. In dieser steht das Element titel für den Titel eines Buches.

```
<literatur>
  <buch>
    <autor>Balzert, H.</autor>
    <titel>Java</titel>
  </buch>
  <buch>
    ...
  </buch>
  ...
</literatur>
```

Um solche Mehrdeutigkeiten und daraus entstehende Konflikte zu vermeiden, wurde 1999 vom W3C die Empfehlung „Namespaces in XML" (https://www.w3.org/ TR/xml-names/) veröffentlicht. Auch eine deutsche Übersetzung existiert (http:// www.schumacher-netz.de/TR/1999/REC-xml-names-19990114-de. html).

Idee Namensraum In XML-Dokumenten werden die Elemente eindeutig definierten, sogenannten **Namensräumen** *(namespaces)* zugeordnet. Innerhalb eines Namensraumes muss jeder Name eindeutig sein, derselbe Name darf jedoch in verschiedenen Namensräumen auftreten (Abb. 4.1).

Abb. 4.1 Gleiche Elementnamen in verschiedenen Namensräumen

Deklaration von Namensräumen

Namensräume werden durch Zuweisung eines **URI** *(Uniform Resource Identifier)* identifiziert. Als URI wird dabei meistens eine URL *(Uniform Resource Locator),* also eine Internetadresse, verwendet.

Für die Weiterverarbeitung eines XML-Dokumentes ist jedoch keine Internetverbindung notwendig, die verwendete Internetadresse muss nicht einmal existieren. In einem XML-Dokument werden Namensräume über das `xmlns`-Attribut deklariert. Es gibt zwei Möglichkeiten:

- Deklaration eines Default-Namensraums
- Deklaration und Verwendung von Namensraum-Präfixen

Deklaration eines Default-Namensraums

Ein **Default-Namensraum** wird in einem Element als Wert des Attributes `xmlns` deklariert. Die Syntax lautet:

```
<element xmlns="URI">
```

Dieses Element sowie alle seine Unterelemente gehören nun zu dem angegebenen Namensraum, es sei denn, dass für sie ein anderer Namensraum deklariert wird.

▶ **Hinweis** Default-Namensräume gelten nur für Elemente und nicht für Attribute. Die Attribute gehören zu keinem Namensraum.

Beispiel 1

Mit Default-Namensräumen lässt sich die oben geschilderte Ausgangssituation wie folgt modellieren:

Der Default-Namensraum `http://www.meine-fh.de` wird im Element `fb` angegeben, der Default-Namensraum `http://www.mein-verlag.de` im Element `literatur`.

```
<?xml version="1.0" encoding="UTF-8"?>
<fb xmlns="http://www.meine-fh.de">
  <vorlesungsliste>
    <vorlesung did="d1" vid="v1">
      <titel>Informatik</titel>
      <semester>1</semester>
    </vorlesung>
    ...
  </vorlesungsliste>
  <literatur xmlns="http://www.mein-verlag.de">
    <buch>
      <autor>Balzert, H.</autor>
      <titel>Java</titel>
```

```
   </buch>
      ...
   </literatur>
</fb>◄
```

(namensraum1.xml)

Deklaration und Verwendung von Namensraum-Präfixen
Bei der Verwendung von **Namensraum-Präfixen** wird zuerst ein Präfix an einen
Namensraum gebunden. Dieses Namensraum-Präfix dient dann als Abkürzung des URI.
Die Syntax lautet:

```
<element xmlns:präfixname="URI">
```

Die Deklaration eines Namensraums beginnt mit dem Schlüsselwort xmlns, nach einem
Doppelpunkt folgt ein (fast) beliebiges Kürzel als Namensraum-Präfix. Diesem folgt ein
Gleichheitszeichen und dann, in Hochkommata, der Name des Namensraums.

► **Hinweis** Namensraumdeklarationen sind an jeder Stelle des Dokumentes
möglich, werden im Allgemeinen aber im Wurzelelement notiert.

Das Namensraum-Präfix kann beliebig gewählt werden. Jedoch gibt es
allgemein verwendete Namensraum-Präfixe für bestimmte Namensräume,
z. B. xs oder xsd für den Namensraum von XML-Schema oder xsl für die
Extensible Stylesheet Language Transformations (XSLT).

Anwendung Allen Elementen und Attributen, die zu diesem Namensraum gehören
sollen, wird nun das Namensraum-Präfix vorangestellt:

```
<präfixname:elementname>
```

Der XML-Prozessor ersetzt bei der Verarbeitung das Kürzel durch den URI.

Qualifizierter Name Der gesamte Name bestehend aus präfix:elementname wird
(vollständig) qualifizierter Name *(qualified name)*, kurz *QName*, genannt.

Lokaler Name Der Namensteil rechts des Doppelpunktes heißt **lokaler Name** *(local
name)*.

Vorteile Die Verwendung von Namensraum-Präfixen hat den Vorteil, dass das
Dokument bei Verwendung von mehreren Namensräumen übersichtlicher und besser
lesbar ist. Zudem ist eine flexiblere Zuordnung von Elementen und Attributen zu einem
Namensraum möglich.

Beispiel 2

Unter Verwendung von Namensraum-Präfixen lässt sich die oben geschilderte Ausgangssituation wie folgt modellieren.

Im Wurzelelement fb werden zwei Namensräume deklariert:

Dem Namensraum http://wwww.meine-fh.de wird das Präfix fh zugeordnet,
dem Namensraum http://www.mein-verlag.de das Präfix verlag.

```
<?xml version="1.0" encoding="UTF-8"?>
<fh:fb xmlns:fh="http://www.meine-fh.de"
       xmlns:verlag="http://www.mein-verlag.de">
  <fh:vorlesungsliste>
    <fh:vorlesung did="d1" vid="v1">
      <fh:titel>Informatik</fh:titel>
      <fh:semester>1</fh:semester>
    </fh:vorlesung>
    ...
  </fh:vorlesungsliste>
  <verlag:literatur>
    <verlag:buch>
      <verlag:autor>Balzert, H.</verlag:autor>
      <verlag:titel>Java</verlag:titel>
    </verlag:buch>
    ...
  </verlag:literatur>
</fh:fb>
```

Die Attribute did und vid gehören nicht zum Namensraum fh. Ist dies gewünscht,
muss ihnen ebenfalls das Präfix fh vorangestellt werden.

Bei Verwendung mehrerer Namensräume ist es natürlich auch möglich, einen der
Namensräume als Default-Namensraum festzulegen und nur für die übrigen Namensräume Präfixe zu vergeben. ◄

(namensraum2.xml)

Beispiel 3

In diesem Beispiel ist der Namensraum http://www.meine-fh.de der Default-
Namensraum und dem Namensraum http://www.mein-verlag.de wird das
Präfix verlag zugeordnet.

```
<?xml version="1.0" encoding="UTF-8"?>
<fb xmlns="http://www.meine-fh.de"
    xmlns:verlag="http://www.mein-verlag.de">
```

```
<vorlesungsliste>
  <vorlesung>
    <titel>Informatik</titel>
    <semester>1</semester>
  </vorlesung>
</vorlesungsliste>
<verlag:literatur>
  <verlag:buch>
    <verlag:autor>Balzert, H.</verlag:autor>
    <verlag:titel>Java</verlag:titel>
  </verlag:buch>
</verlag:literatur>
</fb>◄
```

(namensraum3.xml)

Namensräume und DTDs

Die Syntax für DTDs wurde spezifiziert bevor das Namensraumkonzept entwickelt
wurde. DTDs kennen keine Namensräume. Die Elemente und Attribute müssen in der
DTD daher vollständig, also einschließlich Präfix, deklariert werden.

Beispiel 4

Die DTD für Beispiel 2 hat folgende Form:

```
<!ELEMENT fh:fb (fh:vorlesungsliste, verlag:literatur)>
<!ATTLIST fh:fb xmlns:fh CDATA
                #FIXED "http://www.meine-fh.de"
                xmlns:verlag CDATA
                #FIXED "http://www.mein-verlag.de">
<!ELEMENT fh:vorlesungsliste (fh:vorlesung)+>
<!ELEMENT fh:vorlesung      (fh:titel, fh:semester)>
<!ELEMENT fh:titel          (#PCDATA)>
<!ELEMENT fh:semester       (#PCDATA)>
<!ELEMENT verlag:literatur  (verlag:buch)+>
<!ELEMENT verlag:buch       (verlag:autor, verlag:titel)>
<!ELEMENT verlag:autor      (#PCDATA)>
<!ELEMENT verlag:titel      (#PCDATA)>
```

Die Attribute xmlns:fh und xmlns:verlag werden als „normale" Attribute
angesehen und nicht als solche, mit denen eine Namensraumdeklaration vorgenommen wird. ◄

(nr.dtd)

Namensräume und XML-Schema

Bei der Entwicklung von XML-Schema wurde die Berücksichtigung von Namensräumen explizit als Anforderung an die Schema-Sprache definiert (s. XML Schema
Requirements,   https://www.w3.org/TR/NOTE-xml-schema-req).   In   XML-Schema
können Sie die deklarierten Elementtypen und Attribute mit einem Namensraum, dem
sogenannten Zielnamensraum, verknüpfen. Genauere Informationen hierzu erhalten Sie
in Abschn. 5.13.

XML-Schema

5

Mit der Verbreitung von XML und seinem Einsatz, insbesondere auch als Datenaustauschformat zwischen Anwendungen, wurden die Schwächen der Validierung mit DTDs (s. Abschn. 3.6) immer deutlicher. Das W3C beauftragte daher eine Arbeitsgruppe mit der Entwicklung einer neuen Sprache für eine Strukturdefinition: **XML-Schema.** Folgende Anforderungen an die Sprache wurden 1999 vom W3C im Dokument XML Schema Requirements (https://www.w3.org/TR/NOTE-xml-schema-req) festgelegt:

XML-Schema soll

- in XML ausgedrückt werden,
- ausdrucksstärker sein als eine DTD,
- selbstdokumentierend sein,
- internetfähig sein,
- zu anderen XML-Spezifikationen kompatibel sein,
- von Menschen lesbar sein,
- von XML-Parsern verstanden werden und
- Namensräume berücksichtigen.

XML-Schema 1.0 wurde im Mai 2001 als Empfehlung des W3C verabschiedet. Seit April 2012 hat die Version 1.1 den Status einer W3C Recommendation. Der offizielle Name lautet nun „W3C XML Schema Definition Language (XSD) 1.1", jedoch ist es

Ergänzende Information Die elektronische Version dieses Kapitels enthält Zusatzmaterial, auf das über folgenden Link zugegriffen werden kann https://doi.org/10.1007/978-3-658-35435-0_5.

M. Becher, *XML,* https://doi.org/10.1007/978-3-658-35435-0_5

üblich, weiterhin von „XML-Schema" zu sprechen. XML-Schema 1.1 ist abwärts
kompatibel zu 1.0, in dem Sinne, dass ein Parser, der die Version 1.1 unterstützt, auch ein
Schema der Version 1.0 verarbeiten kann.

Die Spezifikation von XML-Schema besteht aus drei Teilen:

- XML Schema Part 0: Primer (https://www.w3.org/TR/xmlschema-0/):
  Enthält grundlegende Informationen und eine zusammenfassende Einführung (Stand
  2004).
- XML Schema Part 1: Structures (https://www.w3.org/TR/xmlschema11-1/):
  Legt die grundlegenden Strukturen eines XML-Schema-Dokumentes fest und enthält
  alle wichtigen Elemente der Schema-Sprache.
- XML Schema Part 2: Datatypes (https://www.w3.org/TR/xmlschema11-2/):
  Legt die Datentypen für Schema-Dokumente fest.

Visualisierung Der Code eines XML-Schemas ist deutlich umfangreicher als der Code
einer DTD. Daher bieten die meisten modernen XML-Editoren zusätzlich zur Code-
Ansicht eine grafische Visualisierung des Schemas an. Diese grafische Darstellung wird
mit dem Code synchronisiert, d. h. neu eingefügte Schemakomponenten werden sofort in
der Grafik angezeigt. Weiterhin ist auch ein Editieren des Schemas über die Grafik möglich. Abb. 5.1 zeigt eine Ansicht des Oxygen XML-Editors.

Im Folgenden werden die Grundlagen von XML-Schema eingeführt. Es wird gezeigt,
wie XML-Schemata definiert werden und welche Aspekte bei der Modellierung zu
beachten sind:

- 5.1 Grundaufbau eines XML-Schemas
- 5.2 Deklaration von einfachen Elementtypen
- 5.3 Komplexe Elementtypen
- 5.4 Deklaration von Attributen
- 5.5 Assertions bei komplexen Elementtypen
- 5.6 Vordefinierte einfache Datentypen
- 5.7 Benutzerdefinierte einfache Datentypen
- 5.8 Benannte Modell- und Attributgruppen
- 5.9 Dokumentation von Schemata
- 5.10 Modellierungsstile
- 5.11 Ableitung komplexer Datentypen
- 5.12 Bedingte Typzuweisung
- 5.13 XML-Schema und Namensräume
- 5.14 Modularisierung

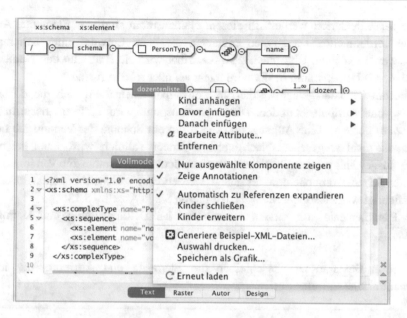

Abb. 5.1 Visualisierung eines XML-Schemas im Oxygen XML-Editor

5.1 Grundaufbau eines XML-Schemas

Zusammenfassung

Ein XML-Schema hat als Wurzelement das Element `schema` mit der erforderlichen Namensraumdeklaration. Ein Schema wird immer in einer separaten Datei gespeichert und von XML-Instanzen referenziert.

Ein XML-Schema ist selbst ein XML-Dokument und hat in seiner einfachsten Form folgende Grundstruktur:

```
<?xml version="1.0" encoding="UTF-8"?>
<xs:schema xmlns:xs="http://www.w3.org/2001/XMLSchema">

    <!-- XML-Schema Definitionen und Deklarationen -->
</xs:schema>
```

Das Wurzelement eines XML-Schemas ist das Element `schema`. Zur Kennzeichnung, dass es sich bei dem jeweiligen Dokument um eine XML-Schema-Spezifikation handelt, muss im Wurzelement der Namensraum `http://www.w3.org/2001/`

XMLSchema deklariert werden. In diesem Namensraum sind alle Elemente, Attribute und die vordefinierten Datentypen enthalten, die beim Entwurf eines Schemas verwendet werden können. Über das xmlns-Attribut wird ein Präfix an den Namensraum gebunden. Als Namensraum-Präfix wird meist xs oder xsd verwendet.

Weiterhin kann festgelegt werden, in welchem Namensraum sich die deklarierten Elemente und Attribute befinden. Dieser Namensraum wird **Zielnamensraum** *(target namespace)* genannt. Eine Angabe, ob es sich um ein Schema der Version 1.0 oder 1.1 handelt, ist nicht vorgesehen. Nach welcher Version validiert wird, kann bei neueren Parsern ausgewählt werden. Mit Attributen aus dem Namensraum für Versionskontrolle kann für Schemakomponenten festgelegt werden, bei welchen Schemaversionen sie berücksichtigt werden sollen. Mehr dazu erfahren Sie in Abschn. 5.13.

Als Kindelemente von <xs:schema> werden **Deklarationen** und **Definitionen** notiert.

Deklaration Deklarationen beschreiben die Elemente und Attribute, die in einer Dokumentinstanz auftreten dürfen.

Beispiel 1

Dies ist die Deklaration eines Elementes name vom Typ string:

```
<xs:element name="name" type="xs:string"/>
```

Definition Definitionen definieren neue Typen, Modellgruppen oder Attributgruppen, die in Element- oder Attributdeklarationen verwendet werden können.

Beispiel 2

Hier wird ein einfacher Typ AnredeTyp definiert, der als Werte nur die Zeichenketten Frau und Herr erlaubt:

```
<xs:simpleType name="AnredeTyp">
  <xs:restriction base="xs:string">
    <xs:enumeration value="Frau"/>
    <xs:enumeration value="Herr"/>
  </xs:restriction>
</xs:simpleType>◄
```

global – lokal Weiterhin wird in XML-Schema zwischen globalen und lokalen Elementen, Attributen und Datentypen unterschieden. Elemente, Attribute bzw. Datentypen, die als Kinder des `<xs:schema>`-Elementes deklariert bzw. definiert werden, sind global und können überall im Schema referenziert werden. Alle anderen sind lokale Deklarationen bzw. Definitionen.

Beispiel 3

In diesem Schema ist das Element `dozent` ein globales Element, die Elemente `name` und `vorname` sind lokale Elemente:

```
<?xml version="1.0" encoding="UTF-8"?>
<xs:schema xmlns:xs="http://www.w3.org/2001/XMLSchema">

  <xs:element name="dozent">
    <xs:complexType>
      <xs:sequence>
        <xs:element name="name" type="xs:string"/>
        <xs:element name="vorname" type="xs:string"/>
      </xs:sequence>
    </xs:complexType>
  </xs:element>

</xs:schema>◀
```

```
(dozent.xsd)
```

Verknüpfung von Schema und XML-Instanz

Eine DTD kann als interne DTD in eine XML-Instanz eingebettet werden oder als externe DTD in einer eigenen Datei vorliegen (s. Abschn. 3.1). Ein XML-Schema wird immer in einer separaten Datei gespeichert. Meistens hat diese Datei die Endung `.xsd`.

Das Schema wird von einer XML-Instanz wie folgt referenziert:

```
<?xml version="1.0" encoding="UTF-8"?>
<wurzelelement
    xmlns:xsi="http://www.w3.org/2001/XMLSchema-instance"
    xsi:noNamespaceSchemaLocation="dateiname.xsd">
    ...
</wurzelelement>
```

Im Wurzelelement wird ein Kürzel für den Namensraum `http://www.w3.org/2001/XMLSchema-instance` festgelegt. Aus diesem Namensraum wird das Attribut `noNamespaceSchemaLocation` verwendet, um ein XML-Schema-Dokument zu referenzieren, das über keinen Zielnamensraum verfügt.

Beispiel 4

Dieses XML-Dokument referenziert das XML-Schema aus Beispiel 3 und kann somit validiert werden:

```
<?xml version="1.0" encoding="UTF-8"?>
<dozent xmlns:xsi="http://www.w3.org/2001/XMLSchema-instance"
        xsi:noNamespaceSchemaLocation="dozent.xsd">
  <name>Maier</name>
  <vorname>Fritz</vorname>
</dozent>◄
```

(dozent.xml)

5.2   Deklaration von einfachen Elementtypen

Zusammenfassung

Einfache Elemente sind Elemente ohne Kindelemente und Attribute. Zur Deklaration wird das Element `<xs:element>` mit den Attributen `name` und `type` verwendet. Zusätzlich ist es möglich, für ein Element einen Default-Wert oder einen festen Wert anzugeben.

Ein einfaches Element ist ein XML-Element, das keine Kindelemente und keine Attribute besitzt. Zur Deklaration eines einfachen Elementes gilt folgende Syntax:

```
<xs:element name="Elementname" type="Datentyp"/>
```

Zur Deklaration wird das XML-Schema-Element `<xs:element>` verwendet. Der Elementname wird – ohne den zugehörigen Namensraum – als Wert des Attributes `name` angegeben. Als Datentyp ist einer der 49 bereits in XML-Schema vordefinierten Datentypen (s. Abschn. 5.6) oder ein benutzerdefinierter einfacher Datentyp (s. Abschn. 5.7) erlaubt. Wird einer der in XML-Schema vordefinierten Datentypen verwendet, muss diesem das definierte Namensraum-Präfix vorangestellt werden.

Die meistgenutzten vordefinierten Datentypen sind:

- `xs:string` für Zeichenketten,
- `xs:boolean` für die Wahrheitswerte `true` und `false`,
- `xs:int` für ganze Zahlen,
- `xs:decimal` für Dezimalzahlen,
- `xs:double` für Gleitkommazahlen,
- `xs:date` für Datumsangaben im Format `JJJJ-MM-TT`,

- `xs:time` für Zeitangaben.

Fehlt die Typangabe, ist das Element vom Typ `anyType`, d. h. beliebige Kindelemente und/oder beliebige Zeichendaten und auch beliebige Attribute sind erlaubt, solange es sich um wohlgeformtes XML handelt.

▶ **Hinweis** Da leere Elemente in den meisten Fällen Attribute enthalten, sieht die XML-Schema-Spezifikation vor, diese als komplexe Elementtypen zu deklarieren (s. Abschn. 5.3).

Beispiel 1

Hier wird ein Element `name` vom Typ `string` deklariert:

```
<xs:element name="name" type="xs:string"/>
```

Dies entspricht der DTD-Deklaration:

```
<!ELEMENT name (#PCDATA)>
```

Hier wird ein Element `geburtsdatum` vom Typ `date` deklariert:

```
<xs:element name="gebdatum" type="xs:date"/>
```

In einer XML-Instanz ist folgendes Element dazu valide:

```
<gebdatum>1980-12-22</gebdatum>
```
◀

In einer Elementdeklaration ist zudem entweder das Attribut `default` oder das Attribut `fixed` erlaubt.

Attribut default Mithilfe des Attributes `default` wird ein Default-Wert für das Element angegeben. Dieser Wert wird vom Parser eingesetzt, wenn in der Dokument-instanz keine andere Angabe gemacht wird, das Element also ohne Inhalt notiert wird. Wird das Element nicht notiert, setzt der Parser es nicht mit Default-Wert ein.

Beispiel 2

Hier wird ein Element `ort` vom Typ `string` mit dem Default-Wert `Bonn` deklariert:

```
<xs:element name="ort" type="xs:string" default="Bonn"/>
```

In der XML-Instanz kann jetzt `<ort></ort>` oder `<ort/>` notiert werden. Der Parser setzt den Default-Wert `"Bonn"` ein. ◀

Attribut fixed Mithilfe des Attributes fixed wird für ein Element ein fester, nicht ver-
änderbarer Wert festgelegt, den der Parser einsetzt, wenn das Element als leeres Element
vorkommt. Auch hier gilt: Wird das Element nicht notiert, wird es vom Parser nicht eingesetzt.

Beispiel 3

Hier wird ein Element land vom Typ string mit dem festen Wert "D" deklariert:

```
<xs:element name="land" type="xs:string" fixed="D"/>
```

In der XML-Instanz kann jetzt <land>D</land> oder <land></land> oder
notiert werden. Der Parser setzt den festen Wert "D" ein. Benutzerein-
gaben, die davon abweichen, werden bei der Validierung als Fehler angezeigt. ◀

▶   **Hinweis** Die Möglichkeit, Default-Werte oder feste Werte für Elemente anzu-
    geben, ist eine der vielen Erweiterungen von XML-Schema gegenüber einer
    DTD. Bei einer DTD ist dies nur für Attribute vorgesehen.

5.3   Komplexe Elementtypen

Zusammenfassung

Komplexe Elemente sind Elemente, die andere Elemente und Attribute enthalten
können. Deklariert werden sie, indem innerhalb des Elementes <xs:element> ein
komplexer Typ mit <xs:complexType> notiert oder als Wert des Attributes type
der Name eines benannten (d. h. global definierten) komplexen Typs angegeben wird.
Enthält der komplexe Typ Kindelemente, wird für das Inhaltsmodell eine Modellgruppe notiert, dazu dienen die Kompositoren <xs:sequence>, <xs:all> und
<xs:choice>, die ausdrücken, dass die enthaltenen Kindelemente in fester oder
beliebiger Reihenfolge vorkommen oder ob sie eine Auswahl bilden. Wie oft ein
Element oder eine Modellgruppe mindestens oder höchstens vorkommen darf, wird
mit den Attributen minOccurs bzw. maxOccurs festgelegt. Soll das komplexe
Element nur Zeichendaten enthalten, so ist <xs:simpleContent> zu verwenden
und der Typ des erlaubten Inhalts durch <xs:extension> anzugeben.

Komplexe Elemente sind XML-Elemente, die andere Elemente und Attribute enthalten können. Es gibt vier Typen komplexer Elemente:

- Elemente, die andere Elemente (Kindelemente) enthalten,
- Elemente mit gemischtem Inhalt *(mixed content),* diese können andere Elemente und Zeichendaten enthalten,
- Elemente, die nur Zeichendaten *(simple content)* enthalten,
- leere Elemente.

Alle Typen können zudem Attribute enthalten.

Deklaration Ein komplexes Element wird wie folgt deklariert:

```
<xs:element name="Elementname">
  <xs:complexType>
     <!-- Inhaltsmodell -->
     <!-- Attributdeklarationen -->
     <!-- Assertions (ab 1.1) -->
  </xs:complexType>
</xs:element>
```

Das Element `<xs:complexType>` wird als Kindelement von `<xs:element>` notiert. Innerhalb von `<xs:complexType>` wird zuerst das Inhaltsmodell, das den erlaubten Inhalt des Elementes beschreibt, angegeben, dann folgen die Deklarationen der zum Element gehörenden Attribute (s. Abschn. 5.4). Anschließend können seit der Version 1.1 weitere Gültigkeitsregeln *(Assertions)* formuliert werden (s. Abschn. 5.5).

Anonymer Typ Komplexe Typen, die auf diese Weise und ohne Angabe eines Namens definiert werden, heißen **anonyme Typen.** Da sie nur lokal sichtbar sind, ist es nicht möglich, sie an anderen Stellen wiederzuverwenden.

Benannter Typ Alternativ dazu können komplexe Typen global definiert werden. Sie benötigen dann einen Namen und werden als **benannte komplexe Typen** bezeichnet. Ein benannter Typ kann in Elementdeklarationen als Wert des Attributes `type` angegeben werden:

```
<!-- Definition eines benannten komplexen Datentyps
     namens KomplexerTyp1 -->
<xs:complexType name="KomplexerTyp1">
    <!-- Inhaltsmodell -->
    <!-- Attributdeklarationen -->
    <!-- Assertions (ab 1.1) -->
</xs:complexType>
```

```
<!-- Deklaration eines Elementes vom Typ
     des komplexen Datentyps KomplexerTyp1 -->
<xs:element name="Elementname" type="KomplexerTyp1"/>
```

▶ **Hinweis** Die Vor- und Nachteile dieser Modellierungsstile werden in
   Abschn. 5.10 diskutiert. In allen Beispielen dieses Kapitels wird der komplexe
   Typ stets ein anonymer Typ sein.

Elemente mit Kindelementen

Die Angabe eines Inhaltsmodells erfolgt durch eine **Modellgruppe.** Zu ihrer Notation
wird ein **Kompositor** *(compositor)* verwendet. Ein Kompositor ist ein Container, in den
eine Reihe von Elementen eingebettet werden kann. XML-Schema definiert drei verschiedene Kompositoren: `<xs:sequence>`, `<xs:choice>` und `<xs:all>`.

Sequenz Mit dem Kompositor `<xs:sequence>` legen Sie fest, dass die Kindelemente
genau in der angegebenen Reihenfolge vorkommen müssen.

Beispiel 1

Im Folgenden wird das Element `dozent` mit den Kindelementen `name` und `vor-
name` (s. Abb. 5.2) deklariert.

```
<xs:element name="dozent">
  <xs:complexType>
    <xs:sequence>
      <xs:element name="name"    type="xs:string"/>
      <xs:element name="vorname" type="xs:string"/>
    </xs:sequence>
  </xs:complexType>
</xs:element> ◀
```

(`b1_dozent.xsd`)

Alternative Der Kompositor `<xs:choice>` ist zu verwenden, wenn mehrere
Kindelemente zur Auswahl angegeben werden, von denen eines auftreten muss.

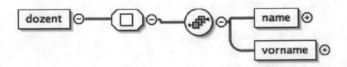

Abb. 5.2 Grafische Darstellung von Beispiel 1

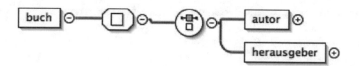

Abb. 5.3 Grafische Darstellung von Beispiel 2

Beispiel 2

Es wird ein Element buch deklariert. Dieses hat als Kindelement entweder das Element autor oder das Element herausgeber (s. Abb. 5.3).

```
<xs:element name="buch">
  <xs:complexType>
    <xs:choice>
      <xs:element name="autor"  type="xs:string"/>
      <xs:element name="herausgeber" type="xs:string"/>
    </xs:choice>
  </xs:complexType>
</xs:element>◄
```

(b2_buch.xsd)

Beliebige Reihenfolge Mit dem Kompositor `<xs:all>` definieren Sie, dass die Kindelemente in beliebiger Reihenfolge stehen dürfen. In der XML-Schema Version 1.0 gilt, dass jedes enthaltene Element nur einmal vorkommen darf. Diese Beschränkung ist in der Version 1.1 aufgehoben.

Beispiel 3

Hier wird ein Element dozent mit den Kindelementen name und vorname (s. Abb. 5.4) deklariert.

```
<xs:element name="dozent">
  <xs:complexType>
    <xs:all>
      <xs:element name="name"  type="xs:string"/>
```

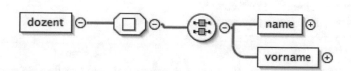

Abb. 5.4 Grafische Darstellung von Beispiel 3

```
      <xs:element name="vorname" type="xs:string"/>
    </xs:all>
  </xs:complexType>
</xs:element>
```

Da der Kompositor `<xs:all>` verwendet wird, ist sowohl.

```
<dozent>
  <name>Maier</dozent>
  <vorname>Sabine</vorname>
</dozent>
```

als auch

```
<dozent>
  <vorname>Sabine</vorname>
  <name>Maier</name>
</dozent>
```

ein valides XML-Instanz-Teilstück. ◄

```
(b3_dozent.xsd)
```

Übung

Deklarieren Sie ein Element `vorlesung`, das die Kindelemente `titel`, `semester` und `beschreibung` enthält. Als Inhalt des Elementes `semester` sind nur ganze Zahlen erlaubt.

Beispiel 4

Komplexe Elemente können auch ineinander verschachtelt werden. Deklariert wird das Element `adresse` mit folgendem Inhaltsmodell: Nach dem Namen folgt entweder die Straße oder das Postfach und als letzte Angabe der Ort. Das entsprechende DTD-Stück hat folgende Form:

```
<!ELEMENT adresse  (name, (strasse | postfach), ort)>
<!ELEMENT name     (#PCDATA)>
<!ELEMENT strasse  (#PCDATA)>
<!ELEMENT postfach (#PCDATA)>
<!ELEMENT ort      (#PCDATA)>
```

In XML-Schema kann das Element `adresse` folgendermaßen deklariert werden (s. Abb. 5.5):

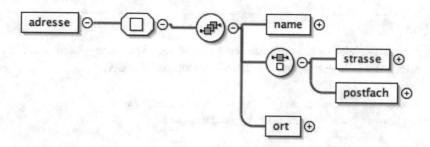

Abb. 5.5 Grafische Darstellung von Beispiel 4

```
<xs:element name="adresse">
  <xs:complexType>
    <xs:sequence>
      <xs:element name="name" type="xs:string"/>
      <xs:choice>
        <xs:element name="strasse"  type="xs:string"/>
        <xs:element name="postfach" type="xs:int"/>
      </xs:choice>
      <xs:element name="ort" type="xs:string"/>
    </xs:sequence>
  </xs:complexType>
</xs:element>◄
```

(b4_adresse.xsd)

Übung

Deklarieren Sie ein Element buch. Ein Buch hat als Kindelemente entweder einen Autor oder einen Herausgeber, dann einen Titel, einen Verlag und einen Preis.

Lokale Elemente In den bisherigen Beispielen sind sämtliche Elemente immer innerhalb der Kompositoren deklariert, daher werden sie auch als lokale Element- deklarationen bezeichnet.

Globale Elemente Alternativ dazu ist es möglich, Elemente global zu deklarieren und dann innerhalb der Kompositoren zu referenzieren. Dieser Modellierungsstil wird „Salami-Design" genannt und ist im Prinzip derjenige, der in einer DTD verwendet wird (s. Abschn. 5.10). Die Entscheidung, ob ein Element global oder lokal deklariert wird, ist insbesondere auch deshalb wichtig, da nur globale Elemente Wurzelelemente einer Instanz sein können.

Beispiel 5

In diesem Beispiel werden die Elemente name und vorname global deklariert und innerhalb der Deklaration des Elementes dozent referenziert.

```
<xs:element name="name"    type="xs:string"/>
<xs:element name="vorname" type="xs:string"/>

<xs:element name="dozent">
  <xs:complexType>
    <xs:sequence>
      <xs:element ref="name"/>
      <xs:element ref="vorname"/>
    </xs:sequence>
  </xs:complexType>
</xs:element>
```

Dies entspricht dem DTD-Stück:

```
<!ELEMENT dozent   (name, vorname)>
<!ELEMENT name     (#PCDATA)>
<!ELEMENT vorname  (#PCDATA)>◀
```

(b5_dozent.xsd)

Übung

Ändern Sie die Beispiele und Übungen dieses Kapitels so ab, dass alle Elemente global deklariert werden.

Kardinalitätsangaben

Wird zu der Elementdeklaration eines Kindelementes bzw. zu einer Modellgruppe keine Angabe über die Häufigkeit des Auftretens in der Dokumentinstanz gemacht, bedeutet dies, dass das Element bzw. die Modellgruppe genau einmal vorkommen darf und muss.

Genaue Kardinalitätsangaben sind über die Attribute minOccurs und maxOccurs möglich. Mit minOccurs wird die minimale und mit maxOccurs die maximale Anzahl festgelegt. Der Default-Wert ist in beiden Fällen 1. Soll die Anzahl der Vorkommen nach oben unbeschränkt sein, wird maxOccurs="unbounded" gesetzt.

Beispiel 6

In diesem Beispiel wird ein Element dozent mit den Kindelementen name und vorname deklariert. Mit minOccurs und maxOccurs wird festgelegt, dass das Element vorname mindestens einmal vorkommen muss und höchstens dreimal vorkommen darf. Die Angabe `minOccurs="1"` kann auch entfallen, da dies ja der Default-Wert ist.

```
<xs:element name="dozent">
  <xs:complexType>
    <xs:sequence>
      <xs:element name="name"  type="xs:string"/>
      <xs:element name="vorname" type="xs:string"
                  minOccurs="1" maxOccurs="3"/>
    </xs:sequence>
  </xs:complexType>
</xs:element>◄
```

(b6_dozent.xsd)

Beispiel 7

In diesem Beispiel wird ein Element `dozentenliste` deklariert. Dieses Element enthält ein bis beliebig viele Elemente `dozent`.

```
<xs:element name="dozentenliste">
  <xs:complexType>
    <xs:sequence>
      <xs:element name="dozent" maxOccurs="unbounded">
        <xs:complexType>
          <xs:sequence>
            <xs:element name="name" type="xs:string"/>
            <xs:element name="vorname" type="xs:string"/>
          </xs:sequence>
        </xs:complexType>
      </xs:element>
    </xs:sequence>
  </xs:complexType>
</xs:element>◄
```

(b7_dozliste.xsd)

Übung

Deklarieren Sie ein Element `vorlesungsliste`, das ein bis beliebig viele Elemente `vorlesung` enthält. Das Element `vorlesung` enthält ein Element `titel` und optional ein Element `beschreibung`.

Beispiel 8

Innerhalb des Elementes `personen` muss die Sequenz der Elemente `name` und `vorname` mindestens einmal und darf beliebig oft vorkommen. Die Kardinalitäts-angabe wird dem Kompositor `<xs:sequence>` hinzugefügt.

```
<xs:element name="personen">
  <xs:complexType>
    <xs:sequence maxOccurs="unbounded">
      <xs:element name="name"    type="xs:string"/>
      <xs:element name="vorname" type="xs:string"/>
    </xs:sequence>
  </xs:complexType>
</xs:element>
```

Diese Schema-Deklaration entspricht der DTD:

```
<!ELEMENT personen (name, vorname)+>
<!ELEMENT name     (#PCDATA)>
<!ELEMENT vorname  (#PCDATA)>
```

Das folgende XML-Instanz-Teilstück ist dazu valide:

```
<personen>
  <name>Müller</name>
  <vorname>Sabine</vorname>
  <name>Schmidt</name>
  <vorname>Peter</vorname>
</personen>◄
```

   (b8_personen.xsd, b8_personen1.xml)

Elemente mit gemischtem Inhalt

Elemente mit gemischtem Inhalt *(mixed content)* können Kindelemente und auch Zeichendaten enthalten. Zur Kennzeichnung, dass bei einem Element gemischter Inhalt erlaubt ist, wird in XML-Schema beim Element `<xs:complexType>` das Attribut `mixed="true"` gesetzt.

Beispiel 9

Im Element `beschreibung` soll es möglich sein, bestimmte Textabschnitte mit der Auszeichnung `<em>` besonders hervorzuheben. `beschreibung` wird daher als Element mit gemischtem Inhalt deklariert.

```
<xs:element name="beschreibung">
  <xs:complexType mixed="true">
    <xs:choice minOccurs="0" maxOccurs="unbounded">
      <xs:element name="em" type="xs:string"/>
    </xs:choice>
  </xs:complexType>
</xs:element>
```

Die folgende XML-Instanz ist dazu valide:

```
<beschreibung
      xmlns:xsi="http://www.w3.org/2001/XMLSchema-instance"
      xsi:noNamespaceSchemaLocation="b9_beschr.xsd">
  Dies ist<em>besonders wichtig</em>
</beschreibung>◄
```

(b9_beschr.xsd, b9_beschr.xml)

Vergleich DTD – XML-Schema

In einer DTD wird ein Element mit gemischtem Inhalt wie folgt definiert:

```
<!ELEMENT element (#PCDATA | kindelement1 | kindelement2|…)*>
```

Dies bedeutet, dass als Elementinhalt Zeichendaten und alle angegebenen Kindelemente beliebig oft und in beliebiger Reihenfolge vorkommen können. Beim gemischten Inhaltsmodell von XML-Schema kann jeder der Kompositoren `<xs:sequence>`, `<xs:choice>` oder `<xs:all>` verwendet werden, zudem sind genaue Kardinalitätsangaben für die Elemente durch `minOccurs` und `maxOccurs` möglich. Mit einem XML-Schema können also wesentlich restriktivere Festlegungen bezüglich der Reihenfolge und der Anzahl der Kindelemente getroffen werden, als dies mit einer DTD möglich ist.

Beispiel 10

Es wird ein Element `spielergebnis` deklariert. Als Inhalt wird *Mixed Content* erlaubt. Als Kindelemente müssen `verein` (genau zweimal), `datum` und `ergebnis` in der notierten Reihenfolge vorkommen.

```
<xs:element name="spielergebnis">
  <xs:complexType mixed="true">
    <xs:sequence>
      <xs:element name="verein" type="xs:string"
                  minOccurs="2" maxOccurs="2"/>
      <xs:element name="datum"  type="xs:date"/>
```

```
          <xs:element name="ergebnis" type="xs:string"/>
        </xs:sequence>
      </xs:complexType>
    </xs:element>
```

Folgende XML-Instanz ist zu diesem XML-Schema valide:

```
<?xml version="1.0" encoding="UTF-8"?>
<spielergebnis
    xmlns:xsi="http://www.w3.org/2001/XMLSchema-instance"
    xsi:noNamespaceSchemaLocation="b10_spiel.xsd">
  Das Spiel<verein>TV Entenhausen</verein>
  gegen<verein>SV Waldkater</verein>fand am
  Es endete
  <ergebnis>1:0</ergebnis>
</spielergebnis>◄
```

```
(b10_spiel.xsd, b10_spiel.xml)
```

Übung

Überlegen Sie sich Elementdeklarationen für folgende Situation und geben Sie auch
eine passende XML-Instanz an: Ein Kapitel besteht aus 1 bis beliebig vielen Paragrafen. In einem Paragrafen können Textabschnitte als „wichtig" oder als „unwichtig"
markiert werden. Tipp: Fügen Sie dem Kompositor Kardinalitätsangaben hinzu.

Elemente mit Zeichendaten und Attributen

Ein Element, wie z. B. `<preis  waehrung="Euro">57.23</preis>`, muss,
da es ein Attribut besitzt, als Element komplexen Typs deklariert werden. Da es jedoch
keine Kindelemente, sondern einfachen Textinhalt beinhalten soll, muss innerhalb von
`<xs:complexType>` das Element `<xs:simpleContent>` angegeben werden.
Als Kindelement von `<xs:simpleContent>` wird `<xs:extension>` notiert.
Als Wert des Attributes base wird der Datentyp des Inhaltes angegeben. Als Datentyp erlaubt sind einfache Datentypen und komplexe Typen mit einfachen Zeichendaten
(simple content). Die erlaubten Attribute und ggf. *Assertions* werden als Kindelemente
von `<xs:extension>` deklariert (s. Abschn. 5.4 und 5.5):

Die Deklaration hat somit folgende Form:

```
<xs:element name="Elementname">
  <xs:complexType>
    <xs:simpleContent>
      <xs:extension base="Datentyp">
        <!-- Attributdeklarationen -->
```

```
           <!-- Assertions (ab 1.1) -->
        </xs:extension>
      </xs:simpleContent>
    </xs:complexType>
</xs:element>
```

Beispiel 11

Die Deklaration für ein Element der Art.

```
<preis waehrung="euro">57.23</preis>
```

hat folgende Form:

```
<xs:element name="preis">
  <xs:complexType>
    <xs:simpleContent>
      <xs:extension base="xs:decimal">
        <xs:attribute name="waehrung" type="xs:string"/>
      </xs:extension>
    </xs:simpleContent>
  </xs:complexType>
</xs:element>◀
```

```
(b11_preis.xsd)
```

Übung

Geben Sie die Deklaration für ein Element der Art.

```
<kommentar autor="Willi"> Dies ist interessant!</kommentar> an
```

Leere Elemente

Auch ein leeres Element muss als ein Element komplexen Typs deklariert werden. Daher ist bei der Deklaration die Angabe von `<xs:complexType>` erforderlich. Da das Element jedoch leer ist, werden innerhalb von `<xs:complexType>` keine Elemente deklariert.

Beispiel 12

Hier wird ein leeres Element namens br deklariert:

```
<xs:element name="br">
  <xs:complexType/>
</xs:element>◀
```

▶ **Hinweis** In der Regel wird der Inhalt von `<xs:complexType>` nicht
   komplett leer sein, sondern Attributdeklarationen enthalten (s. Abschn. 5.4).

5.4   Deklaration von Attributen

Zusammenfassung

Attribute werden innerhalb eines komplexen Typs nach dem Inhaltsmodell deklariert.
Verwendet wird hierzu das Element `<xs:attribute>` mit den Attributen `name`
und `type`. Es kann festgelegt werden, ob ein Attribut optional oder verpflichtend ist.
Weiterhin kann ein Default-Wert oder ein fester Wert angegeben werden. Attribute
können auch global deklariert und innerhalb eines komplexen Typs referenziert
werden.

Elemente mit Attributen zählen – auch wenn sie leere Elemente sind – zu den komplexen
Elementtypen. Ein Attribut kann lokal oder global deklariert werden.

Lokale Deklaration
Eine lokale Attributdeklaration muss innerhalb eines komplexen Typs immer nach dem
Inhaltsmodell angegeben werden. Die Syntax einer Attributdeklaration lautet:

```
<xs:attribute name="Attributname" type="Attributtyp"/>
```

Attribut type Als Typ ist einer der in XML-Schema vordefinierten Typen (s.
Abschn. 5.6) oder ein benutzerdefinierter einfacher Datentyp (s. Abschn. 5.7) erlaubt.
Wird einer der in XML-Schema vordefinierten Datentypen verwendet, muss diesem das
definierte Namensraum-Präfix vorangestellt werden. Fehlt die Typangabe, ist das Attribut
vom Typ `anySimpleType`.

Attribut use Mithilfe des Attributes `use` können weitere Angaben über das Vor-
kommen des Attributes gemacht werden: `use="required"` deklariert das Attribut als
Pflichtattribut, `use="optional"` als optionales Attribut. Dies ist auch der Default-
Wert, wenn diese Angabe fehlt. Mit `use="prohibited"` kann die Verwendung des
Attributes in abgeleiteten Typen verboten werden (s. Abschn. 5.11).

Attribut default Mithilfe des Attributes `default` wird ein Default-Wert für das
Attribut angegeben. Dieser Wert wird vom Parser eingesetzt, wenn in der Dokumentinstanz das Attribut nicht notiert wird.

Attribut fixed Das Attribut `fixed` dient zur Angabe eines festen, unveränderlichen
Wertes für das Attribut.

Für das Element `dozent` wird ein Attribut `did` deklariert. `did` ist vom vordefinierten Typ `ID` und ein Pflichtattribut. Das Attribut `anrede` hat den Default-Wert
Herr.

```
<xs:element name="dozent">
  <xs:complexType>
    <xs:sequence>
      <xs:element name="nachname" type="xs:string"/>
      <xs:element name="vorname"  type="xs:string"/>
    </xs:sequence>
    <xs:attribute name="did" type="xs:ID"
                  use="required"/>
    <xs:attribute name="anrede" type="xs:string"
                  default="Herr"/>
  </xs:complexType>
</xs:element>◄
```

(b1_dozent.xsd)

Übung

Deklarieren Sie ein Element `vorlesung`, das ein Unterelement `titel` besitzt.
Deklarieren Sie zum Element `vorlesung` ein Attribut `beginn`. In diesem Attribut
soll das Datum des ersten Vorlesungstermins gespeichert werden. Der 21.09.2021
soll Default-Wert sein.

Globale Deklaration

Eine Attributdeklaration kann auch global, also als direktes Kindelement
von `<xs:schema>` notiert werden. Die Attributdeklaration innerhalb von
`<xs:complexType>` erfolgt dann durch eine Referenz auf ein bereits global
deklariertes Attribut. Die Syntax lautet:

```
<xs:attribute ref="Attributname"/>
```

► **Hinweis** Beachten Sie, dass das Attribut `use` bei einer globalen Deklaration
nicht verwendet werden darf, es ist stets bei der lokalen Definition oder der
Referenzierung anzugeben.

Beispiel 2

Dieses Beispiel ist eine Abwandlung von Beispiel 1. Die Attribute werden jetzt global
deklariert und innerhalb des komplexen Typs referenziert.

```
<xs:schema xmlns:xs="http://www.w3.org/2001/XMLSchema">

<xs:attribute name="did" type="xs:ID"/>
<xs:attribute name="anrede" type="xs:string"/>

  <xs:element name="dozent">
    <xs:complexType>
      <xs:sequence>
        <xs:element name="nachname" type="xs:string"/>
        <xs:element name="vorname"  type="xs:string"/>
      </xs:sequence>
      <xs:attribute ref="did" use="required"/>
      <xs:attribute ref="anrede" default="Herr"/>
    </xs:complexType>
  </xs:element>

</xs:schema>◄
```

(b2_dozent.xsd)

Übung

Ändern Sie Ihre Lösung der vorigen Übung so, dass alle Attribute und alle Elemente global deklariert sind.

5.5   Assertions bei komplexen Elementtypen

Zusammenfassung

Mit *Assertions* können weitere Regeln für die Gültigkeit von XML-Instanzen beschrieben werden. Innerhalb eines komplexen Typs wird dazu das Element `<xs:assert>` verwendet und mithilfe eines XPath-Ausdrucks werden Beschränkungen formuliert, die die Existenz oder die Werte mehrerer Elemente und/ oder Attribute einbeziehen.

Seit XML-Schema 1.1 können *Assertions* (dt. Versicherung, Zusicherung) einfachen Datentypen und komplexen Datentypen hinzugefügt werden. Der typische Anwendungs-fall von *Assertions* in komplexen Typen ist die Formulierung von Beschränkungen, die die Existenz oder die Werte mehrerer Elemente und/oder Attribute einbeziehen. Daher werden diese oft als „Co-Constraints" bezeichnet. Der große Vorteil ist, dass Sie hier-mit Regeln *(business rules)* bereits (deklarativ) im Schema formulieren können und diese nicht erst nach dem Parsen z. B. mit Schematron (https://schematron.com) geprüft oder in einer weiterverarbeitenden Applikation implementiert werden müssen.

▶   **Hinweis** In XML-Schema gibt es auch ein Element `<xs:assertion>`.
Dies dient zur Formulierung von *Assertions* bei einfachen Datentypen (s.
Abschn. 5.7).

Zur Formulierung einer *Assertion* in einem komplexen Datentyp dient das Element
`<xs:assert>`. Es wird nach den Attributdeklarationen eingefügt. Die eigentliche
Regel wird als Wert des Attributes `test` in Form eines XPath-Ausdrucks angegeben.
Unterstützt wird ein Großteil der XPath Version 2.0, da diese zum Zeitpunkt der
Formulierung von XML Schema 1.1 aktuell war. Die Syntax lautet:

```
<xs:assert test="XPath-Ausdruck"/>
```

Der XPath-Ausdruck wird während der Validierung zu `true` oder `false` ausgewertet.
Ist das Ergebnis `false`, sind die geforderten Bedingungen nicht erfüllt und die XML-
Instanz ist demnach nicht valide. Werden mehrere *Assertions* in einem komplexen Typ
notiert, sind diese logisch „und" verknüpft.

▶   **Hinweis** Syntaktisch ist jeder XPath 2.0 Ausdruck möglich. Jedoch gilt für
Assertions die Einschränkung, dass im XPath-Ausdruck nur ein Zugriff auf die
Attribute, den Inhalt und die Nachfahren-Elemente des Elementes, das diesen
Typ besitzt, möglich ist (*„Assertions always look down."*). Ein Zugriff auf Vor-
fahren oder Geschwisterelemente ist nicht möglich. Sollte dies erforderlich
sein, ist die *Assertion* an einem Vorfahrenelement zu notieren.

Die folgenden Beispiele sind bewusst einfach gestaltet, sodass sie auch ohne XPath-
Kenntnisse verständlich sind.

Beispiel 1

Für die Attribute `min` und `max` des komplexen Typs `IntervallTyp` muss gelten,
dass der Wert des Attributes `min` kleiner als der Wert des Attributes `max` ist.

```
<xs:complexType name="IntervallTyp">
  <xs:attribute name="min" type="xs:int"/>
  <xs:attribute name="max" type="xs:int"/>
  <xs:assert test="@min &lt;=@max"/>
</xs:complexType>
```

(b1_intervall.xsd)

Beispiel 2

Das Element `spieler` muss über eine gerade Anzahl von Kindelementen `name` verfügen.

```
<xs:element name="spieler">
  <xs:complexType>
    <xs:sequence>
      <xs:element name="name" type="xs:string"
                  maxOccurs="unbounded"/>
    </xs:sequence>
    <xs:assert test="count(name) mod 2=0"/>
  </xs:complexType>
</xs:element>◄
```

(b2_spieler1.xsd)

Beispiel 3

Das Element `spieler` hat ein Attribut `anzahl`. Hiermit wird die Anzahl der Spielernamen erfasst. Als *Assertion* wird formuliert, dass der Wert des Attributes `anzahl` mit der Zahl der Kindelemente `name` übereinstimmen muss.

```
<xs:element name="spieler">
  <xs:complexType>
    <xs:sequence>
      <xs:element name="name" type="xs:string"
                  maxOccurs="unbounded"/>
    </xs:sequence>
    <xs:attribute name="anzahl" type="xs:positiveInteger"/>
    <xs:assert test="@anzahl eq count(name)"/>
  </xs:complexType>
</xs:element>◄
```

(b3_spieler2.xsd)

Bedingte Präsenz

Ein weiterer Anwendungsfall von *Assertions* bei komplexen Typen ist die „bedingte Präsenz" *(conditional presence):* Die Existenz von Kindelementen oder Attributen ist von der Existenz von Attributen oder deren Werten abhängig.

Beispiel 4

Das Element `test` muss entweder das Attribut `a` oder das Attribut `b` (logisches `xor`) haben.

```
<xs:element name="test">
  <xs:complexType>
    <xs:attribute name="a" type="xs:string" use="optional"/>
    <xs:attribute name="b" type="xs:string" use="optional"/>
    <xs:assert test="(@a and not(@b)) or (not(@a) and @b)"/>
  </xs:complexType>
</xs:element>◄
```

`(b4_a_xor_b.xsd)`

Beispiel 5

Für das Element `test` gilt folgende Regel: Ist der Wert des Attributes `mode` gleich `one`, muss das Element `test` das Kindelement `<element-one>` besitzen, ist der Attributwert gleich `two` das Kindelement `<element-two>`.

```
<xs:element name="test">
  <xs:complexType>
    <xs:choice>
      <xs:element name="element-one" type="xs:string"/>
      <xs:element name="element-two" type="xs:string"/>
    </xs:choice>
    <xs:attribute name="mode" type="xs:string"/>
    <xs:assert test="if (@mode eq 'one')
                     then child::element-one
                     else child::element-two"/>
  </xs:complexType>
</xs:element>
```

Folgende XML-Elemente sind valide:

```
<test mode="one">
  <element-one>Inhalt von element-one</element-one>
</test>
<test mode="two">
  <element-two>Inhalt von element-two</element-two>
</test>◄
```

`(b5_cp1.xsd)`

Beispiel 6

Für das komplexe Element `link` gilt die Beschränkung: Wenn das (Pflicht-)Attribut `target` den Wert `file` hat, dann muss auch das Attribut `filename` vorhanden sein, im anderen Fall ist das Attribut `filename` optional.

```
<xs:element name="link">
  <xs:complexType>
    <xs:attribute name="target" type="xs:string"
                  use="required"/>
    <xs:attribute name="filename" type="xs:string"
                  use="optional"/>
    <xs:assert test="not(@target='file') or @filename"/>
  </xs:complexType>
</xs:element> ◀
```

(b6_cp2.xsd)

Übung

Personen einer Firma haben einen Namen und ein Gehalt. Das Attribut `position` hat als Wert die `Position` im Unternehmen gespeichert. Formulieren Sie folgende *Assertion:* Wenn das Attribut `position` den Wert `manager` hat, muss das Gehalt größer gleich 10.000 sein.

5.6   Vordefinierte einfache Datentypen

Zusammenfassung

XML-Schema stellt 49 vordefinierte einfache Datentypen zur Verfügung. Primitive Datentypen sind die aus dem Urtyp `anySimpleType` direkt abgeleiteten Typen. Weitere abgeleitete Typen entstehen aus den primitiven durch Einschränkung des Wertebereichs.

XML-Schema 1.1 verfügt über 49 vordefinierte einfache Datentypen *(built-in simple datatypes)*. Diese können als Datentyp für einfache Elemente und Attribute verwendet werden oder als Basistyp für benutzerdefinierte einfache Datentypen (s. Abschn. 5.7). Unter den vordefinierten Datentypen befinden sich Datentypen, wie sie bei den meisten Programmiersprachen zu finden sind, sowie Datentypen, die spezifisch für XML-Dokumente sind. Ausführlich beschrieben werden die Datentypen im Dokument XML Schema Part 2: Datatypes (https://www.w3.org/TR/xmlschema-2/).

Die Schema-Spezifikation betrachtet die Datentypen als Tripel aus einem Werteraum *(value space),* einem lexikalischen Raum *(lexical space)* und einer Menge von Eigenschaften, auch Facetten *(facets)* genannt.

Werteraum Ein **Werteraum** ist eine Menge von Werten zu einem gegebenen Datentyp. Jeder Wert im Werteraum eines Datentyps wird durch ein oder mehrere Literale im lexikalischen Bereich dargestellt.

Lexikalischer Raum Ein **lexikalischer Raum** ist eine Menge von zulässigen Literalen für einen Datentyp.

Beispiel

Die Zahl „100" ist ein gültiger Wert aus dem Bereich `float`. „100" und „1.0E2" sind zwei verschiedene Literale aus dem lexikalischen Raum von `float`, die beide denselben Wert, die Zahl „100", beschreiben. ◄

Die Unterscheidung von lexikalischem Raum und Werteraum ist wichtig, da grundlegende Operationen, z. B. ein Test auf Gleichheit, auf dem Werteraum durchgeführt werden.

Beispiel

Sind „100" und „1.0E2" vom Typ `float` sind sie gleich, sind beide vom Typ `string` sind sie verschieden. ◄

Facetten Die Facetten geben Eigenschaften des Datentyps an. Mit fünf sogenannten fundamentalen Facetten *(fundamental facets)* werden grundlegende Eigenschaften angegeben, und zwar, ob Werte auf Gleichheit geprüft werden können *(equal),* ob für Werte eine Ordnung angegeben werden kann *(ordered),* ob der Datentyp auf einen Wertebereich eingeschränkt sein kann *(bounded),* ob die Anzahl der Werte in einem Wertebereich begrenzt ist *(cardinality)* oder ob der Datentyp nummerisch *(numeric)* ist. Basierend auf den vordefinierten Datentypen können weitere Datentypen entwickelt werden, indem der Wertebereich durch einschränkende Facetten *(constraining facets)* eingegrenzt wird (s. Abschn. 5.7).

Typhierarchie
Die Typen im XML-Schema Typsystem bilden eine Hierarchie. Die Abb. 5.6 zeigt die Hierarchie der vordefinierten Datentypen (Quelle: XML Schema Part 2: Datatypes, https://www.w3.org/TR/xmlschema11-2/).

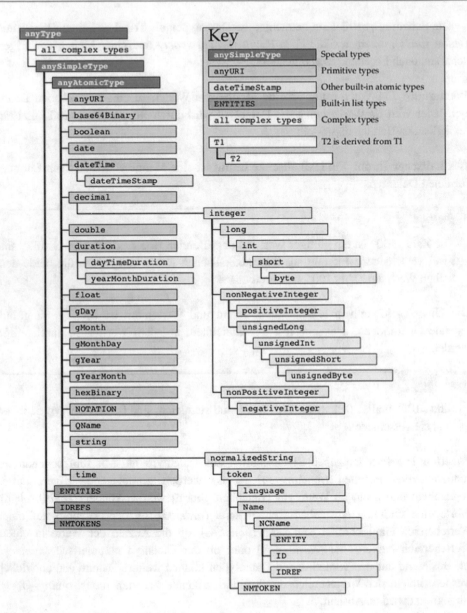

Abb. 5.6 Typhierarchie von XML-Schema 1.1

Typ anyType Ganz oben in der Hierarchie der Datentypen steht der Typ `anyType`. Dies ist ein generischer Typ, der alles erlaubt: Ein einfaches Element von diesem Typ kann beliebigen Textinhalt haben, ein Attribut dieses Typs einen beliebigen Attributwert, ein komplexes Element von diesem Typ beliebige Kindelemente und beliebige Attribute. Diesen Typ sollten Sie eher vermeiden.

Typ anySimpleType Der Typ `anySimpleType`, direkt unter `anyType`, ist der Basistyp aller einfachen Typen *(simples types)*. Mit `anySimpleType` und den darunterliegenden Datentypen verfügt XML-Schema 1.1 über 49 vordefinierte einfache Datentypen *(built-in simple datatypes)*.

Grundsätzlich gibt es drei Arten einfacher Typen: atomare Typen, Listentypen und Vereinigungstypen.

- **Atomare Typen** haben Werte, die unteilbar sind.
- Bei **Listentypen** ist als Wert eine Liste von Werten, jeweils getrennt durch ein oder mehrere Whitespace-Zeichen, erlaubt.
- **Vereinigungstypen** haben als Werteraum bzw. lexikalischen Raum die Vereinigungsmenge der Werteräume bzw. lexikalischen Räume der vereinigten Typen, den sogenannten *member types*.

Typ anyAtomicType Der Typ `anyAtomicType`, in der Typhierarchie direkt unter `anySimpleType`, ist ein generischer Typ, von dem alle atomaren Typen abgeleitet sind. Sein Werteraum ist die Vereinigungsmenge der Wertemengen aller primitiven Typen.

Primitive Datentypen Die Typen direkt unter `anyAtomicType` werden als **eingebaute primitive Datentypen** bezeichnet. Beispiele hierfür sind `string`, `decimal` und `date`.

Abgeleitete Datentypen Darüber hinaus gibt es noch eine ganze Reihe von einfachen Datentypen, die von diesen primitiven Datentypen abgeleitet sind. Ein **abgeleiteter Datentyp** entsteht durch Einschränkung des Wertebereiches eines primitiven Datentyps oder eines abgeleiteten Datentyps. Beispielsweise wird der Datentyp `integer` aus dem Typ `decimal` abgeleitet, indem die erlaubten Dezimalstellen auf null gesetzt werden.

Listentypen Unter den vordefinierten einfachen Datentypen gibt es drei Listentypen: `IDREFS`, `NMTOKENS` und `ENTITIES`.

DTD-Datentypen Die Datentypen `ID`, `IDREF`, `IDREFS`, `ENTITY`, `ENTITIES`, `NMTOKEN` und `NMTOKENS` werden auch als DTD-Datentypen bezeichnet und bereitgestellt, um die Kompatibilität zwischen XML-Schema und DTDs zu wahren. Sie entsprechen genau den gleichnamigen Typen, die für Attribute einer DTD existieren (s. Abschn. 3.3), deshalb sollten sie auch in einem XML-Schema nur als Datentypen für Attribute verwendet werden.

Die Tab. 5.1 bis 5.7 beinhalten eine Kurzreferenz der vordefinierten, einfachen Datentypen.

Tab. 5.1 Datentypen für Zeichenfolgen

Datentyp	Beschreibung
string	Folge von Unicode-Zeichen in XML
normalizedString	Eine von Leerraum *(Whitespace)* bereinigte Zeichenkette, d. h. die Zeichen Wagenrücklauf (#xD), Zeilenvorschub (#xA) und Tabulator (#x9) werden vom XML-Prozessor vor der Validierung durch ein Leerzeichen (#x20) ersetzt
token	Wie normalizedString, zusätzlich entfernt der XML-Prozessor noch führende, anhängende und mehrfache Leerzeichen
language	Code für die natürlichen Sprachen (nach RFC 1766), z. B. de für deutsch, en für englisch, en-US für amerikanisches Englisch
anyURI	Zeichenfolge, die eine Referenz auf eine Ressource in Form eines Uniform Resource Identifiers liefert

Tab. 5.2 Datentypen für Zahlen

Datentyp	Beschreibung
double	64-Bit Gleitkommazahl
float	32-Bit-Gleitkommazahl
decimal	Beliebig genaue dezimale Zahl
integer	Ganzzahl beliebiger Größe
long	Ganzzahl von 64 Bit, Wertebereich von $-9.223.372.036.854.775.808$ bis $9.223.372.036.854.775.807$
int	Ganzzahl von 32 Bit, Wertebereich von $-2.147.483.648$ bis $2.147.483.647$
short	Ganzzahl von 16 Bit, Wertebereich von -32.768 bis 32.767
byte	Ganzzahl von 8 Bit, Wertebereich von -128 bis 127
nonNegativeInteger	Nichtnegative Ganzzahl beliebiger Größe
positiveInteger	Positive Ganzzahl beliebiger Größe
unsignedLong	Ganzzahl von 0 bis 18.446.744.073.709.551.615 ohne Vorzeichen
unsignedlnt	Ganzzahl von 0 bis 4.294.967.295 ohne Vorzeichen
unsignedShort	Ganzzahl von 0 bis 65.535 ohne Vorzeichen
unsignedByte	Ganzzahl von 0 bis 255 ohne Vorzeichen
nonPositiveInteger	Nichtpositive Ganzzahl beliebiger Größe
negativeInteger	Negative Ganzzahl beliebiger Größe

Tab. 5.3 Datentypen für Datum und Uhrzeit

Datentyp	Beschreibung
date	Kalenderdatum im Format `JJJJ-MM-TT` gemäß ISO 8601
time	Zeitangabe an einem beliebigen Tag bezogen auf die koordinierte Weltzeit *(Coordinated Universal time,* UTC), z. B. 09:30:00+01:00 entspricht der Zeit 09:30 Uhr mit +1 h Differenz zur Weltzeit UTC, was der mitteleuropäischen Zeit entspricht
dateTime	Datentyp für einen Zeitpunkt im Format `CCYY-MMDDThh:mm:ss`. Das Zeichen `"T"` trennt das Datum von der Zeit, eine Zeitzone kann hinzugefügt werden, z. B. `2018-09-13T10:30:12+2:00` für den 13.09.2018 um 10:30 Uhr
dateTimeStamp	Datentyp für einen Zeitpunkt im Format `CCYY-MMDDThh:mm:ss`, eine Zeitzone muss hinzugefügt werden, z. B. `2021-02-10T10:30:12+1:00` für den 10.02.2021 um 10:30 Uhr mit +1 h Differenz zur Weltzeit UTC, was der mitteleuropäischen Zeit entspricht (ab Version 1.1)
duration	Wert für eine Zeitdauer. Darstellung mit Hilfe des erweiterten ISO 8601 Formates in der Ausprägung `PnYnMnDTnHnMnS`. Die Großbuchstaben dienen als Trennzeichen, die weggelassen werden können, wenn die entsprechende Zahl nicht auftritt, z. B. `P1Y2M3D` für 1 Jahr, 2 Monate und 3 Tage, `PT1H2M3S` für 1 h, 2 min und 3 s
dayTimeDuration	Abgeleitet von `duration`. Angabe einer Zeitdauer, ausgedrückt in der Zahl von Tagen, Stunden, Minuten und Sekunden im Format `PnDTnHnMnS`, z. B. `P3DT4H10M30S` für 3 Tage, 4 h, 10 min und 30 s, `PT15M` für 15 min (ab Version 1.1)
yearMonthDuration	Abgeleitet von `duration`. Angabe einer Zeitdauer in Jahren und Monaten im Format `PnYnM`, z. B. `P1Y6M` für ein Jahr und 6 Monate, `P20M` für 20 Monate (ab Version 1.1)
gDay	Tag nach dem gregorianischen Kalender im Format `---DD`, wahlweise mit Angabe einer Zeitzone, z. B. `--01`, `--01+2:00`
gMonth	Monat nach dem gregorianischen Kalender im Format `--MM`, wahlweise mit Angabe einer Zeitzone, z. B. `--10` für Oktober
gMonthDay	Tag in einem Monat nach dem gregorianischen Kalender im Format `--MM-DD`, wahlweise mit Angabe einer Zeitzone, z. B. `--05-10` für den 10. Mai
gYear	Jahr nach dem gregorianischen Kalender im Format `CCYY` wahlweise mit Angabe einer Zeitzone, z. B. `2008`, `2008+02:00`, `-2000`
gYearMonth	Ein bestimmter Monat in einem Jahr nach dem gregorianischen Kalender im Format `CCYY-MM`, z. B. `2008-09` für September 2008

Tab. 5.4 Logischer Datentyp

Datentyp	Beschreibung
boolean	Boolescher Wert (true oder false bzw. 1 oder 0)

Tab. 5.5 Binäre Datentypen

Datentyp	Beschreibung
base64Binary	Base64-kodierte beliebige binäre Daten
hexBinary	Beliebige hexadezimal kodierte binäre Daten

Tab. 5.6 XML-Datentypen

Datentyp	Beschreibung
Name	XML-Name
NCname	Wie Name, jedoch darf kein Doppelpunkt vorkommen (*noncolonized name*)
NOTATION	Name einer Notation
QName	Qualifizierter XML-Name in der Form namensraumpräfix:lokaler Name, z. B. xs:element (s. Kap. 4)

Tab. 5.7 DTD-Datentypen

Datentyp	Beschreibung
ID	Eindeutiger Identifizierer eines Elements
IDREF	Verweis auf einen ID-Identifizierer
IDREFS	Liste von Verweisen auf ID-Identifizierer, getrennt durch Leerzeichen
ENTITY	Name eines ungeparsten Entities
ENTITIES	Liste von Entities, getrennt durch Leerzeichen
NMTOKEN	Namens-Token
NMTOKENS	Liste von Namens-Token, getrennt durch Leerzeichen

5.7   Benutzerdefinierte einfache Datentypen

Zusammenfassung

Es gibt drei Mechanismen zur Definition benutzerdefinierter einfacher Datentypen. Ableitung durch Einschränkung schränkt den Wertebereich eines einfachen Typs durch die Angabe von Facetten ein. Ableitung durch Auflistung ermöglicht es, einen Listen-Datentyp zu definieren. Mit der Ableitung durch Vereinigung wird ein Typ definiert, dessen Wertebereich Werte verschiedener Typen umfasst.

Zusätzlich zu den 49 in XML-Schema vordefinierten einfachen Datentypen, können in einem XML-Schema auch eigene einfache Datentypen definiert werden. Diese werden als **benutzerdefinierte einfache Datentypen** bezeichnet.

Ableitung Die benutzerdefinierten einfachen Datentypen basieren auf den in XML-Schema vordefinierten einfachen Datentypen oder auf anderen benutzerdefinierten Datentypen und werden **Ableitung** genannt.

Zur Definition eines benutzerdefinierten einfachen Datentyps dient das Element `<xs:simpleType>`

Anonymer Typ Die Definition eines einfachen Typs kann vollständig innerhalb einer Element- oder Attributdeklaration erfolgen. Solche Typen haben keinen Namen und werden als anonyme Typen bezeichnet. Da sie nur lokal sichtbar sind, ist es nicht möglich, sie an anderen Stellen wiederzuverwenden.

Beispiel: Anonymer Typ

Das Element `anrede` hat als Typ einen benutzerdefinierten einfachen Datentyp, der anonym ist.

```
<xs:element name="anrede">
  <xs:simpleType>
    <xs:restriction base="xs:string">
      <xs:enumeration value="Frau"/>
      <xs:enumeration value="Herr"/>
    </xs:restriction>
  </xs:simpleType>
</xs:element>◄
```

Benannter Typ Benutzerdefinierte benannte Datentypen müssen global definiert werden. Dem einfachen Datentyp wird über das Attribut `name` ein Name zugewiesen. Dieser Name kann bei Element- und Attributdeklarationen als Wert des Attributes `type` angegeben werden.

Beispiel: Benannter Typ

Das Element `anrede` hat als Typ einen benutzerdefinierten einfachen Typ, den benannten, global definierten Typ `AnredeTyp`.

```
<xs:simpleType name="AnredeTyp">
  <xs:restriction base="xs:string">
    <xs:enumeration value="Frau"/>
    <xs:enumeration value="Herr"/>
```

```
    </xs:restriction>
  </xs:simpleType>
  <xs:element name="anrede" type="AnredeTyp"/>◄
```

In den weiteren Beispielen dieses Kapitels wird ein benutzerdefinierter einfacher Typ stets als benannter Typ definiert.

Ableitungsmechanismen
Zur Definition eines einfachen Typs bietet XML-Schema drei Mechanismen an:

- Ableitung durch Einschränkung *(restriction)*
- Ableitung durch Auflistung *(list)*
- Ableitung durch Vereinigung *(union)*

Ableitung durch Einschränkung
Ableitung durch Einschränkung bedeutet, dass Beschränkungen für die Menge der zulässigen Werte angegeben werden. Dies kann beispielsweise die Angabe von Grenzwerten für Zahlen oder eine Längenbeschränkung für Zeichenketten sein.

Zur Definition einer Einschränkung dient das Element <xs:restriction>, der einzuschränkende Basistyp wird im Attribut base angegeben.

Facette Die eigentliche Einschränkung erfolgt durch die Angabe von einschränkenden Eigenschaften, genannt **Facetten** *(constraining facets).* Diese werden als Kindelemente des Elementes <xs:restriction> notiert.

Somit hat die Definition eines einfachen Typs, der durch Ableitung durch Einschränkung entsteht, folgende Form:

```
<xs:simpleType name="Typname">
  <xs:restriction base="Basistyp">
    <!-- Angabe von Facetten -->
  </xs:restriction>
</xs:simpleType>
```

▶   **Hinweis** In der XML-Schema-Spezifikation sind 14 einschränkende Facetten definiert, jedoch kann nicht jede Facette bei jedem Datentyp angewandt werden. Beispielsweise macht die Angabe von Nachkommastellen bei einem Zeichenkettendatentyp wenig Sinn.

Bei allen Datentypen sind folgende Facetten erlaubt:

- whiteSpace: Leerraumbehandlung
- enumeration: Aufzählung von erlaubten Werten

- `pattern`: Muster in Form eines regulären Ausdrucks
- `assertion`: Einschränkung des Wertes, formuliert durch einen XPath-Ausdruck (ab Version 1.1)

Leerraumbehandlung Mit der Facette `whiteSpace` wird bestimmt, wie die nichtdruckbaren Zeichen *(white spaces)* einer Zeichenkette zu behandeln sind, bevor die Validierung bezüglich des Datentyps vorgenommen wird. Mögliche Werte ihres Attributes `value` sind:

- `replace`: Alle Tabulator- und Zeilenendezeichen aus der Repräsentation werden durch Leerzeichen ersetzt.
- `collapse`: Zusätzlich werden führende und abschließende Leerzeichen unterdrückt und Folgen von Leerzeichen auf ein einziges reduziert.
- `preserve`: Der Wert bleibt unverändert.

Beispiel 1

Hier wird ein Typ namens `DreiZeichenTyp` definiert. Die Facette `whitespace` hat den Wert `collapse`. Zusätzlich wird durch die Facette `length` die Zeichenzahl auf drei festgelegt. Das Element `test` ist von diesem Typ:

```
<xs:simpleType name="DreiZeichenTyp">
  <xs:restriction base="xs:string">
    <xs:length value="3"/>
    <xs:whiteSpace value="collapse"/>
  </xs:restriction>
</xs:simpleType>


<xs:element name="test" type="DreiZeichenTyp"/>
```

Das XML-Teilstück `<test>  abc  </test>` ist valide, denn die führenden und abschließenden Leerzeichen werden unterdrückt, da die Facette `whiteSpace` den Wert `collapse` hat. ◄

`(b1_3Zeichen.xsd)`

Aufzählung Bei einer Aufzählung wird jeder erlaubte Wert explizit angegeben. Dazu wird für jeden erlaubten Wert das Element `<xs:enumeration>` notiert, dessen Attribut `value` den Wert besitzt. Die Werte müssen natürlich von dem Typ sein, der im `base`-Attribut angegeben wird.

Beispiel 2

Hier wird ein einfacher Typ definiert, der die erlaubten Werte auf die Werktage von Montag bis Freitag einschränkt:

```
<xs:simpleType name="WerktageTyp">
  <xs:restriction base="xs:string">
    <xs:enumeration value="Montag"/>
    <xs:enumeration value="Dienstag"/>
    <xs:enumeration value="Mittwoch"/>
    <xs:enumeration value="Donnerstag"/>
    <xs:enumeration value="Freitag"/>
  </xs:restriction>
</xs:simpleType>◀
```

(b2_Werktage.xsd)

Pattern Das Element `<xs:pattern>` ermöglicht es, über ein festgelegtes Muster für die lexikalische Repräsentation die zulässigen Werte eines Datentyps einzuschränken. Das Muster wird als Wert des Attributes `value` notiert und über einen regulären Ausdruck *(regulär expression)* definiert. Die in XML-Schema erlaubte Syntax basiert auf den Unicode Regular Expression Guidelines (https://www.unicode.org/reports/tr18/). Eine Übersicht über reguläre Ausdrücke in XML-Schema finden Sie im Anhang G des Dokuments XML Schema Part 2: Datatypes (https://www.w3.org/TR/xmlschema11-2/). In Tab. 5.8 sind die wichtigsten Meta-Zeichen für reguläre Ausdrücke aufgeführt. Ausführliche Informationen über reguläre Ausdrücke erhalten Sie in Vlist [3] und in Friedl [1].

Tab. 5.9 listet einige Beispiele für reguläre Ausdrücke auf.

Beispiel 3

Hausnummern in Deutschland bestehen aus ein oder mehreren Ziffern, wobei die erste Ziffer keine `"0"` sein darf. Den Ziffern darf ein Buchstabe zwischen a bis z folgen. In XML-Schema kann ein `HausnummerTyp` wie folgt definiert werden:

```
<xs:simpleType name="HausnummerTyp">
  <xs:restriction base="xs:string">
    <xs:pattern value="[1-9][0-9]*[a-z]?"/>
  <xs:restriction>
</xs:simpleType>◀
```

(b3_Hausnr.xsd)

Tab. 5.8 Meta-Zeichen für reguläre Ausdrücke

Zeichen	Bedeutung
.	Beliebiges Zeichen
*	0 bis beliebig viele Vorkommen des vorhergehenden Zeichens bzw. der vorhergehenden Gruppe
?	0 oder einmaliges Vorkommen des vorhergehenden Zeichens bzw. der vorhergehenden Gruppe
+	1 bis beliebig viele Vorkommen des vorhergehenden Zeichens bzw. der vorhergehenden Gruppe
{n}	Genau n Vorkommen
{n,m}	n bis m Vorkommen
()	Gruppierung
[]	Zeichenklasse, aus der jeweils ein Zeichen ausgewählt wird
|	Oder
^	Nicht
\	Escape
\d	Ziffern

Tab. 5.9 Beispiele für reguläre Ausdrücke

Ausdruck	Bedeutung
[abc]	Einer von den drei Buchstaben a, b, c
[a z]	Ein Buchstabe von a bis z
[a-zA-Z][0-9][a-zA-Z]	Eine dreistellige Buchstaben- und Ziffernkombination wie a1b, F9E
[a-z]{5}	Ein fünfstelliges Wort aus den Kleinbuchstaben a bis z
(b|c){2}d	Die Zeichenketten bbd, bcd, cbd, ccd

Beispiel 4

Der Typ `ZweistelligeZahlenTyp` schränkt Integer-Werte auf Zahlen ein, die auf jeden Fall aus zwei Ziffern bestehen. Beispiele für korrekte Zahlen dieses Typs: 03, 12, 99.

```
<xs:simpleType name="ZweistelligeZahlenTyp">
  <xs:restriction base="xs:integer">
    <xs:pattern value="\d{2}"/>
  </xs:restriction>
</xs:simpleType>◀
```

(b4_2Stellig.xsd)

Assertion In einem einfachen Typ formuliert eine *Assertion* eine Regel für die Gültigkeit des aktuellen Wertes eines Elementes oder Attributes. Vorgesehen ist hierfür die
Facette xs:assertion. Die eigentliche Regel wird als Wert des Attributes test
in Form eines XPath-Ausdrucks angegeben. Der XPath-Ausdruck wird während der
Validierung der XML-Instanz zu true oder false ausgewertet. Ist das Ergebnis
false, ist die geforderte Bedingung nicht erfüllt und die XML-Instanz daher nicht
valide. Unterstützt wird ein Großteil der XPath Version 2.0, da diese zum Zeitpunkt der
Formulierung von XML-Schema 1.1 aktuell war.

Variable $value Mit der eingebauten Variable $value wird im XPath-Ausdruck auf
den aktuellen Wert des Elementes oder Attributes, für das die *Assertion* überprüft wird,
zugegriffen.

▶   **Hinweis** Für XPath-Kenner: Im XPath-Ausdruck muss die Variable $value
    verwendet werden. Ein Zugriff auf das aktuelle Element über die abgekürzte
    Syntax "." (s. Abschn. 7.3.2) ist nicht möglich.

Beispiel 5

GeradeZahlTyp ist ein einfacher Typ, der nur gerade Zahlen erlaubt.

```
<xs:simpleType name="GeradeZahlTyp">
  <xs:restriction base="xs:int">
    <xs:assertion test="$value mod 2 = 0"/>
  </xs:restriction>
</xs:simpleType>
```

Bei einem Element oder Attribut vom Typ GeradeZahlTyp wird bei der
Validierung überprüft, ob der aktuelle Wert in der Instanz geteilt durch zwei den Rest
null hat. ◀

(b5_GeradeZahl.xsd)

▶   ***Assertion* – regulärer Ausdruck** In einigen Fällen ist es möglich eine Werte-
    beschränkung durch eine *Assertion* oder durch einen regulären Ausdruck zu
    formulieren. In diesen Fällen sollte der reguläre Ausdruck bevorzugt werden.

Beispiel

Die Gültigkeitsregel „Der Wert muss mit der Zeichenkette ABC beginnen" kann als
Assertion formuliert werden:

```
<xs:assertion test="starts-with($value, 'ABC')"/>
```

Oder alternativ als regulärer Ausdruck:

```
<xs:pattern value="ABC.*"/>◄
```

▶ **Hinweis** In XML-Schema gibt es auch ein Element `<xs:assert>`. Dies dient zur Formulierung von *Assertions* bei komplexen Elementtypen (s. Abschn. 5.5).

Grenzwerte Als Facetten für die Zahlentypen, Zeit- und Datumstypen sind folgende erlaubt:

- `minInclusive`: untere eingeschlossene Grenze
- `minExclusive`: untere nicht eingeschlossene Grenze
- `maxInclusive`: obere eingeschlossene Grenze
- `maxExclusive`: obere nicht eingeschlossene Grenze

Beispiel 6

Hier wird ein einfacher Typ namens `IntervallTyp` definiert. Erlaubte Werte bei diesem Typ sind Integerwerte von 5 (einschließlich) bis 10 (ausschließlich).

```
<xs:simpleType name="IntervallTyp">
  <xs:restriction base="xs:integer">
    <xs:minInclusive value="5"/>
    <xs:maxExclusive value="10"/>
  </xs:restriction>
</xs:simpleType>◄
```

`(b6_Intervall.xsd)`

Dezimalzahlen Für Dezimalzahlen sind zusätzlich zu den oben genannten Facetten noch folgende erlaubt:

- `fractionDigits`: maximale Zahl der Nachkommastellen
- `totalDigits`: maximale Gesamtzahl der Stellen

Beispiel 7

Preisinformationen dürfen höchstens zwei Nachkommastellen haben. Um dies sicherzustellen, wird der einfache Typ `PreisTyp` definiert.

```
<xs:simpleType name="PreisTyp">
  <xs:restriction base="xs:decimal">
    <xs:fractionDigits value="2"/>
```

```
    </xs:restriction>
  </xs:simpleType>
```

Der Typ `TotDigTyp` setzt die erlaubte Gesamtzahl von Stellen auf 5.

```
<xs:simpleType name="TotDigTyp">
  <xs:restriction base="xs:decimal">
    </xs:totalDigits value="5"/>
  </xs:restriction>
</xs:simpleType>
```

Die Facetten `fractionDigits` und `totalDigits` operieren auf dem Werte-raum. Daher sind z. B. `128.56` und auch `128.56000` gültige Werte bei beiden Datentypen. ◀

(b7_preis.xsd)

Längenangaben Als Facetten für Zeichenketten und die binären Datentypen sind erlaubt:

- `length`: für die Angabe einer exakten Länge
- `minLength` bzw. `maxLength`: für die Angabe der minimalen bzw. maximalen Länge

---

Beispiel 8

Hier wird ein Typ definiert, der eine Zeichenkette von mindestens einem bis maximal 20 Zeichen erlaubt:

```
<xs:simpleType name="KurzerStringTyp">
  <xs:restriction base="xs:string">
    <xs:minLength value="1"/>
    <xs:maxLength value="20"/>
  </xs:restriction>
</xs:simpleType>◀
```

(b8_KurzerString.xsd)

Zeitzone Für Datums- und Zeittypen ist noch folgende Facette erlaubt:

- `explizitTimezone`: Kontrolle der Angabe einer Zeitzone

Mögliche Werte für das Attribut `value` sind in diesem Fall:

- `optional`: Die Angabe der Zeitzone ist optional (Default-Wert bei den meisten eingebauten Datums- und Zeittypen)
- `required`: Eine Zeitzone muss angegeben werden (Default-Wert beim Typ `dateTimeStamp`).
- `prohibited`: Die Angabe einer Zeitzone ist nicht erlaubt.
- Example Start

Beispiel 9

Bei Werten vom Typ `ZeitzoneTyp` muss die Zeitzone angegeben werden.

```
<xs:simpleType name="ZeitzoneTyp">
  <xs:restriction base="xs:time">
    <xs:explicitTimezone value="required"/>
  </xs:restriction>
</xs:simpleType>◄
```

(b9_Zeitzone.xsd)

Ableitung durch Auflistung

Bei einer Ableitung durch Auflistung wird ein Listen-Datentyp, kurz Listentyp, von einem atomaren Datentyp abgeleitet. Elemente oder Attribute dieses Listentyps dürfen eine durch Whitespace getrennte Sequenz von Werten des atomaren Datentyps enthalten.

Zur Definition eines Listentyps wird das Element `<xs:list>` verwendet. Der Basistyp wird als Wert des Attributs `itemType` angegeben. Alternativ dazu kann eine Typdefinition in `<xs:list>` eingebettet werden.

Beispiel 10

Basierend auf `xs:nonNegativeInteger` wird ein Listentyp definiert:

```
<xs:simpleType name="ZahlenListeTyp">
  <xs:list itemType="xs:nonNegativeInteger"/>
</xs:simpleType>
```

Ein erlaubter Wert eines Elementes oder Attributes dieses Typs ist z. B. `"1 12 456"`. ◄

(b10_ZListe.xsd)

Beispiel 11

Hier wird ein einfacher Typ `AutomarkeListeTyp` definiert, der als Werte die aufgelisteten Automarken erlaubt:

```
<xs:simpleType name="AutomarkeListeTyp">
  <xs:list>
    <xs:simpleType>
      <xs:restriction base="xs:string">
        <xs:enumeration value="Mercedes"/>
        <xs:enumeration value="Toyota"/>
      </xs:restriction>
    </xs:simpleType>
  </xs:list>
</xs:simpleType>
```

Ein Element oder Attribut von diesem Typ kann damit z. B. den Wert `"VW Toyota"` annehmen. ◄

`(b11_Automarke.xsd)`

Facetten bei Listentypen Wenn ein Listentyp um eine Facette ergänzt wird, gilt die Facette nicht für die einzelnen Werte, sondern für die Liste als Ganzes. Die Facette kann nicht direkt in die Definition des Listentyps eingetragen werden, es muss zuerst der Listentyp definiert werden und anschließend die Restriktion dieses Listentyps. Dies kann durch zwei separate benannte einfache Typen geschehen oder in einer Definition.

Beispiel 12

Der Listentyp `AutomarkeListeTyp_2` schränkt den Listentyp `AutomarkeListeTyp` so ein, dass nur noch maximal zwei Werte in der Liste erlaubt sind. Verwendet wird hierzu die Facette `maxLength`.

```
<xs:simpleType name="AutomarkeListTyp_2">
  <xs:restriction base="AutomarkeListeTyp">
    <xs:maxLength value="2"/>
  </xs:restriction>
</xs:simpleType>
```

Alternativ kann dies wie folgt in einer Definition formuliert werden:

```
<xs:simpleType name="AutomarkeListeTyp_3">
  <xs:restriction>
    <xs:simpleType>
      <xs:list>
        <xs:simpleType>
          <xs:restriction base="xs:string">
            <xs:enumeration value="Vw"/>
            <xs:enumeration value="Mercedes"/>
```

```
            <xs:enumeration value="Toyota"/>
          </xs:restriction>
        </xs:simpleType>
      </xs:list>
    </xs:simpleType>
    <xs:maxLength value="2"/>
  </xs:restriction>
</xs:simpleType> ◀
```

(b12_AListe.xsd)

Assertions für Listentypen

Auch für Listentypen können *Assertions* formuliert werden. Diese werden in analoger Weise wie bei atomaren Typen formuliert:

```
<xs:assertion test="Xpath-Ausdruck"/>
```

Variable $value Ist der Basistyp ein Listentyp, kann der Wert in der XML-Instanz aus mehreren atomaren Werten bestehen. Die Variable $value enthält in diesem Fall eine Sequenz von atomaren Werten. Ein Vergleich, wie zum Beispiel $value > 2, bedeutet nun, dass mindestens einer der Werte der Sequenz größer als zwei sein muss. Ein Zugriff auf ein spezielles Item der Liste ist über ein nummerisches Prädikat möglich (s. Abschn. 7.3.3). Zum Beispiel kann mit $value[1] auf das erste Element der Liste zugegriffen werden.

Beispiele für XPath-Ausdrücke für Listentypen

a) Keiner der Werte ist größer als 10: not($value > 10)
b) Es müssen mindestens zwei Werte angegeben werden: count($value > 2)
c) Nur verschiedene Werte (keine Dubletten) dürfen in der Liste vorkommen:
   count($value) = count(distinct-values($value)) ◀

Weiterhin können zur Formulierung von *Assertions* auch XPath-Funktionen wie z. B. sum(), avg(), min(), max() verwendet werden.

Beispiel 13

Der Typ sumType erlaubt eine Liste von int-Werten, wobei die Summe der Werte stets 100 ergeben muss.

```
<xs:simpleType name="SumTyp">
  <xs:restriction>
    <xs:simpleType>
      <xs:list itemType="xs:int"/>
```

```
      </xs:simpleType>
      <xs:assertion test="sum($value)=100"/>
    </xs:restriction>
  </xs:simpleType>◄
```

(b13_SumTyp.xsd)

Ableitung durch Vereinigung

Ableitung durch Vereinigung definiert einen Datentyp, dessen Wertebereich die Werte-
bereiche mehrerer Typen vereinigt. Die in der Vereinigung enthaltenen Typen werden
member types genannt.

Zur Definition ist in XML-Schema das Element `<xs:union>` vorgesehen. Es gibt
zwei Schreibweisen, die auch gemischt werden können. Setzt sich der Vereinigungs-
datentyp aus existierenden Typen zusammen, wird die durch Leerzeichen getrennte Liste
dieser Typen als Wert des Attributes `memberTypes` notiert. Die zweite Schreibweise
erlaubt die direkte Einbettung von Typdefinitionen in das Element `<xs:union>`.

Beispiel 14

Ein erlaubter Wert des Typs `ZahlDatumTyp` ist eine ganze Zahl oder ein Datum.

```
<xs:simpleType name="ZahlDatumTyp">
  <xs:union memberTypes="xs:integer xs:date"/>
</xs:simpleType>
```

(b14_ZahlDatum.xsd) ◄

Beispiel 15

Ein Element oder Attribut des Datentyps `UnionTyp` kann einen Integerwert bis max.
99 annehmen, aber auch die Zeichenkette `"k.A."`.

```
<xs:simpleType name="UnionTyp">
  <xs:union>
    <xs:simpleType>
      <xs:restriction base="xs:integer">
        <xs:maxExclusive value="100"/>
      </xs:restriction>
    </xs:simpleType>
    <xs:simpleType>
      <xs:restriction base="xs:string">
        <xs:pattern value="k.A."/>
      </xs:restriction>
    </xs:simpleType>
```

```
    </xs:union>
  </xs:simpleType>◀
```

(b15_Union.xsd)

5.8 Benannte Modell- und Attributgruppen

Zusammenfassung

Benannte Modell- und Attributgruppen dienen der Wiederverwendung von Teilen von Inhaltsmodellen bzw. einer Reihe von gemeinsam auftretenden Attributen. Auf sie wird an der Ersetzungsstelle mit dem Attribut `ref` Bezug genommen. Eine Attributgruppe kann als Default-Attributgruppe gekennzeichnet werden. Alle komplexen Typen verfügen dann über die Attribute dieser Gruppe, es sei denn, dies wird explizit verboten.

In komplexeren Schemata kommt es häufig vor, dass Elemente über ein identisches oder teilweise identisches Inhaltsmodell bzw. eine Reihe von gleichen Attributen verfügen. Mit benannten Modell- bzw. Attributgruppen können solche Schemateile an einer Stelle definiert und dann bei Bedarf referenziert werden. Von der Funktionalität her entspricht dieses Konzept in etwa den Parameter-Entities der DTDs.

Modellgruppe

Zur Definition einer benannten **Modellgruppe** dient das Element `<xs:group>`. Die Definition muss global erfolgen und die Gruppe benötigt einen eindeutigen Namen. Innerhalb von `<xs:group>` wird jetzt ein Inhaltsmodell angegeben, d. h. direktes Kindelement von `<xs:group>` ist genau einer der Kompositoren `<xs:sequence>`, `<xs:choice>` oder `<xs:all>`. Es gilt folgende Syntax:

```
<xs:group name="M_Gruppe1">
  <!-- <xs:sequence>, <xs:choice> oder <xs:all> -->
</xs:group>
```

▶ **Hinweis** Modellgruppen können nicht aus komplexen Typen bestehen.

Anwendung Eine benannte Modellgruppe wird über eine Referenz in einen komplexen Typ oder eine andere Modellgruppe eingebunden. Dazu wird ebenfalls das Element `<xs:group>` verwendet, in dessen Attribut `ref` der Name der Elementgruppe notiert wird.

```
<xs:group ref="M_Gruppe1"/>
```

Bei der Referenzierung sind Kardinalitätsangaben mit den Attributen `minOccurs`
und `maxOccurs` möglich. Somit kann ausgedrückt werden, wie oft die Gruppe
mindestens bzw. höchstens vorkommen darf.

Beispiel 1

In Abschn. 3.4.3 wird gezeigt, wie folgende Problemstellung in einer DTD mit
Parameter-Entities gelöst werden kann. Im Fallbeispiel „Hochschulwelt" werden
Dozenten und Studenten erfasst. Für die Dozenten werden Nachname, Vorname
und die URL ihrer Website gespeichert, für die Studenten Nachname, Vorname und
Matrikelnummer. Die Elemente `dozent` und `student` verfügen also über ein teilweise identisches Inhaltsmodell. In XML-Schema lässt sich dies unter Verwendung
einer Modellgruppe wie folgt lösen: Für die Sequenz `nachname`, `vorname` wird
die Modellgruppe `Name_Grp` deklariert. Diese wird in der Elementdefinition von
`dozent` und `student` referenziert (s. Abb. 5.7).

```
<?xml version="1.0" encoding="UTF-8"?>
<xs:schema xmlns:xs="http://www.w3.org/2001/XMLSchema">

  <xs:group name="Name_Grp">
    <xs:sequence>
      <xs:element name="nachname" type="xs:string"/>
      <xs:element name="vorname" type="xs:string"/>
    </xs:sequence>
  </xs:group>


  <xs:element name="dozent">
    <xs:complexType>
      <xs:sequence>
        <xs:group ref="Name_Grp"/>
        <xs:element name="website" type="xs:string"/>
```

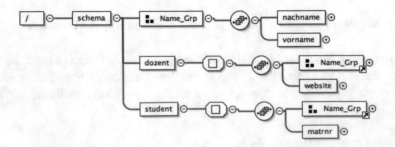

Abb. 5.7 Grafische Darstellung von Beispiel 1

```
    </xs:sequence>
   </xs:complexType>
 </xs:element>


 <xs:element name="student">
  <xs:complexType>
    <xs:sequence>
      <xs:group ref="Name_Grp"/>
        <xs:element name="matrnr" type="xs:string"/>
    </xs:sequence>
   </xs:complexType>
  </xs:element>


</xs:schema>◀
```

(b1_DozStud.xsd)

Übung

Für Zugverbindungen werden Abfahrts- und Ankunftsdaten gespeichert. Die Daten enthalten Angaben zum Ort, zur Uhrzeit und dem Gleis. Geben Sie hierzu ein XML-Schema und eine valide Instanz an. Verwenden Sie im Schema eine Modellgruppe.

Attributgruppe

Treten mehrere Attribute mehrfach gemeinsam bei verschiedenen Elementen auf, macht es Sinn, die Attributdeklarationen zu einer **Attributgruppe** zusammenzufassen.

Definition Attributgruppe Zur Definition einer Attributgruppe dient das Element `<xs:attributeGroup>`. Eine Attributgruppe kann beliebig viele Attributdeklarationen und Referenzen auf andere Attributgruppen enthalten. Somit hat die Definition einer Attributgruppe folgende Form:

```
<xs:attributeGroup name="A_Gruppe1">
  <xs:attribute name="Name1" type="Typ1"/>
  <xs:attribute name="Name2" type="Typ2"/>
  ...
  <xs:attributeGroup ref="A_Gruppe2"/>
  ...
</xs:attributeGroup>
```

Anwendung Eine Attributgruppe kann nun über eine Referenz in einen komplexen Typ oder eine Attributgruppe eingebunden werden. Dazu wird ebenfalls das Element

`<xs:attributeGroup>` verwendet und als Wert des Attributes `ref` wird der Name
der Attributgruppe notiert:

```
<xs:attributeGroup ref="A_Gruppe1"/>
```

Der Effekt ist nun so, als wären die Attributdeklarationen der Gruppe innerhalb der
Typdeklaration.

Beispiel 2: XHTML 1.1

Das XML-Schema zu XHTML 1.1 ist in mehr als 70 Module aufgeteilt. Diese finden
Sie im Verzeichnis https://www.w3.org/MarkUp/SCHEMA/.

In Abschn. 3.4.3 wird anhand eines Ausschnitts der XHTML 1.1 DTD (https://
www.w3.org/TR/xhtml-modularization/dtd_module_defs.html)   gezeigt,   wie
Parameter-Entities sinnvoll als Kürzel für Attributlisten eingesetzt werden können.
Dieser DTD-Ausschnitt ist auf folgende Weise im XML-Schema für XHTML 1.1
definiert: Für jede Attributdeklaration wird zuerst eine Attributgruppe deklariert,
sodass für die Attribute `id`, `title` und `class` drei Attributgruppen deklariert sind
(s. Datei `xhtml-attribs-1.xsd`):

```
<xs:attributeGroup name="xhtml.id">
  <xs:attribute name="id" type="xs:ID"/>
</xs:attributeGroup>

<xs:attributeGroup name="xhtml.class">
  <xs:attribute name="class" type="xs:NMTOKENS"/>
</xs:attributeGroup>

<xs:attributeGroup name="xhtml.title">
  <xs:attribute name="title" type="xs:string"/>
</xs:attributeGroup>
```

Diese Attributgruppen werden von der Attributgruppe `xhtml.Core.attrib`
referenziert. Diese enthält somit die Attributdeklarationen der Attribute `id`, `class`
und `title`. Die Attributgruppe `xhtml.Core.extra.attrib` ist leer und steht
für eigene Anpassungen zur Verfügung.

```
<xs:attributeGroup name="xhtml.Core.attrib">
  <xs:attribute ref="xml:space"/>
  <xs:attributeGroup ref="xhtml.id"/>
  <xs:attributeGroup ref="xhtml.class"/>
  <xs:attributeGroup ref="xhtml.title"/>
  <xs:attributeGroup ref="xhtml.Core.extra.attrib"/>
</xs:attributeGroup>
```

Für jedes Element wird eine elementspezifische Attributgruppe definiert, die die für dieses Element gewünschten Attributgruppen referenziert. Die Attributgruppe für das Element `br` referenziert die Attributgruppe `xhtml.Core.attrib` (s. Datei `xhtml-inlstruct-1.xsd`).

```
<xs:attributeGroup name="xhtml.br.attlist">
  <xs:attributeGroup ref="xhtml.Core.attrib"/>
</xs:attributeGroup>
```

Das Inhaltsmodell eines Elementes wird in einer Elementgruppe definiert. Da `br` ein leeres Element ist, enthält die Gruppe eine leere Sequenz.

```
<xs:group name="xhtml.br.content">
  <xs:sequence/>
</xs:group>
```

Für jedes Element gibt es einen benannten komplexen Typ, in dem die Element- und Attributgruppe referenziert werden.

```
<xs:complexType name="xhtml.br.type">
  <xs:group ref="xhtml.br.content"/>
  <xs:attributeGroup ref="xhtml.br.attlist"/>
</xs:complexType>
```

Inhaltsmodelle, die das Element `br` enthalten, können nun diese Typdefinition verwenden.

```
<!-- Inline Elements -->
<xs:group name="xhtml.InlStruct.class">
  <xs:choice>
    <xs:element name="br"   type="xhtml.br.type"/>
    <xs:element name="span" type="xhtml.span.type"/>
  </xs:choice>
</xs:group>◀
```

(`xhtml-attribs-1.xsd`, `xhtml-inlstruct-1.xsd`)

Übung

Zur Darstellung von Bildern wird in XHTML das leere Element `<img/>` verwendet. Es verfügt neben den Core-Attributen u. a. über die Attribute `src`, `height`, `width`, `alt`. Überlegen Sie sich hierzu ein XML-Schema und vergleichen Sie Ihre Lösung mit dem XML-Schema des W3C.

▶   **Hinweis** Modell- und Attributgruppen tragen zur Modularisierung und
    Wiederverwendung bei. Modellgruppen können jedoch keine komplexen
    Typen ersetzen, da sie nicht als Typ einer Elementdeklaration verwendet
    werden können.

Default-Attributgruppe

Ab der Version 1.1 kann eine Attributgruppe als **Default-Attributgruppe** allen
komplexen Typen eines XML-Schemas zugeordnet werden. Dazu wird ihr Name
als Wert des Attributes `defaultAttributes` im Wurzelelement des Schemas
`<xs:schema>` notiert. Sollen diese Default-Attribute bei einem komplexen Element
nicht erlaubt sein, muss `defaultAttributesApply="false"` dem Element
`<xs:complexType>` hinzugefügt werden.

Beispiel 3

Mit Ausnahme des Elementes `katalog` sollen alle Elemente über die Attribute `id`
und `version` verfügen. Die Attributgruppe `IdGruppe` umfasst die beiden Attribute
und wird im Element `<xs:schema>` als Default-Attributgruppe festgelegt. In der
Elementdeklaration von `katalog` wird die Anwendung der Default-Attribute nicht
erlaubt.

```
<xs:schema xmlns:xs="http://www.w3.org/2001/XMLSchema"
    defaultAttributes="IdGruppe">

<xs:attributeGroup name="IdGruppe">
  <xs:attribute name="id" type="xs:ID" use="required"/>
  <xs:attribute name="version" type="xs:decimal"/>
</xs:attributeGroup>

<xs:element name="katalog">
  <xs:complexType defaultAttributesApply="false">
    <xs:sequence>
      <xs:element ref="produkt" maxOccurs="unbounded"/>
    </xs:sequence>
    <xs:attribute name="katalogNummer" type="xs:integer"/>
  </xs:complexType>
</xs:element>

<xs:element name="produkt">
  <xs:complexType>
    <xs:sequence>
      <xs:element name="name" type="xs:string"/>
    </xs:sequence>
```

```
      </xs:complexType>
    </xs:element>

  </xs:schema>
```

Die Instanz `b3.xml` ist eine gültige Beispielinstanz zum Schema `b3_default.xsd`.

```
  <?xml version="1.0" encoding="UTF-8"?>
  <katalog
      xmlns:xsi="http://www.w3.org/2001/XMLSchema-instance"
      xsi:noNamespaceSchemaLocation="b3_default.xsd"
      katalogNummer="2018">
    <produkt id="p1" version="1.1">
      <name>Produkt 123</name>
    </produkt>
  </katalog>◀
```

(b3_default.xsd, b3.xml)

5.9 Dokumentation von Schemata

Zusammenfassung

Zur Dokumentation eines XML-Schemas kann das Element `<xs:annotation>` genutzt werden. Es verfügt über zwei Kindelemente: `<xs:documentation>` zur Speicherung von Informationen für den menschlichen Leser und `<xs:appinfo>` für Applikationen. Auch Attribute, die einem anderen Namensraum, als dem von XML-Schema angehören, sogenannte Fremd-Attribute, können zur Dokumentation verwendet werden.

Zusätzlich zur Möglichkeit durch `<!-- -->` Kommentare in Schemata einzufügen, bietet XML-Schema noch spezielle Elemente an, die zur Dokumentation und Kommentierung genutzt werden können, und zwar das Element `<xs:annotation>` mit seinen Kindelementen `<xs:documentation>` und `<xs:appinfo>`. Beide Kindelemente können zusammen, getrennt, in verschiedener Reihenfolge und auch mehrfach auftreten.

Element `<xs:annotation>` Das Element `<xs:annotation>` kann den meisten Schema-Elementen als Kindelement hinzugefügt werden.

```
<xs:annotation>
  <xs:documentation>
    <!-- Erläuterung für einen menschlichen Leser -->
  </xs:documentation>
```

```
<xs:appinfo>
  <!-- Informationen für eine Anwendung -->
</xs:appinfo>
</xs:annotation>
```

Element <xs:documentation> Innerhalb des <xs:annotation>-Elements, ist das Element <xs:documentation> für die „menschenlesbare" Dokumentation vorgesehen. Die Sprache des Dokumentationstextes kann als Wert des Attributes xml:lang angegeben werden.

Beispiel 1

Ein einfaches Beispiel für eine Dokumentation in verschiedenen Sprachen (s. Abb. 5.8).

```
<xs:element name="dozent">
  <xs:annotation>
    <xs:documentation xml:lang="de">
      Ein Dozent
    </xs:documentation>
    <xs:documentation xml:lang="en">
        A lecturer
    </xs:documentation>
  </xs:annotation>
  <xs:complexType>
    <xs:sequence>
      <xs:element name="name" type="xs:string"/>
      <xs:element name="vorname" type="xs:string"/>
    </xs:sequence>
  </xs:complexType>
</xs:element>◄
```

(b1_dozent.xsd)

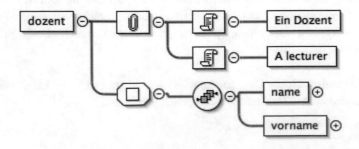

Abb. 5.8 Grafische Darstellung von Beispiel 1

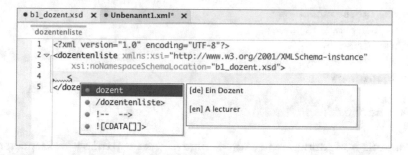

Abb. 5.9 Kommentaranzeige im Oxygen XML-Editor

Autorenansicht Auch die Autoren von XML-Instanzen profitieren von der Kommentierung des XML-Schemas. Abb. 5.9 zeigt, wie Kommentare beim Oxygen XML-Editor während der Eingabe angezeigt werden.

Element <xs:appinfo> Das Element `<xs:appinfo>` dient dazu Informationen für Hilfsprogramme oder weiterverarbeitende Applikationen aufzunehmen. Dies können beispielsweise weitere Constraints sein, die mit XML-Schema nicht abgebildet werden können, oder auch Informationen zu Mappings auf andere Strukturen z. B. Datenbanktabellen.

Beispiel 2

Im Beispiel wird in `<xs:appinfo>` ein Mapping zwischen XML-Schema Elementen und Datenbanktabellen notiert: Die Inhalte des Elementes `dozent` sollen in der Datenbanktabelle `t_dozent` gespeichert werden.

```
<?xml version="1.0" encoding="UTF-8"?>
<xs:schema xmlns:xs="http://www.w3.org/2001/XMLSchema"
          xmlns:db="http://db.info">

  <xs:element name="dozent">
    <xs:annotation>
      <xs:appinfo>
        <db:mapping>
          <db:tb>t_dozent</db:tb>
        </db:mapping>
      </xs:appinfo>
    </xs:annotation>
    <xs:complexType>
      <xs:sequence>
        <xs:element name="name" type="xs:string"/>
        <xs:element name="vorname" type="xs:string"/>
```

```
     </xs:sequence>
    </xs:complexType>
  </xs:element>
  ...
</xs:schema>◀
```

(b2_dbschema.xsd)

▶   **Hinweis** `<xs:documentation>` und `<xs:appinfo>` akzeptieren
    beliebige Text- und Kindelemente, die Inhalte müssen lediglich wohl-
    geformt sein. So kann beispielsweise als Inhalt des Elementes
    `<xs:documentation>` auch XHTML-Code angegeben werden, um daraus
    dann, z. B. mit XSLT, eine benutzerfreundliche, gut lesbare Dokumentation
    zu erzeugen. Beiden Elementen kann auch ein Attribut `source` hinzugefügt
    werden, das auf eine Datei mit weiteren Informationen verweist.

Beispiel 3

```
<xs:element name="dozent">
  <xs:annotation>
    <xs:documentation xml:lang="de">
      <p xmlns="http://www.w3.org/1999/xhtml">
        Dieses Element beschreibt einen<b>Dozenten</b>
      </p>
    </xs:documentation>
  </xs:annotation>
  <xs:complexType>
    ...
  </xs:complexType>
</xs:element>◀
```

(b3_dozent.xsd)

Nachteil Werden auf diese Art und Weise viele Kommentare in das Schema eingefügt,
wird das Schema sehr umfangreich, was der Lesbarkeit sicherlich nicht zugute kommt.

Fremd-Attribute
XML-Schema bietet noch eine weitere Möglichkeit an, beliebige Informationen in einem
Schema zu notieren. Alle Schema-Elemente, außer `<xs:documentation>` und
`<xs:appinfo>`, akzeptieren jedes Attribut, das einem anderen Namensraum, als dem
von XML-Schema angehört. Solche Attribute, genannt **Fremd-Attribute** *(non-native
attributes)*, können dann dazu verwendet werden, ein Schema zu dokumentieren.

Beispiel 4

Dieses Beispiel zeigt, wie ein Fremd-Attribut zur Dokumentation genutzt werden kann. Im Wurzelelement `<xs:schema>` wird der Namensraum `http://www.meine-fh.de/doku` notiert und an das Präfix `dok` gebunden. Attribute, die zur Dokumentation genutzt werden, entstammen diesem Namensraum.

```
<?xml version="1.0" encoding="UTF-8"?>
<xs:schema xmlns:xs="http://www.w3.org/2001/XMLSchema"
           xmlns:dok="http://www.meine-fh.de/doku">
  <xs:element name="dozTyp" dok:dok="Ein Dozent">
    <xs:complexType>
      <xs:sequence>
        <xs:element name="name" type="xs:string"
                    dok:kommentar="Name des Dozenten"/>
        <xs:element name="vorname" type="xs:string"
                    dok:kommentar="Vorname des Dozenten"/>
      </xs:sequence>
    </xs:complexType>
  </xs:element>
</xs:schema>◄
```

(b4_fremdAtt.xsd)

Vorteil Der Vorteil der Kommentierung mit Fremd-Attributen liegt in der Knappheit. Des Weiteren sind die Kommentare direkt bei den zu kommentierenden Einheiten notiert.

5.10   Modellierungsstile

Zusammenfassung

Zu einer Menge von XML-Dokumenten kann ein XML-Schema in verschiedenen Stilen erstellt werden. Die XML-Dokumente werden valide zu allen Modellierungsstilen sein. Je nachdem, ob Elemente vorwiegend lokal oder global oder ob benannte komplexe Typen definiert werden, werden die Modellierungsstile Russische Matroschka, Salami-Design, Jalousie-Design und *Garden of Eden* unterschieden.

Beispielinstanz

Betrachten Sie das einfache Beispiel `dozentenliste.xml`:

```
<?xml version="1.0" encoding="UTF-8"?>
<dozentenliste>
```

```
  <dozent did="d1">
    <name>Maier</name>
    <vorname>Fritz</vorname>
  </dozent>
  <dozent did="d2">
    <name>Müller</name>
    <vorname>Sabine</vorname>
  </dozent>
</dozentenliste>◄
```

(dozentenliste.xml)

Wenn Sie für obige Beispielinstanz ein XML-Schema entwickeln, können Sie selbst bei einem solch einfachen XML-Dokument zu verschiedenen Lösungen kommen, je nachdem ob Sie die Elemente lokal oder global deklarieren oder komplexe Typen als anonyme oder benannte globale Typen definieren.

In der Literatur werden vier Modellierungsstile unterschieden:

- Russische Matroschka *(Russian Doll)*
- Salami-Design oder Salami-Taktik *(salami slice, flat catalog)*
- Jalousie-Design oder Venezianischer Spiegel *(Venetian Blind)*
- *Garden of Eden*

▶   **Hinweis** In der Praxis ist es allerdings nicht üblich, einen der Modellierungsstile „in Reinform" anzuwenden, es werden eher Mischformen aus diesen vier
Stilen verwendet. Der Zweck dieses Kapitels ist eine Zusammenstellung der
verschiedenen Möglichkeiten und ihrer Vor- und Nachteile, sodass Sie für Ihre
Anwendung die geeignete „Mischung" finden können.

Russische Matroschka

Beim Modellierungsstil „Russische Matroschka" gibt es nur ein globales Element, alle anderen Elemente werden innerhalb der Inhaltsmodelle lokal deklariert. Komplexe Typen sind also stets anonyme Typen. Dieser Modellierungsstil erinnert an die russischen Holzpuppen mit ineinander geschachtelten, kleineren Holzpuppen, genannt Matroschka.

Beispiel 1

XML-Schema für das Dokument dozentenliste.xml im Matroschka-Design (s. Abb. 5.10):

```
<?xml version="1.0" encoding="UTF-8"?>
<xs:schema xmlns:xs="http://www.w3.org/2001/XMLSchema">
```

Abb. 5.10 Dozentenliste im Matroschka-Design

```
<xs:element name="dozentenliste">
  <xs:complexType>
    <xs:sequence>
      <xs:element name="dozent" maxOccurs="unbounded">
        <xs:complexType>
          <xs:sequence>
            <xs:element name="name" type="xs:string"/>
            <xs:element name="vorname" type="xs:string"/>
          </xs:sequence>
        </xs:complexType>
      </xs:element>
    </xs:sequence>
  </xs:complexType>
</xs:element>
</xs:schema>◀
```

(b1_matroschka.xsd)

Vorteile

- Das XML-Schema kommt der Struktur einer Dokumentinstanz recht nahe, es entspricht dem normalen Lesefluss.
- Element- und Attributnamen können lokal gewählt und unabhängig geändert werden.

Nachteile

- Genau gleichartige Elemente müssen mehrfach vollständig deklariert werden, was Redundanzen und eine schlechte Wiederverwendbarkeit zur Folge hat.
- Jedes weitere Strukturelement erzeugt einen immer tieferen Syntaxbaum, dies führt bei tiefen Strukturen zu einer schlechten Lesbarkeit.
- Da es nur ein globales Element gibt, kann es nur Instanzen mit diesem Element als Wurzelelement geben. Eine Modularisierung einer Dokumentinstanz ist also nicht möglich.

Salami-Design

Beim Modellierungsstil „Salami-Design" werden alle Elemente global deklariert und innerhalb der komplexen Typen referenziert. Die komplexen Typen sind anonyme Typen. Dieser Modellierungsstil entspricht in etwa dem Modellierungsstil einer DTD.

Abb. 5.11 Dozentenliste im
Salami-Design

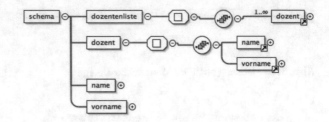

XML-Schema für das Dokument dozentenliste.xml im „Salami-Design"
(s. Abb. 5.11):

```
<?xml version="1.0" encoding="UTF-8"?>
<xs:schema xmlns:xs="http://www.w3.org/2001/XMLSchema">

  <xs:element name="dozentenliste">
    <xs:complexType>
      <xs:sequence>
        <xs:element ref="dozent"/>
      </xs:sequence>
    </xs:complexType>
  </xs:element>

  <xs:element name="dozent">
    <xs:complexType>
      <xs:sequence>
        <xs:element ref="name"/>
        <xs:element ref="vorname"/>
      </xs:sequence>
    </xs:complexType>
  </xs:element>

  <xs:element name="name" type="xs:string"/>
  <xs:element name="vorname" type="xs:string"/>

</xs:schema>◄

  (b2_salami.xsd)
```

Vorteile

- Es liegt eine geringere Strukturtiefe als beim Matroschka-Design vor.
- Jedes global deklarierte Element kann als Wurzelelement einer Dokumentinstanz verwendet werden. Eine Modularisierung von Dokumentinstanzen ist gut möglich.

Nachteile

- Alle Strukturbestandteile müssen dem gleichen Namensraum angehören.
- Die komplexen Typen können nicht wiederverwendet werden.

Jalousie-Design

Bei der Modellierungsstil „Jalousie-Design" werden die komplexen Typen als benannte, also globale Typen definiert. Die komplexen Typen enthalten lokal definierte Elemente.

Beispiel 3

XML-Schema für das Dokument `dozentenliste.xml` im Jalousie-Design (s. Abb. 5.12):

```
<?xml version="1.0" encoding="UTF-8"?>
<xs:schema xmlns:xs="http://www.w3.org/2001/XMLSchema">

  <xs:complexType name="PersonTyp">
    <xs:sequence>
      <xs:element name="name" type="xs:string"/>
      <xs:element name="vorname" type="xs:string"/>
    </xs:sequence>
  </xs:complexType>


  <xs:complexType name="DozentenListeTyp">
    <xs:sequence>
      <xs:element name="dozent" type="PersonTyp"
                  maxOccurs="unbounded"/>
```

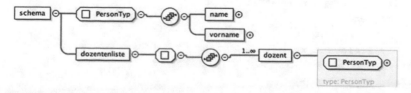

Abb. 5.12 Dozentenliste im Jalousie-Design

```
    </xs:sequence>
  </xs:complexType>

  <xs:element name="dozentenliste" type="DozentenListeTyp"/>

</xs:schema>◄
```

```
(b3_jalousie.xsd)
```

Vorteile

- Größere Flexibilität als die Modellierungsstile „Russische Matroschka" und „Jalousie-Design", da Typdefinitionen wiederverwendet werden können.
- Aufbau von Typhierarchien (ähnlich wie in objektorientierten Programmiersprachen) ist möglich (s. Abschn. 5.11).

Nachteile

- Keine Wiederverwendung von Elementdeklarationen.
- Da es nur ein globales Element gibt, kann es nur Instanzen mit diesem Element als Wurzelelement geben. Eine Modularisierung einer Dokumentinstanz ist also nicht möglich.

Garden of Eden

Beim Modellierungsstil *„Garden of Eden"* werden alle komplexen Typen global definiert und alle Elemente global deklariert. Dieser Stil stellt somit eine Kombination der Stile "Salami-Design" und "Jalousie-Design" dar.

Beispiel 4

XML-Schema für das Dokument `dozentenliste.xml` im Modellierungsstil *„Garden of Eden"* (s. Abb. 5.13):

```
<?xml version="1.0" encoding="UTF-8"?>
<xs:schema xmlns:xs="http://www.w3.org/2001/XMLSchema">

  <xs:complexType name="PersonTyp">
    <xs:sequence>
      <xs:element ref="name"/>
      <xs:element ref="vorname"/>
    </xs:sequence>
  </xs:complexType>
```

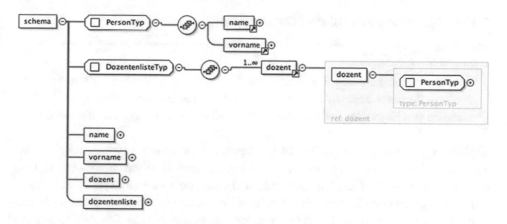

Abb. 5.13   Dozentenliste im Stil Garden of Eden

```
<xs:complexType name="DozentenlisteTyp">
  <xs:sequence>
    <xs:element ref="dozent" maxOccurs="unbounded"/>
  </xs:sequence>
</xs:complexType>

<xs:element name="name" type="xs:string"/>
<xs:element name="vorname" type="xs:string"/>
<xs:element name="dozent" type="PersonTyp"/>
<xs:element name="dozentenliste" type="DozentenlisteTyp"/>

</xs:schema>◄

(b4_gardenEden.xsd)
```

Vorteile

- Größere Flexibilität als die Modellierungsstile „Russische Matroschka" und „Jalousie-Design", da Typdefinitionen wiederverwendet werden können.
- Jedes global deklarierte Element kann als Wurzelelement einer Dokumentinstanz verwendet werden. Eine Modularisierung von Dokumentinstanzen ist gut möglich.

Nachteil

- Dieser Modellierungsstil erzeugt das umfangreichste Schema.

5.11   Ableitung komplexer Datentypen

Zusammenfassung

Bei einer Ableitung durch Erweiterung wird ein komplexer Typ um weitere Elemente und/oder Attribute ergänzt. Mit einer Ableitung durch Einschränkung kann das Vorkommen von Elementen und Attributen im abgeleiteten Typ eingeschränkt werden.

XML-Schema bietet die Möglichkeit benannte komplexe Typen wiederzuverwenden, indem sie erweitert *(extension)* oder eingeschränkt *(restriction)* werden. Eine Erweiterung ermöglicht es, Kindelemente und/oder Attribute dem Typ hinzuzufügen, während eine Restriktion den erlaubten Inhalt und/oder die Attribute eines Typs einschränkt. Es ist nicht möglich, beides zu einer Zeit zu tun. Bei der Durchführung einer Ableitung muss darauf geachtet werden, über welches Inhaltsmodell der komplexe Basistyp, von dem abgeleitet wird, verfügt. Es werden zwei Fälle unterschieden:

- Der komplexe Typ hat komplexen Inhalt *(complex content)*, d. h. das Inhaltsmodell besteht aus Kindelementen oder gemischtem Inhalt oder ist leer.
- Der komplexe Typ hat einfachen Inhalt *(simple content)*, d. h. der Inhalt besteht lediglich aus Zeichendaten.

Ableitung durch Erweiterung

Komplexer Inhalt   Ein benannter komplexer Typ mit komplexem Inhalt wird bei einer Ableitung durch Erweiterung *(derivation by extension)* um weitere Elemente, Attribute oder auch *Assertions* ergänzt. Die Syntax hat folgende Form:

```
<xs:complexType name="NeuerTyp">
  <xs:complexContent>
    <xs:extension base="Name_des_Basistyps">
      <!-- Erweiterung Inhaltsmodell -->
      <!-- Attributdeklarationen -->
      <!-- Assertions (ab 1.1) -->
    </xs:extension>
  </xs:complexContent>
</xs:complexType>
```

Im abgeleiteten Typ wird innerhalb von `<xs:complexType>` das Kindelement `<xs:complexContent>` notiert. Dieses enthält das Kindelement `<xs:extension>`, in dessen Attribut `base` der Name des Basistyps angegeben wird. Innerhalb von `<xs:extension>` werden nun die Erweiterungen des Inhaltsmodells, zusätzliche Attribute und *Assertions* notiert.

▶ **Hinweise** Beachten Sie, dass im abgeleiteten Typ keine andere Reihenfolge
der Elemente als im Basistyp möglich ist, zusätzliche Elemente oder Modellgruppen werden an die bereits vorhandenen angehängt. Es entsteht also
immer eine Sequenz.

    Assertions werden vererbt. Enthält der abgeleitete Typ weitere *Assertions*,
gelten diese zusätzlich zu den *Assertions* des Basistyps. *Assertions* sind also
„und" verknüpft.

    Instanzen, die valide bzgl. Basistyps sind, sind nicht in jedem Fall valide
bzgl. des abgeleiteten Typs, da dieser ggf. das Vorkommen weiterer Elemente
und/oder Attribute vorsieht.

Beispiel 1

Gegeben ist ein komplexer Typ `PersonTyp` mit den Kindelementen `vorname`,
`nachname` und dem Attribut `anrede`. Der komplexe Typ `StudentTyp` verfügt
zusätzlich über ein Element `matrnr` und ein Attribut `geschlecht`. Er wird als
Erweiterung von `PersonTyp` definiert.

```
<xs:complexType name="PersonTyp">
  <xs:sequence>
    <xs:element name="vorname" type="xs:string"
                minOccurs="0" maxOccurs="unbounded"/>
    <xs:element name="nachname" type="xs:string"/>
  </xs:sequence>
  <xs:attribute name="anrede" type="xs:string" use="required"/>
</xs:complexType>

<xs:complexType name="StudentTyp">
  <xs:complexContent>
    <xs:extension base="PersonTyp">
      <xs:sequence>
        <xs:element name="matrNr" type="xs:positiveInteger"/>
      </xs:sequence>
      <xs:attribute name="geschlecht" type="xs:string"/>
    </xs:extension>
  </xs:complexContent>
</xs:complexType>

<xs:element name="student" type="StudentTyp"/>
```

Ein gültiges Element <student> ist:

```
<student anrede="Frau" geschlecht="w">
  <vorname>Ina</vorname>
  <nachname>Weber</nachname>
  <matrNr>123456</matrNr>
</student>◄
```

(b1_PerStud.xsd, b1_student.xml)

Beispiel 2

Dieses Beispiel zeigt eine Erweiterung von Auswahlgruppen.

Der Basistyp BuchTyp erlaubt die Auswahl zwischen den Elementen autor und herausgeber. Der abgeleitete Typ BuchTyp2 erweitert diesen um die Auswahl zwischen den Elementen mitarbeiter und uebersetzer. Intuitiv würde man nun erwarten, dass im abgeleiteten Typ diese Elemente zur choice-Gruppe „hinzuaddiert" werden, BuchTyp2 also die Auswahl zwischen den vier deklarierten Elementen erlaubt.

Tatsächlich ist es so, dass der abgeleitete Typ eine Sequenz der beiden choice-Gruppen enthält. In einer DTD entspricht dies also dem Inhaltsmodell.

```
((autor | herausgeber), (mitarbeiter | uebersetzer))

<xs:complexType name="BuchTyp">
  <xs:choice>
    <xs:element name="autor" type="xs:string"/>
    <xs:element name="herausgeber" type="xs:string"/>
  </xs:choice>
</xs:complexType>


<xs:complexType name="BuchTyp2">
  <xs:complexContent>
    <xs:extension base="BuchTyp">
      <xs:choice>
        <xs:element name="mitarbeiter" type="xs:string"/>
        <xs:element name="uebersetzer" type="xs:string"/>
      </xs:choice>
    </xs:extension>
  </xs:complexContent>
</xs:complexType>


<xs:element name="buch" type="BuchTyp2"/>
```

Ein gültiges Element `<buch>` ist:

```
<buch>
  <autor>Sabine Schmidt</autor>
  <uebersetzer>Jane Smith</uebersetzer>
</buch>◄
```

```
(b2_BuchTyp.xsd, b2_buch.xml)
```

Einfacher Inhalt Ein benannter komplexer Typ mit einfachem Inhalt wird bei einer Ableitung durch Erweiterung *(derivation by extension)* um weitere Attribute und *Assertions* ergänzt. Der Basistyp muss ein einfacher Typ oder ein komplexer Typ mit einfachem Inhalt sein.

```
<xs:complexType name="NeuerTyp">
  <xs:simpleContent>
    <xs:extension base="Name_des_Basistyps">
      <!-- Attributdeklarationen -->
      <!-- Assertions (ab 1.1) -->
    </xs:extension>
  </xs:simpleContent>
</xs:complexType>
```

Im abgeleiteten Typ wird innerhalb von `<xs:complexType>` das Kindelement `<xs:simpleContent>` notiert. Dieses enthält das Kindelement `<xs:extension>`, in dessen `base`-Attribut der Name des Basistyps angegeben wird. Innerhalb von `<xs:extension>` werden nun die zusätzlichen Attribute und *Assertions* notiert.

Beispiel 3

Der Typ `PreisTyp` ist eine Ableitung durch Erweiterung vom einfachen Typ `xs:decimal` und hat das Attribut `waehrung`. Der Typ `PreisSaisonTyp` ist von `PreisTyp` abgeleitet und erlaubt zusätzlich das Attribut `saison`.

```
<xs:complexType name="PreisTyp">
  <xs:simpleContent>
    <xs:extension base="xs:decimal">
      <xs:attribute name="waehrung" type="xs:string"/>
    </xs:extension>
  </xs:simpleContent>
</xs:complexType>
```

```
<xs:complexType name="PreisSaisonTyp">
  <xs:simpleContent>
    <xs:extension base="PreisTyp">
      <xs:attribute name="saison" type="xs:string"/>
    </xs:extension>
  </xs:simpleContent>
</xs:complexType>◀
```

(b3_PreisTyp.xsd)

Abstrakte Typen Ähnlich wie in der objektorientierten Programmierung können auch abstrakte komplexe Typen definiert werden. Ein abstrakter komplexer Typ kann nicht als Typ eines Elementes verwendet werden, sondern ist ein Typ, der durch andere geeignet erweitert wird. Ein Typ wird als `abstract` definiert, indem im Element `<xs:complexType>` das Attribut `abstract="true"` gesetzt wird.

Ableitung durch Einschränkung
Bei einer Ableitung durch Einschränkung *(derivation by restriction)* wird ein benannter komplexer Typ definiert, der das Inhaltsmodell und/oder die Attributdeklarationen seines Basistyps einschränkt und/oder weitere *Assertions* hinzugefügt. Eine Ableitung durch Einschränkung schränkt somit die Menge der gültigen Dokumentinstanzen ein. Instanzen, die valide bezüglich des abgeleiteten Typs sind, sind auch valide bezüglich des Basistyps.

Komplexer Inhalt Hat der Basistyps komplexen Inhalt, hat eine Ableitung durch Einschränkung folgende Syntax:

```
<xs:complexType name="NeuerTyp">
  <xs:complexContent>
    <xs:restriction base="Name_des_Basistyps">
      <!-- Inhaltsmodell (neuerTyp) -->
      <!-- Attributdeklarationen (Einschränkung) -->
      <!-- Assertions (ab 1.1) -->
    </xs:restriction>
  </xs:complexContent>
</xs:complexType>
```

Im abgeleiteten Typ wird innerhalb von `<xs:complexType>` das Kindelement `<xs:complexContent>` notiert. Dieses enthält das Kindelement `<xs:restriction>`, in dessen Attribut `base` wird der Name des Basistyps angegeben. Innerhalb von `<xs:restriction>` werden nun die Einschränkungen des Inhaltsmodells und der Attribute und ggf. *Assertions* notiert. Hierbei sind bestimmte Regeln zu beachten.

Regeln für das Inhaltsmodell Das Inhaltsmodell des abgeleiteten Typs muss vollständig angegeben werden und es muss eine Restriktion des Inhaltsmodells des Basistyps sein. Dies ist z. B. der Fall, wenn gilt:

- Die erlaubte maximale Häufigkeit (`maxOccurs`) eines Elementes oder einer Modellgruppe ist kleiner oder gleich als die erlaubte maximale Häufigkeit im Basistyp.
- Die erlaubte minimale Häufigkeit (`minOccurs`) eines Elementes oder einer Modellgruppe im abgeleiteten Typ ist mindestens so groß wie die des Basistyps.
- Der Typ eines Elementes im abgeleiteten Typ ist eine Restriktion des Typs dieses Elementes im Basistyp oder es ist der gleiche Typ.

Regeln für Attribute Attribute des Basistyps werden vererbt. Im abgeleiteten Typ müssen also nur die Attribute aufgeführt werden, die eingeschränkt oder entfernt (verboten) werden sollen. Korrekte Restriktionen sind:

- Ein Attributtyp wird durch einen restriktiveren Typ ersetzt.
- Ein Default-Wert wird hinzugefügt, verändert oder entfernt. Ein fester Wert wird hinzugefügt, wenn keiner im Basistyp vorhanden ist.
- Ein optionales Attribut wird zu einem Pflichtattribut.
- Ein optionales Attribut wird verboten. Hierzu muss der Attributdeklaration `use="prohibited"` hinzugefügt werden.

Regeln für Assertions *Assertions* des Basistyps werden vererbt. Enthält der abgeleitete Typ weitere *Assertions* gelten diese zusätzlich zu den *Assertions* des Basistyps.

Beispiel 4

Der Typ `EinfacherNameTyp` schränkt den Typ `PersonTyp` (s. Beispiel 1) ein. Es muss genau ein Vorname angegeben werden. Das Attribut `anrede` ist nicht mehr erlaubt.

```
<xs:complexType name="EinfacherNameTyp">
  <xs:complexContent>
    <xs:restriction base="PersonTyp">
      <xs:sequence>
        <xs:element name="vorname" type="xs:string"
                    minOccurs="1" maxOccurs="1"/>
        <xs:element name="nachname" type="xs:string"/>
      </xs:sequence>
      <xs:attribute name="anrede" use="prohibited"/>
    </xs:restriction>
  </xs:complexContent>
</xs:complexType>◄
```

(b4_PerEinf.xsd)

Einfacher Inhalt Hat der Basistyps einfachen Inhalt, hat eine Ableitung durch Einschränkung folgende Syntax:

```
<xs:complexType name="NeuerTyp">
  <xs:simpleContent>
    <xs:restriction base="Name_des_Basistyps">
      <!-- Facetten -->
      <!-- Attributdeklarationen (Einschränkungen) -->
      <!-- Assertions (ab 1.1) -->
    </xs:restriction>
  </xs:simpleContent>
</xs:complexType>
```

Im abgeleiteten Typ wird innerhalb von `<xs:simpleContent>` das Kindelement `<xs:restriction>` notiert, in dessen `base`-Attribut der Name des Basistyps angegeben wird. Der Basistyp muss ein komplexer Typ mit einfachem Inhalt sein. Innerhalb von `<xs:restriction>` können nun Facetten notiert werden, die den erlaubten Inhalt einschränken. Ebenso können Einschränkungen bzgl. der Attribute und ggf. *Assertions* angegeben werden. Die Regeln für Attribute sind identisch zu denen bei einem Typ mit komplexem Inhalt.

Beispiel 5

Basierend auf dem komplexen Typ `PreisTyp` wird der Typ `NiedrPreisTyp` als Ableitung durch Einschränkung definiert. Eingeschränkt wird der Inhalt durch die Angabe der Facetten `minExclusive` und `maxEclusive`. Weiterhin wird das Attribut `waehrung` zum Pflichtattribut.

```
<xs:complexType name="PreisTyp">
  <xs:simpleContent>
    <xs:extension base="xs:decimal">
      <xs:attribute name="waehrung" type="xs:string"/>
    </xs:extension>
  </xs:simpleContent>
</xs:complexType>

<xs:complexType name="NiedrPreisTyp">
  <xs:simpleContent>
    <xs:restriction base="PreisTyp">
      <xs:minExclusive value="0"/>
      <xs:maxExclusive value="100"/>
      <xs:attribute name="waehrung" type="xs:string"
                    use="required"/>
    </xs:restriction>
```

```
    </xs:simpleContent>
  </xs:complexType>◀
```

(b5_PreisRestr.xsd)

5.12   Bedingte Typzuweisung

Zusammenfassung

Bei einer bedingten Typzuweisung werden für ein Element verschiedene alternative Typen definiert. Welcher Typ in einer Instanz bei einem Element gültig ist, ergibt sich durch einen Test, der als XPath-Ausdruck formuliert ist. Soll unter bestimmten Bedingungen ein Validierungsfehler erzeugt werden, ist eine Alternative mit dem Typ `<xs:error>` zu formulieren.

Das Konzept der **bedingten Typzuweisung** *(conditional type assignment)* (ab XML-Schema 1.1) ist wie folgt: Für ein Element werden verschiedene Typalternativen definiert. Welcher Typ in einer Instanz gültig ist, ist abhängig von der Existenz oder den Werten der Attribute dieses Elementes. Eine Deklaration mit Typalternativen hat folgende Syntax:

```
<xs:element name="name">
  <xs:alternative test="XPath-Ausdruck_1" type="Typ_1"/>
  <xs:alternative test="XPath-Ausdruck_2" type="Typ_2"/>
  ...
</xs:element>
```

Die möglichen Typalternativen werden durch `<xs:alternative>`-Elemente als Kindelemente von `<xs:element>` angegeben. Die jeweilige Bedingung wird als Wert des Attributes `test` in Form eines XPath-Ausdrucks formuliert, als Wert des Attributes `type` wird der in diesem Fall gewünschte Elementtyp angegeben. Als Typ ist ein vordefinierter oder ein benutzerdefinierter einfacher Typ oder ein benannter komplexer Typ erlaubt. Alternativ kann der Typ auch in Form eines anonymen einfachen oder komplexen Typs notiert werden.

Der Parser arbeitet die Alternativen in der angegebenen Reihenfolge ab. Es wird die Alternative gewählt, bei der der XPath-Ausdruck als erstes `true` ergibt. Ergibt kein XPath-Ausdruck `true`, ist der Typ des Elementes `anyType` und das Element kann beliebiges wohlgeformtes XML enthalten.

Beispiel 1

Ein Eintrag im Literaturverzeichnis kann ein Buch (`BuchTyp`) oder eine Internetquelle (`WWWTyp`) sein. Der Art des Eintrags wird im Attribut `art` notiert. Abhängig von dessen Attributwert gibt es die Kindelemente `titel`, `autor`, `verlag` oder `titel`, `autor`, `url`.

```
<?xml version="1.0" encoding="UTF-8"?>
<xs:schema xmlns:xs="http://www.w3.org/2001/XMLSchema">

  <xs:complexType name="BuchTyp">
    <xs:sequence>
      <xs:element name="titel"  type="xs:string"/>
      <xs:element name="autor"  type="xs:string"/>
      <xs:element name="verlag" type="xs:string"/>
    </xs:sequence>
    <xs:attribute name="art" type="xs:string"/>
  </xs:complexType>


  <xs:complexType name="WWWTyp">
    <xs:sequence>
      <xs:element name="titel" type="xs:string"/>
      <xs:element name="autor" type="xs:string"/>
      <xs:element name="url"   type="xs:string"/>
    </xs:sequence>
    <xs:attribute name="art" type="xs:string"/>
  </xs:complexType>


  <xs:element name="eintrag">
    <xs:alternative test="@art='buch'" type="BuchTyp"/>
    <xs:alternative test="@art='www'"  type="WWWTyp"/>
  </xs:element>


  <xs:element name="literaturverzeichnis">
    <xs:complexType>
      <xs:sequence>
        <xs:element ref="eintrag" maxOccurs="unbounded"/>
      </xs:sequence>
    </xs:complexType>
  </xs:element>

</xs:schema>
```

Die folgende XML-Instanz ist dazu valide:

```
<?xml version="1.0" encoding="UTF-8"?>
<literaturverzeichnis
     xmlns:xsi="http://www.w3.org/2001/XMLSchema-instance"
     xsi:noNamespaceSchemaLocation="b1_pub1.xsd">
```

```
<eintrag art="buch">
  <titel>Grundlagen Informatik</titel>
  <autor>Peter Müller</autor>
  <verlag>Verlag ABC</verlag>
</eintrag>

<eintrag art="www">
  <titel>XML - Lektion 1</titel>
  <autor>Sabine Schmidt</autor>
  <url>http://www.example.com/xml1.html</url>
</eintrag>

</literaturverzeichnis>◄
```

(b1_pub1.xsd, b1_verz1.xml)

Default-Typ In vielen Fällen ist die Angabe eines Default-Typs sinnvoll. Dazu wird die Elementdeklaration um eine Alternative ohne XPath-Ausdruck ergänzt. Sie hat dann folgende Syntax:

```
<xs:element name="name">
  <xs:alternative test="XPath-Ausdruck_1" type="Typ_1"/>
  <xs:alternative test="XPath-Ausdruck_2" type="Typ_2"/>
  …
  <xs:alternative type="Default-Typ"/>
</xs:element>
```

Es ist auch möglich, den Default-Typ im Element <xs:element> zu notieren. In diesem Fall müssen die Typen der Alternativen eine Ableitung des Default-Typs sein.

```
<xs:element name="name" type="Default-Typ">
  <xs:alternative test="XPath-Ausdruck_1" type="ATyp_1"/>
  <xs:alternative test="XPath-Ausdruck_2" type="ATyp_2"/>
  …
</xs:element>◄
```

Beispiel 2

BuchTyp und WWWTyp sind von PublikationsTyp abgeleitet (Ableitung durch Erweiterung). Das Element eintrag hat den Default-Typ PublikationsTyp, wenn das Attribut art einen anderen Wert als buch oder www hat.

```
<?xml version="1.0" encoding="UTF-8"?>
<xs:schema xmlns:xs="http://www.w3.org/2001/XMLSchema">

  <xs:complexType name="PublikationsTyp">
    <xs:sequence>
      <xs:element name="title" type="xs:string"/>
      <xs:element name="autor" type="xs:string"/>
    </xs:sequence>
    <xs:attribute name="art" type="xs:string"/>
  </xs:complexType>

  <xs:complexType name="BuchTyp">
    <xs:complexContent>
      <xs:extension base="PublikationsTyp">
        <xs:sequence>
          <xs:element name="verlag" type="xs:string"/>
        </xs:sequence>
      </xs:extension>
    </xs:complexContent>
  </xs:complexType>

  <xs:complexType name="WWWTyp">
    <xs:complexContent>
      <xs:extension base="PublikationsTyp">
        <xs:sequence>
            <xs:element name="url" type="xs:string"/>
        </xs:sequence>
      </xs:extension>
    </xs:complexContent>
  </xs:complexType>

  <xs:element name="eintrag" type="PublikationsTyp">
    <xs:alternative test="@art='buch'" type="BuchTyp"/>
    <xs:alternative test="@art='www'"  type="WWWTyp"/>
  </xs:element>

  <xs:element name="literaturverzeichnis">
    <xs:complexType>
      <xs:sequence>
        <xs:element ref="eintrag" maxOccurs="unbounded"/>
      </xs:sequence>
    </xs:complexType>
  </xs:element>

</xs:schema>
```

Die folgende XML-Instanz ist dazu valide:

```
<?xml version="1.0" encoding="UTF-8"?>
<literaturverzeichnis
    xmlns:xsi="http://www.w3.org/2001/XMLSchema-instance"
    xsi:noNamespaceSchemaLocation="b2_pub2.xsd">
  <eintrag art="buch">
    <titel>Grundlagen Informatik</title>
    <autor>Peter Müller</autor>
    <verlag>Verlag ABC</verlag>
  </eintrag>
  <eintrag>
    <title>Mathematik lernen</title>
    <autor>Ina Weber</autor>
  </eintrag>
</literaturverzeichnis>◀
```

(b2_pub2.xsd, b2_verz2.xml)

Der Error-Typ

xs:error ist ein spezieller eingebauter Datentyp. Er kann in bedingten Typzuweisungen verwendet werden, um anzugeben, dass unter bestimmten Bedingungen ein Validierungsfehler erzeugt werden soll.

Beispiel 3

In b1_pub.xsd wird das Element eintrag so deklariert, dass ein Fehler erzeugt wird, wenn das Attribut art einen Wert ungleich buch oder www hat. Die „Fehleralternative" steht an letzter Position und benötigt kein test-Attribut.

```
<xs:element name="eintrag">
  <xs:alternative test="@art='buch'" type="BuchTyp"/>
  <xs:alternative test="@art='www'"  type="WWWTyp"/>
  <xs:alternative type="xs:error"/>
</xs:element>◀
```

(b3_error1.xsd)

Beispiel 4

In b2_pub2.xsd wird das Element eintrag so deklariert, dass ein Fehler erzeugt wird, wenn das Attribut art fehlt. Die „Fehleralternative" steht an erster Stelle und benötigt das test-Attribut. Der XPath-Ausdruck not(@art) ist ein Existenztest. Er ergibt true, wenn das Attribut art nicht vorhanden ist.

```
<xs:element name="eintrag" type="PublikationsTyp">
  <xs:alternative test="not(@art)"   type="xs:error"/>
  <xs:alternative test="@art='buch'" type="BuchTyp"/>
  <xs:alternative test="@art='www'"  type="WWWTyp"/>
</xs:element>◀
```

(b4_error2.xsd)

5.13   XML-Schema und Namensräume

Zusammenfassung

Die Verwendung von Namensräumen wird von XML-Schema unterstützt. In einem
Schema kann ein Zielnamensraum, zu dem die deklarierten Komponenten gehören,
definiert werden. Mit Attributen aus dem Namensraum für Versionskontrolle kann für
Schemakomponenten festgelegt werden, bei welchen Schemaversionen sie berücksichtigt werden sollen.

Mit Namensräumen können Namenskonflikte, die bei der Kombination mehrerer XML-
Anwendungen vorkommen können, vermieden werden (s. Kap. 4). Im Unterschied
zu den DTDs unterstützt XML-Schema die Verwendung von Namensräumen. Damit
wird es möglich, die Gültigkeit von XML-Dokumenten, die verschiedene Vokabulare
mischen, durch XML-Schemata zu prüfen.

▶   **Hinweis** Die XML-Schemata in den bisherigen Kapiteln wurden ohne explizite
Namensraumzuordnung, also ohne einen sogenannten Zielnamensraum,
definiert. Dies ist sinnvoll, wenn eine Rückwärtskompatibilität zu einer DTD
gewährleistet werden soll. Für aktuelle XML-Dokumente sollte jedoch die
Möglichkeit der Namensräume in der Regel genutzt werden.

Zielnamensraum Bei der Definition eines XML-Schemas kann ein spezieller Namensraum, der sogenannte **Zielnamensraum** *(target namespace),* für das aktuelle Schema
selbst definiert werden. Weiterhin können verschiedene Voreinstellungen vorgenommen
werden, die die Art der Validierung einer Dokumentinstanz betreffen. Die Syntax hierfür
lautet:

```
<?xml version="1.0" encoding="UTF-8"?>
<xs:schema xmlns:xs="http://www.w3.org/2001/XMLSchema"
    targetNamespace="Namensraum_URI"
    xmlns="Namensraum_URI">

  <!-- XML-Schema Definitionen und Deklarationen -->
</xs:schema>
```

Im Wurzelelement `schema` wird durch das Attribut `targetNamespace` der Namensraum angegeben, zu dem die vom Schema definierten Elemente und Attribute gehören sollen. Der Namensraum `xmlns="Namensraum_URl"` wird zusätzlich als Standardnamensraum eingeführt, damit die deklarierten Elemente und Attribute unqualifiziert, also ohne Präfix, angegeben werden können.

Als weitere Angaben im Wurzelelement des Schema-Dokumentes können Sie über die optionalen Attribute `elementFormDefault` und `attributeFormDefault` festlegen, ob jedem Element oder Attribut, das im Schema lokal deklariert wurde, in einer Dokumentinstanz das Namensraum-Präfix vorangestellt werden muss. Ist dies gewünscht, setzen Sie das entsprechende Attribut auf den Wert `qualified`. Standardmäßig ist dieser Wert auf `unqualified` gesetzt.

Verknüpfung Schema – Instanz Die Verknüpfung einer XML-Instanz zu einem XML-Schema hat folgende Form:

```
<?xml version="1.0" encoding="UTF-8"?>
<wurzelelement
    xmlns:xsi="http://www.w3.org/2001/XMLSchema-instance"
    xmlns:präfix="Namensraum_url"
    xsi:schemaLocation="Namensraum_url file:Dateiname.xsd">
    ...
</wurzelelement>
```

Besitzt ein XML-Schema einen Zielnamensraum, wird in einer Dokumentinstanz über `xsi:schemaLocation` das Schema referenziert. Als Attributwert von `xsi:schemaLocation` wird der Zielnamensraum des XML-Schemas und, getrennt durch ein Leerzeichen, `file:` und der Name der Schema-Datei notiert. Die Angabe `file:` ist optional. Damit die Elemente in einer XML-Instanz ohne Präfix benannt werden können, wird ihr Namensraum auch in der XML-Instanz als Standardnamensraum festgelegt.

Beispiel 1

In diesem Beispiel wird ein XML-Schema für die Vorlesungsliste definiert. Als Zielnamensraum wird `http://www.meine-fh.de` festgelegt. Es wird der Modellierungsstil "Matroschka-Design" verwendet (s. Abschn. 5.10).

```
<?xml version="1.0" encoding="UTF-8"?>
<xs:schema xmlns:xs="http://www.w3.org/2001/XMLSchema"
    targetNamespace="http://www.meine-fh.de"
    xmlns:fh="http://www.meine-fh.de">
```

```
<xs:element name="vorlesungsliste">
  <xs:complexType>
    <xs:sequence>
      <xs:element name="vorlesung" maxOccurs="unbounded">
        <xs:complexType>
          <xs:sequence>
            <xs:element name="titel" type="xs:string"/>
            <xs:element name="semester" type="xs:integer"/>
          </xs:sequence>
          <xs:attribute name="beginn" type="xs:date"
                        use="required"/>
        </xs:complexType>
      </xs:element>
    </xs:sequence>
  </xs:complexType>
</xs:element>

</xs:schema>
```

Folgendes XML-Dokument ist zu obigem Schema valide.

```
<?xml version="1.0" encoding="UTF-8"?>
<fh:vorlesungsliste
    xmlns:fh="http://www.meine-fh.de"
    xmlns:xsi="http://www.w3.org/2001/XMLSchema-instance"
    xsi:schemaLocation="http://www.meine-fh.de
    file:vorlesung1.xsd">
  <vorlesung beginn="2021-09-20">
    <titel>Informatik</titel>
    <semester>1</semester>
  </vorlesung>
</fh:vorlesungsliste>
```

Die im XML-Schema lokal deklarierten Elemente vorlesung, titel und
semester müssen in der Instanz unqualifiziert angegeben werden, dies ist die Vor-
einstellung. Das Wurzelelement vorlesungsliste muss qualifiziert werden,
sonst liegt es in keinem Namensraum und der Parser zeigt folgenden Fehler an:
Cannot find the declaration of element 'vorlesungsliste'.
Daher wird der Zielnamensraum an das Präfix fh gebunden und dieses Präfix dem
Element vorlesungsliste vorangestellt. ◄

(vorlesung1.xsd, vorlesung1.xml)

Lokale Angaben Die globalen Einstellungen der Attribute `elementFormDefault` und `attributeFormDefault` können durch lokale Angaben gezielt für einzelne Elemente oder Attribute überschrieben werden. Dazu wird innerhalb einer Element- bzw. Attributdeklaration das Attribut `form` verwendet. `form="unqualified"` bedeutet, dass das jeweilige Element bzw. Attribut unqualifiziert, `form="qualified"`, dass es qualifiziert in einer Dokumentinstanz auftreten muss.

Beispiel 2

Dieses Beispiel ist eine Abwandlung von Beispiel 1. Das Schema enthält zusätzlich die Angaben, dass Elemente und Attribute qualifiziert werden müssen.

```
<?xml version="1.0" encoding="UTF-8"?>
<xs:schema xmlns:xs="http://www.w3.org/2001/XMLSchema"
    targetNamespace="http://www.meine-fh.de"
    xmlns:fh="http://www.meine-fh.de"
    elementFormDefault="qualified"
    attributeFormDefault="qualified">


  <xs:element name="vorlesungsliste">
    <xs:complexType>
      <xs:sequence>
        <xs:element name="vorlesung" maxOccurs="unbounded">
          <xs:complexType>
            <xs:sequence>
              <xs:element name="titel" type="xs:string"/>
              <xs:element name="semester" type="xs:integer"/>
            </xs:sequence>
            <xs:attribute name="beginn" type="xs:date"
                          use="required"/>
          </xs:complexType>
        </xs:element>
      </xs:sequence>
    </xs:complexType>
  </xs:element>

</xs:schema>
```

Das folgende XML-Dokument ist zu obigem Schema valide. Da im XML-Schema festgelegt wurde, dass alle Elemente und Attribute qualifiziert werden müssen, muss allen Elementen und Attributen in einer Instanz stets das Namensraum-Präfix vorangestellt werden.

```xml
<?xml version="1.0" encoding="UTF-8"?>
    <fh:vorlesungsliste xmlns:fh="http://www.meine-fh.de"
    xmlns:xsi="http://www.w3.org/2001/XMLSchema-instance"
    xsi:schemaLocation="http://www.meine-fh.de
    file:vorlesung2.xsd">
  <fh:vorlesung fh:beginn="2021-09-20">
    <fh:titel>Informatik</fh:titel>
    <fh:semester>1</fh:semester>
  </fh:vorlesung>
</fh:vorlesungsliste>◀
```

(vorlesung2.xsd, vorlesung2.xml)

Beispiel 3

Für das XML-Schema wird jetzt der Modellierungsstil „Salami-Design" verwendet.
Alle global deklarierten Elemente liegen im definierten Zielnamensraum. Werden sie
referenziert, muss stets das Namensraum-Präfix vorangestellt werden.

```xml
<?xml version="1.0" encoding="UTF-8"?>
<xs:schema xmlns:xs="http://www.w3.org/2001/XMLSchema"
    targetNamespace="http://www.meine-fh.de"
    xmlns:fh="http://www.meine-fh.de">

  <xs:element name="vorlesungsliste">
    <xs:complexType>
      <xs:sequence>
        <xs:element ref="fh:vorlesung" maxOccurs="unbounded"/>
      </xs:sequence>
    </xs:complexType>
  </xs:element>

  <xs:element name="vorlesung">
    <xs:complexType>
      <xs:sequence>
        <xs:element ref="fh:titel"/>
        <xs:element ref="fh:semester"/>
      </xs:sequence>
      <xs:attribute name="beginn" type="xs:date"
                    use="required"/>
    </xs:complexType>
  </xs:element>
```

```
    <xs:element name="titel" type="xs:string"/>
    <xs:element name="semester" type="xs:integer"/>
</xs:schema>
```

XML-Instanz `vorlesung3.xml`:

```
<?xml version="1.0" encoding="UTF-8"?>
<vorlesungsliste
    xmlns="http://www.meine-fh.de"
    xmlns:xsi="http://www.w3.org/2001/XMLSchema-instance"
    xsi:schemaLocation="http://www.meine-fh.de
    file:vorlesung3.xsd">
  <vorlesung beginn="2021-09-20">
    <titel>Informatik</titel>
    <semester>1</semester>
  </vorlesung>
</vorlesungsliste>◀
```

`(vorlesung3.xsd, vorlesung3.xml)`

Versionskontrolle
Für die Spezifikation eines XML-Schemas ist kein Attribut zur Angabe der verwendeten Schemaversion vorgesehen. Bei neueren Parsern kann ausgewählt werden, nach welcher Version validiert wird. XML-Schema 1.1 ist abwärts kompatibel zu 1.0, in dem Sinne, dass ein Parser, der 1.1 unterstützt, auch ein Schema der Version 1.0 verarbeiten kann. Eine Vorwärtskompatibilität ist nicht gegeben. Um dennoch eine Zukunftssicherheit auch für weitere Schemaversionen zu gewährleisten, gibt es einen Mechanismus, um anzuzeigen, dass bestimmte XML-Schema-Komponenten nur bei bestimmten Schemaversionen anwendbar sind.

Namensraum zur Versionskontrolle Vorgesehen ist hierfür der Namensraum zur Versionskontrolle *(Version Control Namespace)*, der in der XML-Schema Version 1.1 spezifiziert wird. Sein Name ist `http://www.w3.org/2007/XMLSchemaversioning/` und er wird üblicherweise an das Präfix vc gebunden. In diesem Namensraum sind sechs Attribute `minVersion`, `minVersion`, `typeAvailable`, `typeUnavailable`, `facetAvailable` und `facetUnavailable` deklariert, die dem Prozessor signalisieren, unter welchen Bedingungen er auf bestimmte Schemakomponenten achten soll.

Als Wert des Attributes `minVersion` wird die minimale Version (inklusiv) der Schema-Spezifikation notiert, bei der die Schemakomponente berücksichtigt werden soll, als Wert des Attributes `maxVersion` die maximalste Version (exklusiv). Das Schema wird präprozessiert, um nur die Komponenten einzuschließen, die zur aktuell verwendeten Version passen *(conditional inclusion)*.

Beispiel 4

Im Folgenden ist zweimal das Element `produkt` deklariert. Die erste Deklaration soll nur von Parsern berücksichtigt werden, die Version 1.3 oder höher verarbeiten können, die zweite bei den Versionen 1.1 und 1.2.

```
<xs:schema xmlns:xs="http://www.w3.org/2001/XMLSchema"
    xmlns:vc="http://www.w3.org/2007/XMLSchema-versioning">

  <xs:element name="produkt" vc:minVersion="1.3">
    <!-- Deklaration, mit XML-Schema 1.3 Konstrukten -->
  </xs:element>

  <xs:element name="produkt" vc:minVersion="1.1"
            vc:maxVersion="1.3">
    <!-- Deklaration, konform zu den Versionen 1.1 und 1.2 -->
  </xs:element>

</xs:schema>◄
```

(`vc_kontrolle.xsd`)

Die Attribute `typeAvailable` und `typeUnavailable` können einer Element-deklaration hinzugefügt werden. Sie dienen zum Test, ob ein (herstellerspezifischer) benannter Typ dem Parser bekannt bzw. unbekannt ist. Ist der Typ nicht bekannt, werden Elemente dieses Typs und auch alle ihre Nachfahren vom Prozessor ignoriert.

Die Attribute `facetAvailable` und `facetUnavailable` können Element- und Attributdeklarationen und auch Typdefinitionen hinzugefügt werden. Sie dienen zum Test, ob eine bestimmte Facette vorhanden ist oder nicht.

5.14   Modularisierung

Zusammenfassung

Mithilfe des Elementes `<xs:include>` kann in ein XML-Schema ein weiteres Schema inkludiert werden, das aus dem gleichen Namensraum stammt oder keinen Zielnamensraum hat. Gehört das zu importierende Schema zu einem anderen Namensraum, muss `<xs:import>` verwendet werden.

Es hat viele Vorteile, ein XML-Schema in kleinere Komponenten, Module, aufzu-teilen. Diese Module sind übersichtlicher, leichter zu warten, besser an eigene Bedürf-nisse anzupassen und wiederverwendbar. Beispielsweise kann es sinnvoll sein,

Typdefinitionen, insbesondere benutzerdefinierte einfache Datentypen, in einem eigenen Modul abzuspeichern. Auf diese Weise ist also ein Aufbau von Schema-Bibliotheken möglich.

Zur Einbindung von Modulen stellt XML-Schema zwei Elemente zur Verfügung: `<xs:include>`, wenn das Modul aus dem gleichen Namensraum stammt oder keinen Zielnamensraum hat und `<xs:import>`, wenn das Modul aus einem anderen Namensraum stammt. Diese Elemente müssen als direkte Kindelemente von `<xs:schema>` und gleich zu Beginn, vor allen anderen Definitionen und Deklarationen stehen.

Inklusion von Schemata

Mit `<xs:include>` kann in ein XML-Schema ein weiteres Schema inkludiert werden, das aus dem gleichen Namensraum stammt oder keinen Zielnamensraum hat. Die Syntax lautet:

```
<xs:include schemaLocation="URI_Schemadatei"/>
```

Konflikte, die durch die Inklusion auftreten, z. B. Deklaration von globalen Elementen mit gleichem Namen, werden als Fehler betrachtet.

Beispiel 1

Die Deklarationen für Dozenten und Vorlesungen werden in separaten Dateien gespeichert. Der Zielnamensraum ist `http://www.meine-fh.de`.
Datei `dozenten.xsd`:

```
<?xml version="1.0" encoding="UTF-8"?>
<xs:schema xmlns:xs="http://www.w3.org/2001/XMLSchema"
    targetNamespace="http://www.meine-fh.de"
    xmlns:fh="http://www.meine-fh.de"
    elementFormDefault="qualified">

  <xs:element name="dozent">
    <xs:complexType>
      <xs:sequence>
        <xs:element name="name" type="xs:string"/>
        <xs:element name="vorname" type="xs:string"/>
      </xs:sequence>
    </xs:complexType>
  </xs:element>

  <xs:element name="dozentenliste">
    <xs:complexType>
      <xs:sequence>
        <xs:element ref="fh:dozent"
                minOccurs="1" maxOccurs="unbounded"/>
```

```
      </xs:sequence>
    </xs:complexType>
  </xs:element>

</xs:schema>
```

Datei vorlesungen.xsd:

```
<?xml version="1.0" encoding="UTF-8"?>
<xs:schema xmlns:xs="http://www.w3.org/2001/XMLSchema"
    targetNamespace="http://www.meine-fh.de"
    xmlns:fh="http://www.meine-fh.de">
  <xs:element name="vorlesung">
    <xs:complexType>
      <xs:sequence>
        <xs:element name="titel" type="xs:string"/>
        <xs:element name="semester" type="xs:integer"/>
      </xs:sequence>
    </xs:complexType>
  </xs:element>

  <xs:element name="vorlesungsliste">
    <xs:complexType>
      <xs:sequence>
        <xs:element ref="fh:vorlesung"
                    minOccurs="1" maxOccurs="unbounded"/>
      </xs:sequence>
    </xs:complexType>
  </xs:element>

</xs:schema>
```

In der Datei `fb.xsd` werden obige Schemata inkludiert. Alle globalen Elemente und Typdefinitionen können nun verwendet werden.

```
<?xml version="1.0" encoding="UTF-8"?>
<xs:schema xmlns:xs="http://www.w3.org/2001/XMLSchema"
    elementFormDefault="qualified"
    targetNamespace="http://www.meine-fh.de"
    xmlns:fh="http://www.meine-fh.de">

  <xs:include schemaLocation="dozenten.xsd"/>
  <xs:include schemaLocation="vorlesungen.xsd"/>
```

```
<xs:element name="fb">
  <xs:complexType>
    <xs:sequence>
      <xs:element ref="fh:dozentenliste"/>
      <xs:element ref="fh:vorlesungsliste"/>
    </xs:sequence>
  </xs:complexType>
</xs:element>

</xs:schema>◄
```

(dozenten.xsd, vorlesungen.xsd, fb.xsd)

Import von Schemata aus anderen Namensräumen

Ziel der Namensraum-Spezifikation ist die Vermeidung von Namenskonflikten, wenn in einem Dokument Elemente und Attribute aus verschiedenen Vokabularen verwendet werden.

Mit `<xs:import>` kann in ein XML-Schema ein weiteres Schema eingefügt werden, das aus einem anderen Namensraum stammt. Dem Element werden zwei Attribute hinzugefügt: `namespace` zur Angabe des Namensraums und `schemaLocation` zur Angabe der URI unter der sich die Schemadatei befindet.

```
<xs:import namespace="Namensraum-URI"
    schemaLocation="URI_Schemadatei"/>
```

Alle globalen Deklarationen und Typdefinitionen des importierten Schemas können nun referenziert werden.

Beispiel 2

Das Vorlesungsverzeichnis soll um ein Literaturverzeichnis ergänzt werden. Dazu wird die XML-Anwendung eines Verlags genutzt. Dieser stellt ein XML-Schema in der folgenden Form zur Verfügung (Datei: `verlag.xsd`):

```
<?xml version="1.0" encoding="UTF-8"?>
<xs:schema xmlns:xs="http://www.w3.org/2001/XMLSchema"
    elementFormDefault="qualified"
    targetNamespace="http://www.mein-verlag.de"
    xmlns:verlag="http://www.mein-verlag.de">

  <xs:element name="literatur">
    <xs:complexType>
      <xs:sequence>
        <xs:element ref="verlag:buch" maxOccurs="unbounded"/>
```

```
          </xs:sequence>
        </xs:complexType>
      </xs:element>


      <xs:element name="buch">
        <xs:complexType>
          <xs:sequence>
            <xs:element ref="verlag:autor"/>
            <xs:element ref="verlag:titel"/>
          </xs:sequence>
        </xs:complexType>
      </xs:element>


      <xs:element name="autor" type="xs:string"/>
      <xs:element name="titel" type="xs:NCName"/>


  </xs:schema>
```

In der Datei `fb_verlag.xsd` wird nun `vorlesungen.xsd` inkludiert und `verlag.xsd` importiert.

```
<?xml version="1.0" encoding="UTF-8"?>
<xs:schema xmlns:xs="http://www.w3.org/2001/XMLSchema"
    elementFormDefault="qualified"
    targetNamespace="http://www.meine-fh.de"
    xmlns:fh="http://www.meine-fh.de"
    xmlns:v="http://www.mein-verlag.de">


    <xs:include schemaLocation="vorlesungen.xsd"/>
    <xs:import namespace="http://www.mein-verlag.de"
        schemaLocation="verlag.xsd"/>


    <xs:element name="fb">
      <xs:complexType>
        <xs:sequence>
          <xs:element ref="fh:vorlesungsliste"/>
          <xs:element ref="v:literatur"/>
        </xs:sequence>
      </xs:complexType>
    </xs:element>


  </xs:schema>
```

Folgende XML-Instanz `vorl_literatur.xml` ist dazu valide:

```xml
<?xml version="1.0" encoding="UTF-8"?>
<fh:fb xmlns:fh="http://www.meine-fh.de"
    xmlns:verlag="http://www.mein-verlag.de"
    xmlns:xsi="http://www.w3.org/2001/XMLSchema-instance"
    xsi:schemaLocation="http://www.meine-fh.de
    file:fb_verlag.xsd">

  <fh:vorlesungsliste>
    <fh:vorlesung>
      <fh:titel>Informatik</fh:titel>
      <fh:semester>1</fh:semester>
    </fh:vorlesung>
  </fh:vorlesungsliste>
  <verlag:literatur>
    <verlag:buch>
      <verlag:autor>Balzert, H.</verlag:autor>
      <verlag:titel>Java</verlag:titel>
    </verlag:buch>
  </verlag:literatur>

</fh:fb>◄
```

(verlag.xsd, fb_verlag.xsd, vorl_literatur.xml)

Literatur

1. Friedl, J (2008) Reguläre Ausdrücke. O'Reilly, Köln
2. Skulschus, M, Wiederstein, M (2004) XML Schema. Galileo Press, Bonn
3. Vlist, E vd (2002) XML Schema. O'Reilly, Köln
4. Vonhoegen, H (2018) XML: Einstieg, Praxis, Referenz. Rheinwerk Verlag, Bonn
5. Walmsley, P (2012) Definitive XML Schema. Prentice Hall, Upper Saddle River, New Jersey

Xinclude

Zusammenfassung

Die W3C-Spezifikation XInclude gibt eine Methode an, wie ein Dokument aus verschiedenen Teildokumenten zusammengesetzt werden kann. Mit dem Element `<xi:include>` wird ein Teildokument adressiert. Als Kindelement von `<xi:include>` kann das Element `<xi:fallback>` notiert werden, das Inhalte für den Fehlerfall enthält.

Motivation Ein XML-Dokument aus einzelnen Modulen zusammenzusetzen hat viele Vorteile: Die einzelnen Einheiten sind wiederverwendbar und ein verteiltes Arbeiten ist möglich. Bei der Entwicklung einer DTD oder eines XML-Schemas ist darauf zu achten, dass diese so konzipiert werden, dass sowohl die einzelnen Module und auch das Gesamtdokument validiert werden können. Des Weiteren wird noch eine Methode benötigt, wie das Gesamtdokument aus den einzelnen Teildokumenten zusammengestellt werden kann.

In Abschn. 3.4.2 wird gezeigt, wie ein Modularisierungskonzept bei einer DTD unter Verwendung von externen allgemeinen Entities realisiert werden kann. Allerdings hat diese Lösung einige Schwächen und kann insbesondere bei der Verwendung von XML-Schema nicht eingesetzt werden.

Ergänzende Information Die elektronische Version dieses Kapitels enthält Zusatzmaterial, auf das über folgenden Link zugegriffen werden kann https://doi.org/10.1007/978-3-658-35435-0_6.

XInclude *(XML Inclusions)* ist eine Spezifikation des W3C, in der eine Methode definiert ist, um XML-Dokumente, Dokumentfragmente und sogar Textdateien mithilfe externer Referenzen zu einem Gesamtdokument zusammenzustellen. Die Version 1.0 (https://www.w3.org/TR/xinclude/) liegt seit Dezember 2004 als W3C-Recommendation vor, die Version 1.1 (https://www.w3.org/TR/xinclude-11/) seit Juli 2016 als W3C Working Group Note.

Namensräume XInclude 1.1 definiert zwei Namensräume:

- Der Namensraum `http://www.w3.org/2001/XInclude` enthält zwei Elemente mit den lokalen Namen `include` und `f allback`.
- Der Namensraum `http://www.w3.org/2001/XInclude/local-attributes` wird verwendet, um Attribute zu kopieren, die in keinem Namensraum sind.

XInclude und DTD

Wird XInclude 1.1 im Zusammenhang mit einer DTD verwendet, muss die DTD um folgende Deklarationen ergänzt werden:

```
<!ELEMENT xi:include (xi:fallback?)>
<!ATTLIST xi:include
        xmlns:xi CDATA #FIXED "http://www.w3.org/2001/XInclude"
        xmlns:xila CDATA #FIXED
            "http://www.w3.org/2001/XInclude/local-attributes"
        href            CDATA #IMPLIED
        parse           CDATA "application/xml"
        xpointer        CDATA #IMPLIED
        fragid          CDATA #IMPLIED
        set-xml-id      CDATA #IMPLIED
        encoding        CDATA #IMPLIED
        accept          CDATA #IMPLIED
        accept-language CDATA #IMPLIED
>
<!ELEMENT xi:fallback ANY>
<!ATTLIST xi:fallback
        xmlns:xi CDATA #FIXED "http://www.w3.org/2001/XInclude"
>
```

(xinclude.mod)

Attribute von XInclude

- `href`: Absoluter oder relativer URI, Teildokumente können durch Referenzierung mit `xpointer` angegeben werden.
- `parse`: Gibt an, wie die Ressource geparst werden soll. Ist der Wert `application/xml` oder `xml`, wird sie als XML geparst. Ist der Wert `text/plain` oder `text`, wird sie als Text geparst.
- `xpointer`: Hiermit kann eine einzelne Position oder ein Bereich adressiert werden.
- `fragid`: Verallgemeinerung des `xpointer`-Attributes. Die Interpretation ist abhängig vom Wert des `parse`-Attributes. Ist der Wert `xml`, erfolgt eine Interpretation wie bei `xpointer`. Ist der Wert `text`, erfolgt eine Interpretation gemäß RFC 5147 (https://www.ietf.org/rfc/rfc5147.txt) (ab Version 1.1).
- `set-xml-id`: Bei dem Wurzelelement der adressierten Ressource wird das Attribut `xml:id` gesetzt bzw. ein bereits vorhandener Wert überschrieben. Wird nur angewandt, wenn eine Ressource als XML geparst wird (ab Version 1.1).
- `encoding`: Gibt bei Text-Dokumenten die Kodierung des Textes an, z. B. ISO-8859–1.
- `accept`: Gibt den MIME-Typ an, für XML-Dateien `text/xml`, für Text-Dateien `plain/text`.
- `accept-language`: Gibt die verwendete Sprache gemäß RFC 2616 (https://www.ietf.org/rfc/rfc2616.txt) an, z. B. de-DE.

XPointer XPointer (https://www.w3.org/TR/WD-xptr), auch XML Pointer Language, ist eine vom World Wide Web Consortium (W3C) entwickelte Anfragesprache, um Teile eines XML-Dokumentes zu adressieren. Es handelt sich dabei um eine Erweiterung der XPath-Spezifikation.

Fehlerbehandlung Das optionale Element `<xi:fallback>` ist ein direktes Kindelement von `<xi:include>` und dient zur Fehlerbehandlung. An dieser Stelle können Sie angeben, was eingefügt werden soll, wenn eine referenzierte Datei nicht gefunden wird. Da das Inhaltsmodell `ANY` ist, ist beliebiger Inhalt erlaubt. Werden Unterelemente verwendet, müssen diese in der DTD deklariert werden.

Beispiel 1: „Modularer Aufbau der dozentenliste" – DTD

Ziel ist es, die Daten der verschiedenen Dozenten jeweils in einer eigenen Datei zu speichern. Die Module sind nicht beliebig, sondern haben als Wurzelelement stets `<dozent>`.

In der Datei `xinclude.mod` ist das DTD-Fragment zur Deklaration von `xinclude` gespeichert. Diese wird nun in die DTD inkludiert. Zu diesem Zweck wird ein externes Parameter-Entity, das auf diese Datei verweist, deklariert und sofort referenziert (s. Abschn. 3.4.3):

Das Inhaltsmodell des Elementes `dozentenliste` wird geändert: Als Kindelement ist nun das Element `dozent` oder alternativ `xi:include` erlaubt.

Somit hat die DTD folgende Form (Datei: `dozent_xi.dtd`):

```
<!ENTITY % xinclude SYSTEM "xinclude.mod">
%xinclude;
<!ELEMENT dozentenliste (dozent | xi:include)+>
<!ELEMENT dozent  (name, vorname)>
<!ELEMENT name    (#PCDATA)>
<!ELEMENT vorname (#PCDATA)>
<!ATTLIST dozent did ID #REQUIRED>
```

Inhalt einer dozent-Datei (hier: `dozent1.xml`):

```
<?xml version="1.0" encoding="UTF-8"?>
<!DOCTYPE dozent SYSTEM "dozent_xi.dtd">
<dozent did="d1">
  <name>Maier</name>
  <vorname>Fritz</vorname>
</dozent>
```

In der Datei `dozentenliste.xml` werden nun die Dateien der Dozenten inkludiert:

```
<?xml version="1.0" encoding="UTF-8"?>
<!DOCTYPE dozentenliste SYSTEM "dozent_xi.dtd">
<dozentenliste>
  <xi:include href="dozent1.xml"/>
  <xi:include href="dozent1.xml"/>
</dozentenliste>◄
```

(`dozent_xi.dtd, dozent1.xml, dozentenliste.xml`)

XInclude und XML-Schema

Bei der Erstellung eines XML-Schemas ist darauf zu achten, dass die Elemente, die Wurzelelemente eines Moduls sein sollen, nicht als lokale Elemente, sondern global deklariert werden. Der Modellierungsstil „Russische Matroschka" (s. Abschn. 5.10) ist daher *nicht* geeignet. Weitere Änderungen im XML-Schema sind nicht notwendig. In der Gesamtdatei muss im Wurzelelement zusätzlich der Namensraum `http://www.w3.org/2001/XInclude` deklariert werden.

Beispiel 2: „Modularer Aufbau der dozentenliste" – XML-Schema

Im XML-Schema für die dozentenliste werden dozentenliste und dozent als globale Elemente definiert. So können beide jeweils als Wurzelelement einer XML-Instanz verwendet werden.

Datei doz_liste.xsd:

```
<?xml version="1.0" encoding="UTF-8"?>
<xs:schema xmlns:xs="http://www.w3.org/2001/XMLSchema">
  <xs:element name="dozent">
    <xs:complexType>
      <xs:sequence>
        <xs:element name="name" type="xs:string"/>
        <xs:element name="vorname" type="xs:string"/>
      </xs:sequence>
      <xs:attribute name="did" type="xs:ID" use="required"/>
    </xs:complexType>
  </xs:element>
  <xs:element name="dozentenliste">
    <xs:complexType>
      <xs:sequence>
        <xs:element ref="dozent" maxOccurs="unbounded"/>
      </xs:sequence>
    </xs:complexType>
  </xs:element>
</xs:schema>
```

Inhalt einer dozent-Datei (hier: dozent1.xml):

```
<?xml version="1.0" encoding="UTF-8"?>
<dozent
    xmlns:xsi="http://www.w3.org/2001/XMLSchema-instance"
    xsi:noNamespaceSchemaLocation="doz_liste.xsd"
    did="d1">
  <name>Maier</name>
  <vorname>Fritz</vorname>
</dozent>
```

Die Gesamtdatei dozentenliste.xml hat folgende Form:

Das Wurzelelement enthält den Namensraum für XInclude, xi wird als Namensraum-Präfix festgelegt.

```
<?xml version="1.0" encoding="UTF-8"?>
<dozentenliste
   xmlns:xsi="http://www.w3.org/2001/XMLSchema-instance"
   xsi:noNamespaceSchemaLocation="doz_liste.xsd"
   xmlns:xi="http://www.w3.org/2001/XInclude">

  <xi:include href="dozent1.xml"/>
  <xi:include href="dozent2.xml"/>
</dozentenliste>◄
```

(doz_liste.xsd, dozentl.xml)

► **Hinweis** Eventuell zeigt Ihnen der XML-Parser bei Beispiel 1 und 2 einen
Validierungsfehler an. Dies hat folgenden Grund: Die Spezifikation von
XInclude verlangt, dass XML-Parser Elementen, die aus einem Dokument
mit einem anderen Basis-URI stammen, das Attribut `xml:base` hinzufügen
müssen. Um diesen Fehler zu vermeiden, muss in der DTD oder im XML-
Schema zu allen Elementen das Attribut `xml:base` deklariert werden. Wird
dies als zu aufwendig oder als nicht praktikabel angesehen, kann alternativ
dazu in den Voreinstellungen des XML-Parsers, die Einstellung „BASIS URI fix-
up„ deaktiviert werden, dann fügt der Parser das Attribut nicht ein.

Beispiel 3

Dieses Beispiel zeigt den Unterschied zwischen `parse="xml"` und `parse="text"`.
   Datei `data.xml`:

```
<?xml version='1.0'?>
<test>
  Dies steht innerhalb von data.xml.
</test>
```

Datei `gesamt.xml`:

```
<?xml version='1.0'?>
<document xmlns:xi="http://www.w3.org/2001/XInclude">
  <p>Die Datei "data.xml" enhält folgenden Inhalt:</p>
  <example>
    <xi:include href="data.xml" parse="xml"/>
  </example>
</document>
```

Ergebnisdatei:

```
<?xml version="1.0" encoding="UTF-8"?>
<document xmlns:xi="http://www.w3.org/2001/XInclude">
  <p>Die Datei "data.xml" enhält folgenden Inhalt:</p>
  <example>
    <test>
      Dies steht innerhalb von data.xml.
    </test>
  </example>
</document>
```

Mit `<xi:include href="data.xml" parse="text"/>` ergibt sich folgendes Dokument:

```
<?xml version="1.0" encoding="UTF-8"?>
<document xmlns:xi="http://www.w3.org/2001/XInclude">
  <p>Die Datei "data.xml" enthält folgenden Inhalt:</p>
  <example>&lt;?xml version='1.0'?&gt;
    &lt;test&gt;
      Dies steht innerhalb von data.xml.
    &lt;/test&gt;</example>
</document>
```

Der Dateiinhalt wird als Text eingefügt, daher werden die Zeichen <, >, &, ", und ' durch die entsprechenden Entities ersetzt. ◀

```
(data.xml, gesamt.xml)
```

Beispiel 4

Dieses Beispiel zeigt die Verwendung des Attributes `fragid`. Vier Zeilen Programmcode aus der Datei `code.pl` werden inkludiert.

```
<?xml version="1.0" encoding="UTF-8"?>
<document xmlns:xi="http://www.w3.org/2001/XInclude">
  <p>Zeilen 2 (incl.) bis 6 (exkl.) werden inkludiert.</p>
  <programmlisting>
    <xi:include parse="text" fragid="line=2,6" href="code.pl"/>
  </programmlisting>
</document>◀
```

```
(dok_prog.xml, code.pl)
```

Überlegen Sie sich ein Modularisierungskonzept für die komplette „Hochschulwelt".
Hierbei sollen die Daten jedes Dozenten und jeder Vorlesung in separaten Dateien
gespeichert werden.

XPath und XQuery

7

Im Jahr 1999 verabschiedete das W3C die Version 1.0 von **XPath.** XPath ist eine Art Hilfssprache, die von XSLT, XQuery und XPointer für die Adressierung und den Zugriff auf Strukturbestandteile eines XML-Dokumentes verwendet wird. XPath ist keine XML-Anwendung, sondern erinnert von seiner Syntax sehr an Pfadbeschreibungen im UNIX-Dateisystem.

Mit der Verbreitung von XML stieg der Bedarf nach einer Sprache, mit der auch komplexe Anfragen an XML-Dokumente gestellt werden können, ähnlich wie dies mit SQL bei Datenbanken möglich ist. Das W3C beauftragte daher eine Arbeitsgruppe mit der Entwicklung einer solchen Anfragesprache. Folgende Anforderungen an die Sprache wurden von der XML Query Working Group im Dokument XML Query (XQuery) Requirements (https://www.w3.org/TR/xquery-requirements/) notiert:

- Abfrage von XML-Dokumenten, um aus XML-Daten wieder menschenlesbare Dokumente zu generieren,
- Verarbeitung von daten- und dokumentenorientierten Dokumenten,
- Extraktion von Konfigurationsdateien,
- Filter-/Bereinigungsarbeiten von Datenströmen,
- Einsatz im *Document Object Model,*
- Abfragen auf native XML-Repositories,
- Katalogsuche,
- Einbettung in möglichst viele Syntaxumgebungen.

Ergänzende Information Die elektronische Version dieses Kapitels enthält Zusatzmaterial, auf das über folgenden Link zugegriffen werden kann https://doi.org/10.1007/978-3-658-35435-0_7

Parallel zur Entwicklung von **XQuery** wurde auch an den neuen Versionen der Sprachen XPath und XSLT weitergearbeitet. 2007 wurden XSLT 2.0, XPath 2.0 und XQuery 1.0 zeitgleich als W3C Recommendation verabschiedet. Im Jahr 2014 folgten die Versionen XPath 3.0 und XQuery 3.0. Zur Vereinheitlichung der Versionsnummern der Sprachen wurde die XQuery Versionsnummer 2.0 „übersprungen". Im März 2017 verabschiedete das W3C die Sprachversionen XPath und XQuery 3.1.

Die wichtigsten Dokumente zu XPath und XQuery 3.1 sind:

- XQuery 3.1: An XML Query Language (https://www.w3.org/TR/xquery-31/)
- XQuery and XPath Data Model 3.1 (https://www.w3.org/TR/xpath-datamodel-31/)
- XPath and XQuery Functions and Operators 3.1 (https://www.w3.org/TR/xpath-functions-31/)

XQuery wird heute von vielen Entwicklern als das „SQL des 21. Jahrhunderts" bezeichnet.

Abb. 7.1 zeigt die Beziehungen zwischen den Sprachen XPath, XQuery und XSLT.

XPath und XQuery basieren auf dem gleichen Datenmodell und besitzen die gleiche Menge an eingebauten Funktionen und Operatoren. Im Gegensatz zu XPath 1.0 ist XPath ab der Version 2.0 keine eigenständige Sprache mehr, sondern eine echte Teilmenge von XQuery. Dies bedeutet, dass jeder XPath-Ausdruck auch ein XQuery-Ausdruck ist.

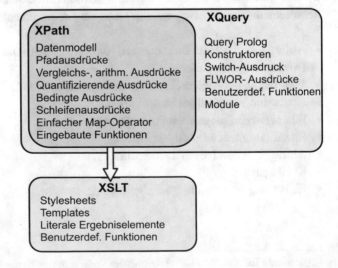

Abb. 7.1 Beziehung zwischen XPath, XQuery und XSLT

Mit XSLT können XML-Dokumente in andere (XML-)Dokumente transformiert werden. Innerhalb eines XSLT-Stylesheets werden – für unterschiedliche Zwecke – XPath-Ausdrücke verwendet.

Während XPath nur Knoten oder Werte eines XML-Dokumentes selektiert, kann mit XQuery ein neues XML-Dokument erzeugt werden. Die Struktur dieses Ergebnisdokumentes wird in der XQuery-Anfrage angegeben. Von daher ist XQuery für viele Anwendungsfälle eine Alternative zu XSLT.

XQuery versus XSLT Einige der Unterschiede zwischen XQuery und XSLT sind (vgl. [7], S. 17):

- XSLT Implementierungen sind i. Allg. für die Transformation vollständiger Dokumente optimiert. Typischerweise wird ein einziges Dokument transformiert. Dieses wird vollständig in den Arbeitsspeicher geladen oder – mit den neuen Möglichkeiten von XSLT 3.0 – gestreamt. XQuery ist für die Selektion von XML-Fragmenten, z. B. auch aus einer Datenbank, optimiert.
- XQuery hat eine sehr kompakte Nicht-XML-Syntax, die oft einfacher gelesen und geschrieben werden kann als die XML-Syntax von XSLT.
- XQuery ist auch für die Auswahl von Daten aus einer Kollektion von Dokumenten optimiert. Mit FLWOR-Ausdrücken ist es einfach Informationen, die über verschiedene Dokumente verteilt sind, zusammenzubringen. Zwar können auch mit XSLT-Stylesheets mehrere Dokumente verarbeitet werden, jedoch sind die XSLT-Prozessoren nicht für diesen Anwendungszweck optimiert.
- Mit XSLT können bei einer Transformation mehrere Dokumente gleichzeitig erstellt werden, mit XQuery nur ein einziges.

XQuery & Datenbanken Datenbankmanagementsysteme, wie z. B. Oracle, DB2 oder MS SQL Server, können heute nicht nur relationale Daten verwalten, sondern bieten auch die Möglichkeit, XML nativ zu speichern. Anfragen sind mittels SQL, XQuery und einer Kombination von beidem möglich.

Des Weiteren existieren auch native XML-Datenbanksysteme. Diese haben eigene, für XML-Dokumente optimierte Speicher- und Indizierungstechnologien entwickelt. Beispiele sind:

- eXist (http://exist-db.org)
- BaseX (http://basex.org)
- Oracle Berkeley DB XML (https://www.oracle.com/database/berkeley-db/xml.html)

Die ersten Abschnitte dieses Kapitels stellen wichtige Konzepte der Sprache XPath 3.1 vor. Diese Kenntnisse werden insbesondere auch für das Programmieren von XSLT-Stylesheets benötigt:

- 7.1 Das Datenmodell XDM
- 7.2 Eine Einführung in Ausdrücke
- 7.3 Pfadausdrücke
- 7.4 Erweiterte Ausdrücke

Die folgenden Abschnitte behandeln die wesentlichen Sprachkonzepte von XQuery:

- 7.5 XQuery-Prozess
- 7.6 Konstruktoren
- 7.7 FLWOR-Ausdrücke

Funktionen werden in einem eigenen Unterkapitel behandelt. Nach dem Abschnitt „Grundlegendes zu Funktionen" wird erläutert, wie benutzerdefinierte Funktionen in der Sprache XQuery programmiert werden können. Es folgt eine Auswahl der eingebauten XPath/XQuery-Funktionen. Diese Funktionen können auch in XSLT verwendet werden.

- 7.8.1 Grundlegendes zu Funktionen
- 7.8.2 Benutzerdefinierte Funktionen
- 7.8.3 Eingebaute Funktionen

Den Abschluss bilden die Abschnitte zur Modularisierung in XQuery, zu globalen Variablen und eine Einführung in die Datentypen Map und Array und die Möglichkeiten, JSON zu parsen und zu serialisieren.

- 7.9 XQuery-Module
- 7.10 Globale Variablen
- 7.11 Maps, Arrays und JSON

7.1   Das Datenmodell XDM

Zusammenfassung

Zentrales Konstrukt des Datenmodells ist die Sequenz. Eine Sequenz besteht aus 0 oder mehr Items. Ein Item kann ein atomarer Wert, ein Knoten oder eine Funktion sein. Maps und Arrays sind spezielle Funktionen. Ein XML-Dokument wird als Baum von Knoten repräsentiert. Entsprechend den im XML-Dokument vorkommenden Informationseinheiten werden sieben verschiedene Knotentypen unterschieden. Wird ein XML-Schema assoziiert, sind die atomaren Werte und die Knoten typisiert. Mit einem Sequenztyp sind genaue Typangaben zu einer Sequenz möglich.

XQuery und XPath haben ein gemeinsames Datenmodell, kurz „XDM". Dieses wird ausführlich im Dokument XQuery and XPath Data Model 3.1 (https://www.w3.org/TR/xpath-datamodel-31/) beschrieben.

Die Basiskomponenten des Datenmodells sind (s. Abb. 7.2, vgl. [7], S. 22) und XPath 3.1 and XQuery 3.1 Type System Part 1: Items (https://www.w3.org/TR/xpath-datamodel/#types-hierarchy):

- **Sequenz:** Dies ist eine geordnete Liste von 0, 1 oder mehr Items.
- **Item:** Dies ist ein generischer Begriff. Ein Item ist entweder ein Knoten, ein atomarer Wert oder eine Funktion.
- **Knoten:** Ein Knoten repräsentiert ein XML-Konstrukt.
- **Atomarer Wert:** Dies ein einfacher Datenwert ohne Markup.
- **Funktion** (ab 3.0): Dies ist ein Item, das aufgerufen werden kann. Es gibt die Untertypen Map und Array (ab 3.1).

Es folgt eine Erläuterung der Basiskomponenten Knoten, atomarer Wert, Item und Sequenz. Die Typen Map und Array werden in Abschn. 7.11 vorgestellt.

Knoten
XML-Dokumente haben ein Wurzelelement und sind hierarchisch aufgebaut. Elemente können Kindelemente haben. Daher liegt die Repräsentation eines XML-Dokumentes als **Baum bestehend aus Knoten** nahe. Knoten repräsentierten die verschiedenen XML-Konstrukte. Entsprechend den im XML-Dokument vorkommenden Informationseinheiten sind die in Tab. 7.1 aufgeführten Knotenarten im XPath/XQuery-Datenmodell definiert.

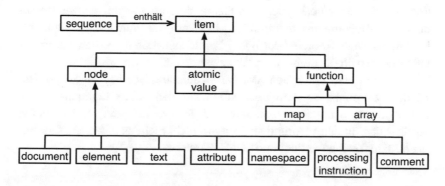

Abb. 7.2   Basiskomponenten des Datenmodells

Tab. 7.1 Knotenarten von XPath

Knotenart	Beschreibung
Dokumentknoten *(document node)*	Der Dokumentknoten ist ein namenloser Knoten. Sein Inhalt umfasst das ganze Dokument.
Elementknoten *(element node)*	Jedes Element des Dokuments wird durch einen Element-knoten im Baum repräsentiert. Ein Elementknoten enthält evtl. weitere Elementknoten als Kinder.
Textknoten *(text node)*	Ein Textknoten enthält ausschließlich Zeichendaten.
Attributknoten *(attribute node)*	Attributknoten entsprechen den Attributen eines Elementes. Sie haben einen Bezeichner und einen Wert. Ein Attribut-knoten wird nicht als Kind eines Elementknotens, sondern als „zum Element zugehörig" betrachtet.
Namensraumknoten *(namespace node)*	Ein Namensraumknoten repräsentiert den Namensraum eines Elementes. Er ist kein Kindknoten des Elementes, sondern dem Element zugeordnet.
Verarbeitungsanweisungsknoten *(processing instruction node)*	Ein Verarbeitungsanweisungsknoten repräsentiert eine Ver-arbeitungsanweisung. Er ist ein Kindknoten des Dokument-knotens und somit ein Geschwisterknoten des Elementknotens des Wurzelelementes.
Kommentarknoten *(comment node)*	Kommentarknoten repräsentieren die Kommentare im XML-Dokument. Ihr Wert ist die in `<!-- -->` enthaltene Zeichenkette.

Dokumentreihenfolge XPath verfügt über das Konzept der **Dokumentreihenfolge** (auch Dokumentordnung, *document order*). Die Knoten im Dokumentbaum sind in der Reihenfolge geordnet, in welcher die Dokumentteile beim Parsing gefunden werden (s. Abb. 7.3).

▶ **Hinweise** Beachten Sie, dass der oberste Knoten im Baum der Dokument-knoten ist. Er liegt noch über dem Elementknoten, der das Wurzelelement eines XML-Dokumentes repräsentiert. In XPath 1.0 wurde der Dokument-knoten als Wurzelknoten *(root node)* bezeichnet. Daher werden Sie in der Literatur auch oft die Bezeichnung Wurzelknoten finden.

Der Baum wird durch den XML-Parser aufbaut. Dies hat zur Folge, dass zu dem Zeitpunkt, zu dem über XPath auf den Baum zugegriffen wird, alle allgemeinen Entities expandiert sind. Sie werden jetzt als Textknoten repräsentiert und ihr Ursprung als Entity ist nicht mehr zu erkennen. Gleiches gilt auch für Zeichen-Entities und CDATA-Bereiche.

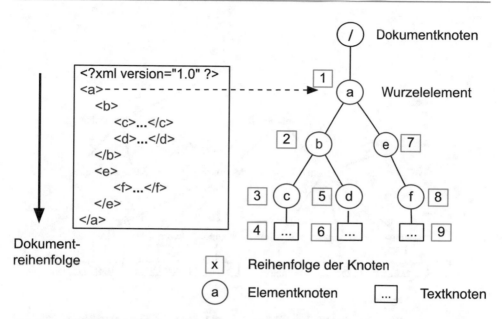

Abb. 7.3 XML-Dokument: Baumdarstellung und Dokumentreihenfolge

---

Fallbeispiel

Dieses Beispiel wird in Abb. 7.4 als Baum dargestellt. Es enthält die vier wichtigsten Knotenarten: Dokumentknoten, Elementknoten, Attributknoten und Textknoten.

```
<?xml version="1.0" encoding="UTF-8"?>
<fb>
  <dozentenliste>
    <dozent did="d1">
      <name>Maier</name>
      <vorname>Fritz</vorname>
      <website>http://www.meine-fh.de/maier.htm</website>
    </dozent>
    <dozent did="d2">
      <name>Müller</name>
      <vorname>Sabine</vorname>
    <website>http://www.meine-fh.de/mueller.htm</website>
    </dozent>
  </dozentenliste>
  <vorlesungsliste>
    <vorlesung did="d1" vid="v1">
    <titel>Informatik</titel>
      <semester>1</semester>
      <beschreibung>Grundlagen der
        <em>EDV</em>. Einfache Übungen.
```

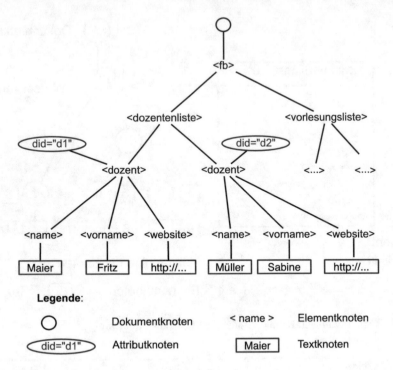

Abb. 7.4 Baumdarstellung und Knotentypen von fb.xml

```
    </beschreibung>
  </vorlesung>
  <vorlesung did="d2" vid="v2">
    <titel>Technik I</titel>
    <semester>2</semester>
  </vorlesung>
  <vorlesung did="d2" vid="v3">
    <titel>Technik II</titel>
    <semester>3</semester>
  </vorlesung>
 </vorlesungsliste>
</fb>◀
```

(fb.xml)

Übung

Das Beispiel fb.xml enthält neben dem Zweig dozentenliste auch einen Zweig vorlesungsliste. Zeichnen Sie für diesen Zweig den Dokumentbaum.

Viele XML-Editoren bieten auch eine Baumdarstellung des XML-Dokumentes an. Machen Sie sich mit dieser Ansicht vertraut.

Wertearten von Knoten

Es zwei Arten von Werten für einen Knoten: textueller Wert und getypter Wert.

Textueller Wert Jeder Knoten hat einen **textuellen Wert,** auch Stringwert *(string value)* genannt. Der textuelle Wert eines Elementknotens ist sein Zeicheninhalt und die Verkettung aller Textknoten, die Nachfolger des Elementknotens sind. Hat ein Element keinen Inhalt, ist der textuelle Wert eine Zeichenkette der Länge 0. Der textuelle Wert eines Attributknotens ist sein Attributwert.

Mit der XPath-Funktion `string()` kann auf den textuellen Wert eines Knotens zugegriffen werden.

a) `string(<semester>1</semester>)`
   liefert die Zeichenkette `1`.
b) `string(<text>Dies ist<em>sehr</em>wichtig</text>!)`
   liefert die Zeichenkette `Dies ist sehr wichtig!` ◄

Getypter Wert Element- und Attributknoten haben auch einen **getypten Wert** *(typed value)*. Wird das XML-Dokument über ein XML-Schema validiert, haben die Element- und Attributknoten den im XML-Schema definierten Typ.

Auf den getypten Wert eines Knotens kann mit der XPath-Funktion `data()` zugegriffen werden.

`data(<semester>1</semester>)`

liefert den Integer-Wert `1`, wenn das Element `semester` im XML-Schema als vom Typ `xs:integer` deklariert wurde.

Liegt keine Schema-Deklaration vor, ist der typisierte Wert ebenfalls `1`, wird jedoch als untypisiert betrachtet, d. h. ist von keinem speziellen Typ. ◄

Atomare Werte Die atomaren Werte sind einfache Datenwerte, wie z. B. `123` oder `ABC`, also ohne Markup und ohne Beziehung zu einem speziellen Element oder Attribut. Atomare Werte kommen in XML-Dokumenten eigentlich nicht vor, da XML-Dokumente einen Baum von Knoten darstellen. Sie können jedoch mit den XPath-Funktionen `string()` oder `data()` aus Element- oder Attributknoten extrahiert werden. Sie treten auch in Ausdrücken auf, z. B. ist im Ausdruck `@did="d1"` der String `d1` ein atomarer Wert.

Atomisierung Zum Rechnen und bei vielen Funktionen werden atomare Werte benötigt. Als **Atomisierung** wird das Verfahren bezeichnet, durch das der getypte Wert eines Elements extrahiert wird. Explizit ist dies durch Anwendung der Funktion `data()` möglich. Bei vielen Ausdrücken erfolgt eine implizite Atomisierung, dazu gehören: Arithmetische Ausdrücke, Vergleichsausdrücke, Funktionsaufrufe und Funktionsrückgabewerte, Cast-Ausdrücke, berechnete Konstruktoren.

Eingebaute Datentypen – das Typsystem
Seit den Versionen XPath 2.0 und XQuery 1.0 unterstützt das Datenmodell die durch XML-Schema gegebenen Datentypen. Das Typsystem von XML-Schema unterscheidet atomare Typen, Listentypen und Vereinigungstypen.

Atomare Typen Wird das XML-Dokument über ein XML-Schema validiert, kann der Typ eines atomaren Wertes ein eingebauter Typ *(built-in type)* oder ein benutzerdefinierter Typ sein. Die eingebauten Typen entsprechen i. W. den Typen von XML-Schema (s. Abschn. 5.6). Abb. 7.5 zeigt das Typsystem der atomaren Typen (Quelle: XQuery and XPath Data Model 3.1, https://www.w3.org/TR/xpath-datamodel-31/). Identifiziert werden die Typen durch einen qualifizierten Namen mit dem Präfix `xs`, da sie im Namensraum von XML-Schema definiert sind.

Der Typ `xs:anyAtomicType` ist der Basistyp von `xs:untypedAtomic` und von allen primitiven Datentypen wie z. B. `xs:integer`, `xs:string`.

Wird das XML-Dokument nicht über ein XML-Schema validiert, wird einem Elementknoten der Typ `xs:untyped` und einem Attributwert der Typ `xs:untypedAtomic` zugewiesen.

Listentyp Ein **Listentyp** repräsentiert eine Liste von atomaren Werten eines bestimmten Typs. Im Typsystem sind drei Listentypen definiert: `xs:IDREFS`, `xs:NMTOKENS` und `xs:ENTITIES`.

Vereinigungstyp Ein **Vereinigungstyp** hat als Werteraum bzw. lexikalischen Raum die Vereinigungsmenge der Werteräume bzw. lexikalischen Räume der vereinigten Typen, den sogenannten *member types*. Im XQuery-Typsystem existiert ein Vereinigungstyp, der Typ `xs:numeric`. Dieser Typ ist der Vereinigungstyp der drei primitiven Zahlentypen `xs:double`, `xs:float` und `xs:decimal`.

Item Dies ist eine generische Bezeichnung. Ein Item kann entweder ein Knoten, ein atomarer Wert oder eine Funktion sein.

Abb. 7.5   XPath und XQuery 3.1 Typsystem: Atomare Typen

Sequenz Das zentrale Konstrukt im XPath/XQuery-Datenmodell bildet die **Sequenz**. Eine Sequenz besteht aus einer Aneinanderreihung von Items. Da ein Item ein Knoten, ein atomarer Wert oder eine Funktion sein kann, können Sequenzen heterogen sein.

Jede Operation liefert als Resultat eine Sequenz. Eine Sequenz kann auch explizit durch den sogenannten Sequenzkonstruktor konstruiert werden. Die Einträge werden durch Kommata getrennt und von runden Klammern umfasst.

Beispiel 3

(1,2,3) liefert eine Sequenz, die drei atomare Werte enthält. ◄

Eigenschaften Eine Sequenz hat folgende Eigenschaften:

- Eine Sequenz mit genau einem Item wird Singleton-Sequenz *(singleton sequence)* genannt. Es gibt keinen Unterschied zwischen einer ein-elementigen Sequenz und dem Item, das sie enthält. Daher können alle Funktionen und Operatoren, die auf Sequenzen anwendbar sind, auch auf individuellen Items operieren. Und umgekehrt kann jedes Item als ein-elementige Sequenz behandelt werden.
- Eine Sequenz, die kein Item enthält, ist eine leere Sequenz. Sie wird dargestellt durch „()".
- Sequenzen sind nicht verschachtelt.
  Der Ausdruck (1,(),(<element/>,3),1) ist äquivalent zu:
  (1,<element/>,3,1).
- Sequenzen sind geordnet. Die einzelnen Einträge sind hinsichtlich ihrer Position unterscheidbar.
- Sequenzen können Duplikate enthalten.
- Zwei Sequenzen sind gleich, wenn sie die gleiche Anzahl Einträge aufweisen und die Einträge an jeder Position paarweise gleich sind.

Operatoren Für Sequenzen gibt es folgende Operatoren:

- Kommaoperator: (1,<x/>),(3) liefert (1,<x/>,3).
- Bereichsoperator to: Sequenzen ganzer Zahlen lassen sich durch einen Bereichs-operator angeben. Der gesamte Ausdruck wird dann als Bereichsausdruck bezeichnet. Beispiel: Der Bereichsausdruck 1 to 5 liefert die Sequenz (1,2,3,4,5).
- Mengenoperatoren: Sequenzen werden wie Mengen behandelt. Die Ergebnissequenz ist in der Dokumentreihenfolge geordnet.
  - union (auch „|"): Vereinigung zweier Sequenzen.
  - intersect: Durchschnitt zweier Sequenzen.
  - except: Die Ergebnissequenz enthält alle Items, die in der ersten Sequenz, aber nicht in der zweiten enthalten sind.

Beispiele zu Mengenoperationen finden Sie in Abschn. 7.3.3.

Sequenztyp Ein **Sequenztyp** wird verwendet, um in einem XQuery-Ausdruck genaue Typangaben für eine Sequenz anzugeben. Beispielsweise müssen in Funktionsdeklarationen die Typen der Übergabeparameter und des Rückgabewertes notiert werden. Ein Sequenztyp besteht aus einem Typ, der den Typ jedes Items der Sequenz angibt, und einer Kardinalätsangabe, die angibt, wie viele Items die Sequenz enthalten muss oder darf. Ein Sequenztyp kann einer der eingebauten Typen, wie z. B. `xs:double` oder `xs:date`, oder ein benutzerdefinierter Typ sein.

Generische Sequenztypen Zudem sind **generische Sequenztypen** definiert (Auswahl):

- `item()`: beliebiges Item, d. h. beliebiger Knotentyp oder ein atomarer Wert beliebigen Typs
- `node()`: umfasst die Knotentypen
- `empty-sequence()`: für eine leere Sequenz
- `xs:anyAtomicType`: beliebiger atomarer Wert

Mit den in Tab. 7.2 notierten Häufigkeitsindikatoren wird angegeben, wie viele Items eine Sequenz enthalten kann.

Beispiele für Sequenztypen

a) `xs:integer?`
   Ein atomarer Wert vom Typ `xs:integer` oder die leere Sequenz.
b) `node()*`
   Eine Sequenz von einem oder mehr Knoten oder die leere Sequenz.
c) `xs:anyAtomicType+`
   Eine Sequenz von einem oder mehr atomaren Werten beliebigen Typs. ◄

Beispiele für Funktionssignaturen

a) `fn:distinct-values($arg as xs:anyAtomicType*)`
   `as xs:anyAtomicType*`
   Entfernt Duplikate aus einer Sequenz.
b) `fn:count($arg as item()*) as xs:integer`
   Gibt die Anzahl der Elemente zurück, die in der von `$arg` angegebenen Sequenz enthalten sind. ◄

Tab. 7.2 Häufigkeitsindikatoren in einer Sequenz

keine Angabe	genau ein Item
?	für 0 oder ein Item
*	für 0 bis beliebig viele Items
?	für ein bis beliebig viele Items
+	1 bis beliebig viele Items

7.2   Eine Einführung in Ausdrücke

Zusammenfassung

Jede XPath-Beschreibung und jede XQuery-Anfrage werden als Ausdruck bezeichnet. Rückgabewert eines Ausdrucks ist immer eine Sequenz. Es gibt verschiedene Arten von Ausdrücken.

In XPath und XQuery wird jede XPath-Beschreibung bzw. jede gültige Suchanfrage als **Ausdruck** bezeichnet. Rückgabewert eines Ausdrucks ist immer eine Sequenz. Für Ausdrücke gelten die folgenden Syntaxregeln:

- Ausdrücke sind case-sensitiv.
- Namen, die für Elemente, Attribute, Variablen und Funktionen verwendet werden, müssen gültige XML-Namen sein.
- Ein String wird in einfache oder doppelte Hochkommata eingeschlossen.
- Eine XQuery-Variable beginnt mit einem „$"-Zeichen.
- XQuery benutzt die Smileys „(:" und „:)" zur Kennzeichnung von Beginn und Ende eines Kommentars.

Beispiel

```
(: Dies ist ein XQuery Kommentar :)◄
```

In XPath/XQuery werden verschiedene Arten von Ausdrücken unterschieden. Die folgenden Arten gehören zur Sprache XPath und können daher auch innerhalb von XSLT-Stylesheets verwendet werden:

- Elementare Ausdrücke
- Arithmetische Ausdrücke
- Logische Ausdrücke
- Pfadausdrücke (s. Abschn. 7.3)

In Abschn. 7.4 werden die folgenden Arten vorgestellt. Mit Ausnahme der `switch`-Ausdrücke gehören auch sie zur Sprache XPath.

- Vergleichsausdrücke
- Konditionale Ausdrücke
- `switch`-Ausdrücke (ab XQuery 3.0)
- Quantifizierende Ausdrücke
- `for`-Ausdrücke
- Der einfache Map-Operator `"!"` (ab XPath 3.0)

Folgende Arten gehören zur Obermenge XQuery:

- Konstruktoren (s. Abschn. 7.6)
- FLWOR-Ausdrücke (s. Abschn. 7.7)

Elementare Ausdrücke Zu den elementaren Ausdrücken gehören Literale, Variablen, Funktionsaufrufe und Klammerausdrücke.

Arithmetische und logische Ausdrücke Arithmetische und logische Ausdrücke ähneln denen anderer Programmiersprachen. Innerhalb der arithmetischen Ausdrücke können die Operatoren: `+`, `-`, `*`, `div`, `idiv` (Ganzzahldivision), `mod` (Modulo) verwendet werden. Logische Operatoren sind `and` und `or`.

▶ **Hinweis** Zur Negation eines booleschen Ausdrucks gibt es keinen Operator `not`, sondern die XPath-Funktion `fn:not()` (s. Abschn. 7.8.3).

7.3 Pfadausdrücke

Pfadausdrücke dienen der Adressierung und dem Zugriff auf Strukturbestandteile eines XML-Dokumentes.

Im Folgenden wird gezeigt, wie Pfadausdrücke formuliert und ausgewertet werden:

- 7.3.1 Lokalisierungspfade und Achsen
- 7.3.2 XPath-Knotentest
- 7.3.3 XPath-Prädikate

Was Sie brauchen Zum Ausprobieren und Üben sollten Sie einen XML-Editor verwenden, der eine Komponente zur direkten Auswertung von XPath-Ausdrücken anbietet. Abb. 7.6 zeigt eine Ansicht des Oxygen XML-Editors. XPath-Ausdrücke können über das Textfeld in der Symbolleiste oder über „Ansicht – XPath/XQuery Baumeister" eingegeben und ausgewertet werden.

7.3.1 Lokalisierungspfade und Achsen

Zusammenfassung

Lokalisierungspfade dienen der Adressierung von Knoten ausgehend von einem Kontextknoten. Sie bestehen aus einzelnen Lokalisierungsschritten. Jeder Lokalisierungsschritt beginnt mit der Angabe der Richtung, in welcher gesucht werden soll. Zur Angabe der Richtung sind in XPath 13 verschiedene Achsen definiert.

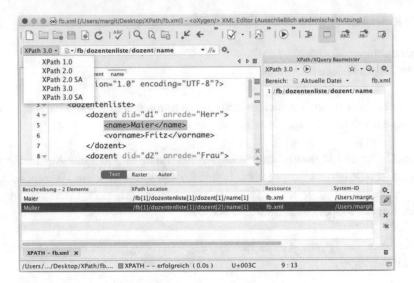

Abb. 7.6   Ansicht: Ausführung von XPath im Oxygen XML-Editor

Lokalisierungspfad Ein **Lokalisierungspfad** *(location path)* ist ein XPath-Ausdruck, der verwendet wird, um Knoten in einem XML-Dokument zu adressieren. Lokalisierungspfade werden stets relativ zu einem Kontextitem ausgewertet, welches als „Startpunkt" des Pfades dient. Handelt es sich beim Kontextitem um einen Knoten, spricht man vom **Kontextknoten.**

Beispiel

```
doc("fb.xml")/fb/dozentenliste/dozent/name
```

Der Funktionsaufruf `doc("fb.xml")` gibt den Dokumentknoten von `fb.xml` zurück. Dieser ist nun der Kontextknoten und der Rest des Pfadausdrucks wird relativ zu diesem ausgewertet. ◄

absolut – relativ XPath unterscheidet absolute und relative Lokalisierungspfade. Absolute Pfade starten am Dokumentknoten, der XPath-Ausdruck beginnt dann mit einem „/". Relative Pfade beginnen bei einem beliebigen anderen Knoten.

Lokalisierungsschritt Ein Lokalisierungspfad besteht aus einzelnen **Lokalisierungs-schritten** *(location steps)*. Die einzelnen Lokalisierungsschritte werden – ähnlich wie bei der Adressierung von Dateien in einem Verzeichnissystem – durch einen „/", den sogenannten **Pfad-Operator,** voneinander getrennt. Die Lokalisierungsschritte werden sukzessive von links nach rechts ausgewertet. Jeder Ausdruck, der eine Sequenz von

Knoten zurückgibt, darf auf der linken Seite des Pfad-Operators stehen. Diese Knoten sind dann die Kontextknoten für den nächsten Lokalisierungsschritt.

Ein Lokalisierungsschritt kann ein einfacher Ausdruck sein, z. B. ein Funktionsaufruf oder eine Variablenreferenz, oder ein sogenannter Achsenschritt *(axis step)*.

Beispiele

a) Funktionsaufruf als Lokalisierungsschritt:

```
doc("fb.xml")/fb/dozentenliste/dozent/name
```
Der Funktionsaufruf `doc("fb.xml")` ist ein Lokalisierungsschritt im Pfadausdruck.

b) Variablenreferenz als Lokalisierungsschritt:

```
$doc/dozent/name
```
`$doc` ist eine XQuery-Variable. Ihr Wert muss eine Sequenz von Knoten sein und diese sind die Kontextknoten für den weiteren Ausdruck. ◄

Achsenschritt Mit einem **Achsenschritt** es möglich, im XML-Dokument, genauer gesagt im Dokumentenbaum, zu navigieren und auf Teilbäume zuzugreifen. Für einen Achsenschritt gilt folgende Syntax:

```
achse::knotentest[prädikat]
```

Ein Achsenschritt besteht also aus drei Teilen:

- Die **Achse** gibt die Richtung an, in der die zu selektierenden Knoten gesucht werden,
- der **Knotentest** dient der Filterung der durch die Achse selektierten Knoten und
- mit **Prädikaten** (optional) kann die Knotensequenz, die durch `achse::knotentest` ausgewählt wurde, weiter gefiltert werden.

Tab. 7.3 gibt einen Überblick über die in XPath definierten Achsen.

Rückwärts gerichtete Achsen Die `parent`-Achse und die mit * gekennzeichneten Achsen sind rückwärts gerichtete Achsen. Sie enthalten die in Dokumentreihenfolge vor dem Kontextknoten stehenden Knoten. Laut der XQuery Spezifikation sind die mit * gekennzeichneten Achsen optional, d. h. ein XQuery-Prozessor muss sie nicht unterstützen.

Hauptknotentyp Jeder der Achsen hat einen sogenannten **Hauptknotentyp** *(principal node type)*. Enthält eine Achse Elemente – dies gilt für alle Achsen außer `attribute` und `namespace` – ist dies der Typ `element`. Für die Attribut-Achse ist der Hauptknotentyp der Typ `attribute`, für die Namepace-Achse der Typ `namespace`.

Tab. 7.3 Achsen in XPath

Achse	Beschreibung
self	Der gegenwärtige Knoten, Kontextknoten
child (Default-Achse)	Alle Kindknoten, dazu gehören Element-, Text-, Kommentar- und Verarbeitungsanweisungsknoten, nicht jedoch Attribut- und Namensraumknoten
parent	Direkter Vorfahr (Elternknoten). Bei einem Attribut- oder Namensraumknoten ist der Elternknoten der Elementknoten, zu dem der Attribut- bzw. der Namensraumknoten gehört.
ancestor*	Alle Vorfahren des Kontextknotens (in umgekehrter Dokumentreihenfolge)
ancestor-or-self*	Der Kontextknoten und alle seine Vorfahren
following	Alle Knoten, die in der Dokumentreihenfolge dem Kontextknoten folgen, nicht jedoch die direkten Nachfahren
following-sibling	Geschwisterknoten (Knoten mit gleichem Elternelement), die in der Dokumentreihenfolge dem Kontextknoten folgen
preceding*	Alle Knoten, die in der Dokumentreihenfolge vor dem Kontextknoten stehen, nicht jedoch die direkten Vorfahren
preceding-sibling*	Geschwisterknoten, die vor dem Kontextknoten stehen
descendant	Alle Knoten, die Nachfahren (Kinder, Kindeskinder, ...) des Kontextknotens sind.
descendant-or-self	Der Kontextknoten und alle Knoten, die Nachfahren (Kinder, Kindeskinder, ...) des Kontextknotens sind
attribute	Alle Attributknoten eines Elementknotens
namespace (ab XPath 2.0 deprecated)	Namensraumknoten eines Elementknotens

Abb. 7.7 bis Abb. 7.11 zeigen, welche Knotensequenzen die jeweiligen Achsen auswählen, wenn der schwarz dargestellte Knoten der Kontextknoten ist.

Übung

Betrachten Sie den Dokumentbaum in der Abbildung „Baumdarstellung und Knotentypen" in Abschn. 7.1. Der zweite dozent-Knoten sei jetzt Kontextknoten. Überlegen Sie, welche Knoten auf den verschiedenen Achsen liegen.

▶ **Hinweis** Da jeder Lokalisierungsschritt die Kontextknoten für den folgenden Schritt liefert, ist nur für den letzten Schritt ein Ausdruck erlaubt, der andere Items als Knoten zurückliefert.

Abb. 7.7 child-Achse und
parent-Achse

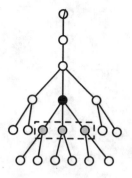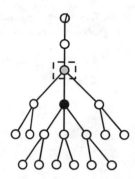

Abb. 7.8 ancestor-Achse und
ancestor-or-self-Achse

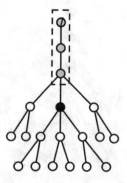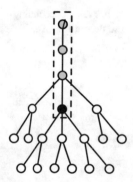

Abb. 7.9 following-Achse
und following-sibling-Achse

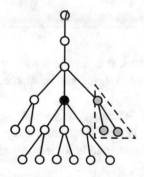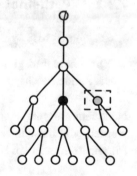

Beispiel

```
/fb/dozentenliste/dozent/substring(name,1,3)
```

Dieser Ausdruck gibt die ersten drei Buchstaben der Dozentennamen zurück. Genauer
gesagt: Eine Sequenz, die Items enthält, wobei jedes Item ein atomarer Wert ist. Es
ist nun nicht erlaubt, einen weiteren Lokalisierungsschritt hinzuzufügen, der z. B.
die Zeichenkette in Großbuchstaben umwandelt. Möglich ist dies mit dem einfachen
Map-Operator „!" (ab XPath 3.0, s. Abschn. 7.4). ◄

Abb. 7.10 preceding-Achse
und preceding-sibling-Achse

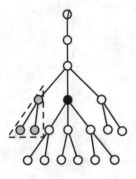 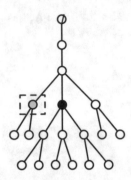

Abb. 7.11 decsending-Achse
und desending-or-self-Achse

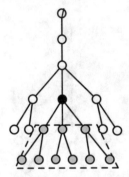 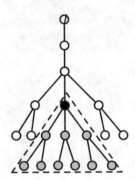

7.3.2   XPath-Knotentest

Zusammenfassung

Ein Knotentest gibt ein Filterkriterium für die Auswahl von Knoten an. Für häufig
verwendete Achsen und Achsenschritte gibt es Abkürzungen.

Nachdem mit der Achse die Richtung ausgewählt wurde, in der Knoten selektiert
werden, gibt der **Knotentest** nun ein Filterkriterium für die Auswahl von Knoten an. Als
Filterkriterium ist ein Knotenname, eine Wildcard oder ein Knotentyp möglich.

Filterkriterium Knotenname Die Angabe eines Namens wählt alle Knoten aus, die
diesen Namen haben und deren Typ dem Hauptknotentyp der angegebenen Achse entspricht.

Fallbeispiel

a) `child::dozent`
   liefert alle Kindelemente `dozent` des Kontextknotens.
b) `attribute::did`
   liefert das Attribut `did` des Kontextknotens.

c) `child::dozent/attribute::did`
   liefert das Attribut `did` der Kindelemente `dozent` des Kontextknotens. ◀

(`fb.xml`)

Filterkriterum Wildcard Mit * werden alle Knoten ausgewählt, die dem Hauptknotentyp der ausgewählten Achse entsprechen. Dieser Knotentest wird auch **allgemeiner
Namenstest** genannt.

Beispiele
---

a) `child::*`
   liefert alle Kindelemente des Kontextknotens.
b) `attribute::*`
   liefert alle Attribute des Kontextknotens. ◀

Filterkriterium Knotentyp Knoten können auch anhand ihres Typs ausgewählt
werden. Hierzu sind die in Tab. 7.4 genannten Knotentyp-Tests definiert.

Fallbeispiel
---

a) `child::dozent/child::name`
   liefert alle `name`-Knoten, die Kindelemente von `dozent` sind.
b) Der Pfadausdruck wird nun um `child::text()` erweitert und hat die Form:
   `child::dozent/child::name/child::text()`
   Nun werden alle Textknoten, die Kindelemente dieser `name`- Knoten sind, zurück-
   geliefert. ◀

(`fb.xml`)

Tab. 7.4 Knotentyp-Tests

Knotentyp-Test	Beschreibung
`node()`	Wählt alle Knoten, unabhängig von ihrem Typ aus.
`text()`	Wählt alle Textknoten aus.
`comment()`	Wählt alle Kommentarknoten aus.
`document-node()`	Wählt den Dokumentknoten aus.
`processing-instruction()`	Wählt alle Verarbeitungsanweisungsknoten aus.
`element()`	Wählt alle Elementknoten aus.
`element(Ename)`	Wählt alle Elementknoten `Ename` aus.
`attribute()`	Wählt alle Attributknoten aus.
`attribute(Aname)`	Wählt alle Attributknoten `Aname` aus.

Tab. 7.5 Lang- und Kurzform der Syntax

Langform	Kurzform	Beschreibung
`child::`	(Weglassen des Achsen-bezeichners)	Die child-Achse ist die Default-Achse
`self::node`	`.`	Kontextknoten
`parent::node()`	`..`	Elternknoten
`attribute::`	`@`	Attributachse
`/descendant-or-self::node()/`	`//`	Nachfahren irgendwo im Baum

Abgekürzte Syntax

Lokalisierungspfade können sehr lang und demzufolge schlecht lesbar werden. Daher wurden für häufig verwendete Achsen und Achsenschritte Abkürzungen definiert. Diese Schreibweise wird als **abgekürzte Syntax** (im Gegensatz zur ausführlichen Syntax) bezeichnet. Tab. 7.5 zeigt eine Übersicht.

Fallbeispiel

a) Alle `dozent`-Elemente:
   `/child::fb/child::dozentenliste/child::dozent`
   in abgekürzter Syntax: `/fb/dozentenliste/dozent`

b) Alle `name`-Knoten, unabhängig von ihrer Position im Baum:
   `/descendant-or-self::name`
   in abgekürzter Syntax: `//name`

c) Alle name-Knoten, die unter den Nachfahren von `/fb/dozentenliste` sind:
   `/child::fb/child::dozentenliste/descendant-or-self::name`
   in abgekürzter Syntax: `/fb/dozentenliste//name`

d) Alle Attribute der Kindelemente `dozent` des Kontextknotens:
   `child::dozent/attribute::*`
   in abgekürzter Syntax: `dozent/@*`

e) Attribut `did` des Kindelementes `dozent`:
   `child::dozent/attribute::did`
   in abgekürzter Syntax: `dozent/@did`

f) Attribut `did` des Elternelements:
   `parent::node()/attribute::did`
   in abgekürzter Syntax: `../@did`

g) Attribut `did` des aktuellen `dozent`-Elementes:
   `self::node()/attribute::did`
   in abgekürzter Syntax: `./@did` ◄

(fb.xml)

Formulieren Sie zum Fallbeispiel `fb.xml` folgende Anfragen als XPath-Ausdrücke. Geben Sie die Ausdrücke jeweils in der ausführlichen und der abgekürzten Syntax an.

a) `titel`-Knoten aller Vorlesungen,
b) die Textinhalte der `titel`-Knoten,
c) die Attribute `vid` aller Vorlesungen.

7.3.3 XPath-Prädikate

Eine Sequenz kann durch Prädikate weiter gefiltert werden. Prädikate werden in eckigen Klammern angegeben. Bei Lokalisierungsschritten stehen sie an letzter Position.

Jede beliebige Sequenz kann durch die Angabe von Prädikaten gefiltert werden. **Prädikate** werden in eckigen Klammern angegeben und innerhalb der eckigen Klammern werden Ausdrücke als Filterkriterium formuliert.

```
(1 to 100)[. mod 5]
```

`(1 to 100)` ist ein Bereichsausdruck, der die Sequenz der Zahlen von 1 bis 100 liefert. „`.`" ist die Kurzform zur Adressierung des Kontextknotens.
   Durch das Prädikat [`. mod 5`] werden nun die Zahlen selektiert, die durch 5 teilbar sind. ◄

Die wichtigste Verwendung von Prädikaten ist jedoch deren Anwendung in Achsenschritten. Hier sind sie ein weiterer Filter für die durch `achse::knotentest` adressierte Knotensequenz.
   Typische Anwendungen von Prädikaten sind beispielsweise: Selektiere:

- Elemente oder Attribute mit einem bestimmten Wert,
- Elemente, die über ein bestimmtes Kindelement oder ein bestimmtes Attribut verfügen,
- Elemente, die an einer bestimmten Position stehen.

XPath unterscheidet zwischen allgemeinen und nummerischen Prädikaten.

Allgemeines Prädikat Ein allgemeines Prädikat liefert einen booleschen Wert. Alle Knoten, bei denen dieser Wert `true` ist, sind in der Ergebnissequenz.

Operatoren Zur Formulierung der Ausdrücke in den Prädikaten können folgende Operatoren verwendet werden:

- Arithmetische Operatoren: +, −, *, div, mod (Modulo-Operator)
- Logische Operatoren: and, or
- Vergleichsoperatoren (s. Abschn. 7.4):
  - Allgemeiner Vergleich: =, ! =, <, <=, >, >=
  - Wertevergleich: eq, ne, lt, le, gt, ge, =, is, isnot
  - Knotenvergleich: is, isnot, <<, >>

▶ **Hinweis** Das „<"-Zeichen muss durch das Entity < dargestellt werden, wenn der XPath-Ausdruck innerhalb eines XML-Dokumentes (z. B. einem XSLT-Stylesheet) vorkommt.

Fallbeispiel

a) Der folgende Ausdruck liefert den Elementknoten des Elementes `dozent`, dessen Kindelement `name` eine Zeichenkette enthält, die identisch zum String `Maier` ist:
   `/fb/dozentenliste/dozent[name = "Maier"]`
b) Der Pfadausdruck wird durch weitere Achsenschritte ergänzt. Es wird nun der Vorname des Dozenten, der mit Nachnamen `Maier` heißt, ausgewählt:
   `/fb/dozentenliste/dozent[name = "Maier"]/vorname/text()`
c) Alle Vorlesungen des 2. Semesters:
   `/fb/vorlesungsliste/vorlesung[semester = 2]`
d) Alle Vorlesungen im Sommersemester (Semester mit gerader Semesterzahl):
   `/fb/vorlesungsliste/vorlesung[semester mod 2 = 0]`
e) Titel der Vorlesungen, die der Dozent mit dem Attribut `did="d2"` hält:
   `/fb/vorlesungsliste/vorlesung[@did = "d2"]/titel/text()`
◀

(`fb.xml`)

Existenztest Wird innerhalb des Prädikates ein Pfadausdruck angegeben, ist dies ein Test auf Existenz der durch den Pfadausdruck adressierten Elemente oder Attribute.

Beispiele

a) `//vorlesung[beschreibung]`

Hier wird auf das Vorhandensein eines Kindelementes `beschreibung` getestet. Ergebnis des Pfadausdrucks sind alle Vorlesungen, die ein Kindelement `beschreibung` haben.

b) `//vorlesung[@typ]`
   liefert alle Vorlesungen, die ein Attribut `typ` haben. ◄

Nummerisches Prädikat Ein nummerisches Prädikat, auch Positionsprädikat *(positional predicate)* genannt, wird verwendet, um ein Item zu selektieren, das an einer bestimmten Position einer Sequenz steht. Hierzu wird in den eckigen Klammern eine positive ganze Zahl notiert. Das erste Item einer Sequenz hat die Position 1 und nicht 0, wie in vielen Programmiersprachen. Ist der im Prädikat notierte Wert größer als die Anzahl der Items der Sequenz, wird keine Fehlermeldung zurückgegeben, sondern ein leeres Ergebnis. Steht innerhalb der eckigen Klammern ein Ausdruck, der eine positive ganze Zahl als Ergebnis hat, wird dieser als nummerisches Prädikat behandelt.

Beispiel

```
//dozent[2]
```

liefert den zweiten `dozent`-Knoten. ◄

▶   **Hinweis** Beachten Sie, dass ein nummerisches Prädikat die Position innerhalb der aktuellen prozessierten Sequenz und nicht die Position eines Elementes relativ zu den Kindelementen seines Elternelementes adressiert.

Beispiele

a) `/fb/dozentenliste/dozent/name[1]`
   gibt das erste `name`-Element jedes `dozent`-Elementes zurück und nicht das erste `name`-Element im Dokument.

b) `(/fb/dozentenliste/dozent/name)[1]`
   gibt das erste `name`-Element im Dokument zurück, da durch die Klammern die Auswertungsreihenfolge wie folgt ist: Zuerst werden alle `name`-Elemente zurückgegeben, dann wird unter diesen das erste ausgewählt. ◄

Funktionen

XPath bietet eine Bibliothek von Funktionen an, die innerhalb der Prädikate verwendet werden können. Eine Auswahl finden Sie in Abschn. 7.8.3. In diesem Kontext interessant sind die Funktionen `position()` und `last()`.

Die Funktion `position() as xs:integer` liefert die Position des aktuellen Items innerhalb einer Sequenz. Das Prädikat `[position() = x]` ist äquivalent zu `[x]`.

```
//dozent[position() < 3]
```

selektiert die ersten zwei `dozent`-Elemente. ◄

Die Funktion `last() as xs:integer` gibt die Anzahl der Items der aktuellen Sequenz zurück. Diese Funktion ist nützlich zum Test, ob ein Item das letzte Item einer Sequenz ist.

```
//dozent[last()]
```

liefert das letzte `dozent`-Element. ◄

Auswertung mehrerer Prädikate

Es können mehrere Prädikate hintereinander in eckigen Klammern angegeben werden. Die Auswertung erfolgt von links nach rechts. Die Reihenfolge der Prädikate ist also von Bedeutung.

Die XPath-Funktion

```
fn:starts-with($arg1 as xs:string, $arg2 as xs:string)
        as xs:boolean
```

ergibt `true`, wenn der erste String mit dem zweiten beginnt.

Betrachten Sie den XPath-Ausdruck:

```
//dozent[starts-with(vorname,"S")][1]
```

Durch das erste Prädikat werden alle `dozent`-Knoten, bei denen der Vorname mit „S" beginnt, adressiert. Aus dieser Ergebnissequenz wird durch das Prädikat `[1]` der erste Knoten zurückgegeben. Dies ist der Knoten, der die Daten von `Müller, Sabine` enthält.

Die Prädikate werden nun vertauscht:

```
//dozent[1][starts-with(vorname,"S")]
```

`dozent[1]` liefert den ersten `dozent`-Knoten. Aus diesem Ergebnis werden nun die Knoten gefiltert, bei denen der Vorname mit „S" beginnt. Dieser XPath-Ausdruck liefert kein Ergebnis. ◄

Übung

Formulieren Sie zum Fallbeispiel `fb.xml` folgende Anfragen als XPath-Ausdrücke:

a) Titel der ersten Vorlesung
b) Beschreibung der Vorlesung mit dem Titel „Technik I"
c) In welchem Semester findet „Technik II" statt?

Beispiele zu Mengenoperationen

Die folgenden XPath-Ausdrücke enthalten Prädikate und Verknüpfungen durch Mengenoperationen.

Gegeben ist das XML-Dokument `kapitel.xml`:

```
<?xml version="1.0" encoding="UTF-8"?>
<kapitel>
  <p class="wichtig" align="left">Absatz1</p>
  <p class="wichtig">Absatz2</p>
  <p align="left">Absatz3</p>
</kapitel>
```

XPath-Ausdrücke:

a) `//p[@align = "left"] union //p[@class = "wichtig"]`
   liefert die p-Knoten, bei denen `@align="left"` und auch die p-Knoten, bei denen `@class="wichtig"` erfüllt ist.
b) `//p[@align = "left"] intersect //p[@class = "wichtig"]`
   liefert die p-Knoten, bei denen sowohl `@align="left"` als auch die p-Knoten, bei denen `@class="wichtig"` erfüllt ist.
c) `//p except //p[@class = "wichtig"]`
   liefert alle p-Knoten ohne die p-Knoten mit `@class="wichtig"`. ◄

7.4   Erweiterte Ausdrücke

Zusammenfassung

Mit dem Operator " | | " können Strings konkateniert werden. Bei Vergleichsaus-
drücken wird zwischen allgemeinen Vergleichen, Wertevergleichen und Knoten-
vergleichen unterschieden. Zur Realisierung von Fallunterscheidungen gibt es
konditionale Ausdrücke und Ausdrücke mit switch. Über quantifizierende Ausdrücke kann überprüft werden, ob ein bzw. alle Werte einer Sequenz eine angegebene
Bedingung erfüllen. Eine Sequenz kann mithilfe eines for-Ausdrucks Item für Item
verarbeitet werden. Mit dem einfachen Map-Operator „!" wird über eine Sequenz
von Items zu iteriert und für jedes Item ein Ausdruck ausgewertet.

String-Konkatenations-Ausdruck

Mit einem String-Konkatenations-Ausdruck werden die String-Repräsentationen
von Werten aneinandergehängt. Hierzu ist seit der Version XPath 3.0 der String-
Konkatenations-Operator " | | " definiert. Der Operator " | | " ist äquivalent zur XPath-
Funktion (s. Abschn. 7.8.3):

```
fn:concat($arg1 as xs:anyAtomicType?, $arg2 as
xs:anyAtomicType?, …) as xs:string.
```

Beispiel 1

a) "a" || "b" || "c"
   ergibt die Zeichenkette abc.
b) Alternativ könnte hierzu die Funktion fn:concat() verwendet werden:
   fn:concat("a","b","c") oder auch nur concat("a","b","c"),
   da fn das Default-Namensraum-Präfix ist. ◄

Vergleichsausdrücke

In XPath werden drei Arten von Vergleichsausdrücken unterschieden:

- **Wertevergleich** *(value comparison)*
  Zum Vergleich einzelner atomarer Werte gleichen Typs.
  Operatoren: eq (gleich), ne (ungleich), lt (kleiner), le (kleiner gleich), gt
  (größer), ge (größer gleich).
- **Allgemeiner Vergleich** *(general comparison)*
  Zum Vergleich von zwei (evtl. ein-elementigen) Sequenzen. Ein allgemeiner Ver-
  gleich ist existentiell quantifizierend, d. h. er ist dann wahr, wenn mindestens ein
  Element in den beiden zu vergleichenden Sequenzen existiert, für das der Vergleich
  wahr ist.
  Operatoren: =, !=, <, <=, >, >=

- **Knotenvergleich** *(node comparison)*:
  Zum Vergleich von Knoten.
  - Knotenidentität
    Operatoren: `is`, `isnot`
  - Relative Position bezüglich der Dokumentordnung
    Operatoren: `<<`, `>>`

Beispiel 2

Gegeben ist das XML-Dokument `personen.xml`:

```xml
<?xml version="1.0" encoding="UTF-8"?>
<personenliste>
  <person id="p1">
    <nachname>Maier</nachname>
    <vorname>Fritz</vorname>
    <vorname>Hugo</vorname>
  </person>
</personenliste>
```

a) Der Ausdruck
   `//person/vorname`
   liefert eine Sequenz, die die beiden `vorname`-Knoten enthält.
b) Der Ausdruck
   `//person/vorname/text()`
   liefert eine Sequenz, die zwei atomare Werte enthält:
   `('Fritz','Hugo')`.
c) Der allgemeine Vergleich
   `//person/vorname/text() = 'Fritz'`
   ergibt `true`, da es eine Person mit Vornamen `Fritz` gibt.
d) Auch der Ausdruck
   `//person/vorname = 'Fritz'`
   liefert `true`, da bei Vergleichsausdrücken eine implizite Atomisierung stattfindet.
e) Der Wertevergleich
   `//person/vorname eq 'Fritz'`
   erzeugt die Fehlermeldung: `A sequence of one or more than one item is not allowed as the first operand of 'eq'.`
   Da es zwei Vornamen gibt, liefert `//person/vorname` eine zwei-elementige Sequenz.
f) Der Wertevergleich
   `//person/nachname eq 'Maier'`
   liefert `true`. Es gibt nur einen Nachnamen. Eine ein-elementige Sequenz ist identisch mit dem Item.

g) Auch der allgemeine Vergleich

```
//person/nachname = 'Maier'
```

liefert `true`, da es eine Person mit Nachnamen `Maier` gibt.

h) Überprüfung auf Identität zweier Knoten:

Der Ausdruck

```
//person[@id="p1"] is //person[name = "Maier"]
```

liefert `true`. ◄

```
(personen.xml)
```

Konditionale Ausdrücke

Mit einem konditionalen Ausdruck kann eine Fallunterscheidung innerhalb eines Ausdrucks realisiert werden. Die Syntax lautet:

```
if (boolescher_Ausdruck) then Ausdruck1 else Ausdruck2
```

Ist der boolesche Ausdruck wahr, wird der Ausdruck nach `then` ausgewertet, sonst der Ausdruck nach `else`. Der `else`-Teil ist notwendig, kann aber leer sein. In diesem Fall wird `else ()` notiert.

Beispiel 3

```
if (semester mod 2 = 1) then 'WS' else 'SS'◄
```

Beispiel 4

Konditionale Ausdrücke können auch verschachtelt werden.

```
if (eingabe = 0) then 'false'
   else if (eingabe = 1) then 'true'
      else 'falsche Eingabe'◄
```

switch-Ausdrücke

Mit einem `switch`-Ausdruck (ab XQuery 3.0) wird eine Mehrfachverzweigung realisiert: In Abhängigkeit von einem Wert wird einer von mehreren alternativen Ausdrücken ausgewertet. Die Syntax lautet:

```
switch (sw_ausdruck)
    case c_ausdruck1 return ausdruck1
    case c_ausdruck2 return ausdruck2
    ...
    default return default_ausdruck
```

Der Ausdruck nach `switch` *(switch Operand expression)* muss ein einzelner Wert oder eine leere Sequenz sein. Liefert der Ausdruck einen Element- oder Attributknoten, wird atomisiert. Gleiches gilt für die Ausdrücke nach `case` *(case Operand expression)*. Die `case`-Klauseln werden der Reihe nach betrachtet. Für die erste Klausel, bei der der `switch`-Ausdruck mit dem `case`-Ausdruck übereinstimmt, wird der Ausdruck nach `return` ausgewertet. Die weiteren `case`-Klauseln werden ignoriert. Die Angabe der `default` `return`-Klausel ist Pflicht, der hier notierte Ausdruck wird ausgewertet, wenn keine der `case`-Klauseln anwendbar ist. Soll in diesem Fall nichts zurückgegeben werden, muss hier eine leere Sequenz notiert werden, die `default`-Klausel hat dann also die Form `default return ()`.

Beispiel 5

Der verschachtelte konditionale Ausdruck aus Beispiel 4 kann als `switch`-Ausdruck formuliert werden:

```
switch (eingabe)
    case 0 return 'false'
    case 1 return 'true'
    default return 'falsche Eingabe'◄
```

▶   **Hinweis** Da ein `switch`-Ausdruck zur Sprache XQuery gehört, kann dieser im Unterschied zum konditionalen Ausdruck nicht in XSLT-Stylesheets verwendet werden.

Quantifizierende Ausdrücke

Bei den quantifizierenden Ausdrücken *(quantified expressions)* wird zwischen der existenziellen und der universellen Quantifizierung unterschieden.

Existenzielle Quantifizierung Bei einer existenziellen Quantifizierung wird überprüft, ob mindestens einer der Werte in der Sequenz eine angegebene Bedingung erfüllt. Die Syntax lautet:

```
some $variable in Ausdruck satisfies Bedingung
```

Beispiel 6

Der Ausdruck

```
some $x in //semester satisfies $x=1
```

angewandt auf Fallbeispiel `fb.xml`, gibt `true` zurück, da es ein Element `semester` gibt, das den Inhalt 1 hat. ◄

Universelle Quantifizierung Bei einer universellen Quantifizierung wird überprüft, ob alle Werte in einer Sequenz eine angegebene Bedingung erfüllen. Die Syntax lautet:

```
every $variable in Ausdruck satisfies Bedingung
```

Beispiel 7

Der Ausdruck

```
every $x in //semester satisfies $x = 1
```

angewandt auf Fallbeispiel `fb.xml`, gibt `false` zurück, da nicht jedes Element `semester` den Inhalt 1 hat. ◄

Anwendung Quantifizierende Ausdrücke können insbesondere in der `where`-Klausel von `FLWOR`-Ausdrücken eingesetzt werden (s. Abschn. 7.7.1).

for-Ausdrücke
`for`-Ausdrücke ermöglichen eine Iteration über eine Sequenz. Für jedes Item der Sequenz wird ein Wert zurückgegeben. Die Syntax lautet:

```
for $var in $eingabesequenz
    return $ergebnisausdruck
```

Eine temporäre Variable, genannt **Bereichsvariable**, wird an eine Sequenz gebunden. Für jedes Item der Sequenz wird der Ausdruck nach dem Schlüsselwort `return` ausgewertet und zurückgegeben.

Beispiel 8

Die folgenden Ausdrücke werden auf das Fallbeispiel `fb.xml` angewandt.

a) `for $d in //dozent`
       `return concat($d/name,' ',$d/vorname)`
   gibt die Sequenz (`Maier Fritz,Müller Sabine`) zurück.
b) `for $v in //vorlesung`
       `return`
           `if ($v/semester mod 2 = 1) then 'WS' else 'SS'`
   gibt die Sequenz (`WS,SS,WS`) zurück. ◄

Der einfache Map-Operator

Mit dem einfachen Map-Operator "!" (ab XPath 3.0) ist es möglich, über eine Sequenz von Items zu iterieren und für jedes Item einen Ausdruck auszuwerten. Die Syntax lautet:

```
Sequenz ! Ausdruck
```

Der einfache Map-Operator stellt eine Verallgemeinerung des Pfad-Operators "/" dar. Beim Pfad-Operator muss auf der linken Seite immer eine Sequenz von Knoten stehen, daher ist nur im letzten Lokalisierungsschritt ein Ausdruck erlaubt, der andere Items als Knoten zurückliefert. Beim einfachen Map-Operator kann die Sequenz links vom "!" aus beliebigen Items, also Knoten, atomaren Werten oder Funktionen, bestehen.

Beispiel 9

```
/fb/dozentenliste/dozent/substring(name,1,3)
```

Dieser Ausdruck gibt die ersten drei Buchstaben der Dozentennamen zurück. Genauer gesagt: Eine Sequenz, die Items enthält, wobei jedes Item ein atomarer Wert ist. Mit dem Pfad-Operator ist es nicht möglich, einen weiteren Lokalisierungsschritt hinzuzufügen, der z. B. die Zeichenketten in Großbuchstaben umwandelt.

Mit dem einfachen Map-Operator lässt sich dies wie folgt formulieren:

```
/fb/dozentenliste/dozent/substring(name,1,3) ! upper-case(.)
```

Der "." in `upper-case()` bezieht sich auf das aktuelle Kontext-Item, das in diesem Fall der Teilstring ist, der gerade verarbeitet wird. ◀

▶ **Hinweis** Im Unterschied zum Pfad-Operator "/" werden die Items bei Anwendung des Map-Operators "!" nicht in Dokumentordnung sortiert und auch keine Duplikate eliminiert.

Beispiel 10

a) Der XPath-Ausdruck
```
/fb/dozentenliste/dozent/(vorname,name)
```
erzeugt die Ausgabe:
```
Maier, Fritz, Müller, Sabine
```
Die Ausgabe ist in Dokumentordnung, daher erscheint der Nachname vor dem Vornamen.

b) Wird in a. der letzte Pfad-Operator durch den Map-Operator ersetzt:

```
/fb/dozentenliste/dozent ! (vorname,name)
```
lautet das Ergebnis:
```
Fritz, Maier, Sabine, Müller ◄
```

7.5   XQuery-Prozess

Zusammenfassung

Ein XQuery-Prozess kann Eingaben aus unterschiedlichen Quellen verarbeiten. Mit der Funktion `fn:doc()` kann auf XML-Dokumente zugegriffen werden. XQuery-Anfragen werden immer innerhalb eines Kontextes ausgewertet.

Abb. 7.12 zeigt ein einfaches Ausführungsmodell für XQuery ([7], S. 18).
Die einzelnen Komponenten werden nun vorgestellt.

XML-Eingaben XQuery kann Eingabedaten aus unterschiedlichsten Quellen verarbeiten. Dazu gehören:

- XML-Dateien,
- Teile von XML-Dokumenten, die über das Web per URI angefordert werden,
- eine Kollektion *(collection)* von Dokumenten, auf die über einen URI zugegriffen wird,
- Daten, die in einer nativen XML-Datenbank gespeichert sind,
- Daten, die in einer relationalen Datenbank mit XML-Frontend gespeichert sind,
- XML-Dokumente im Arbeitsspeicher.

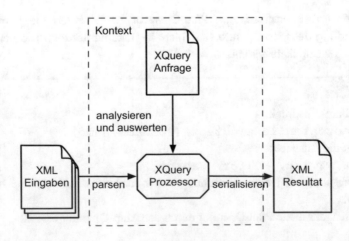

Abb. 7.12 XQuery-Prozess

Input Funktionen Zum Zugriff auf XML-Daten sind in der XQuery-Spezifikation zwei Funktionen vorgesehen:

- `fn:doc($uri as xs:string?) as document-node()?`
- `fn:collection($arg as xs:string?) as node()*`

Die Funktion `doc($uri as xs:string?) as document-node()?` dient zum Einlesen von XML-Daten aus einer externen Quelle, die durch einen URI eindeutig identifiziert wird. Rückgabewert der Funktion ist der Dokumentknoten des XML-Dokumentes.

Beispiel

`doc("fb.xml")` liefert den Dokumentknoten des Dokumentes `fb.xml` zurück. ◄

Die Funktion `collection($arg as xs:string?) as node()*` ist implementierungsabhängig und wird im Folgenden nicht betrachtet.

Textdateien und JSON Weiterhin ist es möglich einfache Textdateien und ab Version 3.1 auch JSON-Dokumente einzulesen (s. Abschn. 7.11.3). Hierzu gibt es die Funktionen:

- `fn:unparsed-text($href as xs:string?) as xs:string?`
- `fn:json-doc($href as xs:string?) as item()?`

XQuery-Anfrage Die XQuery-Anfrage wird i. Allg. als Textdatei gespeichert. Alternativ kann sie in Programmcode eingebettet oder dynamisch durch ein Programm generiert oder auch als Benutzereingabe über die Kommandozeile oder ein Dialogfenster eingelesen werden. Anfragen können auch aus verschiedenen Dateien, sogenannten Modulen, zusammengesetzt werden (s. Abschn. 7.9).

Eine Anfrage in XQuery besteht aus drei Teilen: einer optionalen Versionsdeklaration, einem optionalen Prolog und einem Query-Body.

Versionsdeklaration Die Versionsdeklaration gibt an, welche XQuery-Version verwendet wird. Gültige Werte sind `1.0`, `3.0` und `3.1`. Fehlt diese Angabe, ist der Default-Wert vom Prozessor abhängig. Weiterhin kann an dieser Stelle mit `encoding` die Zeichencodierung der Anfrage notiert werden.

Beispiel

Die folgende **Versionsdeklaration** gibt an, dass die XQuery Version 3.1 und die Zeichencodierung `UTF-8` verwendet wird. ◄

```
xquery version „3.1" encoding „UTF-8";
```

Prolog Der **Prolog** kann folgendes enthalten:

- Deklaration von globalen und externen Variablen
- Deklaration von Funktionen
- Festlegung der Dokumentordnung
- Deklaration von Namensräumen
- Importe von Schemata und Bibliotheksmodulen

Query-Body Der Body der Query enthält ein oder mehrere, durch Kommata getrennte, Ausdrücke.

Kontext Eine XQuery-Anfrage wird immer innerhalb eines Kontextes ausgewertet. Der **Kontext** eines Ausdrucks sind Informationen, die zum Analysieren und Auswerten des Ausdrucks verwendet werden. In XQuery unterscheidet man den statischen und den dynamischen Kontext.

Statischer Kontext Zum **statischen Kontext** gehören die Informationen, die während einer statischen Analyse des Ausdrucks, also vor dessen Auswertung, verfügbar sind. Dazu gehören z. B. Namensräume und Werte, die an externe Variablen von außen übergeben werden.

Dynamischer Kontext Zum **dynamischen Kontext** gehören die Informationen, die während der Auswertung des Ausdrucks verfügbar sind. Dazu gehören z. B. Datum und Uhrzeit und Informationen über den aktuellen Kontextknoten.

XQuery-Prozessor Ein **XQuery-Prozessor** ist ein Programm, das die Anfrage parst, analysiert und auswertet. Mittlerweile gibt es eine Reihe von Implementierungen, Open-Source und auch kommerziell.

Saxon Der Prozessor Saxon (https://www.saxonica.com) aus dem Hause Saxonica ist in drei Editionen erhältlich, die alle für die Plattformen Java, .NET und C/C++/PHP zur Verfügung stehen:

- Saxon-HE: Home Edition, OpenSource
- Saxon-PE: Professional Edition, unterstützt Higher-Order-Funktionen (ab XQuery 3.0)
- Saxon-EE: Er ist „schema-konform" *(schema-aware)*, d. h. Elemente und Attribute sind entsprechend den in einem XML-Schema definierten Datentypen typisiert.

XQuery-Resultat Als Resultat gibt der XQuery-Prozessor eine Sequenz von Werten zurück. Diese können auch – serialisiert – in einer Datei gespeichert werden.

XML-Editor Die Entwicklung und Ausführung von XQuery-Ausdrücken werden von modernen XML-Editoren sehr gut unterstützt. Beim Oxygen XML-Editor lässt sich die XQuery-Abfrage einfach über ein Transformationsszenario konfigurieren und ausführen (Abb. 7.13).

7.6 Konstruktoren

Zusammenfassung

Elemente, Attribute, Textknoten und Verarbeitungsanweisungen werden durch Konstruktoren erzeugt. Bei direkten Konstruktoren werden XML-Elemente und Attribute direkt notiert. Mit berechneten Konstruktoren können auch Element- und Attributnamen zur Laufzeit berechnet werden. Eingeschlossene Ausdrücke sind Ausdrücke in geschweiften Klammern, sie werden ausgewertet.

Mit Hilfe von Konstruktoren können in einem XQuery-Ausdruck Elemente, Attribute, Textknoten und Verarbeitungsanweisungen erzeugt werden. Hierbei werden **direkte**

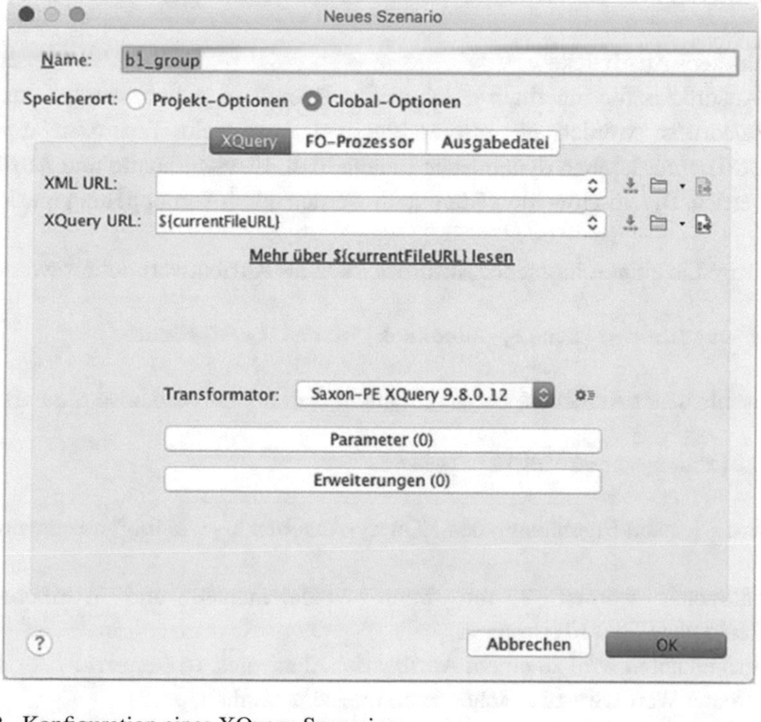

Abb. 7.13 Konfiguration eines XQuery-Szenarios

Konstruktoren *(direct constructors)* und **berechnete Konstruktoren** *(computed constructors)* unterschieden.

Direkte Konstruktoren

Direkte Konstruktoren erzeugen Elemente und Attribute mit festen Namen. Hierzu werden Elemente und Attribute – entsprechend der XML-Syntax – explizit innerhalb des XQuery-Ausdrucks notiert.

Beispiel 1

```
<ul type="square">
  <li>Auch dies ist ein XQuery-Ausdruck!</li>
</ul>
```

Das Ergebnis dieses XQuery-Ausdrucks ist folgendes XML-Dokument:

```
<?xml version="1.0" encoding="UTF-8"?>
<ul type="square">
  <li>Auch dies ist ein XQuery-Ausdruck!</li>
</ul>◄
```

```
(b1.xquery)
```

Eingeschlossene Ausdrücke

XQuery-Ausdrücke, die innerhalb geschweifter Klammern stehen, werden ausgewertet. Solche Ausdrücke werden als **eingeschlossene Ausdrücke** *(enclosed expressions)* bezeichnet. Hiermit können dynamische Inhalte, d. h. Elementinhalte und Attributwerte, erzeugt werden. Die geschweiften Klammern werden durch Verdoppelung maskiert.

Auswertung Ein eingeschlossener Ausdruck kann als Attributwert notiert werden:

```
<element attribut="{XQuery-Ausdruck}">Inhalt</element>
```

Ein eingeschlossener Ausdruck, der als Elementinhalt notiert wird, also die Form

```
<element>{XQuery-Ausdruck}</element>
```

hat, wird – je nach Ergebnistyp des XQuery-Ausdrucks – wie folgt ausgewertet:

- Elementknoten werden – mit ihren Kindelementen und Attributen – zu Kindelementen von `<element>`.
- Ein Attributknoten wird zu einem Attribut des Elementes `<element>`.
- Ein atomarer Wert wird zu Zeichendaten im Elementinhalt.

Beispiel 2

```
<dozenten anzahl="{count(doc('fb.xml')//dozent)}"> {
   doc("fb.xml")//dozent/name
} </dozenten>
```

Die Funktion `count(doc('fb.xml')//dozent)` liefert als Ergebnis die Anzahl der `<dozent>`-Knoten im Dokument `fb.xml`. Der Ausdruck `doc('fb.xml')//dozent/name` liefert alle `<name>`-Knoten. Die `<name>`-Knoten werden zu Kindelementen von `<dozenten>`.

Das Ergebnis des Ausdrucks ist:

```
<?xml version="1.0" encoding="UTF-8"?>
<dozenten anzahl="2">
  <name>Maier</name>
  <name>Müller</name>
</dozenten>
```

Im Beispiel wird nun `doc("fb.xml")//dozent/name` durch `doc("fb.xml")//dozent/name/text()` ersetzt. Da dieser Ausdruck als Ergebnis die Textknoten der `<name>`-Elemente hat, erhalten Sie das Gesamtergebnis:

```
<dozenten anzahl="2">MaierMüller</dozenten>◀
```

```
(b2a.xquery, b2b.xquery)
```

Mehrere Unterausdrücke Eingeschlossene Ausdrücke können innerhalb der geschweiften Klammern mehrere Unterausdrücke enthalten. In diesem Fall sind die Unterausdrücke durch Kommata zu trennen. Liefert ein eingeschlossener Ausdruck einen Attributknoten, muss dieser an erster Stelle stehen, ansonsten wird ein Fehler erzeugt.

Beispiel 3

```
<person> {
   Doc("fb.xml")//dozent[1]/@did,
   doc("fb.xml")//dozent[1]/name
} </person>
```

Da `doc("fb.xml")//dozent[1]/@did` einen Attributknoten selektiert, erhält `<person>` das Attribut `did`.

Somit ist das Ergebnis:

```
<?xml version="1.0" encoding="UTF-8"?>
<person did="d1">
  <name>Maier</name>
</person>
```

Beachten Sie, der Ausdruck `doc("fb.xml")//dozent[1]/@did/data()` liefert keinen Attributknoten, sondern selektiert den Attributwert. Steht dieser Ausdruck im obigen Beispiel an erster Stelle:

```
<person> {
   doc("fb.xml")//dozent[1]/@did/data(),
   doc("fb.xml")//dozent[1]/name
} </person>
```

wird folgendes Ergebnis erzeugt:

```
<?xml version="1.0" encoding="UTF-8"?>
<person>d1<name>Maier</name>
</person>◀
```

(b3a.xquery, b3b.xquery)

Übung

Geben Sie einen XQuery-Ausdruck an, der angewandt auf `personen.xml` aus Abschn. 7.4, Beispiel 1 folgendes Ergebnis liefert:

```
<?xml version="1.0" encoding="UTF-8"?>
<person>Maier, Fritz Hugo</person>
```

Berechnete Konstruktoren

Mit berechneten Konstruktoren kann – im Gegensatz zu direkten Konstruktoren – auch der Name des zu erzeugenden Knotens berechnet werden.

Berechnete Konstruktoren beginnen immer mit dem Schlüsselwort des zu erzeugenden Knotens. Die Schlüsselwörter können entsprechend der XML-Syntax verschachtelt werden. Sowohl der Name des Knotens als auch sein Wert können über einen eingeschlossenen Ausdruck berechnet werden. Für die verschiedenen Knotentypen gilt folgende Syntax:

- Elementknoten: `element Elementname {Inhalt}`
- Attributknoten: `attribute Attributname {Inhalt}`
- Dokumentknoten: `document {Inhalt}`
- Textknoten: `text {Inhalt}`

- Verarbeitungsanweisungsknoten: `processing-instruction {Inhalt}`
- Kommentarknoten: `comment {Inhalt}`
- Namensraumknoten: `namespace name {Inhalt}`

Beispiel 4

Mit berechneten Konstruktoren kann der XQuery-Ausdruck aus Beispiel 1 wie folgt notiert werden:

```
element ul {
    attribute type {"square"},
    element li {"Auch dies ist ein XQuery-Ausdruck!"}
}◄
```

(b4.xquery)

Beispiel 5

Mit berechneten Konstruktoren hat der Ausdruck aus Beispiel 2 folgende Form:

```
element dozenten {
    attribute anzahl {count(doc("fb.xml")//dozent)},
    doc("fb.xml")//dozent/name
}◄
```

(b5.xquery)

Ein Beispiel, bei dem Elementnamen berechnet werden, finden Sie in Abschn. 7.7.1, Beispiel 4.

Übung

Geben Sie einen XQuery-Ausdruck an, der angewandt auf `fb.xml` folgendes Ergebnis liefert:

```
<?xml version="1.0" encoding="UTF-8"?>
<vorlesungen>
  <anzahl>3</anzahl>
  <titel>Informatik</titel>
  <titel>Technik I</titel>
  <titel>Technik II</titel>
</vorlesungen>
```

7.7   FLWOR-Ausdrücke

FLWOR-Ausdrücke sind das zentrale Sprachkonstrukt zur Formulierung komplexer Ausdrücke in XQuery. Das Acronym FLWOR wird wie das englische Wort *„flower"* ausgesprochen und steht für `for-let-where-order by-return`. Dies sind die Klauseln, die bereits in der XQuery Version 1.0 in einem FLWOR-Ausdruck möglich waren und sicherlich zu den am häufigsten verwendeten Klauseln gehören.

FLWOR-Ausdrücke haben in XQuery eine ähnliche Bedeutung wie die `SELECT-FROM-WHERE`-Anfragen in SQL. Mithilfe eines FLWOR-Ausdrucks kann jedoch nicht nur eine Anfrage an ein XML-Dokument gestellt, sondern auch ein neues XML-Dokument generiert werden.

Ein FLWOR-Ausdruck kann aus folgenden Klauseln bestehen:

- `for`: Klausel zur Variablenbindung (Bindesequenz, *binding sequence*)
- `let`: Klausel zur einfachen Variablenbindung
- `window`: *(optional)* wird hier nicht behandelt (ab 3.0)
- `where`: *(optional)* XPath-Ausdruck zur Filterung
- `order by`: *(optional)* Ausdruck zur Sortierung der Ergebnissequenz
- `count`: *(optional)* Bindung der Position an eine Variable (ab 3.0)
- `group by`: *(optional)* Gruppierung der Ergebnisse (ab 3.0)
- `return`: Erstellung einer Rückgabesequenz

Hierbei gelten folgende Regeln: Ein FLWOR-Ausdruck muss mit einer `for`- oder einer `let`-Klausel beginnen. Danach kann eine beliebige Anzahl der aufgelisteten Klauseln, außer der `return`-Klausel, in beliebiger Reihenfolge notiert werden. Die letzte Klausel muss immer eine `return`-Klausel sein.

Im Folgenden werden die wesentlichen Möglichkeiten von FLWOR-Ausdrücken erläutert:

- 7.7.1 Grundlagen
- 7.7.2 Positionsvariable
- 7.7.3 Gruppierung
- 7.7.4 Anwendungen

7.7.1   Grundlagen

Zusammenfassung

Mit `for` oder `let` werden Variablen an Ergebnisse von XQuery-Ausdrücken gebunden. Die `where`-Klausel dient zur Filterung, die `order by`-Klausel zum Sortieren der Ergebnissequenz. In der `return`-Klausel wird das Ergebnisdokument konstruiert.

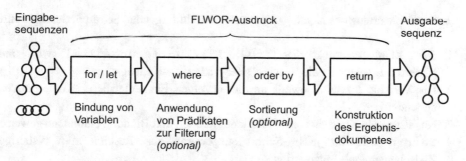

Abb. 7.14 Konstrukte eines FLWOR-Ausdrucks

Die Abb. 7.14 zeigt die Abfolge der Auswertung der am häufigsten verwendeten Klauseln eines FLWOR-Ausdrucks ([5], S. 122).

Die einzelnen Klauseln werden nun genauer betrachtet, beginnend mit den Pflicht-klauseln.

return-Klausel

Die `return`-Klausel steht stets an letzter Stelle und gibt die Schablone an, nach der das Ergebnisdokument konstruiert werden soll. Dies ist möglich mithilfe direkter oder berechneter Konstruktoren oder einer Kombination von beiden. Pro Wertekombination wird der `return`-Ausdruck einmal ausgewertet. Die Syntax lautet:

```
return Ausdruck
```

for-/let-Klausel

Ein XQuery-Ausdruck muss mit mindestens einer `for`- oder mindestens einer `let`-Klausel beginnen. In `for`-und `let`-Klauseln werden Variablen an Ergebnisse von beliebigen XQuery-Ausdrücken gebunden (Variablenbindung). Der Typ der Variablen ergibt sich aus der Bindung. Die Variablenwerte sind nach erfolgter Bindung nicht mehr änderbar, können jedoch durch erneutes Binden überschrieben werden.

for-Klausel

Bei der `for`-Klausel erfolgt für jedes Item der Ergebnissequenz eines Ausdrucks Aus-druck eine Bindung an die Variable `$forvar`. Die Syntax lautet:

```
for $forvar in Ausdruck
```

Beispiel 1

```
for $v in doc("fb.xml")//vorlesung/titel
return
    <vorlesungen>{$v}</vorlesungen>
```

Die Auswertung des XQuery-Ausdrucks wird in folgenden Schritten durchgeführt:

1. Der XPath-Ausdruck `doc("fb.xml")//vorlesung/titel` wird ausgewertet. Ergebnis ist die Sequenz aller `<titel>`-Knoten.
2. Die Variable `$v` wird jeweils an die einzelnen Elemente dieser Knotensequenz gebunden.
3. Nachfolgende Klauseln werden für jede Iteration und Bindung einmal ausgewertet.
4. `return` wird für jeden Schritt ausgewertet, das Resultat zum bisherigen Zwischenergebnis hinzugefügt.
5. Das Gesamtergebnis von `return` wird am Schleifenende zurückgegeben.

Das Ergebnis hat somit folgende Form:

```
<?xml version="1.0" encoding="UTF-8"?>
<vorlesungen>
   <titel>Informatik</titel>
</vorlesungen>
<vorlesungen>
   <titel>Technik I</titel>
</vorlesungen>
<vorlesungen>
   <titel>Technik II</titel>
</vorlesungen>◄
```

```
(b1_for1.xquery)
```

Beispiel 2

Das Ergebnisdokument in Beispiel 1 ist nicht wohlgeformt, da es mehr als ein Wurzelelement besitzt. Ein wohlgeformtes Ergebnisdokument wird erzeugt, wenn das Element `<vorlesungen>` als äußeres Element und der FLWOR-Ausdruck in geschweiften Klammern, als eingeschlossener Ausdruck, angegeben wird:

```
<vorlesungen> {
   for $v in doc("fb.xml")//vorlesung/titel
   return $v
} </vorlesungen>
```

Das Ergebnis ist nun:

```
<?xml version="1.0" encoding="UTF-8"?>
<vorlesungen>
   <titel>Informatik</titel>
```

```
   <titel>Technik I</titel>
   <titel>Technik II</titel>
</vorlesungen>◄
```

(b2_for2.xquery)

Beispiel 3

Mit Hilfe von FLWOR-Ausdrücken können auch komplette HTML-Seiten erzeugt werden. Die Vorlesungen werden in einer Liste dargestellt:

```
<html>
  <head>
    <title>Vorlesungsliste</title>
  </head>
  <body>
    <h1>Vorlesungsliste</h1>
    <ul> {
      for $v in doc("fb.xml")//vorlesung/titel/text()
      return <li>{$v}</li>
    } </ul>
  </body>
</html>◄
```

(b3_for3.xquery)

Übung

Geben Sie einen XQuery-Ausdruck an, der die Daten der Dozenten (Name und Vorname) aus fb.xml in einer XHTML-Tabelle darstellt.

Beispiel 4: „Attribute zu Elementen"

Im Quelldokument werden Informationen in Attributen gespeichert. Es soll nun ein Ergebnisdokument erzeugt werden, das dieselben Informationen in Elementen speichert. Der XQuery-Ausdruck soll unabhängig von der Anzahl und den Namen der Attribute sein. Beachten Sie hierzu auch die XSLT-Lösung: Abschn. 8.10, Beispiel 1.

Gegeben ist die Datei eintrag.xml:

```
<?xml version="1.0" encoding="UTF-8"?>
<eintragliste>
  <eintrag titel="Titel1" version="1.0"/>
  <eintrag titel="Titel2" version="1.1"/>
</eintragliste>
```

Folgender XQuery-Ausdruck liefert das gewünschte Ergebnis:

```
<eintragliste> {
for $x in doc("eintrag.xml")//eintrag
return <eintrag> {
        for $t in $x/@*
        return element {name($t)} {data($t)}
    } </eintrag>
} </eintragliste>
```

Erklärung:

Die äußere for-Schleife iteriert über alle <eintrag>-Elemente. Für jedes <ein-trag>-Element wird in der return-Klausel ein <eintrag>-Element in die Ausgabe geschrieben. Die for-Klausel innerhalb der geschweiften Klammern wird ausgewertet. Sie iteriert über alle Attribute eines <eintrag>-Elementes des Quelldokumentes. In der return-Klausel wird für jedes dieser Attribute mit-hilfe eines berechneten Konstruktors ein Element mit dem Namen des jeweiligen Attributes erzeugt. Zur Berechnung des Elementnamens wird die XPath-Funktion fn:name($arg as node()?) as xs:string verwendet. Sie liefert den Namen des aktuellen Knotens, in diesem Fall also jeweils den Attributnamen. Inhalt des erzeugten Elementes wird der Attributwert.

Das Ergebnis hat folgende Form:

```
<?xml version="1.0" encoding="UTF-8"?>
<eintragliste>
  <eintrag>
    <titel>Titel1</titel>
    <version>1.0</version>
  </eintrag>
  <eintrag>
    <titel>Titel2</titel>
    <version>1.1</version>
  </eintrag>
</eintragliste>◄
```

(eintrag.xml, b4_for4.xquery)

Übung

Programmieren Sie die „Umkehrung" zu Beispiel 4. Verwenden Sie das Ergebnis-dokument von Beispiel 4 als Eingabedokument. Geben Sie einen FLWOR-Ausdruck an, der alle Kindelemente von <eintrag> als entsprechende Attribute zu <ein-trag> hinzufügt.

Bereichsausdruck Längere Sequenzen ganzer Zahlen lassen sich als Bereichsausdruck mithilfe des Bereichsoperators `to` angeben. So liefert z. B. `1 to 3` die Sequenz $(1,2,3)$.

Wird ein Bereichsausdruck in einer `for`-Klausel verwendet, wird über die einzelnen Werte der Sequenz iteriert. Bereichsausdrücke können auch in Klammern gesetzt werden. Die untere und obere Grenze eines Bereichsausdrucks kann auch eine Variable sein.

Beispiel 5

Der XQuery-Ausdruck

```
for $i in 1 to 3
return <out>{$i}</out>
```

liefert

```
<out>1</out>
<out>2</out>
<out>3</out>
```

Lautet die `for`-Klausel

```
for $i in (1 to 3, 8 to 10)
```

wird über die Sequenz $(1,2,3,8,9,10)$ iteriert. ◀

```
(b5_ba1.xquery, b5_ba2.xquery)
```

Mehrere for-Klauseln In einem FLWOR-Ausdruck können mehrere `for`-Klauseln verwendet werden. Dies entspricht in etwa den verschachtelten Schleifen anderer Programmiersprachen. Der übrige FLWOR-Ausdruck wird in diesem Fall für jede Wertekombination ausgewertet.

Beispiel 6a

```
for $i in (1,2)
for $j in ("a","b")
return <out>{$i} - {$j}</out>
```

Die erzeugte Ausgabe ist:

```
<?xml version="1.0" encoding="UTF-8"?>
<out>1 - a</out>
<out>1 - b</out>
<out>2 - a</out>
<out>2 - b</out>◀
```

(b6_m1.xquery)

Mehrfache Variablenbindung Alternativ zu mehreren `for`-Klauseln können auch mehrere Variablen in einer `for`-Klausel gebunden werden. Die Variablen sind durch Kommata zu trennen.

Beispiel 6b

Der folgende Ausdruck liefert das gleiche Ergebnis wie der Ausdruck in Beispiel 6a.

```
for $i in (1,2), $j in ("a","b")
return <out>{$i} - {$j}</out>
```

Ein Anwendungsbeispiel hierzu finden Sie in Abschn. 7.7.4, Abschnitt Verbund. ◀

(b6_m2 xquery)

let-Klausel
Die Syntax einer `let`-Klausel lautet:

```
let $letvar := Ausdruck
```

Die `let`-Klausel bindet das Ergebnis des Ausdrucks geschlossen als Sequenz von Knoten bzw. Werten an die Variable `$letvar`. Mehrere `let`-Klauseln werden durch Kommata getrennt.

Beispiel 7

```
let $v := doc("fb.xml")//vorlesung/titel
return <vorlesungen>{$v}</vorlesungen>
```

Die Auswertung des XQuery-Ausdrucks wird in folgenden Schritten durchgeführt:

1. Der XPath-Ausdruck `doc("fb.xml")//vorlesung/titel` wird ausgewertet. Ergebnis ist die Sequenz aller `titel`-Knoten.

2. Diese resultierende Knotensequenz wird der Variablen $v zugewiesen (Variablen-bindung).

3. Die gesamte Knotensequenz wird zurückgegeben.

Das Ergebnis hat somit folgende Form:

```
<?xml version="1.0" encoding="UTF-8"?>
<vorlesungen>
  <titel>Informatik</titel>
  <titel>Technik I</titel>
  <titel>Technik II</titel>
</vorlesungen>◀
```

(b7_let1.xquery)

Beispiel 8

Der XQuery Ausdruck (s. Abschn. 7.6, Beispiel 2)

```
<dozenten anzahl = "{count(doc('fb.xml')//dozent)}"> {
   doc("fb.xml")//dozent/name
} </dozenten>
```

kann in folgender Form als FLWOR-Ausdruck notiert werden:

```
let $doz := doc('fb.xml')//dozent
return <dozenten anzahl = "{count($doz)}"> {
        $doz/name
} </dozenten>◀
```

(b8_let2.xquery)

Übung

Geben Sie einen XQuery-Ausdruck an, der angewandt auf personen.xml aus Bei-spiel 2 in Abschn. 7.4 folgendes Ergebnis liefert:

```
<?xml version="1.0" encoding="UTF-8"?>
<person>Maier, Fritz Hugo</person>◀
```

Verwenden Sie eine let-Klausel.

where-Klausel

Durch eine `where`-Klausel wird die Ergebnissequenz aus den `let`- bzw. `for`-Klauseln weiter gefiltert. Die Syntax lautet:

```
where boolescher_Ausdruck
```

In der `where`-Klausel können beliebige Ausdrücke angegeben werden, die einen booleschen Wert liefern. Es können Variablen referenziert werden, die durch eine `for`- oder `let`-Klausel gebunden sind. Zudem sind die Quantoren `some` und `every` möglich.

Beispiel 9

Der XQuery-Ausdruck

```
<vorlesungen> {
  doc("fb.xml")//vorlesung[@did="d2"]/titel
} </vorlesungen>
```

kann auch als FLWOR-Ausdruck notiert werden. Das Prädikat wird zu einer `where`-Klausel:

```
<vorlesungen> {
  for $v in doc("fb.xml")//vorlesung
  where $v/@did ="d2"
  return $v/titel
} </vorlesungen>
```

Das Ergebnis ist:

```
<?xml version="1.0" encoding="UTF-8"?>
<vorlesungen>
  <titel>Technik I</titel>
  <titel>Technik II</titel>
</vorlesungen>◄
```

(b9_where.xquery)

Übung

Geben Sie einen XQuery-Ausdruck an, der die Anzahl und die Titel der Vorlesungen des ersten Semesters ausgibt.

some, every In einer `where`-Klausel können auch quantifizierende Ausdrücke formuliert werden. Verwendet wird dazu der Quantor `some` für die existenzielle Quantifizierung und `every` für die universelle Quantifizierung.

Beispiel 10

Gegeben ist die Datei `personen.xml`:

```
<?xml version="1.0" encoding="UTF-8"?>
<personenliste>
  <person>
    <name>Maier</name>
    <vorname>Fritz</vorname>
    <vorname>Henry</vorname>
  </person>
  <person>
    <name>Müller</name>
    <vorname>Petra</vorname>
    <vorname>Franziska</vorname>
  </person>
</personenliste>
```

Der folgende XQuery-Ausdruck liefert alle `person`-Knoten, bei denen ein Vorname die Länge 5 hat:

```
<liste> {
  for $p in doc("personen.xml")//person
  where some $a in $p/vorname
        satisfies string-length($a) = 5
  return $p
} </liste>◄
```

`(b10_some.xquery)`

Beispiel 11

Der folgende XQuery-Ausdruck liefert alle `person`-Knoten, bei denen alle Vornamen die Länge 5 haben.

```
<liste> {
  for $p in doc("personen.xml")//person
  where every $a in $p/vorname
        satisfies string-length($a) = 5
```

```
    return $p
} </liste>◀
```

(b11_every.xquery)

order by-Klausel

In der order by-Klausel können, durch Kommata getrennt, mehrere Sortierspezi-
fikationen angegeben werden, die in der notierten Reihenfolge verarbeitet werden. Die
Syntax lautet:

```
order by Ausdruck Modifikator
```

Jede Sortierspezifikation besteht aus einem Ausdruck und einem optionalen Modifikator. Der Ausdruck darf nur ein Item liefern. Durch den Modifikator wird die Sortierreihenfolge festgelegt: ascending für eine aufsteigende Sortierung (Default-Wert),
descending für eine absteigende Sortierung. Liegt kein XML-Schema vor, wird
alphabetisch sortiert, ansonsten entsprechend des getypten Wertes.

Beispiel 12

Die Vorlesungen werden geordnet nach Semester und absteigend ausgegeben:

```
let $v := doc("fb.xml")//vorlesungsliste
return
  <vorlesungen> {
    for $i in $v//vorlesung
    order by $i/semester descending
    return $i
} </vorlesungen>◀
```

(b12_order.xquery)

Übung

Geben Sie einen XQuery-Ausdruck an, der die Dozenten sortiert nach Name, Vorname ausgibt.

7.7.2 Positionsvariable

Zusammenfassung

Die Positionsvariable in einer for-Klausel enthält die Nummer des Iterations-
schrittes. Mit einer count-Klausel kann ein Zähler gesetzt werden, der auch bei
Filterung und Sortierung korrekt ist.

Des Öfteren sollen Ergebnisse in der Ausgabe durchnummeriert werden. In einer prozeduralen Programmiersprache wird hierzu ein Zähler definiert, der in jedem Iterationsschritt um 1 erhöht wird. Dies ist in XQuery nicht möglich.

Beispiel 1: Versuch „Definition eines Zählers"

```
<vorlesungen> {
  let $i := 0
  for $v in doc("fb.xml")//vorlesung/titel
  let $i := $i + 1
  return <titel>{$i} - {$v/text()}</titel>
} </vorlesungen>
```

Das Ergebnis lautet:

```
<?xml version="1.0" encoding="UTF-8"?>
<vorlesungen>
  <titel>1 - Informatik</titel>
  <titel>1 - Technik I</titel>
  <titel>1 - Technik II</titel>
</vorlesungen>
```

In jedem Ausgabeschritt hat die Variable $i den Wert 1. Der Grund hierfür liegt in der Auswertung der return-Klausel. Die Auswertung wird in der Iteration nicht sequenziell, sondern parallel ausgeführt, daher wird $i immer auf 1 gesetzt. ◄

```
(b1_versuch.xquery)
```

Positionsvariable

Die Definition eines Zählers ist mit einer Positionsvariablen in einer for-Klausel möglich. Die Positionsvariable wird nach dem Schlüsselwort at initialisiert und gibt die Nummer des jeweiligen Durchgangs an. Die Syntax einer for-Klausel mit Positionsvariable lautet:

```
for $forvar at $posvar in Ausdruck
```

Beispiel 2

Durch Angabe von $i als Positionsvariable gelingt die korrekte Positionsangabe.

```
<vorlesungen> {
  for $v at $i in doc("fb.xml")//vorlesung/titel
  return <titel>{$i} - {$v/text()}</titel>
} </vorlesungen>
```

Das Ergebnis ist nun:

```
<?xml version="1.0" encoding="UTF-8"?>
<vorlesungen>
  <titel>1 - Informatik</titel>
  <titel>2 - Technik I</titel>
  <titel>3 - Technik II</titel>
</vorlesungen>◄
```

(b2_pos1.xquery)

Übung

Geben Sie einen XQuery-Ausdruck an, der eine HTML-Tabelle mit drei Spalten erzeugt: in der ersten Spalte eine Positionsvariable, in der zweiten Spalte der Vorname und in der dritten Spalte der Nachname jedes Dozenten. ◄

Grenzen Wird in der `for`-Klausel eine Positionsvariable gesetzt und im FLWOR-Ausdruck noch eine Filterung und/oder Sortierung durchgeführt, ist das Ergebnis nicht wie gewünscht: Die einzelnen Items der Ergebnissequenz behalten die zu Beginn gesetzte Positionsnummer, diese wird nicht mehr an die durch Filterung und/oder Sortierung veränderte Ergebnissequenz angepasst.

Beispiel 3

Die Vorlesungstitel werden absteigend sortiert.

```
<vorlesungen> {
  for $v at $i in doc("fb.xml")//vorlesung/titel
  order by $v descending
  return
    <titel>{$i} - {$v/text()}</titel>
} </vorlesungen>
```

Folgendes Ergebnis wird erzeugt:

```
<?xml version="1.0" encoding="UTF-8"?>
<vorlesungen>
  <titel>3 - Technik II</titel>
  <titel>2 - Technik I</titel>
  <titel>1 - Informatik</titel>
</vorlesungen>
```

Die Positionsnummer ist die der unsortierten Sequenz. ◄

```
(b3_pos2.xquery)
```

count-Klausel

In der XQuery Version 3.0 wird mit der `count`-Klausel eine weitere Möglichkeit eingeführt, eine Zählervariable zu definieren, die an die Position in einer Sequenz gebunden ist. Diese Positionsnummer ist korrekt, auch wenn gefiltert und/oder sortiert wird. Eine `count`-Klausel darf an jeder Stelle zwischen der ersten Klausel und der `return`-Klausel in einem FLWOR-Ausdruck stehen. Die Syntax lautet:

```
count $countvar
```

Beispiel 4

Beispiel 3 wird geändert: Statt der Positionsvariablen wird eine `count`-Klausel verwendet.

```
<vorlesungen> {
   for $v in doc("fb.xml")//vorlesung/titel
   order by $v descending
   count $count
   return
     <titel>{$count} - {$v/text()}</titel>
} </vorlesungen>
```

Das Ergebnis enthält nun korrekte Positionsnummern:

```
<?xml version="1.0" encoding="UTF-8"?>
<vorlesungen>
   <titel>1 - Technik II</titel>
   <titel>2 - Technik I</titel>
   <titel>3 - Informatik</titel>
</vorlesungen>◄
```

```
(b4_count.xquery)
```

Übung

Geben Sie einen XQuery-Ausdruck an, der eine HTML-Tabelle mit drei Spalten erzeugt: in der ersten Spalte eine Positionsvariable, in der zweiten Spalte der Vorname und in der dritten Spalte der Nachname jedes Dozenten.

▶ **Hinweis** Die `count`-Klausel kann auch bei einer Gruppierung mit der `group`
`by`-Klausel verwendet werden.

7.7.3   Gruppierung

Zusammenfassung

Mit einer `group by`-Klausel werden die Items einer Eingabesequenz, die bei einem
Gruppierungsschlüssel den gleichen Wert haben, in einer Gruppe zusammengefasst.
Es wird dann über die Gruppen iteriert. Mit Aggregatfunktionen sind statistische Aus-
wertungen der Gruppen möglich.

Ab der XQuery Version 3.0 kann in einem FLWOR-Ausdruck auch eine `group by`-
Klausel verwendet werden. SQL-Kennern ist eine solche Klausel bekannt. Mit ihr kann
eine Gruppierung durchgeführt werden: Eine Menge von Zeilen wird entsprechend den
Werten einer oder mehrerer Spalten oder Ausdrücke zu einer Gruppe zusammengefasst.
Für jede Gruppe werden nun Berechnungen (z. B. eine Summierung) durchgeführt und
es wird jeweils eine Ergebniszeile zurückgegeben.

Die Funktionalität in XQuery ist ähnlich: Mit einer `group by`-Klausel werden die
Items einer Eingabesequenz, die bei dem gegebenen Gruppierungsschlüssel den gleichen
Wert haben, in jeweils einer Gruppe zusammengefasst. Die Syntax lautet:

```
group by $groupvar
```

Nach dem Schlüsselwort `group by` muss eine Variable angegeben werden, ein Ausdruck ist nicht möglich. Die Gruppierungsvariable muss an einen einzelnen atomaren
Wert gebunden werden, den sogenannten Gruppierungsschlüssel *(grouping key)*.
Mehrere Gruppierungsschlüssel sind möglich, diese werden durch Kommata getrennt
und in der notierten Reihenfolge beachtet.

Die Iteration des FLWOR-Ausdrucks erfolgt nun nicht mehr über die Items, die in
der `for`-Klausel spezifiziert sind, sondern über die Gruppen, die `return`-Klausel wird
daher für jede Gruppe ausgewertet. Durch die `group by`-Klausel ändert sich somit
auch die Variablenbindung der Variablen, die vor ihr definiert worden sind. Dies können
Sie im folgenden Beispiel sehen.

Beispielinstanz

Die Beispiele und Übungen dieses Kapitels beziehen sich auf das Dokument
`vliste.xml`. Gegeben ist eine Vorlesungsliste in der folgenden Form:

```
<?xml version="1.0" encoding="UTF-8"?>
<vorlesungsliste>
  <vorlesung vid="v1">
    <titel>Informatik</titel>
```

```
      <semester>1</semester>
      <sws>2</sws>
      <dozent>
        <name>Maier</name>
        <vorname>Fritz</vorname>
      </dozent>
    </vorlesung>
    <vorlesung vid="v2">
      <titel>Technik I</titel>
      <semester>2</semester>
      <sws>4</sws>
      <dozent>
        <name>Müller</name>
        <vorname>Sabine</vorname>
      </dozent>
    </vorlesung>
    <vorlesung vid="v3">
      <titel>Technik II</titel>
      <semester>3</semester>
      <sws>4</sws>
      <dozent>
        <name>Müller</name>
        <vorname>Sabine</vorname>
      </dozent>
    </vorlesung>
    <vorlesung vid="v4">
      <titel>Recht</titel>
      <semester>3</semester>
      <dozent>
        <name>Müller</name>
        <vorname>Karola</vorname>
      </dozent>
      <sws>4</sws>
    </vorlesung>
  </vorlesungsliste>◀
```

(vliste.xml)

Beispiel 1

Der folgende XQuery-Ausdruck gruppiert die Vorlesungen nach Semester und gibt die Gruppen aus.

```
<liste> {
  for $v in doc("vliste.xml")//vorlesung
```

```
let $s := $v/semester
group by $s
return
  <vorlesung semester="{$s}">
    {$v/titel}
  </vorlesung>
} </liste>
```

Beachte: Durch die `for`-Klausel wird die Variable `$v` an die einzelnen Elemente des XPath-Ausdrucks `$doc//vorlesung` gebunden. Durch die `group by`-Klausel ändert sich die Iteration: Da nun über die Gruppen iteriert wird, ist nach der `group by`-Klausel die Variable `$v` an die Items, die zu einer Gruppe gehören, gebunden.

Deshalb werden durch `{$v/titel}` alle `titel`-Elemente, die zu einer Gruppe gehören, ausgegeben. Das Ergebnis lautet:

```
<?xml version="1.0" encoding="UTF-8"?>
<liste>
  <vorlesung semester="1">
    <titel>Informatik</titel>
  </vorlesung>
  <vorlesung semester="3">
    <titel>Technik II</titel>
    <titel>Recht</titel>
  </vorlesung>
  <vorlesung semester="2">
    <titel>Technik I</titel>
  </vorlesung>
</liste>
```

Alternativ zur Definition der Gruppierungsvariablen `$s` mit einer `let`-Klausel ist auch folgende Kurzform möglich:

```
group by $s := $v/semester◀
```

```
(b1_gr.xquery)
```

▶ **Hinweis** Im Unterschied zu SQL kann in XQuery bei einer Gruppierung weiterhin auf die einzelnen „Datensätze", also die Items einer Gruppe – im Beispiel die `<vorlesung>`-Elemente – zugegriffen werden.

Übung

Geben Sie einen XQuery-Ausdruck an, der die Vorlesungen gruppiert nach Dozenten ausgibt. Gruppieren Sie zuerst nach den Nachnamen. Ändern Sie dann Ihre Lösung und gruppieren Sie dann nach Nachnamen und Vornamen.

Sortieren, Filtern, Positionsnummer

Nach der `group by`-Klausel ist sowohl eine `where`-Klausel als auch eine `order by`-Klausel erlaubt. Diese filtern bzw. sortieren die Gruppen. Auch eine `count`-Klausel zur Erzeugung einer Positionsnummer ist möglich.

Beispiel 2

Die Vorlesungen werden nach Semester gruppiert, wobei nur die Vorlesungen ab dem 2. Semester angezeigt werden. Es wird nach Semester sortiert. Zusätzlich wird noch eine Positionsnummer für die Gruppen vergeben.

```
<liste> {
  let $doc := doc("vliste.xml")
  for $v in $doc//vorlesung
  group by $s := $v/semester
  where $s > 1
  order by $s
  count $c
  return
    <vorlesung>
      <nr>{$c}</nr>
      <semester>{$s}</semester>
      {$v/titel}
    </vorlesung>
} </liste>
```

Das Ergebnis lautet:

```
<?xml version="1.0" encoding="UTF-8"?>
<liste>
  <vorlesung>
    <nr>1</nr>
    <semester>2</semester>
    <titel>Technik I</titel>
  </vorlesung>
  <vorlesung>
    <nr>2</nr>
    <semester>3</semester>
```

```
      <titel>Technik II</titel>
      <titel>Recht</titel>
   </vorlesung>
</liste>◀
```

(b2_gr.xquery)

▶ **Hinweis** Wie Sie im obigen Beispiel gesehen haben, wird zum Filtern von
Gruppen nach der `group` by-Klausel die `where`-Klausel verwendet. In SQL
ist dies nicht möglich, hier muss die `having`-Klausel verwendet werden.

Aggregation
Unter den eingebauten Funktionen sind auch einige Aggregatfunktionen definiert (s.
Abschn. 7.8.3). Dazu gehören z. B.:

- `fn:count($arg as item()*) as xs:integer`
  berechnet die Anzahl der Items in einer Sequenz.
- `fn:sum($arg as xs:anyAtomicType*) as xs:anyAtomicType`
  berechnet die Summe einer Sequenz von Zahlen.

Mithilfe der `group` by-Klausel und diesen Aggregatfunktionen können statistische
Auswertungen der Gruppen programmiert werden.

Beispiel 3

Vorlesungen werden nach Semester gruppiert und sortiert. Ausgegeben wird die
Anzahl der Vorlesungen und die Summe der Semesterwochenstunden pro Semester.

```
<liste> {
  for $v in doc("vliste.xml")//vorlesung
  group by $s := $v/semester
  order by $s
  return
    <vorlesung>
      <semester>{$s}</semester>
      <anzahl>{count($v)}</anzahl>
      <sws>{sum($v/sws)}</sws>
    </vorlesung>
} </liste>
```

Das Ergebnis lautet:

```
<?xml version="1.0" encoding="UTF-8"?>
<liste>
  <vorlesung>
    <semester>1</semester>
    <anzahl>1</anzahl>
    <sws>2</sws>
  </vorlesung>
  <vorlesung>
    <semester>2</semester>
    <anzahl>1</anzahl>
    <sws>4</sws>
  </vorlesung>
  <vorlesung>
    <semester>3</semester>
    <anzahl>2</anzahl>
    <sws>8</sws>
  </vorlesung>
</liste>◄
```

(b3_gr.xquery)

Übung

Schreiben Sie einen XQuery-Ausdruck, der angewandt auf `vliste.xml`, für jeden Dozenten die Anzahl und die Summe der SWS der Vorlesungen, die er hält, berechnet.

7.7.4   Anwendungen

Zusammenfassung

Zur Eliminierung von Duplikaten in einer Sequenz ist die Funktion `fn:distinct-values()` vorgesehen. Ein Verbund wird mit verschachtelten `for`-Klauseln und einer `where`-Klausel programmiert.

Eliminierung von Duplikaten
Die Funktion

```
fn:distinct-values($arg as xs:anyAtomicType*)
    as xs:anyAtomicType*
```

ist eine XPath-Funktion, die doppelte Einträge in einer Sequenz eliminiert. Damit dies funktioniert, werden Werte aus den Knoten extrahiert.

Gegeben ist eine Personenliste in der folgenden Form:

```xml
<?xml version="1.0" encoding="UTF-8"?>
<personen>
  <person>
    <name>Müller</name>
    <vorname>Sabine</vorname>
  </person>
  <person>
    <name>Maier</name>
    <vorname>Fritz</vorname>
  </person>
  <person>
    <name>Müller</name>
    <vorname>Karola</vorname>
  </person>
  <person>
    <name>Maier</name>
    <vorname>Fritz</vorname>
  </person>
</personen>
```

Ziel ist, eine Liste zu erstellen, in der jede Person nur einmal auftaucht. ◀

```
(personen.xml)
```

Der folgende XQuery-Ausdruck gibt die verschiedenen Nachnamen zurück:

```
<personen> {
   let $p := doc("personen.xml")//person
   for $n in distinct-values($p/name)
   return
      <person>{$n}</person>
} </personen>
```

Das Ergebnis ist:

```xml
<?xml version="1.0" encoding="UTF-8"?>
<personen>
  <person>Müller</person>
```

```
    <person>Maier</person>
</personen>
```

Der XQuery-Ausdruck in Beispiel 1 gibt die verschiedenen Nachnamen aus, berücksichtigt jedoch nicht, dass `Müller Sabine` und `Müller Karola` verschiedene Personen sind. Soll dies berücksichtigt werden, müssen im XQuery-Ausdruck auch die Vornamen einbezogen werden. ◄

```
(dv1.xquery)
```

Beispiel 2

Dieser XQuery-Ausdruck gibt die verschiedenen Personen aus:

```
<personen> {
    let $p := doc("personen.xml")//person
    for $n in distinct-values($p/name),
        $v in distinct-values($p[name=$n]/vorname)
    return
        <person>{$n,$v}</person>
} </personen>
```

Für jeden verschiedenen Nachnamen wird durch `distinct-values($p[name =$n]/vorname)` eine Liste der verschiedenen Vornamen erstellt. Dazu dient das Prädikat `[name=$n]`. Das Ergebnis ist:

```
<?xml version="1.0" encoding="UTF-8"?>
<personen>
  <person>Müller Sabine</person>
  <person>Müller Karola</person>
  <person>Maier Fritz</person>
</personen>◄
```

```
(dv2.xquery)
```

Verbund

Kennern von SQL ist die Operation Verbund *(join)* vertraut. Sie kombiniert die Inhalte aus mindestens zwei Tabellen und erzeugt daraus eine Ergebnistabelle.

Beispiel: Verbund in SQL

```
select *
from dozent, vorlesung
where dozent.did = vorlesung.did;◄
```

Verbunde in XQuery werden durch verschachtelte `for`-Klauseln oder alternativ einer mehrfachen Variablenbindung und entsprechende `where`-Bedingungen programmiert.

Beispiel 3

Gegeben ist wieder das Fallbeispiel `fb.xml`. Im Vorlesungsverzeichnis soll zu jeder Vorlesung auch der Name des Dozenten, der die Vorlesung hält, ausgegeben werden. Für jede Vorlesung muss der Dozentenname „berechnet" werden. Dies lässt sich folgendermaßen formulieren: „Suche den Dozenten, dessen Attribut `did` den gleichen Wert hat, wie das Attribut `did` der aktuellen Vorlesung".

```
let $doc:=doc("fb.xml")
for $v in $doc//vorlesung,
    $d in $doc//dozent
where $v/@did = $d/@did
return
    <vorlesung>
      {$v/titel}
        <dozent>{$d/vorname/text()," ", $d/name/text()}</dozent>
    </vorlesung>
```

Das folgende Ergebnis wird erzeugt:

```
<?xml version="1.0" encoding="UTF-8"?>
<vorlesung>
  <titel>Informatik</titel>
  <dozent>Fritz >Maier</dozent>
</vorlesung>
<vorlesung>
  <titel>Technik I</titel>
  <dozent>Sabine Müller</dozent>
</vorlesung>
<vorlesung>
  <titel>Technik II</titel>
  <dozent>Sabine Müller</dozent>
</vorlesung>◄
```

(fb.xml, join.xquery)

▶   **Hinweis** Es ist kein Problem, auch Daten aus verschiedenen Dokumenten zu kombinieren.

Übung

Schreiben Sie einen XQuery-Ausdruck, der eine Liste der Dozenten erstellt. Zu jedem Dozenten sollen die Vorlesungen notiert werden, die er hält. Beachten Sie, dass dies evtl. mehrere sind.

7.8 Funktionen

XPath und XQuery verfügen über eine große Zahl eingebauter Funktionen. Diese Funktionen können auch in XSLT-Stylesheets verwendet werden. In XQuery können zudem benutzerdefinierte Funktionen deklariert werden.

In diesem Kapitel erfahren Sie Grundlegendes über Funktionen (Signatur, Funktionsaufruf, ...). Anschließend wird erläutert, wie in XQuery benutzerdefinierte Funktionen deklariert werden können. Es folgt dann eine Übersicht über einige der eingebauten Funktionen.

- 7.8.1 Grundlegendes zu Funktionen
- 7.8.2 Benutzerdefinierte Funktionen
- 7.8.3 Eingebaute Funktionen

7.8.1 Grundlegendes zu Funktionen

Zusammenfassung

Funktionen gehören immer zu einem Namensraum. Durch die Funktionssignatur werden Übergabeparameter und Rückgabewert einer Funktion beschrieben. Der Arrow-Operator "=>" stellt eine alternative Syntax für einen Funktionsaufruf zur Verfügung.

Namensraum Funktionen gehören immer zu einem Namensraum. Funktionsnamen sind daher stets qualifizierte Namen. Die eingebauten Funktionen gehören zu einem der vordefinierten Namensräume, die benutzerdefinierten Funktionen zu dem für sie definierten Namensraum.

Die meisten eingebauten Funktionen gehören zum Namensraum `http://www.w3.org/2005/xpath-functions` mit dem Default-Präfix `fn`. Da dieser Namensraum der Default-Namensraum ist, können die Funktionen aus diesem Namensraum ohne Namensraum-Präfix verwendet werden.

Funktionssignatur Durch die **Funktionssignatur** werden Übergabeparameter und Rückgabewert einer Funktion zu beschrieben. Eine Funktionssignatur besteht aus dem Namen der Funktion, einer Parameterliste und dem Rückgabetyp. Die Typen der Parameter und der Typ des Rückgabewertes werden in Form eines Sequenztyps angegeben (s. Abschn. 7.1).

```
fn:function-name($paraName as ParaTyp, ...)as ReturnTyp
```

Beispiel 1

```
fn:substring($sourceString as xs:string?, $start as xs:double)
    as xs:string
```

liefert den Teil der Zeichenkette, der an der mit dem zweiten Argument angegebenen Position beginnt. Der Funktionsname ist `substring`, es gibt zwei Übergabeparameter: `$source-String` vom Typ `xs:string?` und `$start` vom Typ `xs:double`. Das "?" nach `xs:string` gibt an, dass an dieser Stelle ein einzelner Stringwert oder die leere Sequenz erlaubt ist. Der Rückgabetyp der Funktion ist `xs:string`. ◄

Überladen Ein Überladen von Funktionen, d. h. die Definition zweier Funktionen mit gleichem Namen, aber unterschiedlicher Parameterliste und daher verschiedener Signatur, ist möglich.

Beispiel 1 – Fortsetzung

Die Funktion `fn:substring()` hat eine weitere Signatur:

```
fn:substring($sourceString as xs:string?, $start as xs:double,
            $length as xs:double) as xs:string
```

Hier gibt es einen dritten Übergabeparameter: `$length` vom Typ `xs:double`. Die Funktion liefert den Teil der Zeichenkette, der an der mit dem zweiten Argument angegebenen Position beginnt und die mit dem dritten Argument angegebene Länge hat. ◄

Funktionsaufruf Ein Funktionsaufruf besteht aus dem qualifizierten Namen der Funktion, dem in Klammern eine kommaseparierte Liste der aktuellen Parameter (Argumente) folgt. Ein Funktionsaufruf kann überall eingefügt werden, wo ein Ausdruck erlaubt ist.

Beispiel 1 – Fortsetzung

Beispiel für den Aufruf der Funktion `fn:substring()`:

```
fn:substring('abc', 2)
```

Das Präfix `fn` kann auch wegelassen werden, da die Funktion im Default-Namensraum liegt. ◄

Beispiel 2

Die Funktion `fn:data()` liefert die atomisierten Werte einer Sequenz, d. h. ihre typisierten Werte. Sie verfügt über zwei Signaturen:

```
fn:data($arg as item()*) as xs:anyAtomicType*
fn:data() as xs:anyAtomicType*
```

Im ersten Fall wird als Übergabeparameter eine Sequenz von Items verlangt.
Beispiel: Der XPath-Ausdruck `//dozent/@did` liefert die Sequenz der Attributknoten `did` der `dozent`-Elemente. Wird dieser Ausdruck der Funktion `data()` übergeben, also `data(//dozent/@did)` aufgerufen, ist das Ergebnis die Sequenz der Attributwerte.

Die zweite Signatur zeigt, dass die Funktion auch ohne Argument verwendet werden kann. In diesem Fall bezieht sie sich per Default auf das Kontextitem. Die Funktion kann daher auch an letzter Stelle eines XPath-Ausdrucks stehen und `//dozent/@did/data()` liefert das gleiche Ergebnis wie der Aufruf im ersten Fall.
Eine analoge Situation liegt z. B. auch bei folgenden Funktionen vor:

```
fn:string() as xs:string
fn:string($arg as item()?) as xs:string
```

wandelt das Argument in eine Zeichenkette um.

```
fn:name() as xs:string
fn:name($arg as node()?) as xs:string
```

liefert den voll-qualifizierten Namen des ersten Knotens der Knotensequenz. ◄

Namensraumdeklaration Liegt eine Funktion nicht im Default-Namensraum, muss ihr Namensraum im XQuery Prolog deklariert werden. Die Syntax lautet:

```
declare namespace Präfix = "Namensraum-URI"
```

Beispiel 3

Die Funktion `sqrt($arg as xs:double?) as xs:double?` zur Berechnung einer Quadratwurzel liegt im `math`-Namensraum. Daher muss als Erstes dieser Namensraum deklariert werden, dann kann die Funktion mit dem deklarierten Präfix aufgerufen werden.

```
declare namespace
        math = "http://www.w3.org/2005/xpath-functions/math";
(: Aufruf: Berechnung der Wurzel aus 9 :)
math:sqrt(9) ◀
```

Arrow-Operator

Der **Arrow-Operator** "=>" (ab XQuery 3.1) stellt eine alternative Syntax für einen Funktionsaufruf zur Verfügung. Ein Arrow-Operator wendet eine Funktion auf den Wert eines Ausdrucks an, der Wert wird zum ersten Argument der Funktion. Akzeptiert eine Funktion mehr als ein Argument, werden die weiteren Argumente im Funktionsaufruf um eine Position verschoben.

Beispiel 4

Der Funktionsaufruf

```
upper-case('abc')
```

hat mit Hilfe des Arrow-Operators folgende Form:

```
'abc' => upper-case()
```

d. h. die Funktion `upper-case()` wird auf das Item, das auf der linken Seite des Array-Operators steht, angewandt.
Der Funktionsaufruf

```
substring('abc', 2)
```

wird zu:

```
'abc' => substring(2) ◀
```

▶   **Tipp** Der Array-Operator ist insbesondere dann nützlich, wenn mehrere verkettete Funktionsaufrufe erfolgen.

Beispiel 5

Statt

```
string-join(tokenize(upper-case('a b c')), '-')
```

kann mit dem Array-Operator notiert werden:

```
'a b c' => upper-case() => tokenize() => string-join('-')
```

Das Ergebnis ist in beiden Fällen der String A-B-C. ◀

7.8.2 Benutzerdefinierte Funktionen

Zusammenfassung

Mit declare function können in XQuery eigene Funktionen deklariert werden. Funktionen müssen immer in einem Namensraum liegen. Entweder deklarieren Sie diesen selbst oder Sie verwenden den für benutzerdefinierte Funktionen vordefinierten Namensraum.

Neben der Verwendung der eingebauten Funktionen ist es in XQuery auch möglich, eigene Funktionen zu definieren.

Die Deklaration erfolgt entweder im Prolog der Anfrage, in der eine Funktion verwendet wird, oder in einem Bibliotheksmodul, welches dann mit import module importiert wird (s. Abschn. 7.9).

Namensraum-Präfix Alle Funktionen müssen in einem Namensraum liegen. Dem Funktionsnamen muss daher ein Namensraum-Präfix vorangestellt werden.

Im Hauptmodul können Sie jedes Präfix verwenden, das im Prolog deklariert wurde. Um in einem Hauptmodul auch die Deklaration von Funktionen ohne die Definition eines neuen Namensraums zu ermöglichen, steht der Namensraum http://www.w3.org/2005/xquery-local-functions mit dem vordefinierten Präfix local zur Verfügung.

Wird eine Funktion in einem Bibliotheksmodul deklariert, muss sie im Zielnamensraum dieses Moduls liegen.

Funktionsdeklaration Die Syntax einer Funktionsdeklaration lautet:

```
declare function Präfix:Funktionsname(Parameterliste)
      as ReturnTyp {
   (: Funktionsrumpf :)
};
```

Eine Funktionsdeklaration beginnt mit dem Schlüsselwort `declare`, dann folgt der qualifizierte Funktionsname. In Klammern stehen die Parameter, getrennt durch Kommata. Nach dem Schlüsselwort `as` folgt der Typ des Rückgabewertes. Der Funktionsrumpf ist ein Ausdruck eingeschlossen in geschweiften Klammern. Als Ausdruck ist jeder XQuery-Ausdruck erlaubt. Die Funktionsdeklaration wird mit einem Semikolon abgeschlossen.

Parameter Ein Parameter beginnt wie eine Variable mit einem "$"-Zeichen. Dem Parameternamen folgt nach dem Schlüsselwort `as` ein Sequenztyp.

Beispiel 1

```
(: Berechnung der Mehrwertsteuer :)
declare function local:mwst($netto as xs:decimal)
        as xs:decimal {
   let $mwst := 0.19
   return $netto*$mwst
};

(: Berechung des Bruttobetrags :)
declare function local:brutto($netto as xs:decimal)
        as xs:decimal {
   let $mwst := local:mwst($netto)
   return $netto + $mwst
};

(: Verwendung :)
<preis> {
  let $netto := 10
  return
     (<netto>{$netto}</netto>,
      <mwst>{local:mwst($netto)}</mwst>,
      <brutto>{local:brutto($netto)}</brutto>)
} </preis>
```

Das Ergebnis der Anfrage ist:

```
<?xml version="1.0" encoding="UTF-8"?>
<preis>
   <netto>10</netto>
   <mwst>1.6</mwst>
   <brutto>11.6</brutto>
</preis>◀
```

(func1.xquery)

Beispiel 2

Hier wird ein Namensraum für Funktionen deklariert. Die Funktion `teilstring` liegt in diesem Namensraum und liefert die ersten drei Buchstaben eines Strings.

```
declare namespace functx="http://www.meine-Funktionen.de";

declare function functx:teilstring($s as xs:string)
        as xs:string {
   let $t := substring($s,1,3)
   return $t
};


(: Verwendung :)
let $doc:=doc("fb.xml")//dozent
return
  <dozentenliste> {
    for $d in $doc
    return
      <dozent>
        {string($d/name)} ({functx:teilstring($d/name)})
      </dozent>
} </dozentenliste>
```

Folgende Ausgabe wird erzeugt:

```
<?xml version="1.0" encoding="UTF-8"?>
<dozentenliste>
  <dozent>Maier (Mai)</dozent>
  <dozent>Müller (Mül)</dozent>
</dozentenliste>◀
```

```
(func2.xquery)
```

▶ **Hinweis** Aus anderen Programmiersprachen ist man gewohnt, dass eine Funktion z. B. folgende Form haben kann:

```
declare function local:test($a as xs:integer)
                   as xs:integer {
   return $a*2
};
```

`return` ist hier die einzige Anweisung im Funktionsrumpf und dient dazu einen Wert zurückzugeben. In XQuery ist dies nicht korrekt, weil im Funktionsrumpf ein XQuery-Ausdruck stehen muss. Die `return`-Klausel ist nur ein Teil eines FLWOR-Ausdrucks, es fehlt eine `let`- bzw. `for`-Klausel. Zur Rückgabe eines Wertes genügt es, den Wert zu notieren. Korrekt ist also folgende Funktion:

```
declare function local:test($a as xs:integer)
                as xs:integer {
    $a*2
};
```

Rekursive Funktion Auch rekursive Funktionen können in XQuery deklariert werden.

Beispiel 3

Deklaration der Funktion `fak`, die die Fakultät einer ganzen Zahl rekursiv berechnet.

```
declare function local:fak($x as xs:integer)
                as xs:integer {
   if ($x = 0)
     then 1
     else $x * local:fak($x - 1)
};

(: Beispiel für einen Aufruf der Funktion fak :)
<test>{local:fak(4)}</test>◀
```

(`func3.xquery`)

Übung

Schreiben Sie eine Funktion, die für die Schulnoten 1 bis 6 die entsprechenden Texte „sehr gut" bis „ungenügend" zurückgibt.

▶ **Tipp** Eine Sammlung benutzerdefinierter Funktionen finden Sie unter: FunctX XQuery Functions (http://www.xqueryfunctions.com).

7.8.3 Eingebaute Funktionen

Zusammenfassung

In XPath 1.0 sind lediglich 25 Funktionen definiert, in der Version 2.0 gibt es bereits 111 Funktionen und in der neuesten Version nun über 300.

Die eingebauten Funktionen werden ausführlich im Dokument XPath and XQuery Functions and Operators 3.1 https://www.w3.org/TR/xpath-functions-31/ beschrieben. Diese Funktionen können nicht nur in XPath- und XQuery-Ausdrücken, sondern auch in XSLT-Stylesheets verwendet werden.

Vordefinierte Namensräume

Jede Funktion liegt in einem vordefinierten Namensraum:

- Default-Namensraum:
  `http://www.w3.org/2005/xpath-functions`
  Default-Präfix: `fn`
  Da dieser Namensraum der Default-Namensraum ist, können die Funktionen aus diesem Namensraum ohne Namensraum-Präfix verwendet werden.
- Namensraum für mathematische Funktionen:
  `http://www.w3.org/2005/xpath-functions/math`
  Übliches Präfix: `math`
- Namensraum für Map-Funktionen:
  `http://www.w3.org/2005/xpath-functions/map`
  Übliches Präfix: `map`
- Namensraum für Array-Funktionen:
  `http://www.w3.org/2005/xpath-functions/array`
  Übliches Präfix: `array`

Die Tabellen Tab. 7.6 bis Tab. 7.18 zeigen die wichtigsten Funktionen aus den folgenden Kategorien:

- Zugriffsfunktionen (s. Tab. 7.6)
- Kontextfunktionen (s. Tab. 7.7)
- Sequenzfunktionen (s. Tab. 7.8)
- Zugriff auf externe Informationen (s. Tab. 7.9)
- Knotenfunktionen (s. Tab. 7.10)
- Stringfunktionen (s. Tab. 7.11)
- logische Funktionen (s. Tab. 7.12)
- nummerische Funktionen (s. Tab. 7.13)
- Aggregatfunktionen (s. Tab. 7.14)
- mathematische Funktionen (s. Tab. 7.15)
- Funktionen zum Parsen und Serialisieren von JSON (s. Tab. 7.16)
- Funktionen zur Operation auf Maps (s. Tab. 7.17)
- Funktionen zur Operation auf Arrays (s. Tab. 7.18)

Tab. 7.6 Zugriffsfunktionen

Funktion	Beschreibung
`fn:data() as xs:anyAtomicType*` fn:data($arg as item()*) as xs:anyAtomicType*	Liefert die atomisierten Werte einer Sequenz, d. h. gibt den typisierten Wert zurück. Wird die Funktion ohne Argument verwendet, bezieht sie sich per Default auf das Kontextitem
`fn:string() as xs:string` fn:string($arg as item()?) as xs:string	Wandelt das Argument in eine Zeichenkette um. Wird die Funktion ohne Argument verwendet, bezieht sie sich per Default auf das Kontextitem

Tab. 7.7 Kontextfunktionen

Funktion	Beschreibung
`fn:last() as xs:integer`	Gibt die Anzahl der Elemente in der Sequenz zurück, die aktuell verarbeitet wird
`fn:position() as xs:integer`	Gibt die Positionsnummer des Kontextknotens zurück

Tab. 7.8 Sequenzfunktionen

Funktion	Beschreibung
`fn:distinct-values($arg as xs:anyAtomicType*) as xs:anyAtomicType*`	Entfernt Duplikate aus einer Sequenz
`fn:empty($arg as item()*) as xs:boolean`	Gibt `true` zurück, wenn die Sequenz leer ist
`fn:exists($arg as item()*) as xs:boolean`	Gibt `true` zurück, wenn die Sequenz nicht leer ist
`fn:index-of($seq as xs:anyAtomicType*, $search as xs:anyAtomicType) as xs:integer*`	Gibt die Position eines ausgewählten Items in einer Sequenz zurück
`fn:sort($input as item*) as item*`	Sortiert eine Sequenz von Items entsprechend der typisierten Werte (ab 3.1)
`fn:reverse($arg as item()*) as item()*`	Gibt die Sequenz in umgekehrter Reihenfolge zurück

Tab. 7.9 Zugriff auf externe Funktionen

Funktion	Beschreibung
`fn:doc($uri as xs:string?) as document-node()?`	Liefert einen Dokumentknoten über dem angegebenen URI
`fn:collection($arg as xs:string?) as node()*`	Liefert eine Knotensequenz über dem angegebenen URI oder die Knoten der vorgegebenen Kollektion
`fn:unparsed-text($href as xs:string?) as xs:string?`	Liest eine externe Ressource (Nicht-XML-Datei) und gibt deren String-Repräsentation zurück

Tab. 7.10 Knotenfunktionen

Funktion	Beschreibung
`fn:name() as xs:string` `fn:name($arg as node()?)` `as xs:string`	Liefert den voll-qualifizierten Namen des ersten Knotens der Knotensequenz. Wird die Funktion ohne Argument verwendet, bezieht sie sich per Default auf das Kontextitem

7.9 XQuery-Module

Zusammenfassung

Funktionen und Variablen können in Modulen, genannt Bibliotheksmodulen, deklariert werden. Diese Module werden dann in ein Hauptmodul importiert. Im Unterschied zum Hauptmodul haben Bibliotheksmodule nur einen Prolog und enthalten keine Anfrage.

Hauptmodul – Bibliotheksmodul Ein XQuery-Modul ist ein Stück XQuery-Code. Ein Modul, das eine Anfrage und evtl. einen Prolog enthält, wird als **Hauptmodul** *(main module)* bezeichnet. Module, die nur einen Prolog enthalten, können nicht für sich selbst ausgewertet werden. In ihnen können Variablen (s. Abschn. 7.10) und Funktionen deklariert werden, die so in mehreren Anfragen verwendet werden können. Diese Module werden als **Bibliotheksmodule** *(library module)* bezeichnet.

Deklaration Ein Bibliotheksmodul muss mit einer Modul-Deklaration beginnen. In der Deklaration wird der Zielnamensraum festgelegt und dieser an ein Präfix gebunden. Die Syntax lautet:

```
modul namespace Präfix = "URI"
```

Tab. 7.11   Stringfunktionen

Funktion	Beschreibung
`fn:concat($arg1 as xs:anyAtomicType?, $arg2 as xs:anyAtomicType?, …) as xs:string`	Verkettet die angegebenen Zeichenketten
`fn:contains($arg1 as xs:string?, $arg2 as xs:string?) as xs:boolean`	Ergibt true, wenn die erste Zeichenkette die zweite enthält
`fn:starts-with($arg1 as xs:string?, $arg2 as xs:string?) as xs:boolean`	Ergibt true, wenn die erste Zeichenkette mit der zweiten beginnt
`fn:ends-with($arg1 as xs:string?, $arg2 as xs:string?) as xs:boolean`	Ergibt true, wenn die erste Zeichenkette mit der zweiten endet
`fn:substring($string as xs:string?, $start as xs:double) as xs:string`	Liefert den Teil der Zeichenkette, der an der mit dem zweiten Argument angegebenen Position beginnt
`fn:substring($string as xs:string?, $start as xs:double, $length as xs:double) as xs:string`	Liefert den Teil der Zeichenkette, der an der mit dem zweiten Argument angegebenen Position beginnt und die mit dem dritten Argument angegebene Länge hat
`fn:substring-before($arg1 as xs:string?, $arg2 as xs:string?)`	Liefert den Teil der Zeichenkette, der der als zweitem Argument angegebenen Zeichenkette vorangeht
`fn:fn:substring-after($arg1 as xs:string?, $arg2 as xs:string?)`	Liefert den Teil der Zeichenkette, der nach dem ersten Vorkommen der als zweitem Argument angegebenen Zeichenkette folgt
`fn:string-length($arg as xs:string?) as xs:integer`	Liefert die Anzahl der Zeichen in der Zeichenkette
`fn:translate($arg as xs:string?, $mapString as xs:string, $transString as xs:string) as xs:string`	Ermöglicht die zeichenweise Ersetzung in einer Zeichenkette. Alle Zeichen der ersten Zeichenkette, die in der zweiten Zeichenkette vorkommen, werden durch die an der gleichen Position stehenden Zeichen der dritten Zeichenkette ausgetauscht
`fn:normalize-space($arg as xs:string?) as xs:string`	Führende und abschließende Leerzeichen werden entfernt und Folgen von Leerzeichen auf ein einziges reduziert. Zeilenumbrüche werden zu Leerzeichen
`fn:lower-case($arg as xs:string?) as xs:string`	Wandelt einen String in Kleinbuchstaben um
`fn:upper-case($arg as xs:string?) as xs:string`	Wandelt einen String in Großbuchstaben um

Tab. 7.12 Logische Funktionen

Funktion	Beschreibung
`fn:not($arg as item()*) as xs:boolean`	Liefert die logische Negation des angegebenen Wertes
`fn:true() as xs:boolean`	Liefert den Wahrheitswert `true`
`fn:false() as xs:boolean`	Liefert den Wahrheitswert `false`

Tab. 7.13 Nummerische Funktionen

Funktion	Beschreibung
`fn:number($arg as xs:anyAtomicType?) as xs:double`	Wandelt ein Objekt in eine Zahl um
`fn:abs($arg as numeric?) as numeric?`	Liefert den absoluten Wert einer Zahl
`fn:ceiling($arg as numeric?) as numeric?`	Liefert die nächstgrößere Ganzzahl
`fn:floor($arg as numeric?) as numeric?`	Liefert die nächstkleinere Ganzzahl
`fn:round($arg as numeric?) as numeric?`	Rundet eine Zahl zu einer ganzen Zahl

Tab. 7.14 Aggregatfunktionen

Funktion	Beschreibung
`fn:count($arg as item()*) as xs:integer`	Gibt die Anzahl der Elemente zurück, die in der von `$arg` angegebenen Sequenz enthalten sind
`fn:min($arg as xs:anyAtomicType*) as xs:anyAtomicType?`	Gibt das Minimum einer Sequenz von Zahlen zurück
`fn:max($arg as xs:anyAtomicType*) as xs:anyAtomicType?`	Gibt das Maximum einer Sequenz von Zahlen zurück
`fn:sum($arg as xs:anyAtomicType*) as xs:anyAtomicType`	Gibt die Summe einer Sequenz von Zahlen zurück
`fn:avg($arg as xs:anyAtomicType*) as xs:anyAtomicType?`	Gibt den Mittelwert einer Sequenz von Zahlen zurück

Tab. 7.15 Mathematische Funktionen

Funktion	Beschreibung
`math:sqrt($arg as xs:double?) as xs:double?`	Gibt die Quadratwurzel eines Wertes zurück
`math:exp($arg as xs:double?) as xs:double?`	Gibt den Wert von e^x zurück
`math:pi() as xs:double`	Liefert eine Näherung der Zahl PI
`math:sin($θ as xs:double?) as xs:double?`	Gibt den Sinus eines Wertes (Winkel in Radiant) zurück
`math:cos($θ as xs:double?) as xs:double?`	Gibt den Cosinus eines Wertes (Winkel in Radiant) zurück

Tab. 7.16 Funktionen zum Parsen und Serialisieren von JSON

Funktion	Beschreibung
`fn:parse-json($json-text as xs:string?) as item()?`	Parst einen String im JSON-Format und gibt das Resultat typischerweise in Form einer Map oder eines Arrays zurück
`fn:json-doc($href as xs:string?) as item()?`	Liest eine externe JSON-Ressource und gibt eine Sequenz von Items zurück
`fn:json-to-xml($json-text as xs:string?) as document-node()?`	Parst einen String im JSON-Format und gibt das Resultat als XML-Dokumentknoten zurück
`fn:xml-to-json($input as node()?) as xs:string?`	Konvertiert einen XML-Baum, der zur JSON-Repräsentation passt, in einen JSON-String

Tab. 7.17 Funktionen für Maps

Funktion	Beschreibung
`map:entry($key as xs:anyAtomicType, $value as item()*)`	Konstruiert eine Map mit einem einzigen Eintrag
`map:merge($maps as map(*)) as map(*)`	Erzeugt aus einer Sequenz von Maps eine neue Map
`map:get($map as map(*), $key as xs:anyAtomicType) as item()*`	Gibt den zum gegebenen Schlüssel zugeordneten Wert einer Map zurück
`map:size($map as map(*)) as xs:integer`	Gibt die Anzahl der Einträge (Schlüsselwert-Paare) einer Map zurück
`map:contains($map as map(*), $key as xs:anyAtomicType) as xs:boolean`	Testet, ob die Map zu einem gegebenen Schlüssel einen Wert enthält
`map:for-each($map as map(*), $action as function(xs:anyAtomicType, item()*) as item()*) as item()*`	Wendet die angegebene Funktion auf jeden Eintrag der Map an und gibt die Konkatenation des Ergebnisses zurück

Tab. 7.18 Funktionen für Arrays

Funktion	Beschreibung
`array:size($array as array(*))` `as xs:integer`	Gibt die Anzahl der Member eines Arrays zurück.

`array:get($array as array(*),`
`$position as xs:integer) as`
`item()`
	Gibt das Member an der Position $position zurück.

`array:append($array as array(*),`
`$appendage as item()*) as`
`array(*)`
	Gibt ein Array zurück, das alle Member des übergebenen enthält und dem weitere Items an das Ende angehängt wurden.

`array:remove($array as array(*),`
`$positions as xs:integer*) as`
`array(*)`
	Gibt ein Array zurück, das alle Member des übergebenen Arrays enthält, ohne die Member an den spezifizierten Positionen.

Alle Funktionen und Variablen, die in diesem Modul deklariert werden, müssen qualifiziert werden und dem Zielnamensraum angehören.

Beispiel 1

In der Datei `mod1.xquery` wird ein Bibliotheksmodul deklariert. Der Namensraum des Moduls `http://www.meine-fh.de` wird an das Präfix `fh` gebunden. Das Modul enthält die Deklaration der Funktion `teilstring`, die die ersten drei Zeichen eines Strings zurückgibt.

```
module namespace fh = "http://www.meine-fh.de";
```

```
declare function fh:teilstring($s as xs:string)
      as xs:string {
   let $t := substring($s,1,3)
   return $t
}; ◀
```

```
(mod1.xquery)
```

Modulimport

Sowohl das Hauptmodul als auch Bibliotheksmodule können andere Module importieren. Die Syntax für den Modulimport lautet:

```
import module "Namensraum-URI" at "location-URI"
```

Nach `import module` folgt der Namensraum des zu importierenden Moduls und anschließend nach `at` der Speicherort der Datei, die das Modul enthält. Beim Import kann auch ein Namensraum-Präfix für den Namensraum des importierten Moduls festgelegt werden. In diesem Fall lautet die Syntax:

```
import module namespace Präfix = "Namensraum-URI"
            at "location-URI"
```

Beispiel 2

Es wird der Modulimport und die Verwendung einer Funktion gezeigt. Das Bibliotheksmodul aus Beispiel 1 wird importiert:

```
import module namespace fh = "http://www.meine-fh.de"
            at "mod1.xquery";



(: Verwendung :)
let $doc := doc("fb.xml")//dozent
return
<dozentenliste> {
  for $d in $doc
  return
     <dozent>
       ({string($d/name)}, ({fh:teilstring($d/name)}))
     </dozent>
} </dozentenliste>
```

Das Ergebnis ist:

```
<?xml version="1.0" encoding="UTF-8"?>
<dozentenliste>
  <dozent>(Maier, (Mai))</dozent>
  <dozent>(Müller, (Mül))</dozent>
</dozentenliste>◀
```

```
(main.xquery)
```

7.10   Globale Variablen

Zusammenfassung

Mit `declare   variable` können Variablen im Prolog deklariert werden. Diese Variablen werden als globale Variablen bezeichnet.

Variablen im Body

Die in den bisherigen Kapiteln vorkommenden Variablen sind Variablen, die innerhalb eines Ausdrucks im Body der XQuery-Anfrage z. B. durch eine `let`- oder `for`-Klausel gebunden werden.

Beispiel 1

```
<namensliste> {
  let $doc := doc("fb.xml")//dozent
  for $d in $doc
  return $d/name
} </namensliste>
```

Die Variable `$doc` ist durch eine `let`-Klausel, die Variable `$d` durch eine `for`-Klausel gebunden. ◄

Variablen im Prolog

Variablen können auch im Prolog einer XQuery-Anfrage deklariert und gebunden werden. Solche Variablen werden oft als **globale Variablen** bezeichnet, um sie von den im Body gebundenen zu unterscheiden. Beachten Sie, dass globale Variablen – wie alle XQuery-Variablen – unveränderlich sind.

Es ist nicht notwendig, eine Variable, die durch einen Ausdruck gebunden wird, auch im Prolog zu deklarieren. Die Deklaration einer globalen Variablen im Prolog ist jedoch notwendig, wenn

- die Variable in einer Funktion, die im gleichen Modul deklariert wird, referenziert wird,
- die Variable in anderen Modulen referenziert wird, die dieses Modul importieren,
- der Wert der Variablen extern durch den Prozessor, außerhalb des Gültigkeitsbereiches *(scope)* der Query, gesetzt wird.

Deklaration Die Deklaration von Variablen im Prolog ist sinnvoll zur Definition von Konstanten oder Werten, die vorab berechnet und dann innerhalb der Query verwendet werden.

Die Syntax einer Variablendeklaration lautet:

```
declare variable $varname as Sequenztyp := Ausdruck;
```

Eine Variablendeklaration beginnt mit den Schlüsselworten `declare variable`. Es folgt der qualifizierte Variablenname, dem stets ein "$"-Zeichen vorangestellt werden muss. Nach dem Zuweisungsoperator ":=" folgt der Initialisierungsausdruck. Die Klausel `as Sequenztyp` ist optional. Mit ihr wird der Typ der Variablen als Sequenztyp angegeben. Eine Typdeklaration verändert nicht den Wert oder Typ des Wertes, sondern sorgt lediglich dafür, dass Prozessor Informationen über den Typ erhält.

Beispiel 2

a) `declare variable $anzahl := 10;`
   bindet den Wert 10 an die Variable `$anzahl`.
b) `declare variable $a := ["a","b"];`
   bindet ein Array an die Variable `$a`.
c) `declare variable $dozAnzahl as xs:decimal`
   `:= count(doc("fb.xml")//dozent`
   bindet die Anzahl der Dozenten an die Variable `$dozAnzahl`. Zudem wird dem Prozessor mitgeteilt, dass der Wert von `$dozAnzahl` stets eine Dezimalzahl ist. ◀

Wenn es sich um ein Bibliotheksmodul handelt, muss eine Variable explizit dem Namensraum des Bibliotheksmoduls angehören.

Beispiel 3

In der Datei `mod.xquery` wird ein Bibliotheksmodul deklariert. Der Namensraum des Moduls `http://www.meine-fh.de` wird an das Präfix `fh` gebunden. Es wird die globale Variable `maxStringLaenge` deklariert. Da diese im Zielnamensraum liegen muss, wird ihr das Präfix `fh` vorangestellt, sodass ihr qualifizierter Name `$fh:maxStringLaenge` lautet.

```
module namespace fh = "http://www.meine-fh.de";

declare variable $fh:maxStringLaenge := 32;
```

`(mod.xquery)` ◀

7.11   Maps, Arrays und JSON

In der XQuery Version 3.0 wurden auch Funktionen als vollwertige Items in das Datenmodell aufgenommen. Dies ermöglicht viele neue Möglichkeiten der Programmierung. So können etwa Funktionen an Variablen gebunden werden oder als Argumente anderen

Funktionen übergeben werden *(higher-order functions)*. Eine sehr gute Darstellung dieses Themas finden Sie in [7], ab S. 359.

Als Untertypen der Funktionen wurden im Datenmodell von XQuery und XPath 3.1 die Typen Map und Array neu eingeführt. Map und Array sind Datentypen, die in analoger Form auch in anderen Programmiersprachen vorhanden sind. Bei einer Map, oft auch als assoziatives Array bezeichnet, handelt es sich um eine Sammlung von Einträgen, wobei jeder Eintrag aus einem Schlüssel-Wert-Paar besteht. Ein Array ist eine geordnete Liste von Werten, also ein nummerisches Array. Im ersten Moment werden Sie sich sicherlich wundern, dass beide Datentypen als „Funktionen" bezeichnet werden. In der Informatik ist eine Funktion i. Allg. die „Übersetzung eines Algorithmus in eine Programmiersprache, bei dem zu einem oder mehreren Eingabewerten ein Ergebnis berechnet wird". Sowohl bei einer Map als auch bei einem Array ist einem Wert ein anderer Wert zugeordnet, so dass beide als „Darstellung einer Funktion durch eine Wertetabelle" interpretiert werden können. Ergänzend zu XML hat sich in den letzten Jahren auch JSON *(JavaScript Objekt Notation)* als Format für den Datenaustausch zwischen Anwendungen etabliert. Ein wichtiger Grund für die Einführung der Typen Map und Array ist die Unterstützung von Anfragen an JSON-Dokumente, die Erzeugung von Dokumenten im JSON-Format und die Umwandlung XML zu JSON und umgekehrt.

In diesem Kapitel werden die Typen Map und Array erläutert. Anschließend wird gezeigt wie die Verarbeitung von JSON mit XQuery möglich ist.

- 7.11.1 Maps
- 7.11.2 Arrays
- 7.11.3 JSON

7.11.1 Maps

Zusammenfassung

Eine Map ist eine Sammlung von Schlüssel-Werte-Paaren. Die Konstruktion einer Map ist mit dem Map-Konstruktor oder einer Kombination der Funktionen `map:entry()` und `map:merge()` möglich. Zum Zugriff auf Einträge kann die Funktion `map:get()`, Aufruf einer Map wie eine Funktion oder der Lookup-Operator verwendet werden. Mit der Funktion `map:for-each()` wird über alle Einträge einer Map iteriert.

Eine **Map** (auch *Hash* oder assoziatives Array) ist eine Sammlung von Einträgen, wobei jeder Eintrag aus einem Schlüssel-Wert-Paar *(key-value pair)* besteht. Der Schlüssel muss ein atomarer Wert und eindeutig sein. Der Wert kann von beliebigem Typ, also ein einzelnes Item oder auch eine Sequenz von Items sein. Da ein Wert in einer Map ein beliebiges Item sein kann, kann er auch eine Map sein, so dass Maps auch verschachtelt sein können.

Namensraum Zur Operation auf Maps sind Funktionen definiert, die im Namensraum `http://www.w3.org/2005/xpath-functions/map` liegen. Dieser wird üblicherweise an das Präfix `map` gebunden.

Beispiel

Folgende Namensraumdeklaration muss allen Ausdrücken, die Map-Funktionen verwenden, vorangestellt werden:

```
declare namespace
    map = "http://www.w3.org/2005/xpath-functions/map"; ◄
```

Sequenztypen für Maps

Sequenztypen (s. Abschn. 7.1) werden verwendet, um genaue Typangaben für eine Sequenz zu spezifizieren. Zur Spezifikation eines Sequenztyps für Maps, auch Map-Test genannt, ist ein generischer und ein spezieller Typ vorgesehen.

Generischer Typ Ein generischer Typ für Maps spezifiziert eine Map, bei der die Schlüssel und die Werte von beliebigem Typ sind. Er hat die Form:

```
map(*)
```

Spezieller Typ Ein spezieller Typ für Maps spezifiziert die Typen für die Schlüssel und die Werte der Map in der Form:

```
map(Typ_Schlüssel, Typ_Wert)
```

Beispiel

```
map(xs:string, xs:integer)
```

legt fest, dass jeder Schlüssel der Map vom Sequenztyp `xs:integer` und jeder Wert vom Typ `xs:integer` sein muss.

```
map(xs:string, map(xs:integer, xs:anyAtomicType))
```

legt fest, dass jeder Schlüssel vom Typ `xs:string` sein muss und jeder Wert wiederum eine Map mit Schlüsseln vom Typ `xs:string` und Werten von einem beliebigen atomaren Typ. ◄

Konstruktion einer Map

Es gibt zwei Möglichkeiten eine Map zu konstruieren: mit einem Map-Konstruktor oder durch eine Kombination der Funktionen `map:entry()` und `map:merge()`.

Map-Konstruktor Der Map-Konstruktor kann verwendet werden, wenn die Einträge der Map zum Zeitpunkt der Query-Erstellung bekannt sind.

Dieser Konstruktor kann an allen Stellen verwendet werden, an denen ein XPath-Ausdruck erlaubt ist. Die Syntax lautet:

```
map {key1:value1, key2:value2, ...}
```

Beispiel 1

Die folgende Map ist vom Sequenztyp `map(xs:string, xs:integer)`.

```
map {"a": 1, "e": 2, "i": 3, "o": 4, "u": 5 }
```

(map1.xquery) ◀

Beispiel 2

Dieses Beispiel zeigt eine verschachtelte Map. Repräsentiert werden die bekannten Dozentendaten, wobei für jeden Dozenten ein Eintrag erstellt wird. Schlüssel eines Eintrags ist die Dozenten-ID, Wert eine Map mit den Schlüsseln `name` und `vorname`. Die Map wird der Variablen `$dmap` zugewiesen.

```
declare variable $dmap := map {
    "d1": map {
            "name": "Maier",
            "vorname": "Fritz"
        },
    "d2": map {
            "name": "Müller",
            "vorname": "Sabine"
        }
};
```

Beachten Sie, dass dies kein vollständiger XQuery-Ausdruck ist. Im XML-Editor wird daher folgender Fehler angezeigt: `The main module must contain a query expression after any declarations in the prolog.` ◀

(map2.xquery)

Übung

Konstruieren Sie eine Map mit den Daten der Vorlesungen (Datei `fb.xml`). Für jede Vorlesung soll ein Eintrag erstellt werden. Schlüssel eines Eintrags sei die Vorlesungs-ID, Wert der Titel der Vorlesung. Eine weitere Map habe als Schlüssel eines Eintrags die Vorlesungs-ID und als Wert eine Map mit den Schlüsseln `titel` und `semester`.

Konstruktion mit Funktionen Mit der Funktion `map:entry()` wird eine Map mit einem einzigen Eintrag konstruiert. Sie hat die Signatur:

```
map:entry($key as xs:anyAtomicType, $value as item()*)
    as map(*)
```

Die Funktion `map:merge()` erzeugt aus einer Sequenz von Maps eine neue Map. Ihre Signatur ist:

```
map:merge($maps as map(*)*) as map(*)
```

Beispiel 3

Mit den Funktionen `map:entry()` und `map:merge()` wird eine Map erzeugt, die identisch zu der Map aus Beispiel 2 ist.

```
declare namespace
    map = "http://www.w3.org/2005/xpath-functions/map";

map:merge((
    map:entry("a",`1),
    map:entry("e", 2),
    map:entry("i", 3),
    map:entry("o", 4),
    map:entry("u", 4)
))
```

Beachten Sie, dass nach `map:merge` zwei Klammern stehen: die erste Klammer für die Parameterliste, die zweite, da als Parameter eine Sequenz von Maps übergegeben werden muss. ◄

(`map3.xquery`)

Mit einer Kombination der Funktionen `map:entry()` und `map:merge()` ist die Konstruktion einer Map auch mit einer variablen Zahl von Einträgen, basierend etwa auf einem Eingabedokument, möglich.

Beispiel 4

Der folgende XQuery-Ausdruck liest das Dokument `fb.xml` und erzeugt eine Map, wobei für jede Vorlesung ein Eintrag erstellt wird. Schlüssel eines Eintrags ist der Wert des Attributes `vid` und Wert der Titel der Vorlesung. Als Argument von `map:merge()` ist ein FLWOR-Ausdruck notiert. Dieser iteriert über die `<vorlesung>`-Elemente und für jedes Element wird durch die Funktion `map:entry()` eine Map mit einem einzelnen Eintrag erzeugt.

```
declare variable
$vmap := map:merge(for $v in doc("fb.xml")//vorlesung
                return
                map:entry($v/@vid, string($v/titel)));
```

In `$vmap` ist nun folgende Map gespeichert:

```
map { "v1": "Informatik",
      "v2": "Technik I",
      "v3": "Technik II"
} ◄
```

(`map4.xquery`)

Übung

Verwenden Sie die Funktionen `map:entry` und `map:merge` um eine Map wie in Beispiel 2 aus `fb.xml` zu konstruieren.

Zugriff auf Einträge einer Map

Für den Zugriff auf die Einträge einer Map gibt es verschiedene Möglichkeiten: die Funktion `map:get()`, den Aufruf einer Map wie eine Funktion und den Lookup-Operator.

Funktion map:get() Die Signatur der Funktion `map:get()` lautet:

```
map:get($map as map(*), $key as xs:anyAtomicType) as item()*
```

Sie hat zwei Parameter, der erste ist die Map, der zweite der Schlüssel. Zurückgegeben wird der Wert, der zu diesem Schlüssel gehört.

Beispiel 5

Zu $vmap aus Beispiel 4:

```
map:get($vmap,"v1")
```

liefert den Wert, der zum Schlüssel `"v1"` gehört.
Zu $dmamp aus Beispiel 2:

```
map:get(map:get($dmap,"d1"),"vorname")
```

liefert den Vornamen des Dozenten mit Schlüssel `"d1"`. ◀

```
(map5.xquery)
```

Aufruf einer Map wie eine Funktion Im XPath/XQuery-Datenmodell ist eine Map ein spezieller Untertyp einer Funktion, einer, die einen Schlüssel akzeptiert und den Eintrag zu diesem Schlüssel zurückgibt. Jede Map kann daher als anonyme Funktion betrachtet werden. Diese anonyme Funktion hat einen Parameter, der den Schlüssel repräsentiert und dessen Sequenztyp `xs:anyAtomicType` ist, und den Rückgabetyp `item()*`, da die Einträge der Map von beliebigem Typ sein können. Um auf einen Eintrag einer Map zuzugreifen, kann die Map wie eine Funktion behandelt werden. Hierzu wird die Map einer Variablen zugewiesen und der Variablenname wird wie ein Funktionsname verwendet.

Beispiel 6

Die beiden folgenden Ausdrücke sind identisch zu denen in Beispiel 5.

```
$vmap("v1")
$dmap("d1")("vorname")
```
◀

```
(map6.xquery)
```

Lookup-Operator Eine sehr kurze Schreibweise für den Zugriff auf eine Map bietet der **Lookup-Operator**. Er besteht aus einem Fragezeichen "?", dem ein Spezifikator folgt. Als Spezifikator ist möglich:

- eine Wildcard "*", zurückgegeben wird eine Sequenz der Werte der Map,
- der Name eines Schlüssels,
- ein Ausdruck in Klammern.

Beispiel 7

a) `$vmap?*`

liefert die Sequenz aller Vorlesungstitel.

b) `$vmap?v1`

ist identisch zu

`$vmap("v1") bzw. map:get($vmap,"v1").`

c) `$vmap?("v1","v3")`

liefert die Sequenz der Titel, die `"v1"` und `"v3"` zugeordnet sind.

d) Lookups können auch verkettet werden:

`$dmap?d1?vorname`

ist identisch zu

`$dmap("d1")("vorname")`

bzw.

`map:get(map:get($dmap,"d1"),"vorname")` ◀

`(map7.xquery)`

Iteration über alle Einträge einer Map

Mit der Funktion `map:for-each()` wird über alle Einträge einer Map iteriert und für jeden Eintrag eine Funktion ausgeführt. Ihre Signatur ist:

```
map:for-each($map as map(*),
    $action as function(xs: anyAtomicType, item()')
                        as item()*)
    as item()*
```

Erstes Argument der Funktion ist eine Map, das zweite die auszuführende Funktion. Diese muss über zwei Argumente verfügen, die Schlüssel und Wert der Map repräsentieren.

Beispiel 8

Ziel ist die Ausgabe aller Map-Einträge, wobei Schlüssel und zugeordneter Wert durch einen Bindestrich verkettet werden.

```
map:for-each($vmap,
    function($key, $value) {
        concat($key, "-", $value)
    })
```

Die Funktion, die für jeden Eintrag ausgeführt wird, ist als anonyme Funktion (Inline Funktion) definiert. ◀

`(map8.xquery)`

7.11.2 Arrays

Zusammenfassung

Ein Array ist eine geordnete Liste von Werten beliebigen Typs. Zur Konstruktion gibt es einen Konstruktor mit eckigen und einen mit geschweiften Klammern. Für den Zugriff auf die Member eines Arrays kann die Funktion `array:get()`, Aufruf eines Arrays wie eine Funktion oder der Lookup-Operator verwendet werden.

Ein **Array** in XPath/XQuery ist ein nummerisches Array, also eine geordnete Liste von Werten. Die Werte werden Member genannt, auf diese kann über ihre Positionsnummer zugegriffen werden. Beachten Sie, dass das erste Member eines Arrays die Positionsnummer 1 hat und nicht 0, wie dies in anderen Programmiersprachen üblich ist. Als Wert ist jeder Ausdruck erlaubt. Zudem gilt, dass die Member eines Arrays nicht vom gleichen Typ sein müssen.

Namensraum Die eingebauten Funktionen, die auf Arrays operieren, liegen im Namensraum `http://www.w3.org/2005/xpath-functions/array`. Dieser wird üblicherweise an das Präfix `array` gebunden.

Beispiel

Allen XQuery-Ausdrücken, die Array-Funktionen verwenden, muss folgende Namensraumdeklaration vorangestellt werden:

```
declare namespace
    array = "http://www.w3.org/2005/xpath-functions/array";
```

Sequenztypen für Arrays

Sequenztypen (s. Abschn. 7.1) werden verwendet, um genaue Typangaben für eine Sequenz zu spezifizieren. Zur Spezifikation eines Sequenztyps für Arrays, auch Array-Test genannt, ist ein generischer und ein spezieller Typ vorgesehen.

Generischer Typ Ein generischer Typ für Arrays spezifiziert ein Array, bei dem die Member des Arrays von beliebigem Typ sind. Er hat die Form:

```
array(*)
```

Spezieller Typ Ein spezieller Typ für Arrays spezifiziert die Typen der Member in der Form:

```
array(Sequenztyp)
```

Beispiel

```
array(xs:integer)
```

legt fest, dass jedes Member des Array vom Sequenztyp $xs:integer$ sein muss. ◀

Konstruktion eines Arrays

Zur Konstruktion eines Arrays in XQuery gibt es zwei Konstruktoren: einen Konstruktor mit eckigen Klammern *(square array constructor)* und einen Konstruktor mit geschweiften Klammern *(curly array constructor)*. Bei einem *square array constructor* werden die Werte, durch Kommata getrennt, in eckigen Klammern notiert. Ein *curly array constructor* beginnt mit dem Schlüsselwort $array$ und in geschweiften Klammern werden die durch Kommata getrennten Werte notiert.

Beispiel 1

Konstruktion eines Arrays.

a) mit dem *square array construktor:*
```
["a", "b", "c"]
```
b) mit dem *curly array constructor:*
```
array {"a", "b", "c"} ◀
```

Verschachtelte Arrays Da ein Member eines Arrays von beliebigem Typ sein kann, kann das Member auch ein Array sein, sodass Arrays auch verschachtelt sein können.

Beispiel 2

```
[["a", "b"], "c"] bzw. array{["a", "b"], "c"}
```
Das äußere Array enthält zwei Member, beim ersten Member handelt es sich um ein Array mit zwei Membern. ◀

Unterschied: Array – Sequenz

Ein Array ist, wie auch eine Sequenz, eine geordnete Liste von Items, so dass es auf den ersten Blick scheint, als würde es sich bei diesen um die gleiche Datenstruktur handeln. Sie unterscheiden sich jedoch bezüglich einer möglichen Verschachtelung. Sequenzen sind niemals verschachtelt. Arrays dagegen können Member enthalten, die selbst Arrays oder Sequenzen sind.

Beispiel 3

Für die weiteren Ausführungen sind folgende Arrays definiert und einer Variablen zugewiesen:

```
declare variable $a := ["a","b","c"];
declare variable $m := [["a","b","c"],["d","e","f"]];◄
```

(array1.xquery)

Zugriff auf Array-Member

Für den Zugriff auf die Member eines Arrays gibt es verschiedene Möglichkeiten: die Funktion `array:get()`, den Aufruf eines Arrays wie eine Funktion und den Lookup-Operator.

Funktion array:get() Die eingebaute Funktion `array:get()` zum Zugriff auf Array-Member hat die Signatur:

```
array:get($array as array(*), $position as xs:integer)
    as item()*
```

Das erste Argument der Funktion ist ein Array, das zweite die Position des gewünschten Members.

Beispiel 4

a) `array:get($a,1)`
   liefert das Member an der ersten Position: `"a"`.
b) `array:get($m,2)`
   liefert das zweite Member von `$m`, das Array `["d","e","f"]`.
c) `array:get(array:get($m,2),3)`
   liefert das zweite Member des ersten Members, den Wert `"f"`. ◄

(array2.xquery)

Aufruf eines Arrays als Funktion

Im XPath/XQuery-Datenmodell ist ein Array ist spezieller Untertyp einer Funktion, einer, die einen Index akzeptiert und das Member an dieser Position zurückgibt. Jedes Array kann daher als anonyme Funktion betrachtet werden. Diese anonyme Funktion hat einen Parameter, der den Index repräsentiert und dessen Sequenztyp `xs:integer` ist, und den Rückgabetyp `item()*`, da die Member des Arrays von beliebigem Typ sein können. Um auf ein Member eines Arrays zuzugreifen, kann das Array wie eine

Funktion behandelt werden. Hierzu wird das Array einer Variablen zugewiesen und der Variablenname wird wie ein Funktionsname verwendet.

Beispiel 5

a) `$a(1)`

liefert das erste Member.

b) `$m(2)`

liefert das zweite Member, welches wieder ein Array ist.

c) Bei diesem Array wird nun auf das dritte Member zugegriffen:

`$m(2)(3)`

liefert `"f"`. ◄

```
(array3.xquery)
```

Lookup-Operator Eine sehr kurze Schreibweise für den Zugriff auf ein Array bietet der **Lookup-Operator.** Er besteht aus einem Fragezeichen `"?"`, dem ein Spezifikator folgt. Als Spezifikator ist möglich:

- eine Wildcard `"*"`, zurückgegeben wird eine Sequenz, die alle Member des Arrays enthält,
- eine Integer, zurückgegeben wird das Member an dieser Position,
- ein Ausdruck in Klammern.

Beispiel 6

a) `$a?*`

liefert die Sequenz `(a, b, c)`.

b) `$a?1`

liefert das Member an der ersten Position.

c) `$m?2`

liefert das Member an der zweiten Position, das Array `["d","e","f"]`.

d) `$a?(1,2)`

liefert die Sequenz der Member an Position 1 und 2: `("a","b")`.

e) Lookups können verkettet werden:

`$m?2?3`

liefert `"f"`. ◄

```
(array4.xquery)
```

Iteration über alle Array-Member

Ist die Anzahl der Member eines Arrays bekannt, kann mit einem `for`-Ausdruck in Kombination mit einem Bereichsausdruck über alle Member des Arrays iteriert werden.

```
array:size()
```

Die Funktion `array:size($array as array(*)) as xs:integer` liefert die Anzahl der Member eines Arrays.

Beispiel 7

Eine Iteration über alle Member des Arrays $a ist wie folgt möglich:

```
for $i in 1 to array:size($a)
return $a($i) ◄
```

```
(array5.xquery)
```

7.11.3 JSON

Zusammenfassung

Es gibt zwei Möglichkeiten, JSON-Daten verlustfrei auf Konstrukte des XPath/XQuery-Datenmodells abzubilden: Eine XQuery Repräsentation durch Maps und Arrays, hierzu wird JSON mit der Funktion `fn:parse-json()` bzw. `fn:json-doc()` geparst. Zur Umkehrung, der Serialisierung zu JSON, müssen im Prolog der Anfrage passende Serialisierungsparameter deklariert werden. Alternativ kann JSON als XML mit entsprechenden Element- und Attributknoten dargestellt werden. Mit den Funktionen `fn:json-to-xml()` bzw. `fn:xml-to-json()` ist eine Konvertierung zwischen JSON und XML möglich.

JSON *(JavaScript Object Notation)* ist ein kompaktes Datenformat, das als Datenaustauschformat zwischen Anwendungen in den letzten Jahren immer beliebter wurde. Eingesetzt wird es insbesondere in Webanwendungen und mobilen Applikationen zur Datenübertragung zwischen Client und Server. Ein Vorteil ist die – im Vergleich zu XML – deutlich kleinere Datenmenge. Zudem ist jedes gültige JSON-Dokument auch ein gültiges Java-Script-Objekt, so dass eine Weiterverarbeitung mit JavaScript sehr einfach ist. Genaue Informationen zum Datenformat JSON finden Sie unter JSON (https://www.json.org/json-de.html) und RFC 7159 (https://www.rfc-editor.org/rfc/rfc7159.txt).

Einfaches JSON- Beispiel

```
{
   "name": "Ina",
   "alter": 30,
   "verheiratet": true,
   "kinder": ["Peter","Sabine"]
} ◄
```

Die Spezifikation beschreibt zwei Möglichkeiten, wie JSON-Daten verlustfrei auf Konstrukte des XPath/XQuery-Datenmodells abgebildet werden. Die erste Methode verwendet Maps zur Repräsentation von JSON-Objekten und Arrays zur Repräsentation von JSON-Arrays. Die zweite Methode repräsentiert alle JSON-Konstrukte durch Element- und Attributknoten.

Repräsentation von JSON durch Maps und Arrays

Tab. 7.19 zeigt wie Konstrukte der JSON-Syntax auf das XPath/XQuery-Datenmodell abgebildet werden.

Zum Parsen von JSON stehen die Funktionen `fn:parse-json()` und Parsen von JSON `fn:json-doc()` zur Verfügung:

- `fn:parse-json($json-text as xs:string?) as item()?`
  parst einen String im JSON-Format und gibt das Resultat typischerweise in Form einer Map oder eines Arrays zurück.
- `fn:json-doc($href as xs:string?) as item()?`
  liest eine externe Ressource, die als JSON geparst wird.

Beispiel 1

Der Funktion `parse-json()` wird ein String im JSON-Format übergeben. Das Ergebnis wird der Variablen `$d` zugewiesen.

```
declare variable $d:= parse-json('{
    "v1": "Informatik",
    "v2": "Technik I",
    "v3": "Technik II"
}');
```

In `$d` ist nun folgende Map gespeichert:

Tab. 7.19 Mapping: JSON-Syntax – XQuery Datenmodell

JSON	XQuery-Äquivalent
Object	Map mit einem Eintrag für jedes Name-Werte-Paar
Array	Array
String	atomarer `xs:string` Wert
Number	atomarer `xs:double` Wert
`true` token	atomarer `xs:boolean` Wert `true`
`false` token	atomarer `xs:boolean` Wert `false`
`null` token	leere Sequenz

```
map {
    "v1": "Informatik",
    "v2": "Technik I",
    "v3": "Technik II"
```

Ist der JSON-String in einer Datei namens `bl_vorl.json` gespeichert, liefert der
Aufruf `json-doc("bl_vorl.json")` das gleiche Ergebnis. ◄

```
(bi_parse.xquery)
```

Serialisieren

Ergebnisse eines XQuery-Ausdrucks können als JSON-Dokument serialisiert werden.
Zur Abbildung von Konstrukten des XDM-Datenmodells auf JSON wird das in Tab. 7.19
dargestellte Mapping verwendet.

Im Prolog der XQuery-Anfrage werden die notwendigen Serialisierungsparameter
spezifiziert. Da alle Serialisierungsparameter im Namensraum `http://www.
w3.org/2010/xslt-xquery-serialization` liegen, muss dieser deklariert
und an ein Präfix gebunden werden. Die Serialisierungsparameter werden durch die
Deklaration einer Option spezifiziert (ab XQuery 3.0). Die Syntax lautet:

```
declare option Optionsname "Wert";
```

Zur Serialisierung zu JSON wird die Option `method` auf den Wert `json` gesetzt. Eine
Einrückung des Ergebniscodes wird durch die Option `indent` mit dem Wert `yes`
realisiert.

Beispiel 2

```
xquery version "3.1";
declare namespace output
    = "http://www.w3.org/2010/xslt-xquery-serialization";
declare option output:method "json";
declare option output:indent "yes";

map { "a": 1, "e": 2, "i": 3, "o": 4, "u": 5}
```

Der Name der JSON-Datei wird im Transformationsszenario festgelegt. Ihr Inhalt ist:

```
{
  "a": 1,
  "e": 2,
```

```
  "i": 3,
  "o": 4,
  "u": 5
}◄
```

(b2_ser1.xquery)

Beispiel 3

In diesem Beispiel wird ein XML-Dokument gelesen, eine Map generiert und diese zu JSON serialisiert.

```
declare namespace map
    = "http://www.w3.org/2005/xpath-functions/map";
declare namespace output
    = "http://www.w3.org/2010/xslt-xquery-serialization";
declare option output:method "json";
declare option output:indent "yes";

map:merge(for $v in doc("fb.xml")//vorlesung
        return
          map:entry($v/@vid, string($v/titel)))
```

Das Ergebnis ist:

```
{
  "v1": "Informatik",
  "v2": "Technik I",
  "v3": "Technik II"
}◄
```

(b3_ser2.xquery)

XML-Repräsentation von JSON

Tab. 7.20 zeigt wie Konstrukte der JSON-Syntax auf XML-Elemente abgebildet werden. Jedes JSON-Konstrukt wird durch einen passenden Elementnamen repräsentiert. Für ein Name/Werte-Paar innerhalb eines Objektes wird das Attribut `key` verwendet, das als Wert den Namen besitzt. Die XML-Elemente liegen im Namensraum `http://www.w3.org/2005/xpath-functions`.

Funktionen zum Parsen von JSON

Mit den Funktionen `fn:json-to-xml()` und `fn:xml-to-json()` ist die Konvertierung zwischen JSON und XML möglich.

Tab. 7.20 Mapping: JSON-Syntax auf XML-Elemente

JSON Konstrukt	Elementname in XML	Inhalt/Typ des XML-Elementes
Objekt	map	Alle Elemente des Objektes, jedes mit einem Attribut key, das als Wert den Namen des Name-Werte-Paares hat
Array	array	Alle Elemente des Arrays
String	string	xs:string
Number	number	xs:double
true, false token	boolean	xs:boolean
null token	null	Leerer Inhalt

- fn:json-to-xml($json-text as xs:string?) as document-node()?
  parst einen String im JSON-Format und gibt das Resultat als XML-Dokumentknoten zurück. Jedes JSON-Konstrukt wird durch ein Element mit passendem Namen repräsentiert.
- fn:xml-to-json($input as node()?) as xs:string?
  konvertiert einen XML-Baum, der zur JSON-Repräsentation passt, in einen JSON-String.

Beispiel 4

Der Aufruf von

```
json-to-xml('{
    "x": 1,
    "y": "test",
    "z": [1,2,4]
}')
```

liefert folgendes XML-Dokument

```
<?xml version="1.0" encoding="UTF-8"?>
<map xmlns="http://www.w3.org/2005/xpath-functions">
  <number key="x">1</number>
  <string key="y">test</string>
  <array key="z">
    <number>1</number>
    <number>2</number>
    <number>4</number>
  </array>
</map>◀
```

```
(b4_json-to-xml.xquery)
```

Um den Inhalt einer JSON-Datei in XML umzuwandeln, wird zuerst die Funktion `fn:unparsed-text()` zum Lesen der Datei angewandt. Diese liefert einen String zurück, der der Funktion `fn:json-to-xml()` übergeben wird. Die Signatur von `fn:unparsed-text()` ist:

```
fn:unparsed-text($href as xs:string?) as xs:string?
```

Beispiel 5

Der Textstring aus Beispiel 4 ist nun in der Datei `js2.json` gespeichert:

```
{
  "x": 1,
  "y": "test",
  "z": [1,2,4]
}◄
```

Der folgende Aufruf liefert das gleiche XML-Dokument wie der Funktionsaufruf in Beispiel 4:

```
json-to-xml(unparsed-text('js2.json'))
```

```
(b5_json-to-xml.xquery)
```

Literatur

1. Bongers F (2008) XSLT 2.0 & XPath 2.0 – Das umfassende Handbuch. Galileo Press, Bonn
2. Jansen, R (2004) XQuery. Eine praxisorientierte Einführung. Software & Support Verlag, Frankfurt
3. Katz, H (Hrsg) (2004) XQuery from the Expert – A Guide to the W3C XML Query Language. Addison Wesley, Boston
4. Klettke, M, Meyer, H (2003) XML & Datenbanken. Konzepte, Sprachen und Systeme. dpunkt. verlag, Heidelberg
5. Lehner, W, Schöning, H (2004) XQuery. Grundlagen und fortgeschrittene Methoden. dpunkt. verlag, Heidelberg
6. Vonhoegen, H (2018) XML: Einstieg, Praxis, Referenz. Rheinwerk Verlag, Bonn
7. Walmsley, P (2015) XQuery: Search Across a Variety of XML Data. O'Reilly, Bejing

XSLT

XSLT *(XSL Transformations)* ist eine XML-Sprache zur Transformation von XML-Dokumenten in andere (XML-)Dokumente. Sie gehört neben XPath *(XML Path Language)* und XSL-FO *(XSL Formatting Objects)* zur Sprachfamilie XSL *(Extensible Stylesheet Language),* s. W3C-Website XSL (https://www.w3.org/Style/XSL/). Im Jahre 1999 hat das W3C XSLT Version 1.0 (https://www.w3.org/TR/xslt) verabschiedet, 2007 folgte XSLT Version 2.0 (https://www.w3.org/TR/xslt-20/) und im Jahr 2017 XSLT Version 3.0 (https://www.w3.org/TR/xslt-30/).

Im Folgenden lernen Sie, wie eine XSLT-Transformation durchgeführt wird, sowie die wichtigsten Sprachelemente von XSLT kennen:

- 8.1 XSLT-Prozess
- 8.2 Aufbau eines Stylesheets
- 8.3 Erste Transformation
- 8.4 Eingebaute Template-Regeln
- 8.5 Textknoten erzeugen
- 8.6 Attributknoten erzeugen
- 8.7 Ausgabeformat festlegen
- 8.8 Fallunterscheidungen
- 8.9 Wiederholungen mit xsl:for-each
- 8.10 Elemente erzeugen und kopieren

Ergänzende Information Die elektronische Version dieses Kapitels enthält Zusatzmaterial, auf das über folgenden Link zugegriffen werden kann https://doi.org/10.1007/978-3-658-35435-0_8.

Anschließend werden fortgeschrittene Aspekte vermittelt:

8.1   XSLT-Prozess

Zusammenfassung

Eine XSLT-Transformation wird mithilfe eines XSLT-Prozessors durchgeführt. Es gibt sowohl Open-Source- als auch kommerzielle XSLT-Prozessoren. Innerhalb einer Webumgebung wird zwischen client- und serverseitiger Transformation unterschieden. Zur Stylesheet-Entwicklung bieten XML-Editoren eine sehr gute Unterstützung.

XSLT-Prozessor Zur Durchführung eines Transformationsprozesses ist ein Programm, genannt **XSLT-Prozessor,** notwendig. Dieser liest ein XML-Dokument und ein XSLT-Stylesheet ein, führt die Anweisungen des XSLT-Stylesheets aus und erzeugt ein oder auch mehrere Ergebnisdokumente (s. Abb. 8.1).

XSLT-Prozessoren sind sowohl als Open-Source als auch kommerziell erhältlich. Auch in modernen Webbrowsern sind XSLT-Prozessoren integriert.

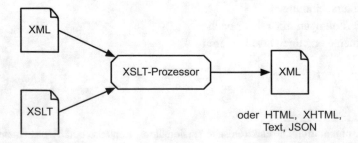

Abb. 8.1   XSLT-Transformation

Xalan ist ein Open-Source XSLT-Prozessor der Apache Software Foundation. Er ist in Java (http://xml.apache.org/xalan-j) und auch in C++ (http://xml.apache.org/xalan-c) erhältlich. Unterstützt wird lediglich XSLT 1.0.

Beispiel

Für eine XSLT-Transformation mithilfe der Java-Version von Xalan ist folgender Kommandozeilenaufruf notwendig:

```
java org.apache.xalan.xslt.Process
     -in quelle.xml -xsl stylesheet.xsl
     -out ausgabe◄
```

Der Prozessor **Saxon** (Saxon https://www.saxonica.com) aus dem Hause Saxonica ist in drei Editionen erhältlich, die alle für die Plattformen Java, .NET und C/C++/PHP zur Verfügung stehen:

- Saxon-HE: Home Edition, OpenSource
- Saxon-PE: Professional Edition, unterstützt Higher-Order-Funktionen (neu in XSLT 3.0)
- Saxon-EE: unterstützt zusätzlich Streaming (neu in XSLT 3.0). Er ist „schema-konform" *(schema aware)*, d. h. bei einer XSLT-Transformation können sowohl Eingabe- als auch Ergebnisdokument gegen ein XML-Schema validiert werden. Elemente und Attribute sind entsprechend den im XML-Schema definierten Daten-typen typisiert.

Eine Alternative zu den Saxon-Prozessoren ist **RaptorXML** (https://www.altova.com/de/raptorxml.html), der für Windows, Linux und Mac OS-Plattformen erhältlich ist.

Webumgebung
Sollen XSLT-Transformationen in einer Webumgebung durchgeführt werden, kann dies entweder auf der Serverseite oder auf der Clientseite geschehen.

Serverseitige Transformation Bei der serverseitigen Transformation wird die Transformation auf dem Webserver ausgeführt und eine fertige HTML-Seite an den Browser gesendet. Alle serverseitigen Techniken, wie z. B. Microsoft.NET, J2EE, oder Open-Source-Techniken, wie PHP, enthalten mittlerweile XSLT-Prozessoren. Der in PHP integrierte XSLT-Prozessor XsltProc (http://xmlsoft.org/XSLT) unterstützt allerdings nur XSLT 1.0.

Das folgende PHP-Skript `test.php` lädt das XML-Dokument `fb.xml` und das Stylesheet `st1.xsl`, führt die Transformation aus und zeigt das Ergebnis an:

```php
<?php
  $xml = new DomDocument();
  $xml->load("fb.xml");
  $xsl = new DomDocument();
  $xsl->load("st1.xsl");

  // XSLT Prozessor Objekt erzeugen
  $proc = new XsltProcessor();

  // Stylesheet laden
  $proc->importStylesheet($xsl);

  // Transformation durchfuehren und Ergebnis anzeigen
  echo $proc->transformToXML($xml);
?>◀
```

(`test.php, fb.xml, st1.xsl`)

Clientseitige Transformation Bei der clientseitigen Transformation wird die XSLT-Transformation auf dem Client, genauer vom Browser des Clientrechners, durchgeführt. Die meisten modernen Browser haben dazu XSLT-Prozessoren integriert.

Im XML-Quelldokument muss eine Referenz auf das XSLT-Stylesheet eingefügt werden. Dazu dient folgende Verarbeitungsanweisung *(processing instruction)*:

```
<?xml-stylesheet type="text/xsl" href="XSLT_Stylesheet.xsl"?>
```

Eine clientseitige Transformation hat jedoch Nachteile:

- Selbst neuere Browser unterstützen nicht den vollen XSLT-Sprachumfang.
- Die zu übertragende Datenmenge ist größer als bei einer serverseitigen Transformation, da auf jeden Fall zwei Dateien, das XML-Dokument und das XSLT-Stylesheet, dem Client übermittelt werden müssen.
- Der Verweis auf das XSLT-Stylesheet ist fest in der XML-Datei kodiert. Soll das XML-Dokument mit einem anderen XSLT-Stylesheet transformiert werden, muss die XML-Datei editiert werden.

Eine Alternative zu dem im Webbrowser eingebauten XSLT-Prozessor ist Saxon-JS (https://www.saxonica.com/saxon-js/index.xml). Dieser XSLT-Prozessor ist in JavaScript

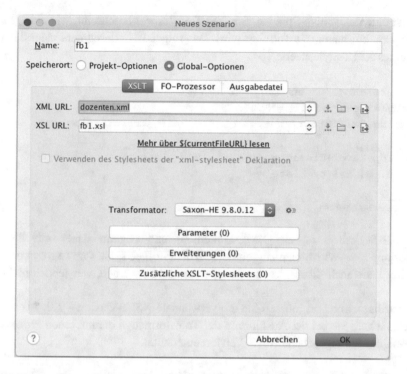

Abb. 8.2   Konfiguration eines Transformationsszenarios

programmiert und unterstützt die XSLT Version 3.0. Allerdings muss das XSLT-Stylesheet mit Saxon-EE vorab in ein *Stylesheet Export File* (SEF) kompiliert werden.

XML-Editor Zur Programmierung von XSLT-Stylesheets sollte ein professioneller XML-Editor verwendet werden. Diese haben ein oder mehrere XSLT-Prozessoren integriert und auch die Integration von weiteren ist meist möglich. Beim Oxygen XML-Editor lässt sich eine Transformation einfach über ein Transformationsszenario konfigurieren und ausführen (s. Abb. 8.2).

8.2   Aufbau eines Stylesheets

Zusammenfassung

Ein XSLT-Stylesheet ist ein XML-Dokument mit dem Wurzelelement `<xsl:stylesheet>`. Elemente, die auf der obersten Ebene erlaubt sind, heißen Top-Level-Elemente. Mit `<xsl:template>` wird eine Template-Regel definiert. Im Rumpf der Regel werden Ausgaben erzeugt und die weitere Abarbeitung des Baumes gesteuert.

XSLT ist eine deklarative Sprache. Ein XSLT-Stylesheet beschreibt, wie ein Quellbaum in einen Ergebnisbaum transformiert wird. Das folgende Codesegment zeigt das Grundgerüst eines XSLT-Stylesheets:

```
<?xml version="1.0" encoding="UTF-8"?>
<xsl:stylesheet version="3.0"
    xmlns:xsl="http://www.w3.org/1999/XSL/Transform">


  <-- Top-Level-Elemente -->
  <-- z. B. xsl:template -->


</xsl:stylesheet>
```

Ein XSLT-Stylesheet ist ein XML-Dokument und beginnt daher mit der XML-Deklaration. Das Wurzelelement eines XSLT-Stylesheets ist `<xsl:stylesheet>`. Alternativ kann auch `<xsl:transform>` angegeben werden, was jedoch nicht üblich ist.

Im Attribut `version` müssen Sie die verwendete XSLT-Version – 1.0, 2.0 oder 3.0 – angeben. Achten Sie bei der Ausführung der Transformation darauf, einen Prozessor auszuwählen, der die angegebene XSLT-Version unterstützt.

Namensraum Alle XSLT-Elemente und -Attribute müssen dem Namensraum `http://w3.org/1999/XSL/Transform` angehören, damit der XSLT-Prozessor sie als solche erkennt. Es ist üblich, das Kürzel `xsl` als Namensraum-Präfix zu notieren. Weitere Namensraumangaben sind z. B. notwendig, wenn die Elemente des Ergebnisdokumentes einem speziellen Namensraum angehören sollen. Möchten Sie beispielsweise ein XSL-FO-Dokument erzeugen, müssen Sie die Namensraumdeklaration `xmlns:fo="http://www.w3.org/1999/XSL/Format"` hinzufügen.

Top-Level-Elemente
Die XSLT-Elemente, die direkte Kindelemente von `<xsl:stylesheet>` sein dürfen, heißen **Top-Level-Elemente.** Tab. 8.1 zeigt eine Kurzübersicht der 19 Top-Level-Elemente von XSLT 3.0. Die Elemente dürfen im XSLT-Stylesheet in beliebiger Reihenfolge auftreten. In XSLT 2.0 musste `<xsl:import>` immer als Erstes stehen, diese Restriktion wurde in XSLT 3.0 aufgehoben.

Baumtransformation
Um den Aufbau eines XSLT-Stylesheets zu verstehen, müssen Sie noch einen genaueren Blick auf den Ablauf einer Transformation werfen. Detailliert wird der Transformations-Prozess wie folgt ausgeführt (s. Abb. 8.3):

Tab. 8.1 Top-Level-Elemente von XSLT

Top-Level-Element	Kurzbeschreibung
`<xsl:accumulator>`	In einem Akkumulator werden Verarbeitungsregeln definiert (z. B. Berechnung einer Summe), die z. B. angewandt werden, wenn ein Dokument im Streaming Modus verarbeitet wird (ab XSLT 3.0).
`<xsl:attribute-set>`	Definition einer Attributmenge, die Elementen hinzugefügt werden kann.
`<xsl:character-map>`	Deklaration benannter Character-Mappings.
`<xsl:decimal-format>`	Festlegung des Formates, in dem Zahlen in das Ergebnisdokument geschrieben werden.
`<xsl:function>`	Deklaration einer Funktion („Stylesheet-Funktion").
`<xsl:global-contextitem>`	Legt fest, ob ein globales Kontext-Item zur Initialisierung von globalen Variablen und Parametern erforderlich ist, und wenn ja, von welchem Typ dies ist (ab XSLT 3.0).
`<xsl:import>`	Importiert ein anderes Stylesheet.
`<xsl:import-schema>`	Ermöglicht die Einbindung von XML-Schema-Dateien. Dadurch können benutzerdefinierte Datentypen bei der Verarbeitung berücksichtigt werden. Es muss ein XLST-Prozessor verwendet werden, der „schema-konform" ist.
`<xsl:include>`	Inkludiert ein anderes Stylesheet.
`<xsl:key>`	Definiert einen Schlüssel. Auf den benannten Schlüssel kann mit der Funktion `key()` zugegriffen werden.
`<xsl:mode>`	Deklaration eines Modus, in dem festgelegt wird, wie mit Knoten verfahren wird, für die kein explizites XSLT-Template definiert ist bzw. mehrere definiert sind (ab XSLT 3.0).
`<xsl:namespace-alias>`	Festlegung eines Namensraum-Alias für einen Namensraum, der im Stylesheet verwendet wird. Im Ergebnisdokument wird der Alias verwendet.
`<xsl:output>`	Gibt an, in welchem Format, das Ergebnisdokument, ausgegeben werden soll (`xml`, `html`, `xhtml`, `text` oder `json`).
`<xsl:param>`	Definition eines Parameters, der beim Aufruf eines Stylesheets übergeben werden kann.
`<xsl:preserve-space>`	Legt fest, innerhalb welcher Elemente Weißraum (*white space*) erhalten bleibt.
`<xsl:strip-space>`	Legt fest, innerhalb welcher Elemente Weißraum (*white space*) entfernt wird.
`<xsl:template>`	Definition einer Template-Regel oder eines benannten Templates.
`<xsl:use-package>`	Referenzierung eines Paketes (*package*) (ab XSLT 3.0).
`<xsl:variable>`	Deklaration einer Variablen.

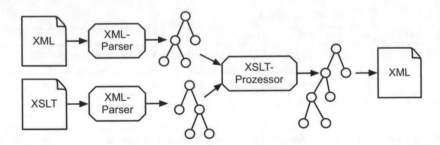

Abb. 8.3 Ablauf einer XSLT-Transformation

- Der XML-Parser liest das XML-Dokument und das XSLT-Stylesheet und interpretiert beide als Baum.
- Der XSLT-Prozessor liest nun die beiden Bäume und wandelt den Baum des XML-Dokumentes (Quellbaum, *source tree*) auf der Grundlage der Regeln im XSLT-Stylesheet in einen neuen Baum (Ergebnisbaum, *result tree*) um.
- Der Ergebnisbaum wird in eine serielle Form gebracht: das neue XML-Dokument.

Template-Regeln Für die Baumtransformation wird kein prozeduraler Algorithmus formuliert, stattdessen werden Regeln angegeben, wie der Quellbaum in den Ergebnisbaum umgewandelt wird. Die Regeln zur Transformation, sogenannte **Template-Regeln**, oft auch kurz nur Templates (deutsch: Vorlage, Schablone) genannt, werden durch `<xsl:template>`-Elemente beschrieben. Jede Template-Regel „matched" (*to match* = passen) eine Sequenz von Elementen oder Attributen im Quellbaum. Dazu wird im `match`-Attribut ein Muster in Form eines XPath-Ausdrucks angegeben, der die Quellknoten identifiziert, auf welche die Regel angewandt werden kann. Der genaue Ablauf wird in Abschn. 8.3 anhand eines Beispiels dargestellt.

Template-Regel Dokumentknoten Da die Baumtransformation immer am Dokumentknoten beginnt, enthält quasi jedes XSLT-Stylesheet eine Template-Regel für den Dokumentknoten. Abb. 8.4 zeigt ein typisches Beispiel.

Template-Rumpf Im Rumpf einer Template-Regel werden Ausgaben erzeugt und die weitere Abarbeitung des Baumes gesteuert.

Ausgaben können erzeugt werden durch einfachen Text, dem Notieren von Elementen der Zielsprache oder von Textknoten bzw. Attributwerten des Quelldokuments.

Die notierten Elemente der Zielsprache werden mit ihren Attributen unverändert in das Ergebnisdokument übernommen und daher auch **literale Ergebniselemente** (*literal result elements*) (vom lateinischen litera = Buchstabe) genannt. Im Beispiel sind dies die HTML-Elemente `<html>`, `<head>`, `<title>` und `<body>`.

```
                          Suchmuster
                          ⌒
<xsl:template match="/">
   <html>
      <head>
         <title>Der Fachbereich</title>        }  literale Ergebniselemente
      </head>
      <body>
         <xsl:value-of select="fb/@name" />     }  XSLT-Anweisungen
         <xsl:apply-templates/>
      </body>
   </html>
</xsl:template>
```

Abb. 8.4 Eine Template-Regel für den Dokumentknoten

<xsl:value-of> Zur Ausgabe von Textknoten bzw. Attributwerten des Quelldokuments
kann die Anweisung `<xsl:value-of  select="XPath-Ausdruck"/>` verwendet werden. Der durch den XPath-Ausdruck adressierte Wert wird als String in das
Ausgabedokument eingefügt. Im Beispiel ist dies gerade der Wert des Attributes `name`
des Elementes `<fb>`.

<xsl:apply-templates> Die Anweisung: `<xsl:apply-templates/>` steuert die
weitere Abarbeitung des Baumes. Wird sie in dieser Form – als leeres Element und ohne
Attribute – notiert, bedeutet dies, dass die Kindknoten des aktuellen Knotens ausgewählt
werden. Für jeden Kindknoten wird nun nach einer Template-Regel gesucht, die auf
diesen Knoten passt, und diese Regel wird angewendet.

Durch die in Abb. 8.4 dargestellte Template-Regel wird somit das Grundgerüst einer
HTML-Seite aufgebaut und die Ausgaben, die durch weitere Templates erzeugt werden,
werden immer innerhalb von `<body>  </body>` stehen.

▶ **Hinweis** Auch wenn die Zielsprache HTML ist, müssen Sie darauf achten,
dass das XSLT-Stylesheet ein XML-Dokument ist und mindestens wohlgeformt sein muss. Dies bedeutet, dass Elemente, die in HTML ohne Ende-Tag
geschrieben werden können, z. B. `<br>`, `<img>`, im Stylesheet ein Ende-Tag
benötigen. Benannte HTML-Entities, wie ` ` `&auml;` `&uuml;` usw., sind
in XML nicht bekannt. Genauere Informationen zur Festlegung eines Output-
Formates erhalten Sie in Abschn. 8.7.

8.3 Erste Transformation

Zusammenfassung

Eine einfache Transformation kann wie folgt durchgeführt werden: Ausgehend vom
Dokumentknoten bewegt man sich mit`<xsl:apply-templates/>`, d. h. der
Aufforderung an den XSLT-Prozessor nach Template-Regeln für alle Kindelemente

des Kontextknotens zu suchen und diese anzuwenden, bis zur untersten Ebene der Elementknoten. Für diese Elemente wird nun jeweils eine Template-Regel notiert mit der Anweisung `<xsl:value-of select="."/>`, gib den Inhalt des aktuellen Elementes aus. Dem Element `<xsl:apply-templates>` kann das Attribut `select="XPath-Ausdruck"` hinzugefügt werden. In diesem Fall werden Template-Regeln nur für die durch den XPath-Ausdruck adressierten Knoten gesucht.

In diesem Kapitel wird an einem einfachen Beispiel erläutert, wie eine Transformation durchgeführt wird, insbesondere wie hierbei der Baum des Quelldokumentes abgearbeitet wird.

Fallbeispiel

Gegeben ist folgendes XML-Dokument:

```
<?xml version="1.0" encoding="UTF-8"?>
<dozentenliste>
  <dozent did="d1">
    <name>Maier</name>
    <vorname>Fritz</vorname>
    <website>
       http://www.meine-fh.de/maier.htm
    </website>
  </dozent>
    <dozent did="d2">
    <name>Müller</name>
    <vorname>Sabine</vorname>
    <website>
       http://www.meine-fh.de/mueller.htm
    </website>
  </dozent>
</dozentenliste>
```

(dozenten.xml)

Bevor der XSLT-Prozessor mit der Transformation beginnt, erzeugt er eine interne Baumstruktur (s. Abschn. 7.1). Abb. 8.5 zeigt die Baumstruktur des obigen XML-Dokumentes (dozenten.xml). Die Elementknoten sind in der Dokumentreihenfolge durchnummeriert.

Fallbeispiel fb1.xsl

Das folgende XSLT-Stylesheet erzeugt eine einfache HTML5-Seite. Die Daten der einzelnen Dozenten stehen jeweils in einem eigenen Absatz:

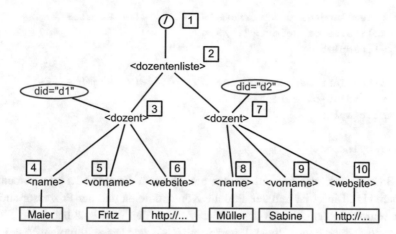

Abb. 8.5 Baumdarstellung des XML-Dokumentes dozenten.xml

```
<?xml version="1.0" encoding="UTF-8"?>
<xsl:stylesheet version="3.0"
    xmlns:xsl="http://www.w3.org/1999/XSL/Transform">
  <xsl:output method="html" html-version="5" encoding="UTF-8"/>

  <xsl:template match="/">                <!-- Regel 1 -->
    <html>
      <head>
        <title>Dozentenliste</title>
      </head>
      <body>
        <xsl:apply-templates/>
      </body>
    </html>
  </xsl:template>

  <xsl:template match="dozentenliste">  <!-- Regel 2 -->
    <h1>Unsere Dozenten</h1>
    <xsl:apply-templates/>
  </xsl:template>

  <xsl:template match="dozent">          <!-- Regel 3 -->
    <p><xsl:apply-templates/></p>
  </xsl:template>

  <xsl:template match="name">            <!-- Regel 4 -->
    <xsl:value-of select="."/>
  </xsl:template>
```

```
<xsl:template match="vorname">          <!-- Regel 5 -->
  <xsl:value-of select="."/>
</xsl:template>


<xsl:template match="website">          <!-- Regel 6 -->
  <xsl:value-of select="."/>
</xsl:template>


</xsl:stylesheet>
```

Die Baumabarbeitung beginnt immer am obersten Knoten, dem Dokumentknoten (Knoten [1]). Dieser ist nun der aktuelle Kontextknoten und der Prozessor sucht nach einer Template-Regel, bei der das match-Attribut den Wert "/" hat.

Der Prozessor findet Regel 1 und wendet sie an. Diese Template-Regel erzeugt nun das Grundgerüst der HTML5-Seite, d. h. die literalen Ergebniselemente <html><head>... bis zum Element <body> werden in den Ausgabestrom geschrieben.

Die Anweisung <xsl:apply-templates/> weist den Prozessor an, für alle Kindknoten nach passenden Template-Regeln zu suchen und diese anzuwenden. Wenn der Prozessor damit fertig ist, kehrt er an diese Stelle der Template-Regel zurück und die Elemente </body></html> werden in den Ausgabestrom geschrieben. Dies bedeutet, dass alle Ausgaben, die im Folgenden durch weitere Template-Regeln erzeugt werden, immer innerhalb von <body> </body> stehen.

Der einzige Kindknoten des Dokumentknotens ist <dozentenliste>, Knoten [2]. Dieser Knoten wird nun Kontextknoten. Die Template-Regel, die auf diesen Knoten passt, ist Regel 2. Sie erzeugt nun die Überschrift <h1>Unsere Dozenten</h1>. Anschließend folgt wieder <apply-templates/>, der Prozessor erhält also die Anweisung nach Kindelementen von <dozenten-liste> zu suchen. Die Kindelemente von <dozentenliste> sind die beiden <dozent>-Elemente, Knoten [3] und Knoten [7].

Auf <dozent>-Elemente passt die Regel 3. Diese Regel wird zuerst auf Knoten [3] angewandt, da dieser in der Dokumentreihenfolge vor Knoten [7] steht.

Laut Regel 3 wird <p> in den Ausgabestrom geschrieben und nach passenden Regeln für die Kindelemente gesucht. Kindelemente von Knoten [3] sind die Knoten [4], [5] und [6].

Für diese Knoten findet der Prozessor die Regeln 4, 5 bzw. 6. Alle drei Regeln haben den gleichen Inhalt: die Anweisung <xsl:value-of select="."/>.

"." ist der XPath-Ausdruck, der den aktuellen Knoten adressiert. Diese Anweisung sorgt also dafür, dass der Inhalt des aktuellen Knoten ausgegeben wird. In diesem Beispiel bedeutet dies, dass die Textinhalte der Knoten [4], [5], [6] in den Ausgabestrom geschrieben werden. Die Abarbeitung der Kindelemente des ersten <dozent>-Elementes ist nun beendet. Laut Regel 3 wird noch </p> ausgegeben. Das zweite <dozent>-Element wird nun auf die gleiche Art behandelt.

Die Abarbeitung von `<dozentenliste>` ist beendet und laut Regel 1 wird nun `</body></html>`in den Ausgabestrom geschrieben.

Insgesamt wird folgender Ergebniscode erzeugt:

```
<!DOCTYPE html>
<html>
  <head>
    <meta http-equiv="Content-Type" content="text/html;
        charset=UTF-8">
    <title>Dozentenliste</title>
  </head>
  <body>
    <h1>Unsere Dozenten</h1>
    <p>MaierFritzhttp://www.meine-fh.de/maier.htm</p>
    <p>MüllerSabinehttp://www.meine-fh.de/mueller.htm</p>
  </body>
</html>◄
```

Zusammenfassung

In diesem Beispiel wird der Quellbaum wie folgt abgearbeitet: Ausgehend von Dokumentknoten wurde innerhalb der Template-Regeln Regel 1 bis Regel 3 `<xsl:apply-templates/>` notiert, d. h. die Aufforderung an den XSLT-Prozessor nach Template-Regeln für alle Kindelemente des Kontextknotens zu suchen und diese anzuwenden. Auf diese Weise bewegt man sich bis zur untersten Ebene der Elementknoten. Für diese Elemente wurde nun jeweils eine Template-Regel notiert mit der Anweisung `<xsl:value-of select="."/>`, gib den Inhalt des aktuellen Elementes aus (Regel 4 bis Regel 6). Die Inhalte der Elemente `<name>`, `<vorname>` und `<website>` werden nun in der Reihenfolge, in der sie im Quelldokument auftreten, ausgegeben.

Alternative Lösung

Das folgende Stylesheet `fb1a.xsl` erzeugt eine Ausgabe, die identisch mit der Ausgabe von Stylesheet `fb1.xsl` ist. Die Baumabarbeitung wird allerdings nur bis zu den Elementen `<dozent>`, Knoten [3] bzw. [7], durchgeführt. In der Template-Regel für `<dozent>` (Regel 3a) werden nun die Inhalte der Kindelemente `<name>`, `<vorname>` und `<website>` ausgegeben.

```
<?xml version="1.0" encoding="UTF-8"?>
<xsl:stylesheet version="3.0"
    xmlns:xsl="http://www.w3.org/1999/XSL/Transform">
  <xsl:output method="html" html-version="5"/>
```

```
<xsl:template match="/">                <!-- Regel 1 -->
  <html>
    <head>
      <title>Dozentenliste</title>
    </head>
    <body>
      <xsl:apply-templates/>
    </body>
  </html>
</xsl:template>

<xsl:template match="dozentenliste">    <!-- Regel 2 -->
  <h1>Unsere Dozenten</h1>
  <xsl:apply-templates/>
</xsl:template>

<xsl:template match="dozent">           <!-- Regel 3a -->
  <p><xsl:value-of select="name"/>
     <xsl:value-of select="vorname"/>
     <xsl:value-of select="website"/>
  </p>
</xsl:template>

</xsl:stylesheet>
```

(fbla.xsl)

Leerzeichen

Wie Sie sicher schon bemerkt haben, werden bei obigen Beispielen Leerzeichen zwischen Name und Vorname nicht ausgegeben. Feste Leerzeichen können Sie z. B. mithilfe des nummerischen Entities   einfügen. Weitere Informationen zur Ausgabe von Text erhalten Sie in Abschn. 8.5.

Übung

Ändern Sie die Stylesheets fb1.xsl und fb1a.xsl jeweils so, dass die Dozenten a) in einer nummerierten Liste und b) in einer Tabelle dargestellt werden.

Attribut select

Die Anweisung `<xsl:apply-templates/>` weist den Prozessor an, für Attribut select alle Kindknoten nach passenden Template-Regeln zu suchen und diese anzuwenden. Es werden daher alle Kindknoten in der Reihenfolge, in der sie im Dokument vorkommen, betrachtet. Dem Element `<xsl:apply-templates/>` kann das Attribut select hinzugefügt werden. Attributwert von select ist ein XPath-Ausdruck:

```
<xsl:apply-templates select="XPath-Ausdruck"/>
```

Durch dieses `select`-Attribut wird bei der Baumabarbeitung die durch den XPath-Ausdruck adressierte Sequenz von Knoten ausgewählt und für diese Knoten wird nach Template-Regeln gesucht.

Beispiel

Im Stylesheet `fb1.xsl` wird Regel 3 geändert.

```
<xsl:template match="dozent"> <!-- Regel 3 neu -->
  <p>
    <xsl:apply-templates select="vorname"/>
    <xsl:apply-templates select="name"/>
  </p>
</xsl:template>
```

Trifft der XSLT-Prozessor bei der Baumarbeitung auf ein Element `<dozent>`, sucht er zuerst nach einer Template-Regel für Kindelemente `<vorname>` und wendet Regel 5 an. Anschließend sucht er nach einer Template-Regel für Kindelemente `<name>` und wendet Regel 4 an. Für jeden Dozenten wird also zuerst der Vorname und dann der Nachname ausgegeben. Die Website erscheint in der Ausgabe nicht. ◄

`(fb1b.xsl)`

Ausblick Eine weitere wichtige Anwendung des `select`-Attributes finden Sie in Abschn. 8.4.1, Beispiel 2.

▶ **Tipp** Viele XML-Editoren verfügen auch über einen Debugger für XSLT. Gerade in der ersten Lernphase – und natürlich auch bei komplexeren Stylesheets – ist es sehr hilfreich mittels des Debuggers eine Transformation Schritt für Schritt ausführen zu lassen. Abb. 8.6 zeigt einen Screenshot des XSLT-Debuggers des Oxygen XML-Editors. Ein Klick auf das Symbol „Hineingehen" führt einen Transformationsschritt aus.

8.4   Eingebaute Template-Regeln

Bei einer XSLT-Transformation können auch Knoten des Quellbaums verarbeitet werden, für die keine Template-Regel im XSLT-Stylesheet definiert ist. Hierzu ist im XSLT-Prozessor ein entsprechendes Default-Verhalten implementiert.

In XSLT 3.0 stehen zudem mehrere alternative Verhaltensweisen *(template modi)* zur Verfügung. Welche angewendet werden soll, wird mit dem Top-Level-Element `<xsl:mode>` festgelegt.

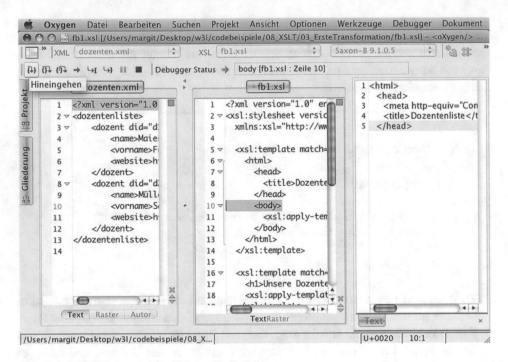

Abb. 8.6   XSLT-Debugger des Oxygen XML-Editors

Im Folgenden wird beides erläutert:

- 8.4.1 Default-Verhalten
- 8.4.2 Template-Modus

8.4.1   Default-Verhalten

Zusammenfassung

Für jeden Knotentyp existiert eine eingebaute *(Built-In)* Template-Regel. Sie wird angewandt, wenn im Stylesheet für einen Knoten keine passende Regel definiert wurde. *Mixed Content* lässt sich unter Ausnutzung der eingebauten Template-Regeln einfach verarbeiten. Bei Konflikten – zwei Template-Regeln passen zu einem Element – gibt es klare Regeln zur Konfliktlösung.

Führen Sie als erstes die beiden folgenden Aufgaben durch:

Aufgabe 1 Kommentieren Sie im Stylesheet `fb1.xsl` in Abschn. 8.3 die Regel 6, die auf Kindelemente `<website>` passt, aus und führen Sie die Transformation durch.

Ergebnis Sie sehen, die Ausgabe ist identisch mit der bisherigen Ausgabe. Die Textinhalte von `<website>` werden ausgegeben, obwohl für `<website>` keine Template-Regel mehr existiert.

Aufgabe 2 Wenden Sie das Stylesheet `fb1.xsl` in Abschn. 8.3 auf das XML-Dokument `fb.xml` an. Das Wurzelelement ist hier `<fb>`. In diesem Dokument ist zusätzlich zur `<dozentenliste>` auch die `<vorlesungsliste>` enthalten.

Beispiel 1

```xml
<?xml version="1.0" encoding="UTF-8"?>
<fb>
  <dozentenliste>
    <!-- wie oben -->
  </dozentenliste>

  <vorlesungsliste>
    <vorlesung did="d1" vid="v1">
    <titel>Informatik</titel>
    <semester>1</semester>
    <beschreibung>Grundlagen der
      <em>EDV</em>.Einfache Übungen
    </beschreibung>
    </vorlesung>
    <vorlesung did="d2" vid="v2">
      <titel>Technik I</titel>
      <semester>2</semester>
    </vorlesung>
     <vorlesung did="d2" vid="v3">
      <titel>Technik II</titel>
      <semester>3</semester>
    </vorlesung>
  </vorlesungsliste>
</fb>
```

Ergebnis:

Wird die Datei `fb.xml` mithilfe des Stylesheets `fb1.xsl` transformiert, wird folgende Ausgabe erzeugt:

```html
<html>
  <head>
    <meta http-equiv="Content-Type" content="text/html;
          charset=UTF-8">
    <title>Dozentenliste</title>
  </head>
```

```
<body>
  <h1>Unsere Dozenten:</h1>
  <p>MaierFritzhttp://www.meine-fh.de/maier.htm</p>
  <p>MüllerSabinehttp://www.meine-fh.de/mueller.htm</p>
  Informatik1Grundlagen der EDV.Einfache ÜbungenTechnik I2
  Technik II3
</body>
</html>
```

Was fällt auf? Obwohl keine Schablone für das Element <fb>existiert, wird die Baumabarbeitung nicht unterbrochen. Die Dozentenliste wird wie im ersten Beispiel ausgeben. Nachdem <dozentenliste>abgearbeitet wurde, werden auch die Text-inhalte der Elemente <title>, <beschreibung> und <semester> der Vor-lesungen ausgegeben, obwohl auch hierfür keine Template-Regeln existieren. ◄

(fb.xml, fb1.xsl)

Eingebaute Template-Regeln

Der Grund für dieses Verhalten ist, dass für alle Knotentypen **eingebaute Template-Regeln** *(built-in template rules)* existieren. Diese Regeln geben an, wie mit einem Knoten zu verfahren ist, falls für diesen im Stylesheet keine passende Regel definiert ist.

▶ **Hinweis** Die folgenden Ausführungen beschreiben die eingebauten Template-Regeln der XSLT Version 2.0. Auch in XSLT 3.0 ist dies das Default-Verhalten. In XSLT 3.0 ist es jedoch auch möglich durch das Element <xsl:mode> eine andere Verfahrensweise für Knoten ohne passende Template-Regel festzulegen (s. Abschn. 8.4.2).

Die eingebauten Template-Regeln entsprechen folgenden XSLT-Codesegmenten:

Element- und Dokumentknoten

```
<xsl:template match="*|/">
  <xsl:apply-templates/>
</xsl:template>
```

Die eingebaute Regel für Elementknoten ("*") und den Dokumentknoten ("/") sorgt dafür, dass die Verarbeitung mit den Kindknoten fortgesetzt wird.

Text- und Attributknoten

```
<xsl:template match="text()|@*">
<xsl:value-of select="."/>
</xsl:template>
```

Die eingebaute Regel für Text- und Attributknoten sorgt dafür, dass der Wert dieser Knoten dem Ausgabedokument hinzugefügt wird. Diese Regel wird aber nur dann ausgeführt, wenn die Knoten ausgewählt wurden. Zur Erinnerung: `text()` ist der XPath-Knotentest, der Textknoten filtert, der XPath-Ausdruck `@*` selektiert alle Attribute.

Kommentar- und Verarbeitungsanweisungen

```
<xsl:template match="comment()|processing-instruction()"/>
```

Die eingebaute Regel für Kommentare und Verarbeitungsanweisungen ist leer, d. h. trifft der Prozessor auf einen dieser Knotentypen, tut er gar nichts.

▶ **Hinweis** Aufgrund der eingebauten Template-Regeln, erzeugt auch ein leeres Stylesheet eine Ausgabe. Es werden die Textinhalte aller Elemente in ihrer Dokumentreihenfolge ins Ausgabedokument geschrieben.

Beispiel: Leeres Stylesheet

```
<?xml version="1.0" encoding="UTF-8"?>
<xsl:stylesheet version="3.0"
    xmlns:xsl="http://www.w3.org/1999/XSL/Transform">
</xsl:stylesheet>
```

Konsequenz Im obigen Beispiel ist es jedoch störend, dass Ausgaben erzeugt werden, die nicht erwünscht sind.

Leere Template-Regeln Eine Möglichkeit, diese unerwünschten Ausgaben zu vermeiden, ist, für diese Elemente leere Template-Regeln, also Template-Regeln, die keinen Inhalt enthalten und daher auch keine Ausgabe erzeugen, zu schreiben.

Attribut select Alternativ dazu gibt es auch die bereits in Abschn. 8.3 erwähnte Möglichkeit, die Baumabarbeitung „besser" zu steuern. Im konkreten Falle bedeutet dies, dem Element `<xsl:apply-templates>` das Attribut `select` hinzuzufügen. Als Attributwert von `select` wird ein XPath-Ausdruck angeben. Durch diesen `select`-Ausdruck wird bei der Baumabarbeitung lediglich die durch den XPath-Ausdruck angegebene Teilsequenz von Knoten ausgewählt und nur für diese Knoten wird nach Template-Regeln gesucht. Die Anweisung `<xsl:apply-templates>` hat dann also folgende Form:

```
<xsl:apply-templates select="XPath-Ausdruck"/>
```

Beispiel 1

Angewandt auf die XML-Datei `fb.xml` gibt das folgende Stylesheet `st0_` `vorlage.xsl` nur die Dozentendaten aus. In Regel 1a sorgt das Attribut `select="dozentenliste"` dafür, dass nicht alle Kindelemente von `<fb>` abgearbeitet werden, sondern die Abarbeitung lediglich mit dem Kindelement `<dozentenliste>` fortgesetzt wird.

```xml
<?xml version="1.0" encoding="UTF-8"?>
<xsl:stylesheet version="3.0"
    xmlns:xsl="http://www.w3.org/1999/XSL/Transform">

  <xsl:template match="/">                <!-- Regel 1a -->
    <html>
      <head>
        <title>Dozentenliste</title>
      </head>
      <body>
        <xsl:apply-templates select="dozentenliste"/>
      </body>
    </html>
  </xsl:template>

  <xsl:template match="dozentenliste"> <!-- Regel 2 -->
    <h1>Unsere Dozenten:</h1>
    <xsl:apply-templates/>
  </xsl:template>

  <xsl:template match="dozent">           <!-- Regel 3a -->
    <p><xsl:value-of select="name"/>
      <xsl:value-of select="vorname"/>
      <xsl:value-of select="website"/>
    </p>
  </xsl:template>

</xsl:stylesheet>
```

(fb1a.xsl, st0_vorlage.xsl) ◀

▶ **Hinweis** Es gibt viele Fälle, z. B. *Mixed Content,* bei denen Sie unter Ausnutzung der eingebauten Template-Regeln Arbeit sparen und die Stylesheets
einfacher werden.

Beispiel 2

Das folgende XSLT-Stylesheet (`fb_mc.xsl`) transformiert die Datei `fb.xml`. Ziel ist die Darstellung der Vorlesungen in HTML5. Abb. 8.7 zeigt die Baumdarstellung des Zweiges `<vorlesungsliste>`. Das Element `<beschreibung>` enthält Mixed Content. Der Inhalt innerhalb des Elementes `<em>` soll in HTML fett und kursiv dargestellt werden.

```
<?xml version="1.0" encoding="UTF-8"?>
<xsl:stylesheet version="3.0"
    xmlns:xsl="http://www.w3.org/1999/XSL/Transform">

  <xsl:template match="/">
    <html>
      <head>
        <title>Vorlesungsliste</title>
      </head>
      <body>
        <xsl:apply-templates/>
      </body>
    </html>
  </xsl:template>
```

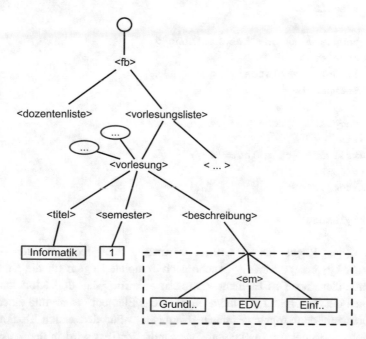

Abb. 8.7 Baumdarstellung des Astes `<vorlesungsliste>`

```
<xsl:template match="fb">
  <!-- weitere Baumabarbeitung
       nur für den Ast vorlesungsliste -->
  <xsl:apply-templates select="vorlesungsliste"/>
</xsl:template>

<xsl:template match="vorlesung">
  <p>
    <xsl:apply-templates/>
  </p>
</xsl:template>

<xsl:template match="vorlesungsliste">
  <h1>Unsere Vorlesungen:</h1>
  <xsl:apply-templates/>
</xsl:template>

<xsl:template match="titel">
  Titel: <xsl:value-of select="."/><br/>
</xsl:template>

<xsl:template match="semester">
  Semester: <xsl:value-of select="."/><br/>
</xsl:template>

<xsl:template match="beschreibung">
  Beschreibung:
  <xsl:apply-templates/>
</xsl:template>

<xsl:template match="em">
  <b><i>
    <xsl:value-of select="."/>
  </i></b>
</xsl:template>

</xsl:stylesheet>
```

Innerhalb der Regel für <beschreibung> steht lediglich die Anweisung <xsl:apply-templates/>, suche nach Template-Regeln für die Kindelemente und wende diese an. Das Element <beschreibung> hat drei Kindelemente: den Textknoten mit dem Inhalt „Grundlagen der", das Element <em> und einen weiteren Textknoten mit dem Inhalt „Einfache Übungen.". Für den ersten Textknoten wird die eingebaute Regel für Textknoten angewandt, der Text wird in den Ausgabestrom geschrieben. Für das Element <em> wird die existierende Regel angewandt, der Inhalt wird fett und kursiv ausgegeben. Danach wird auch der Inhalt des letzten Textknotens durch die eingebaute Template-Regel in den Ausgabestrom geschrieben. ◀

(fb_mc.xsl)

Auflösung von Template-Konflikten

Bei der Baumabarbeitung sucht der Prozessor nach einer Regel, die auf den aktuellen Kontextknoten passt. Hierbei kann es passieren, dass die Anwendung mehrerer Template-Regeln möglich wäre. Da jedoch immer nur eine Regel auf einen Knoten angewendet werden darf, muss es klare Regeln geben, wie solche Konflikte aufgelöst werden. Es gelten:

- Eine Regel für spezifischere Information hat Vorrang vor einer Regel für eine allgemeinere Information. Beispiele
  - Eine Regel mit match="/fb/dozentenliste/dozent" ist spezifischer als eine mit match="//dozent".
  - Eine Regel mit match="vorlesung[semester='1']" ist spezifischer als eine mit match="vorlesung".
- Suchmuster mit Wildcards wie "*" oder "@*" sind allgemeiner als Suchmuster ohne Wildcards. Daher haben die eingebauten Template-Regeln immer eine niedrigere Priorität als explizit formulierte Regeln.
- Falls durch die vorangegangenen Regeln keine eindeutige Auswahl möglich ist, wird die zuletzt im Stylesheet notierte Regel gewählt.
- Die Priorität kann auch über das Attribut priority festgelegt werden. Eine höhere Zahl liefert eine höhere Priorität.

8.4.2 Template-Modus

Zusammenfassung

Mithilfe des Elementes <xsl:mode> (ab XSLT 3.0) kann festgelegt werden, wie bei einer XSLT-Transformation Knoten behandelt werden, für die keine Template-Regel passt oder für die mehr als eine Regel vorhanden ist. Zudem kann festgelegt werden, ob in diesen Fällen eine Warnung angezeigt werden soll.

Bis zur XSLT Version 2.0 ist ein Default-Verhalten definiert, für den Fall, dass der XSLT-Prozessor bei der Baumabarbeitung auf Knoten trifft, für die keine Template-Regel oder mehrere Template-Regeln definiert sind. Dies ist auch in der Version 3.0 das Default-Verhalten. Zusätzlich sind jedoch für diese Fälle alternative Verhaltensweisen vorgesehen. Das in einem Anwendungsfall gewünschte Verhalten wird durch das Top-Level-Element: <xsl:mode> festgelegt. Es verfügt über die Attribute on-no-match und `warning-on-no-match` zur Festlegung des Verhaltens bei fehlenden Regeln und die Attribute `on-multiple-match` und `warning-on-multiple-match` zur Festlegung des Verhaltens bei mehreren passenden Template-Regeln.

Attribut on-no-match Mit dem Attribut `on-no-match` wird das Verhalten bei fehlenden Template-Regeln festgelegt. Es kann folgende Werte annehmen: `deep-copy`, `shallow-copy`, `deep-skip`, `shallow-skip`, `text-only-copy` und `fail`. Das Verhalten für die verschiedenen Attributwerte wird nun an einem Beispiel erläutert.

Beispiel

Gegeben ist das XML-Dokument `test.xml`:

```
<?xml version="1.0" encoding="UTF-8"?>
<dozentenliste>
  <dozent did="d1">
    <name>Maier</name>
    <vorname>Fritz</vorname>
  </dozent>
</dozentenliste>
```

Im Stylesheet `st0_vorlage.xsl` gibt es keine Template-Regeln für die Elemente `<dozentenliste>` und `<vorname>`. Die vorhanden Template-Regeln erzeugen u. a. literale Ergebniselemente, die mit dem Präfix `ausgabe-` beginnen. An den gekennzeichneten Stellen wird der gewünschte Attributwert für `on-no-match` eingesetzt. Das XSLT-Element `<xsl:comment>` erzeugt einen Kommentar.

```
<?xml version="1.0" encoding="UTF-8"?>
<xsl:stylesheet version="3.0"
    xmlns:xsl="http://www.w3.org/1999/XSL/Transform">
  <xsl:output method="xml" indent="yes"/>

  <!-- hier Attributwert einsetzen -->
  <xsl:mode on-no-match="..."/>

  <xsl:template match="/">
    <!-- hier Attributwert einsetzen -->
    <xsl:comment> on-no-match="..." </xsl:comment>
    <testausgabe>
      <xsl:apply-templates/>
    </testausgabe>
  </xsl:template>
```

```
<!-- kein Template für dozentenliste -->

<xsl:template match="dozent">
  <ausgabe-dozent>
    <xsl:apply-templates/>
  </ausgabe-dozent>
</xsl:template>

<xsl:template match="name">
  <ausgabe-name>
    <xsl:value-of select="."/>
  </ausgabe-name>
</xsl:template>

<!-- kein Template für vorname -->

</xsl:stylesheet>◀
```

(test.xml, st0_vorlage.xsl)

Attributwert deep-copy Ist der Wert des Attributes on-no-match gleich deep-copy, wird ein Element mit fehlender Template-Regel zusammen mit dem Teilbaum seiner Nachfolger-Elemente unverändert in die Ausgabe übernommen. Es wird nicht versucht, Template-Regeln für Elemente des Teilbaums zu finden.

Beispiel 1: deep-copy

Da keine Template-Regel für <dozentenliste> existiert, wird <dozenten-liste> mit allen Nachfahren in die Ausgabe kopiert.

```
<?xml version="1.0" encoding="UTF-8"?>
<!-- on-no-match="deep-copy" -->
<testausgabe>
  <dozentenliste>
    <dozent did="d1">
      <name>Maier</name>
      <vorname>Fritz</vorname>
    </dozent>
  </dozentenliste>
</testausgabe>◀
```

(st1_deep-copy.xsl, st1_deep-copy_ausgabe.xsl)

Attributwert shallow-copy Ist der Attributwert gleich `shallow-copy`, wird ein Element mit fehlender Template-Regel mit seinen Nachfolger-Elementen unverändert in die Ausgabe kopiert, mit Ausnahme der Knoten für die eine explizite Template-Regel existiert.

Beispiel 2: shallow-copy

Die Elemente `<dozentenliste>` und `<vorname>` werden in die Ausgabe kopiert, für die übrigen Elemente wird die vorhandene Regel angewandt.

```
<?xml version="1.0" encoding="UTF-8"?>
<!-- on-no-match="shallow-copy" -->
<testausgabe>
  <dozentenliste>
    <ausgabe-dozent>
      <ausgabe-name>Maier</ausgabe-name>
      <vorname>Fritz</vorname>
    </ausgabe-dozent>
  </dozentenliste>
</testausgabe>◄
```

(st2_shallow-copy.xsl, st2_shallow-copy_ausgabe.xsl)

Attributwert deep-skip Ist der Attributwert `deep-skip`, wird ein Element mit fehlender Template-Regel sowie alle seine Nachfolgerelemente ignoriert.

Beispiel 3: deep-skip

Da keine Regel für das Wurzelelement `<dozentenliste>` existiert, werden alle Elemente ignoriert und es wird eine leere Ausgabe erzeugt.

```
<?xml version="1.0" encoding="UTF-8"?>
<!-- on-no-match="deep-skip" -->
<testausgabe/>◄
```

(st3_deep-skip.xsl, st3_deep_skip_ausgabe.xml)

Attributwert shallow-skip Ist der Attributwert `shallow-skip`, wird für ein Element mit fehlender Template-Regel weder der textuelle Inhalt noch das Markup ausgegeben, es sei denn, es gibt eine explizite Template-Regel.

Beispiel 4: shallow-skip

Für die Elemente `<dozentenliste>` und `<vorname>` gibt es keine Ausgabe, für die übrigen werden die Template-Regeln angewandt.

```
<?xml version="1.0" encoding="UTF-8"?>
<!-- on-no-match="shallow-skip" -->
<testausgabe>
  <ausgabe-dozent>
    <ausgabe-name>Maier</ausgabe-name>
  </ausgabe-dozent>
</testausgabe>◄
```

(st4_shallow-skip.xsl, st4_shallow-skip_ausgabe.xsl)

Attributwert text-only-copy Ist der Attributwert `text-only-copy`, wird der textuelle Inhalt ohne das Markup in die Ausgabe übernommen, es sei denn, es existiert eine explizite Template-Regel. Dies ist das Default-Verhalten, wenn kein Element `<xsl:mode>` vorhanden ist.

Beispiel 5: text-only-copy

Trotz der fehlenden Regel für `<dozentenliste>` wird die Abarbeitung fortgesetzt. Die fehlende Regel für `<vorname>` führt dazu, dass der Textinhalt `"Fritz"` ausgegeben wird.

```
<?xml version="1.0" encoding="UTF-8"?>
<!-- on-no-match="text-only-copy" -->
<testausgabe>
  <ausgabe-dozent>
    <ausgabe-name>Maier</ausgabe-name>
    Fritz
  </ausgabe-dozent>
</testausgabe>◄
```

(st4_shallow-skip.xsl, st4_shallow-skip_ausgabe.xsl)

Attributwert fail Ist der Attributwert gleich `fail`, wird verlangt, dass für jedes Item, das durch `<xsl:apply-templates>` selektiert wird, eine explizite Template-Regel existieren muss. Ist dies nicht der Fall, bricht die Transformation mit einer Fehlermeldung ab.

Beispiel 6: fail

Da keine Regel für `<dozentenliste>` existiert, bricht die Transformation gleich zu Beginn ab und folgende Fehlermeldung wird angezeigt:

```
fail: XTDE0555: No user-defined template rule matches
the node /dozentenliste ◄
```

Attribut on-multiple-match Das Verhalten beim Vorliegen von mehr als einer passenden Template-Regel für einen Knoten wird über das Attribut `on-multiple-match` festgelegt. Folgende Werte sind erlaubt:

- `use-last`: Die letzte passende Regel wird angewandt.
- `fail`: Die Transformation wird mit einer Fehlermeldung abgebrochen.

Attribute für Warnungen Mit den Attributen `warning-on-no-match` und `warning-on-multiple-match` können Warnungen ausgegeben werden für den Fall, dass keine bzw. mehrere Template-Regeln vorliegen. Der Default-Wert ist `no`.

8.5   Textknoten erzeugen

Zusammenfassung

Whitespace-Zeichen im Elementinhalt von `<xsl:text>` bleiben bei der Ausgabe erhalten. Mit `<xsl:value-of select="XPath-Ausdruck"/>` wird der Stringwert des XPath-Ausdrucks in das Ergebnisdokument geschrieben. Über das Attribut separator können Trennzeichen zwischen die Stringwerte der Items eingefügt werden. Ab XSLT 3.0 wird durch die Angabe `expand-text="yes"` ein Textknoten als Text-Value-Template behandelt, dadurch werden Zeichenketten in geschweiften Klammern als XPath-Ausdrücke ausgewertet.

Texte, die im Ausgabedokument enthalten sind, können aus statischen („festen") Texten im XSLT-Stylesheet resultieren oder aus Inhalten des Quelldokumentes. Texte werden in der Baumdarstellung des Ergebnisdokumentes als Textknoten repräsentiert.

Statische Texte sind Texte, die für alle Dokumentinstanzen identisch sind. Technisch gesehen sind dies Inhalte von literalen Ergebniselementen.

Literale Ergebniselemente werden bei einer XSLT-Transformation einschließlich ihrer Textinhalte und auch ihrer Attribute in das Ergebnisdokument kopiert.

Beispiel 1

Beispiele für statische Texte in `fb1a.xsl` (s. Abschn. 8.3) sind die Inhalte im Element `<title>` und im Element `<h1>`.

```
<xsl:template match="/">                    <!-- Regel 1 -->
  <html>
    <head>
      <title>Dozentenliste</title>
    </head>
    <body>
      <xsl:apply-templates/>
    </body>
  </html>
</xsl:template>

<xsl:template match="dozentenliste">       <!-- Regel 2 -->
  <h1>Unsere Dozenten</h1>
  <xsl:apply-templates/>
</xsl:template>◄
```

```
(fb1a.xsl)
```

<xsl:value-of> Zur Ausgabe von Inhalten des Quelldokumentes, z. B. Elementinhalten oder Attributwerten, dient die bereits vorgestellte XSLT-Anweisung:

```
<xsl:value-of select="XPath-Ausdruck"/>
```

Der Stringwert des XPath-Ausdrucks wird als Textknoten in die Ausgabe kopiert.

Beispiel 2

Beispiel für die Ausgabe von Elementinhalten in `fb1a.xsl`:

```
<xsl:template match="dozent">               <!-- Regel 3a -->
  <p><xsl:value-of select="name"/>
     <xsl:value-of select="vorname"/>
     <xsl:value-of select="website"/>
  </p>
</xsl:template>
```

Erzeugte Ausgabe:

```
<h1>Unsere Dozenten</h1>
```

```
<p>MaierFritzhttp://www.meine-fh.de/maier.htm</p>
<p>MüllerSabinehttp://www.meine-fh.de/mueller.htm</p>◀
```

(fb1a.xsl)

Problem

Problematisch bei der Ausgabe ist, dass häufig – wie im obigen Beispiel zu sehen – Weißraumzeichen (Leerzeichen, Zeilenumbrüche, …) nicht erhalten bleiben.

Zeichen-Entities Eine Möglichkeit, die Ausgabe dieser Zeichen zu erzwingen, ist die Verwendung von nummerischen Zeichen-Entities. Ein geschütztes Leerzeichen *(non breaking space)* kann mit bzw.   kodiert werden, ein Zeilenumbruch *(line feed)* mit
 bzw.
.

<xsl:text> XSLT bietet zudem das Element <xsl:text> an. Alle Zeichen im Elementinhalt von <xsl:text>, also auch Leerzeichen, Zeilenumbrüche und Tabulatorzeichen, werden als Textknoten in den Ausgabebaum übernommen.

Beispiel 3

Regel 3a in fb1a.xsl wird geändert. Nach Name und Vorname wird mit <xsl:text> je ein Leerzeichen eingefügt.

```
<xsl:template match="dozent">          <!-- Regel 3b -->
  <p><xsl:value-of select="name"/><xsl:text> </xsl:text>
     <xsl:value-of select="vorname"/><xsl:text> </xsl:text>
     <xsl:value-of select="website"/>
  </p>
</xsl:template>◀
```

(dozenten.xml, fb1b.xsl)

Attribut separator In den bisherigen Beispielen zu <xsl:value-of select="XPath-Ausdruck"/> adressiert der XPath-Ausdruck lediglich einen einzigen Knoten. Es ist ebenso möglich, dass der XPath-Ausdruck auch eine Knotensequenz adressiert, die aus mehr als einem Knoten besteht. Wird dem Element <xsl:value-of> nun das Attribut separator hinzugefügt:

```
<xsl:value-of select="XPath-Ausdruck"
            separator="Zeichenkette"/>
```

werden die verketteten Stringwerte aller durch den XPath-Ausdruck adressierten Items, jeweils getrennt durch die als Attributwert von separator notierte Zeichenkette ausgegeben. Default-Wert von separator ist ein Leerzeichen.

Beispiel 4

```
<xsl:value-of select="1 to 4" separator="-"/>
```

Wert des Attributes select ist ein Bereichsausdruck.
Die Ausgabe ist:

```
1-2-3-4 ◄
```

Beispiel 5

In fb1a.xsl wird Regel 2 geändert.

```
<xsl:template match="dozentenliste"> <!-- Regel 2 -->
  <h1>Unsere Dozenten</h1>
  <p>
    <!-- (1) -->
    <xsl:value-of select="dozent/name"/>
  </p>
  <p>
    <!-- (2) -->
    <xsl:value-of select="dozent/name" separator=", "/>
  </p>
</xsl:template>
```

Ergebnis des XPath-Ausdrucks dozent/name ist die Sequenz der Dozentennamen. Durch (1) werden die Namen der Dozenten getrennt durch Leerzeichen ausgegeben, durch (3) getrennt durch ein Komma und ein Leerzeichen:

```
<h1>Unsere Dozenten</h1>
<p>Maier Müller</p>
<p>Maier, Müller</p> ◄
```

```
(dozenten.xml, fb1c.xsl)
```

Text-Value-Templates

Bis zur XSLT-Version 2.0 können nur mit <xsl:value-of select="XPath-Ausdruck"/> Inhalte des Quelldokumentes als Textknoten in das Ergebnisdokument eingefügt werden. Mit der XSLT Version 3.0 steht nun ein Analogon zu den Attribut-Value-Templates (s. Abschn. 8.6) zur Verfügung, die sogenannten **Text-Value-Templates**. Bei einem Text-Value-Template wird eine Zeichenkette, die innerhalb geschweifter Klammern steht, als XPath-Ausdruck ausgewertet.

Attribut expand-text Jedoch werden innerhalb eines Textknoten vorkommende Zeichenketten in geschweiften Klammern – im Unterschied zu den Attribut-Wert-Templates – nur dann als XPath-Ausdruck ausgewertet, wenn beim Elternelement des Textknotens, das Attribut `expand-text` den Wert `true` (oder `yes` oder `1`) hat. Das Attribut `expand-text` darf bei jedem Element im Stylesheet, also auch beim Wurzel-element `<xsl:stylesheet>`, vorkommen. Ist sein Wert `true` oder `1` oder `yes`, werden die Text-Knoten aller Nachfahrenelemente als Text-Value-Templates behandelt. Der Default-Wert des Attributes ist `false` (bzw. `no` oder `0`), d. h. dieses Feature ist standardmäßig deaktiviert. Ein Grund dafür ist die Sicherstellung der Abwärts-kompatibilität. Weiterhin sollen Schwierigkeiten vermieden werden, wenn Inhalte erzeugt werden, die viele geschweifte Klammern enthalten, wie z. B. JavaScript-Code oder CSS-Stylesheets. In diesen Fällen müsste die geschweifte Klammer durch eine geschweifte Klammer maskiert werden. Dies ist schlecht lesbar und fehleranfällig.

Beispiel 6

Im folgenden Stylesheet ist im Wurzelelement `<xsl:stylesheet>` das Attribut `expand-text="yes"` gesetzt, sodass im gesamten Stylesheet Zeichenketten innerhalb geschweifter Klammern als Text-Value-Templates interpretiert werden. In Regel 1 wird dies durch `expand-text="no"` deaktiviert, da hier ein CSS-Stylesheet notiert ist. Der XPath Ausdruck in Regel 2 adressiert alle `<name>`-Knoten. Ausgegeben werden die Dozentennamen getrennt durch Leerzeichen. In Regel 3 und 4 sehen Sie weitere Beispiele für die Anwendung von Text-Value-Templates.

```
<?xml version="1.0" encoding="UTF-8"?>
<xsl:stylesheet version="3.0"
    xmlns:xsl="http://www.w3.org/1999/XSL/Transform"
    expand-text="yes">
  <xsl:output method="html" html-version="5"/>

  <xsl:template match="/" expand-text="no"> <!-- Regel 1 -->
    <html>
      <head>
        <title>Dozentenliste</title>
        <style type="text/css">
          body {
              font-family: Arial;
```

```
            }
         </style>
      </head>
      <body>
        <xsl:apply-templates/>
      </body>
    </html>
  </xsl:template>

  <xsl:template match="dozentenliste"> <!-- Regel 2 -->
    <h1>Unsere Dozenten:</h1>
    <p>{dozent/name}</p>
    <xsl:apply-templates/>
  </xsl:template>

  <xsl:template match="dozent">              <!-- Regel 3 -->
    <p>{name} {vorname}</p>
    <xsl:apply-templates select="website"/>
  </xsl:template>

  <xsl:template match="website">            <!-- Regel 4 -->
    <p>{.}</p>
  </xsl:template>

</xsl:stylesheet>
```

Folgendes Dokument wird erzeugt (Ausschnitt):

```
<body>
<h1>Unsere Dozenten:</h1>
<p>Maier Müller</p>
<p>Maier Fritz</p>
<p>http://www.meine-fh.de/person/maier.htm</p>
<p>Müller Sabine</p>
  <p>http://www.meine-fh.de/person/mueller.htm</p>
</body>◄
```

(dozenten.xml, fb2.xsl)

8.6   Attributknoten erzeugen

Zusammenfassung

Mit einem Attributwert-Template bzw. dem XSLT-Element `<xsl:attribute>`
können Attributwerte während der Transformation berechnet und der literalen Ergebnismenge hinzugefügt werden. Im Top-Level-Element `<xsl:attribute-set>`
können mehrere Attribute als Elemente einer Attributmenge definiert werden. Diese
wird mithilfe des Attributes `xsl:use-attribute-sets` einem Element hinzugefügt.

Den Elementen in der literalen Ergebnismenge können ohne Probleme Attribute mit
festen Attributwerten hinzugefügt werden.

Beispiel

```
<xsl:template match="fb">
  <p>
    <a href="http://www.meine-fh.de">zur Hochschule</a>
  </p>
</xsl:template>◀
```

Komplizierter wird es jedoch, wenn Attributwerte während der Transformation aus
dem Quelldokument ausgelesen werden müssen oder während der Transformation erst
berechnet werden können.

Beispiel

Bei der Auflistung der Dozenten soll ein Link zu ihrer Homepage angezeigt werden:

```
<xsl:template match="dozent">
  <xsl:value-of select="name">
  <!-- hier Link zur Homepage einfügen -->
</xsl:template>
```

Sie müssen also das HTML-Element `<a>` erzeugen, dessen `href`-Attribut den Wert
des Inhalts des Elementes `<website>` besitzt. ◀

Achtung Auf   den   Inhalt   von   `<website>` kann   mit `<xsl:value-of
select="website"/>` zugegriffen werden. Dieser Ausdruck wird nun als Attribut-
wert zu `href` hinzugefügt. Dies ergibt:

```
<a href="<xsl:value-of select='homepage'/>">
```

Dies ist jedoch syntaktisch nicht korrekt, da die Zeichen "<" und ">" in Attribut-werten nicht erlaubt sind. Auch eine Maskierung durch die entsprechenden Entities liefert nicht das korrekte Ergebnis. In diesem Fall wird `<xsl:value-of select='website'/>` als String in die Ausgabe geschrieben.

Lösung Zur Lösung des Problems bietet Ihnen XSLT zwei Möglichkeiten an:

- Verwendung eines Attributwert-Templates *(attribute value template)*
- Verwendung des Elementes `<xsl:attribute>`

Attributwert-Template

Bei einem **Attributwert-Template** wird der XPath-Ausdruck, der den gewünschten Attributwert liefert, in geschweifte Klammern gesetzt. So erkennt der Prozessor, dass dieser Ausdruck ausgewertet werden muss. Die Syntax lautet:

```
<element attribut="{XPath-Ausdruck}"> ... </element>
```

Beispiel 1

Der Link zur Homepage kann nun wie folgt berechnet werden:

```
<xsl:template match="dozent">
  <xsl:value-of select="name">
  <a href="{website}">Homepage</a>
</xsl:template>◀
```

```
(attributel.xsl)
```

Element `<xsl:attribute>`

Bei der zweiten Variante, der Verwendung des Elementes `<xsl:attribute>`, ver-fahren Sie wie folgt: `<xsl:attribute>` wird als Kindelement des Elementes, zu dem das Attribut gehören soll, notiert. Der Attributname wird als Wert dem Attribut name hinzugefügt. Der Ausdruck, der den Attributwert liefert, wird als Inhalt von `<xsl:attribute>` angegeben. Die Syntax lautet also:

```
<element>
  <xsl:attribute name="Attributname">
    <!-- Ausdruck -->
  </xsl:attribute>
</element>
```

Beispiel 2

Ein Link zur Homepage wird mit < xsl:attribute> wie folgt programmiert:

```
<xsl:template match="dozent">
  <!-- s. ob. -->
  <a>
    <xsl:attribute name="href">
      <xsl:value-of select="website"/>
    </xsl:attribute>
    Homepage
  </a>
</xsl:template>◄
```

```
(attribute2.xsl)
```

Verwendung Die zweite Variante ist offensichtlich umfangreicher als die erste. Sie wird dann benötigt, wenn zur Ermittlung des Attributwertes komplexere Auswertungen, z. B. Fallunterscheidungen, erforderlich sind. Ein Beispiel hierzu finden Sie in Abschn. 8.8.

Übung

Erweitern Sie die einzelnen Dozentendaten jeweils um eine Referenz auf eine Bilddatei, in dieser sei ein Foto des Dozenten gespeichert. Ändern Sie das XSLT-Stylesheet fb_attribute1.xsl so, dass im Ergebnisdokument auch die Fotos der Dozenten angezeigt werden.

Benannte Attributmengen

Soll die gleiche Gruppe von Attributen bei mehreren Elementen verwendet werden, ist es sinnvoll, diese Attribute in einer sogenannten Attributmenge zu sammeln. In XSLT ist dazu das Top-Level-Element <xsl:attribute-set> vorgesehen. Die Syntax zur Definition einer Attributmenge lautet:

```
<xsl:attribute-set name="SetName">
  <xsl:attribute name="Name1">...</xsl:attribute>
  <xsl:attribute name="Name2">...</xsl:attribute>
  ...
</xsl:attribute-set>
```

Die Attributmenge wird einem Element hinzugefügt, indem das Element das Attribut xsl:use-attribute-sets erhält. Als Attributwert können die Namen mehrerer Attributmengen, jeweils getrennt durch ein Leerzeichen, angegeben werden:

```
<element xsl:use-attribute-sets="SetName1 SetName2">
```

```
   ...
</element>
```

Beispiel 3

Es wird eine Attributmenge bild_klein definiert. Hier werden Attribute zur
Angabe der Bildgröße gesammelt.

```
<xsl:attribute-set name="b_klein">
  <xsl:attribute name="height">100</xsl:attribute>
  <xsl:attribute name="width">200</xsl:attribute>
</xsl:attribute-set>◄
```

Innerhalb einer Template-Regel kann die Attributmenge dem Element<img>hinzu-
gefügt werden:

```
<img src="{XPath-Ausdruck}" xsl:use-attribute-sets="b_klein"/>
```

▶   **Hinweis** Besonders praktisch sind Attributmengen bei einer Transformation
    nach XSL-FO. In dieser Sprache ist es sonst nicht möglich, Formate zentral zu
    definieren.

Übung

Erweitern Sie ihr Stylesheet aus der vorigen Übung um die in Beispiel 3 definierte
Attributmenge.

8.7   Ausgabeformat festlegen

Zusammenfassung

Mit <xsl:output> wird das Ausgabeformat des Ergebnisdokumentes festgelegt.
Die wichtigsten Attribute sind method zur Angabe des Dokumenttyps, encoding
für den Zeichensatz und indent zum Erreichen von Einrückungen und Zeilenumbrüchen. Das Attribut doctype-system dient zur Angabe des URI einer
privaten DTD, doctype-public zur Angabe des URI einer öffentlichen DTD,
sodass das Ergebnisdokument bzgl. dieser DTD validiert werden kann.

<xsl:output> ist ein Top-Level-Element, d. h. es darf als direktes Kindelement von
<xsl:stylesheet> notiert werden. Es dient dazu, genauere Festlegungen über das
Format des Ergebnisdokumentes zu treffen. Fehlt das Element, versucht der Prozessor
die Ausgabemethode am Wurzelelement des Ergebnisdokumentes zu erkennen.

Es ist möglich, mehrere `<xsl:output>`-Deklarationen zu notieren und auch zu benennen. `<xsl:output>` ist stets ein leeres Element und verfügt über entsprechende Attribute zur Festlegung des Ausgabeformates.

Attribut method Das Attribut `method` legt den Dokumenttyp des Ergebnisdokumentes fest. Mögliche Attributwerte sind:

- `xml`: Erzeugt wohlgeformtes XML. Dies ist das Default-Format, wenn das Wurzelelement des Ergebnisdokumentes nicht `html` ist.
- `html`: Erzeugt HTML.
- `xhtml`: Erzeugt XHTML (ab XSLT 2.0).
- `text`: Erzeugt ein einfaches Textdokument.
- `json`: Erzeugt JSON-Format (ab XSLT 3.0).

Attribut html-version Hat das Attribut `method` den Wert `html` oder `xhtml`, kann ab XSLT 3.0 mit dem Attribut `html-version` die genaue HTML- oder XHTML-Version des Ergebnisdokumentes festgelegt werden.

Beispiel 1

Die Output-Deklaration
```
<xsl:output method="html" html-version="5"/>
```
erzeugt ein HTML5-Dokument. Der Kopf des Dokumentes ist wie folgt:

```
<!DOCTYPE html>
<html>
  <head>
    <meta http-equiv="Content-Type"
          content="text/html; charset=UTF-8">
  </head>◄
```

Attribute doctype-system, doctype-public Soll das Ergebnisdokument valide zu einer bestimmten DTD sein, muss der Programmierer das XSLT-Stylesheet passend entwickeln. Mit den Attributen `doctype-public` und `doctype-system` können DOCTYPE-Deklarationen eingefügt werden, um eine anschließende Validierung zu ermöglichen. Bei `doctype-system` wird der URI einer privaten DTD, bei `doctype-public` die einer öffentlichen DTD angegeben. Wird `doctype-public` verwendet, muss auch das Attribut `doctype-system` notiert werden.

Beispiel 2

Angabe des Elementes `<xsl:output>` mit der Ausgabe-Methode `xhtml` und dem Verweis auf die öffentliche XHTML-DTD der Version 1.1:

```
<xsl:output method="xhtml"
           doctype-system
            ="http://www.w3.org/TR/xhtml11/DTD/xhtml11.dtd"
           doctype-public
            ="-//W3C//DTD XHTML 1.1//EN"/>◀
```

Attribut encoding Mit dem Attribut `encoding` können Angaben über den Zeichensatz des Ergebnisdokumentes gemacht werden. Ist das Ausgabeformat `xml`, wird der angegebene Wert in die XML-Deklaration übernommen. Ist das Ausgabeformat `html`, bekommt das Attribut `charset` im `meta`-Element des Ausgabedokumentes diesen Wert. Default-Wert von `encoding` ist `UTF-8`.

Attribut indent Ist der Attributwert von `indent` auf `yes` gesetzt, wird der Quelltext des Ergebnisdokumentes mit Einrückungen und Zeilenumbrüchen formatiert, um eine bessere Lesbarkeit zu erreichen. Der Default-Wert dieses Attributes ist `no`.

Beispiel 3

```
Die Dozentenliste (dozenten.xml, s. Abschn. 8.3) soll in folgende
XML-Struktur transformiert werden:
<?xml version="1.0" encoding="UTF-8"?>
<dozentenliste>
  <name>Maier Fritz</name>
  <name>Müller Sabine</name>
</dozentenliste>
```

Folgendes Stylesheet erzeugt die gewünschte Ausgabe:

```
<?xml version="1.0" encoding="UTF-8"?>
<xsl:stylesheet version="3.0"
    xmlns:xsl="http://www.w3.org/1999/XSL/Transform">
  <xsl:output method="xml" indent="yes"/>

  <xsl:template match="/">
    <dozentenliste>
      <xsl:apply-templates/>
    </dozentenliste>
  </xsl:template>

  <xsl:template match="dozent">
    <name>
      <xsl:value-of select="name"/>
      <xsl:text> </xsl:text>
```

```
         <xsl:value-of select="vorname"/>
      </name>
   </xsl:template>

</xsl:stylesheet>◀

(st1_xml.xsl)
```

Beispiel 4

Die Dozentendaten sollen in Excel weiterverarbeitet werden. Dazu muss das XSLT-Stylesheet eine CSV-Datei *(comma-separated values)* erzeugen, die folgende Form hat:

```
Name,Vorname
Maier,Fritz
Müller,Sabine
```

Als Attributwert von method wird daher text gesetzt. Nach jedem Datensatz muss ein harter Zeilenumbruch in die Ausgabe eingefügt werden. Dies können Sie durch einen Zeilenumbruch innerhalb von <xsl:text> oder durch das Entity
 erreichen.

Folgendes Stylesheet erzeugt die gewünschte Ausgabe:

```
<?xml version="1.0" encoding="UTF-8"?>
<xsl:stylesheet version="3.0".
     xmlns:xsl="http://www.w3.org/1999/XSL/Transform">
  <xsl:output method="text"/>

  <xsl:template match="/">
    <xsl:text>Name,Vorname&#xA;</xsl:text>
    <xsl:apply-templates/>
  </xsl:template>

  <xsl:template match="dozentenliste">
    <xsl:apply-templates/>
  </xsl:template>

  <xsl:template match="dozent">
    <xsl:value-of select="name"/>
    <xsl:text>,</xsl:text>
    <xsl:value-of select="vorname"/>
    <xsl:text>&#xA;</xsl:text>
  </xsl:template>
```

```
</xsl:stylesheet>◀
```

```
(st2_csv.xsl)
```

Attribut name Mit dem Attribut name kann eine <xsl:output>-Deklaration benannt werden. Werden durch<xsl:result-document> mehrere Ausgabedokumente erzeugt, kann ein benanntes Ausgabeformat jedem erzeugten Dokument zugewiesen werden (s. Abschn. 8.14, Beispiel 2).

8.8   Fallunterscheidungen

Zusammenfassung

Mit <xsl:if> kann eine einfache Fallunterscheidung formuliert werden. <xsl:choose> mit den Kindelementen <xsl:when> und <xsl:otherwise> dient dazu eine komplexe Fallunterscheidung, bei der mehrere Alternativen geprüft werden, zu spezifizieren.

Einfache Fallunterscheidung

Eine einfache Fallunterscheidung lässt sich mit: <xsl:if> realisieren. Die Syntax lautet:

```
<xsl:if test="XPath-Ausdruck">
    ...
</xsl:if>
```

Als Attributwert von test wird ein XPath-Ausdruck formuliert, der einen booleschen Wert liefert. Ist der Ausdruck true, wird der Inhalt des <xsl:if>-Containers ausgeführt, im anderen Fall wird er übersprungen.

Beispiel 1

Für die Studienanfänger soll eine Vorlesungsübersicht erstellt werden, die nur die Vorlesungen des ersten Semesters enthält. Hierzu wird folgende Template-Regel formuliert:

```
<xsl:template match="vorlesung">
  <h1>Alle Veranstaltungen des ersten Semesters</h1>
  <xsl:if test="semester='1'">
    <p>{titel}</p>
  </xsl:if>
</xsl:template>◀
```

```
(st1_if1.xsl)
```

Innerhalb des logischen Ausdrucks können insbesondere auch XPath-Funktionen genutzt werden (s. Abschn. 7.8.3).

Beispiel 2

Die folgende Template-Regel wählt nur die Dozenten aus, deren Vorname mit dem Buchstaben "S" beginnt. Verwendet wird hierzu die XPath-Funktion starts-with($arg1 as xs:string?, $arg2 as xs:string?) as xs:boolean, die untersucht, ob eine Zeichenkette mit einer anderen Zeichenkette beginnt.

```
<xsl:template match="dozent">
  <xsl:if test="starts-with(vorname,'S')">
    <p>{name}{vorname}</p>
  </xsl:if>
</xsl:template>◄
```

```
(st2_if2.xsl)
```

Kein else-Teil Die <xsl:if>-Anweisung hat keinen else-Teil, wie er in anderen Programmiersprachen vorhanden ist. Ein "if-else" kann jedoch mithilfe der komplexen Fallunterscheidung <xsl:choose> realisiert werden.

Komplexe Fallunterscheidung
Komplexe Fallunterscheidungen (Mehrfachverzweigungen) sind mit dem Element: <xsl:choose>möglich. Innerhalb dieses Elementes können mit: <xsl:when test="XPath-Ausdruck"> mehrere Bedingungen formuliert werden. Mit <xsl:otherwise> kann der Default-Fall angegeben werden, falls keine der Bedingungen zutrifft. Die Syntax lautet:

```
<xsl:choose>
  <xsl:when test="XPath-Ausdruck_1">
    ...
  </xsl:when>
  <xsl:when test="XPath-Ausdruck_2">
    ...
  </xsl:when>
    ...
  <xsl:otherwise>
    ...
  </xsl:otherwise
</xsl:choose>
```

▶ **Hinweis** Mehrere Testausdrücke können gleichzeitig wahr sein. Ausgeführt werden in diesem Fall die Anweisungen innerhalb der ersten Alternative, die die Bedingung erfüllt. Daher ist die Reihenfolge der `<xsl:when>`-Elemente von Bedeutung.

Beispiel 3

Die Vorlesungen sollen nun auf der Webseite in verschiedenen Farben präsentiert werden: Vorlesungen des ersten Semesters in rot, die des zweiten in blau und alle übrigen in grün.

In der externen CSS-Datei `color.css` sind dazu passende CSS-Klassen `blue`, `red`, `green` definiert.

```
blue {color: blue;}
red {color: red;}
green {color: green;}
```

Die CSS-Datei wird im HTML-Head referenziert.

```
<xsl:template match="/">
  <html>
    <head>
      <link rel="stylesheet"type="text/css"
            href="color.css"/>
      <title>Vorlesungsverzeichnis</title>
    </head>
    <body>
      <xsl:apply-templates select="fb/vorlesungsliste"/>
    </body>
  </html>
</xsl:template>
```

Das Element `<p>`, das den Vorlesungstitel enthält, erhält ein `class`-Attribut. Der Wert des Attributes `class` wird durch eine Fallunterscheidung mit `<xsl:choose>` berechnet.

```
<xsl:template match="vorlesung">
  <p>
    <xsl:attribute name="class">
      <xsl:choose>
        <xsl:when test="semester='1'">
          blue
        </xsl:when>
        <xsl:when test="semester='2'">
```

```
            red
          </xsl:when>
          <xsl:otherwise>
            green
          </xsl:otherwise>
        </xsl:choose>
      </xsl:attribute>

      <xsl:value-of select="titel"/>,
      <xsl:value-of select="semester"/>. Semester
    </p>
</xsl:template>◄
```

(st3_choose.xsl, color.css)

Übung

Fügen Sie den Vorlesungen ein Attribut typ hinzu. Dieses Attribut kann zwei Werte annehmen: P und WP. Ändern Sie das XSLT-Stylesheet st_choose.xsl wie folgt: Nach dem Titel der Vorlesung soll in Klammern der Vorlesungstyp stehen und zwar Pflichtvorlesung, wenn der Attributwert P ist und Wahlpflichtvorlesung, wenn der Attributwert WP ist.

Alternative mit XPath In einigen Fällen ist es möglich, statt der XSLT-Anweisung <xsl:if> bzw. <xsl:choose> einen konditionalen XPath-Ausdruck if (boolescher_Ausdruck) then Ausdruck1 else Ausdruck2 zu verwenden (s. Abschn. 7.4).

Beispiel 4

Es wird ein Vorlesungsverzeichnis generiert, in dem die Vorlesungen des ersten Semesters in rot, alle übrigen in blau dargestellt werden. Verwendet wird die CSS-Datei color.css aus Beispiel 3. Die Fallunterscheidung wird in Form eines XPath-Ausdrucks formuliert und als Attributwert-Template notiert.

```
<xsl:template match="vorlesung">
  <p class="{if (semester = 1) then 'red' else 'blue'}">
    <xsl:value-of select="titel"/>,
    <xsl:value-of select="semester"/>. Semester
  </p>
</xsl:template>◄
```

(st4_xpath.xsl)

▶   **Hinweis** Eine komplexe Fallunterscheidung mit `<xsl:choose>` kann nicht
durch ein `switch` ersetzt werden, da `switch` nicht zu XPath, sondern zu
XQuery gehört.

8.9   Wiederholungen mit xsl:for-each

Zusammenfassung

Mit `<xsl:for-each   select="XPath-Ausdruck">` kann eine Iteration
programmiert werden. Es wird über alle Knoten iteriert, die der XPath-Ausdruck
im `select`-Attribut auswählt, und die Anweisungen innerhalb von `<xsl:for-
each>` werden ausgeführt. Das Anwenden von `for-each` wird als Pull Processing
bezeichnet.

Eine aus vielen Programmiersprachen bekannte Kontrollstruktur ist die Schleife. Die
Anweisungen innerhalb der Schleife werden so lange wiederholt, wie eine Bedingung
wahr ist bzw. bis eine Abbruchbedingung eintritt. Mit der `for-each`-Anweisung bietet
XSLT ein schleifenähnliches Konstrukt an, bei dem über alle Items einer Sequenz iteriert
wird. Die Syntax der `for-each`-Anweisung lautet:

```
<xsl:for-each select="XPath-Ausdruck">
  ...
</xsl:for-each>
```

Der XPath-Ausdruck im `select`-Attribut wählt eine Knotensequenz aus. Für jeden
Knoten dieser Knotensequenz führt der Prozessor nun alle Anweisungen aus, die
innerhalb des `<xsl:for-each>`-Elementes stehen. Bei jedem Iterationsschritt
ändert sich der aktuelle Kontextknoten. Alle relativen Pfadausdrücke, die innerhalb
von `<xsl:for-each>` vorkommen, werden immer relativ zu dem jeweils aktuellen
Kontextknoten ausgewertet.

Fallbeispiel

Das XSLT-Stylesheet `for.xsl` transformiert das Dokument `dozenten.xml`
und erzeugt eine einfache HTML5-Seite. Die erzeugte Ausgabe ist identisch mit der
Ausgabe des Stylesheets `fb1.xsl` (vgl. Abschn. 8.3). Abb. 8.8 zeigt die Baumdarstellung des Dokumentes und die Knotenauswahl in der `for-each`-Anweisung.

```
<?xml version="1.0" encoding="UTF-8"?>
<xsl:stylesheet version="3.0"
     xmlns:xsl="http://www.w3.org/1999/XSL/Transform"
     expand-text="yes">
<xsl:output method="html" html-version="5"/>
```

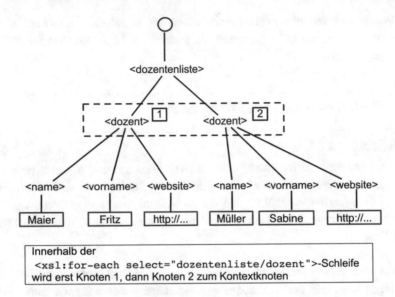

Abb. 8.8   Knotenauswahl in der for-each-Anweisung

```
<xsl:template match="/">
  <html>
    <head>
      <title>Dozentenliste</title>
    </head>
    <body>
      <h1>Unsere Dozenten</h1>
      <xsl:for-each select="dozentenliste/dozent">
        <p>{name} {vorname}</p>
      </xsl:for-each>
    </body>
  </html>
</xsl:template>

</xsl:stylesheet>◄
```

dozenten.xml, for.xsl

Vergleich: for-each versus apply-templates

Obiges Beispiel zeigt: Es gibt Anwendungsfälle, in denen eine identische Ausgabe mit zwei grundverschiedenen Programmierstilen erzeugt werden kann. Eine Möglichkeit ist die konsequente Anwendung von `<xsl:apply-templates>`, die zweite die Verwendung der `<xsl:for-each>`-Anweisung. Nun stellt sich natürlich die Frage nach dem Unterschied zwischen der Verwendung von `<xsl:apply-templates>`

im Vergleich zu `<xsl:for-each>` und, wann welcher Programmierstil angewendet werden sollte.

Pull vs. Push Processing Die Anwendung der `<xsl:for-each>`-Anweisung wird auch *Pull Processing* genannt (*pull* (engl.) = ziehen). Die zu verarbeitenden Knoten werden vom Prozessor aus der Eingabe in die Template-Regel „gezogen". Im Gegensatz dazu nennt man die Anwendung von `<xsl:apply-templates>` *Push Processing*. Die Kindknoten werden nicht in der Template-Regel des Elternknoten behandelt, sie „drücken" aus dem Template heraus, d. h. die Behandlung dieser Kindknoten wird durch `<xsl:apply-templates>` an passende Template-Regeln delegiert.

Beim *Pull Processing* kann das Stylesheet aus nur einer einzigen Template-Regel bestehen, wobei die Struktur der gewünschten Ausgabe den Ablauf bestimmt.

Beim *Push Processing* sind im Stylesheet viele kleine Template-Regeln vorhanden, die Abarbeitung wird durch die Baumstruktur des Eingabedokumentes bestimmt.

Übung

Schreiben Sie zu `fb.xml` ein XSLT-Stylesheet, das die Vorlesungen und anschließend die Dozenten jeweils in einer Tabelle darstellt. Lösen Sie dies sowohl mit *Pull* als auch mit *Push* Processing.

Kombination von Push und Pull Beide Ansätze können gemeinsam verwendet werden. Die Verwendung von `<xsl:for-each>` gibt zusätzlich die Möglichkeit beispielsweise ein Element im Inneren von `<xsl:for-each>` anders zu behandeln, als dies eine im Stylesheet ansonsten vorhandene Template-Regel tut. Dies ist sehr praktisch, z. B. zur Generierung von Inhaltsverzeichnissen.

Beispiel 2

Gegeben ist das folgende einfache XML-Dokument `buch.xml`:

```
<?xml version="1.0" encoding="UTF-8"?>
<buch>
  <kapitel>
    <titel>Kapitel 1</titel>
    <para>Absatz 1-1</para>
    <para>Absatz 1-2</para>
  </kapitel>
  <kapitel>
    <titel>Kapitel 2</titel>
    <para>Absatz 2-1</para>
    <para>Absatz 2-2</para>
  </kapitel>
</buch>
```

Ziel ist es, die folgende Ausgabe zu erzeugen:

Aus den Titeln der einzelnen Kapitel wird das Inhaltsverzeichnis generiert. Danach folgen die einzelnen Kapitel mit ihren Inhalten. Der HTML-Code soll also folgende Form haben:

```
<html>
  <head>
    <title>Buchbeispiel</title>
  </head>
  <body>
    <h1>Unser Lehrbuch</h1>
    <h2>Inhaltsverzeichnis</h2>
    <p>Kapitel 1</p>
    <p>Kapitel 2</p>
    <h2>Kapitel 1</h2>
    <p>Absatz 1-1</p>
    <p>Absatz 1-2</p>
    <h2>Kapitel 2</h2>
    <p>Absatz 2-1</p>
    <p>Absatz 2-2</p>
  </body>
</html>◄
```

(buch.xml)

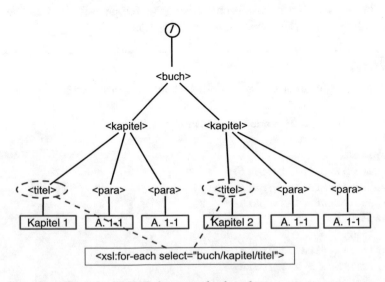

Abb. 8.9 Baumdarstellung des XML-Dokumentes buch.xml

Beispiel 2 – Fortsetzung

Das XSLT-Stylesheet `buch.xsl` transformiert das Dokument `buch.xml` zur
gewünschten Ausgabe. Abb. 8.9 zeigt die Baumdarstellung des Dokumentes und
visualisiert die Knotenauswahl der `for-each`-Anweisung.

```
<?xml version="1.0" encoding="UTF-8"?>
<xsl:stylesheet version="3.0"
    xmlns:xsl=http://www.w3.org/1999/XSL/Transform
    expand-text="yes">
  <xsl:output method="html" html-version="5"/>

  <xsl:template match="/">
    <html>
      <head>
        <title>Buchbeispiel</title>
      </head>
      <body>
        <h1>Unser Lehrbuch</h1>
        <h2>Inhaltsverzeichnis</h2>
        <!-- for-each-Anweisung
             zur Generierung des Inhaltsverzeichnisses
        -->
        <xsl:for-each select="buch/kapitel/titel">
          <p>{.}</p>
        </xsl:for-each>
        <!-- jetzt wird die Abarbeitung des Quellbaumes
             durch die Anweisung apply-templates
             fortgesetzt -->
        <xsl:apply-templates/>
      </body>
    </html>
  </xsl:template>

  <!-- Templates für die Kindelemente -->
  <xsl:template match="buch">
    <xsl:apply-templates/>
  </xsl:template>

  <xsl:template match="kapitel">
    <xsl:apply-templates/>
  </xsl:template>

  <xsl:template match="titel">
```

```
    <h2>{.}</h2>
  </xsl:template>

  <xsl:template match="para">
    <p>{.}</p>
  </xsl:template>

</xsl:stylesheet>◄
```

(buch.xsl)

Übung

In Beispiel 2 ist der Buchtitel ein „fester" Text im Stylesheet. Ändern Sie die XML-Datei und das Stylesheet so, dass `<buch>` als erstes Kindelelement ein Element `<titel>` enthält und die gleiche Ausgabe wie im Beispiel erzeugt wird.

▶   **Hinweis** *Mixed Content* lässt sich rekursiv (mit `<apply-templates>`) sehr viel einfacher verarbeiten. Ein Beispiel hierzu finden Sie in Abschn. 8.4.1, Beispiel 3, `fb_mc.xsl`.

Alternative mit XPath

In einigen Fällen kann eine Iteration auch mithilfe eines `for`-Ausdrucks aus XPath durchgeführt werden (s. Abschn. 7.4). Die Syntax lautet:

```
for $var in $eingabesequenz
    return $ergebnisausdruck
```

Beispiel 3

Ziel ist die Ausgabe einer kommaseparierten Liste der Dozenten in der Form:

```
Vorname Nachname, Vorname Nachname
```

Der `for`-Ausdruck iteriert über die Sequenz der `<dozent>`-Knoten.

```
<xsl:template match="/">
  ...
  <h1>Unsere Dozenten</h1>
  <xsl:value-of select="for $i in dozentenliste/dozent
              return concat($i/vorname, ' ', $i/name)"
              separator=", "/>
  ...
```

```
</xsl:template>
```

Mit der Funktion `concat()` werden die Zeichenketten `Vorname-Leer-`
`zeichen-Nachname` verkettet. Alternativ kann ab XPath 3.0 der String-
Konkatenations-Operator "`||`" verwendet werden:

```
... return $i/vorname || ' ' || $i/name"
```

Mithilfe des Attributes `separator` wird das Komma zwischen den einzelnen
Dozentennamen eingefügt. ◀

```
(dozenten.xml, for_xpath.xsl)
```

Grenzen Problematisch bei der Verwendung eines XPath-`for`-Ausdrucks ist jedoch,
dass es kaum möglich ist, in die durch ihn erzeugte Ausgabe Tags einzufügen. Die Ein-
satzmöglichkeiten sind also begrenzt.

8.10   Elemente erzeugen und kopieren

Zusammenfassung

Mit `<xsl:element>` kann ein Element dem Ergebnisdokument hinzugefügt
werden, dessen Name erst zur Laufzeit berechnet wird. `<xsl:copy>` kopiert einen
Knoten, `<xsl:copy-of>` komplette Teilbäume.

Mithilfe literaler Ergebniselemente können dem Ergebnisdokument Elemente hinzugefügt werden. Dies setzt jedoch voraus, dass die Elementnamen schon bei der
Programmierung des XSLT-Stylesheets bekannt sind.
   Mit der Anweisung: `<xsl:element>` ist es möglich, Elemente, deren Name erst
zur Laufzeit berechnet wird, dem Ergebnisdokument hinzuzufügen. Die Syntax lautet:

```
<xsl:element name="Elementname">
  Elementinhalt
</xsl:element>
```

Berechnet werden kann der Elementname, wenn als Wert des `name`-Attributes ein
Attributwert-Template notiert wird:

```
<xsl:element name="{XPath-Ausdruck}">
  Elementinhalt
</xsl:element>
```

Ebenso ist auch die Verwendung des Elementes `<xsl:attribute>` möglich.

Beispiel 1: „Aus Attributen werden Elemente"

Im Quelldokument werden Informationen in Attributen gespeichert. Es soll nun ein Ergebnisdokument erzeugt werden, das dieselben Informationen als Inhalt von Elementen enthält. Das XSLT-Stylesheet soll unabhängig von der Anzahl und den Namen der Attribute sein.

Gegeben ist die Datei `eintrag1.xml`:

```
<?xml version="1.0" encoding="UTF-8"?>
<eintragliste>
  <eintrag titel="Titel1" version="1.0"/>
  <eintrag titel="Titel2" version="1.1"/>
</eintragliste>
```

Das Stylesheet `eintrag1.xsl` hat folgende Form:

```
<xsl:stylesheet version="3.0"
    xmlns:xsl="http://www.w3.org/1999/XSL/Transform">
  <xsl:output method="xml" indent="yes"/>

  <xsl:template match="/">
    <eintragliste>
      <xsl:apply-templates/>
    </eintragliste>
  </xsl:template>

  <xsl:template match="eintrag">
    <eintrag>
      <xsl:for-each select="@*">
        <xsl:element name="{name()}">
          <xsl:value-of select="."/>
        </xsl:element>
      </xsl:for-each>
    </eintrag>
  </xsl:template>

</xsl:stylesheet>
```

Erklärung:

Mit der `for-each`-Anweisung wird über alle Attribute eines `<eintrag>`-Elementes iteriert. Für jedes Attribut wird ein Element mit dem Namen dieses Attributes erzeugt. Zur Berechnung des Elementnamens wird die XPath-Funktion name($arg as node()?) as xs:string verwendet. Sie liefert den Namen des aktuellen Knotens, in diesem Fall also jeweils den Attributnamen. Inhalt des erzeugten Elementes wird der Attributwert.

Das Ergebnis ist:

```
<?xml version="1.0" encoding="UTF-8"?>
<eintragliste>
  <eintrag>
    <titel>Titel1</titel>
    <version>1.0</version>
  </eintrag>
  <eintrag>
    <titel>Titel2</titel>
    <version>1.1</version>
  </eintrag>
</eintragliste>◀
```

(eintrag1.xml, eintrag1.xsl)

Übung

Programmieren Sie die „Umkehrung" zu Beispiel 1. Verwenden Sie das Ergebnisdokument des Beispiels als Eingabedokument. Zu einem <eintrag>-Element sollen nun – entsprechend der Kindelemente – Attribute hinzugefügt werden. ◀

Elemente kopieren

Des Öfteren sollen Elemente im Ergebnisdokument identisch zu Elementen im XML-Quelldokument sein. Dies ist z. B. der Fall bei einer XML-zu-XML-Transformation oder, wenn im XML-Dokument bereits HTML-Elemente verwendet werden. Es bietet sich an, diese Elemente des Quelldokuments in das Ergebnisdokument zu kopieren. XSLT stellt hierzu die beiden Elemente <xsl:copy> und <xsl:copy-of> zur Verfügung.

<xsl:copy>   Mit<xsl:copy> wird eine sogenannte „flache Kopie" *(shallow copy)* erzeugt, nur der gegenwärtige Knoten wird kopiert. Ist dieser ein Element, werden weder seine Attribute noch seine Kindelemente – also auch nicht die enthaltenen Textinhalte – kopiert.

Beispiel 2

Gegeben ist nun das XML-Dokument eintrag2.xml:

```
<?xml version="1.0" encoding="UTF-8"?>
<eintragliste>
  <eintrag titel="Titel1" version="1.0">Inhalt1</eintrag>
  <eintrag titel="Titel2" version="1.1">Inhalt2</eintrag>
</eintragliste>
```

Das Stylesheet eintrag2.xsl hat folgende Form:

```
<?xml version="1.0" encoding="UTF-8"?>
<xsl:stylesheet version="3.0"
    xmlns:xsl="http://www.w3.org/1999/XSL/Transform">
  <xsl:output method="xml" indent="yes"/>

  <xsl:template match="/">
    <eintragliste>
      <xsl:apply-templates/>
    </eintragliste>
  </xsl:template>

  <xsl:template match="eintrag">
    <xsl:copy><xsl:value-of select="."/></xsl:copy>
  </xsl:template>

</xsl:stylesheet>
```

Durch <xsl:copy> wird das aktuelle Element, nämlich <eintrag> ohne Attribute und auch ohne Textinhalt kopiert. <xsl:valueof select="."/> sorgt dann dafür, dass auch der Textinhalt ausgegeben wird.

Das Ergebnis lautet:

```
<?xml version="1.0" encoding="UTF-8"?>
<eintragliste>
  <eintrag>Inhalt1</eintrag>
  <eintrag>Inhalt2</eintrag>
</eintragliste>◀
```

(eintrag2.xml, eintrag2.xsl)

select-Attribut Seit XSLT 3.0 kann dem Element <xsl:copy> auch das Attribut select hinzugefügt werden. Als Wert von select ist ein XPath-Ausdruck erlaubt, der nur ein einziges Item selektieren darf.

Teilbäume kopieren

Mit der Anweisung: `<xsl:copy-of>` ist es möglich, komplette Teilbäume zu kopieren. Es wird eine sogenannte „tiefe Kopie" *(deep copy)* erzeugt. Die Syntax lautet:

```
<xsl:copy-of select="XPath-Ausdruck"/>
```

Alle Knoten, die der XPath-Ausdruck selektiert und alle ihre Nachfahren, also alle Knoten auf der `descendant`-Achse, und auch alle Text-, Attribut-, Kommentar- und Processing-Instruction-Knoten werden in das Ergebnisdokument kopiert.

Beispiel 3

Die Beschreibung der Vorlesungen können Auszeichnungen mit `<em>` sowie weitere Auszeichnungselemente, z. B. für Listen, enthalten. Es werden Elemente aus HTML verwendet. Dies hat zwei Vorteile: Autoren sind diese Elemente meist bekannt und der Inhalt von `<beschreibung>` kann mit `<xsl:copy-of>` kopiert werden. Da mit `<xsl:copy-of  select="beschreibung"/>` auch das Element `<beschreibung>` in die Ausgabe kopiert würde und dies kein HTML-Element ist, wird als Kindelement von `<beschreibung>` ein `<div>`-Element eingefügt und dessen Teilbaum kopiert.

```
<?xml version="1.0" encoding="UTF-8"?>
<tb>
...
  <vorlesungsliste>
    <vorlesung did="d1" vid="v1">
      <titel>Informatik</titel>
      <semester>1</semester>
      <beschreibung>
        <div>Grundlagen der <em>EDV</em>
            Einfache Übungen.
        </div>
      </beschreibung>
    </vorlesung>
    <vorlesung did="d2" vid="v2">
      <titel>Technik</titel>
      <semester>2</semester>
      <beschreibung>
        <div>Ausgewählte Themen aus:
          <ul>
            <li>Metalltechnik</li>
            <li>Bautechnik</li>
            <li>Elektrotechnik</li>
          </ul>
```

```
        </div>
      </beschreibung>
    </vorlesung>
  </vorlseungsliste>
</fb>
```

Das Stylesheet `st_copy.xsl` hat folgende Form:

```xml
<?xml version="1.0" encoding="UTF-8"?>
<xsl:stylesheet version="3.0"
      xmlns:xsl="http://www.w3.org/1999/XSL/Transform">
  <xsl:output method="html" html-version="5"/>

  <xsl:template match="/">
    <html>
      <head>
        <title>Vorlesungsverzeichnis</title>
      </head>
      <body>
        <h1>Vorlesungsverzeichnis</h1>
        <xsl:for-each select="fb/vorlesungsliste/vorlesung">
          <h2>
            <xsl:value-of select="titel"/>
          </h2>
          <xsl:copy-of select="beschreibung/div"/>
        </xsl:for-each>
      </body>
    </html>
  </xsl:template>

</xsl:stylesheet>◀
```

(fb_erw.xml, st_copy.xsl)

Übung

Programmieren Sie ein XSLT-Stylesheet, das dieselbe Ausgabe wie `st_copy.xsl` erzeugt, verwenden Sie jedoch keine `for-each`-Anweisung, sondern `<xsl:apply-templates>`. In der Template-Regel für das Element `<beschreibung>` sollten Sie `<xsl:copy-of>` anwenden. ◀

8.11 Sortierung

Zusammenfassung

Mit `<xsl:sort>` können Knotensequenzen sortiert werden. Dieses Element ist als erstes Kindelement von `<xsl:apply-templates>`, `<xsl:for-each>` oder `<xsl:for-each-group>` anzugeben. Mit den Attributen `order`, `data-type` und `case-order` kann die Sortierreihenfolge beeinflusst werden.

Der XSLT-Prozessor verarbeitet eine ausgewählte Knotensequenz normalerweise in der Dokumentreihenfolge. Mit dem Element: `<xsl:sort>`kann jedoch eine davon abweichende Reihenfolge festgelegt werden. Die Syntax lautet:

```
<xsl:sort select="XPath-Ausdruck"/>
```

`<xsl:sort>` ist immer ein leeres Element und darf nur als erstes Kindelement von `<xsl:apply-templates>`,`<xsl:for-each>` oder von `<xsl:for-each-group>` (ab XSLT 2.0) vorkommen.

Attribut select Als Attributwert von `select` wird ein XPath-Ausdruck angegeben, der einen Stringwert liefern muss. Dieser dient dann als Sortierschlüssel. Wird das Attribut `select` weggelassen, wird nach dem aktuellen Kontextknoten sortiert.

Attribut order Mit dem Attribut `order` wird die Sortierreihenfolge festgelegt. Erlaubte Attributwerte sind `ascending` für eine aufsteigende und `descending` für eine absteigende Sortierreihenfolge. Der Default-Wert ist `ascending`.

Attribut data-type Das Attribut `data-type` steht auch in XSLT 3.0 weiterhin zur Verfügung, um die Abwärtskompatibilität zu XSLT 1.0 zu gewährleisten. Hat das Attribut `data-type` den Wert `text` wird alphabetisch, beim Wert `number` nummerisch sortiert. Ein Beispiel: Für die Zahlenreihe "12, 1, 11, 10, 2" ergibt sich bei alphabetischer Sortierung: "1, 10, 11, 12, 2", bei nummerischer: "1, 2, 10, 11, 12".

Typisierung Seit XSLT 2.0 verfügen Knoten entsprechend des XQuery und XPath Datenmodells (s. Abschn. 7.1) über zwei Wertearten: textueller Wert und getypter Wert. Sortiert wird nach dem getypten Wert. Wenn kein XML-Schema vorliegt, werden alle Werte als Strings behandelt. Es wird also alphabetisch sortiert. Eine Sortierreihenfolge nach den Regeln eines bestimmten Datentyps kann erzwungen werden, wenn auf den Sortierschlüssel eine entsprechende Cast-Funktion angewendet wird, z. B. `xs:int($arg as xs:anyAtomicType?) as xs:int?` zur Umwandlung in den Typ `int`. Liegt ein XML-Schema vor, muss darauf geachtet werden, dass ein Prozessor verwendet wird, der schemakonform ist und die Schema-Validierung aktiviert ist.

Attribut case-order Hat das Attribut `case-order` den Wert `upper-first`, dann werden Großbuchstaben vor den Kleinbuchstaben einsortiert, beim Wert `lower-first` ist dies gerade umgekehrt. Der Default-Wert ist `upper-first`.

Mehrere `<xsl:sort>`-Elemente Die Angabe mehrerer `<xsl:sort>`-Elemente ist möglich. Sortiert wird dann zuerst nach dem ersten Schlüssel, dann nach dem zweiten usw.

Beispiel 1

Die folgende Template-Regel erzeugt eine sortierte Ausgabe der Dozenten. `<xsl:sort>` wird als Kindelement von `<xsl:apply-templates>` notiert. In diesem Fall ist also `<xsl:apply-templates>` kein leeres Element.

```
<xsl:template match="dozentenliste">

  <h1>Dozentenliste (absteigend sortiert)</h1>
  <xsl:apply-templates>
    <xsl:sort select="name" order="descending"/>
    <xsl:sort select="vorname" order="descending"/>
  </xsl:apply-templates>
</xsl:template>

<xsl:template match="dozent">
  <p>
    <xsl:value-of select="name"/>
    <xsl:value-of select="vorname"/>
  </p>
</xsl:template>
```

Beachten Sie, dass als Sortierschlüssel `name` bzw. `vorname` notiert sind, und nicht – wie vielleicht intuitiv erwartet – `dozent/name` bzw. `dozent/vorname`. Der Grund ist, dass durch `<xsl:apply-templates>` bereits die Kindknoten `<dozent>` die zu sortierende Sequenz bilden. ◄

```
(fb.xml, st1_sort.xsl)
```

Beispiel 2

Die folgende Template-Regel erzeugt eine sortierte Ausgabe der Dozenten. Die `<xsl:sort>`-Elemente sind als Kindelemente von `<xsl:for-each>` notiert.

```
<xsl:template match="dozentenliste">
```

```
<h1>Dozentenliste</h1>
<xsl:for-each select="dozent">
  <xsl:sort select="name" order="descending"/>
  <xsl:sort select="vorname" order="descending"/>
  <p>
    <xsl:value-of select="name"/>
    <xsl:value-of select="vorname"/>
  </p>
</xsl:for-each>
</xsl:template>◄
```

(fb.xml, st2_sort.xsl)

Übung

Schreiben Sie ein XSLT-Stylesheet, das die Vorlesungen sortiert ausgibt. Erster Sortierschlüssel sei das Semester, zweiter der Titel.

8.12 Gruppierung

Zusammenfassung

Mit `<xsl:for-each-group>` werden Items einer Sequenz anhand eines Gruppierungsschlüssels zu Gruppen zusammengefasst. Es wird über diese Gruppen iteriert, sodass Auswertungen für jede Gruppe möglich sind. Die Art und Weise wie die Gruppenbildung erfolgt, wird durch das Gruppierungsattribut bestimmt. Als Gruppierungattribut kann entweder `group-by` oder `group-adjacent` oder `group-starting-with` oder `group-ending-with` verwendet werden.

Seit XSLT 2.0 steht die Anweisung: `<xsl:for-each-group>` zur Verfügung. Mit ihr kann – ähnlich wie mit der `group by`-Klausel in SQL oder der `group by`-Klausel in einem FLWOR-Ausdruck in XQuery – eine Gruppierung durchgeführt werden. In XSLT werden Items aus einer Eingabesequenz, in diesem Kontext „Population" genannt, anhand eines Gruppierungsschlüssels in Gruppen zusammengefasst. Es wird über diese Gruppen iteriert und Auswertungen für die einzelnen Gruppen sind möglich. Die Syntax lautet:

```
<xsl:for-each-group select="XPath-Ausdruck"
                    gruppierungsattribut>
  ...
</xsl:for-each-group>
```

Als Wert des Attributes `select` wird ein XPath-Ausdruck angegeben, der die Eingabesequenz der Gruppierung adressiert. Mit dem Gruppierungsattribut wird der Gruppierungsschlüssel und die Art und Weise, wie die Gruppenbildung erfolgt, festgelegt. Als Gruppierungsattribut ist genau eines der Attribute `group-by`, `group-adjacent`, `group-starting-with` oder `group-ending-with` erlaubt.

Zum Zugriff auf Informationen der aktuell verarbeiteten Gruppe können innerhalb von `<xsl:for-each-group>` folgende XSLT-Funktionen verwendet werden:

- `fn:current-grouping-key() as xs:anyAtomicType*`:
  Gibt den Wert des Gruppierungsschlüssels der aktuell verarbeiteten Gruppe zurück.
- `fn:current-group() as item()*`:
  Gibt die Sequenz der Items der aktuell verarbeitenden Gruppe zurück.

Attribut group-by Wird als Gruppierungsattribut `group-by="XPath-Ausdruck"` verwendet, erfolgt die Gruppenbildung in der Reihenfolge des ersten Erscheinens eines Wertes des Gruppierungsschlüssels (*first order appearence*). Die Anzahl der gebildeten Gruppen ist immer gleich der Anzahl der verschiedenen Werte des Gruppierungsschlüssels. Sollen die Gruppen anhand ihres Gruppierungsschlüssels sortiert werden, wird `<xsl:sort>` als direktes Kindelement von `<xsl:for-each-group>` notiert.

Beispiel 1

Eingabedatei ist `vliste.xml`, die bereits in Abschn. 7.7.3 verwendet wurde. Gruppiert wird über die Semester. Ausgegeben wird eine HTML-Tabelle. In der ersten Spalte steht der Gruppierungsschlüssel, in der zweiten die Anzahl der Items der jeweiligen Gruppe, in der dritten die Summe der SWS der Gruppe. In der vierten Spalte werden durch `<xsl:value-of select="current-group()/titel" separator=",  "/>` die Titel der Veranstaltungen durch

Gruppierung der Vorlesungen nach Semester

Semester	Anzahl	SWS (gesamt)	Veranstaltungen	Veranstaltungen
2	1	4	Technik I	• Technik I
3	2	8	Technik II, Recht	• Technik II • Recht
1	1	2	Informatik	• Informatik

Abb. 8.10 Screenshot der erzeugten Gruppierung

Kommata getrennt ausgegeben. In der letzten Spalte werden die Veranstaltungen der jeweiligen Gruppe in einer Liste dargestellt, hierzu wird mit `<xsl:for-each select="current-group()">` über die Items der aktuellen Gruppe iteriert. Abb. 8.10 zeigt einen Screenshot der erzeugten HTML-Seite.

```
<?xml version="1.0" encoding="UTF-8"?>
<xsl:stylesheet
    xmlns:xsl="http://www.w3.org/1999/XSL/Transform"
    version="3.0">
  <xsl:output method="html" html-version="5"/>

  <xsl:template match="/">
    <html>
      <head>
        <title>Uebersicht</title>
      </head>
      <body>
        <xsl:apply-templates select="//vorlesungsliste"/>
      </body>
    </html>
  </xsl:template>


  <xsl:template match="vorlesungsliste">
    <h3>Gruppierung der Vorlesungen nach Semester</h3>
    <table border="1">
      <tr>
        <th>Semester</th>
        <th>Anzahl</th>
        <th>SWS (gesamt)</th>
        <th>Veranstaltungen</th>
      </tr>
      <!-- Gruppierung der Vorlesungen nach Semester -->
      <xsl:for-each-group select="vorlesung"
                          group-by="semester">
        <!-- Wenn Sortierung gewünscht: -->
        <!-- <xsl:sort select="semester"/> -->
        <tr>
        <td>
          <xsl:value-of select="current-grouping-key()"/>
        </td>
        <td>
          <xsl:value-of select="count(current-group())"/>
        </td>
        <td>
```

```
              <xsl:value-of select="sum(current-group()/sws)"/>
          </td>
          <td>
            <xsl:value-of select="current-group()/titel"
                          separator=", "/>
          </td>
          <td>
            <ul>
              <!-- current-group() liefert eine Sequenz,
                   über die mit for-each iteriert wird -->
              <xsl:for-each select="current-group()">
                <li>
                  <xsl:value-of select="./titel"/>
                </li>
              </xsl:for-each>
            </ul>
          </td>
        </tr>
      </xsl:for-each-group>
    </table>
  </xsl:template>

</xsl:stylesheet>◄
```

(vliste.xml, st1_gr_by.xsl)

Übung

Schreiben Sie ein XSLT-Stylesheet, das angewandt auf `vliste.xml`, für jeden Dozenten die Anzahl und die Summe der SWS der Vorlesungen, die er hält, berechnet.

Attribut group-adjacent Wird als Gruppierungsattribut `group-adjacent=`
`"XPath-Ausdruck"` verwendet, wird die durch `select` adressierte Sequenz in der vorliegenden Reihenfolge *(population order)* betrachtet. Aufeinanderfolgende Items, bei denen das Gruppierungskriterium den gleichen Wert hat, werden zu einer Gruppe zusammengefasst, d. h. jedes Mal, wenn der Gruppierungsschlüssel bei einem Item einen anderen Wert aufweist als beim Vorgängeritem, wird eine neue Gruppe begonnen. Daraus folgt, dass die Anzahl der Gruppen größer als die Anzahl der verschiedenen Werte des Gruppierungsschlüssels sein kann.

Beispiel 2

Gegeben ist folgendes XML-Dokument:

```
<?xml version="1.0" encoding="UTF-8"?>
<items>
  <item class="a"/>
  <item class="a"/>
  <item class="b"/>
  <item class="b"/>
  <item class="a"/>
  <item class="a"/>
  <item class="a"/>
  <item class="a"/>
  <item class="c"/>
  <item class="b"/>
</items>
```

Das Stylesheet soll die Anzahl aufeinanderfolgender Items, bei denen das class-Attribut den gleichen Wert hat, berechnen. Als Gruppierungsattribut wird daher group-adjacent="@class" verwendet.

```
<?xml version="1.0" encoding="UTF-8"?>
<xsl:stylesheet version="3.0"
    xmlns:xsl="http://www.w3.org/1999/XSL/Transform"
    expand-text="yes">
  <xsl:output method="xml" indent="yes"/>
  <xsl:template match="/items">
    <items>
      <xsl:for-each-group select="item"
                          group-adjacent="@class">
        <item class="{current-grouping-key()}">
          {count(current-group())}
        </item>
      </xsl:for-each-group>
    </items>
  </xsl:template>
</xsl:stylesheet>
```

Das Ergebnis lautet:

```
<?xml version="1.0" encoding="UTF-8"?>
<items>
  <item class="a">2</item>
  <item class="b">2</item>
  <item class="a">4</item>
  <item class="c">1</item>
```

```
    <item class="b">1</item>
  </items>◄
```

(items.xml, st2_gr_adj.xsl)

Attribut group-starting-with Wird als Gruppierungsattribut `group-starting-with="Pattern"` verwendet, werden die Items der durch `select` adressierten Sequenz nacheinander prozessiert. Jedes Mal, wenn ein Item zum notierten Pattern passt, wird eine neue Gruppe begonnen. Die erste Gruppe beginnt immer mit dem ersten Knoten der Sequenz, unabhängig von dessen Wert. Genaue Informationen zur Syntax eines Patterns in XSLT 3.0 erhalten Sie unter Syntax of Patterns (https://www.w3.org/TR/xslt-30/#pattern-syntax).

Beispiel 3

Gegeben ist folgendes HTML5-Dokument:

```
<!DOCTYPE HTML>
<html>
  <head>
    <meta http-equiv="Content-Type" content="text/html;
          charset=UTF-8"/>
    <title>Eingabe Gruppierung</title>
  </head>
  <body>
    <p>Absatz 1-1</p>
    <p>Absatz 1-2</p>
    <h1>Erste Überschrift</h1>
    <p>Absatz 2-1</p>
    <p>Absatz 2-2</p>
    <p>Absatz 2-3</p>
    <h1>Zweite Überschrift</h1>
    <p>Absatz 3-1</p>
    <p>Absatz 3-2</p>
  </body>
</html>
```

Ziel ist, den Body des HTML-Dokumentes durch`<section>`-Elemente zu strukturieren. Ein Element`<h1>` kennzeichnet den Beginn einer Section.

```
<?xml version="1.0" encoding="UTF-8"?>
<xsl:stylesheet version="3.0"
    xmlns:xsl="http://www.w3.org/1999/XSL/Transform">
```

```
<xsl:output method="html" html-version="5"/>

  <xsl:template match="/">
    <html>
      <head>
        <title>Ausgabe - Gruppierung</title>
      </head>
      <xsl:apply-templates select="html/body"/>
    </html>
  </xsl:template>

</xsl:stylesheet>
```

Erklärung:

Das `select`-Attribut des Elementes `<xsl:for-each-group>` wählt alle Kindelemente von `<body>` aus. Wegen `group-starting-with="h1"` wird bei jedem `<h1>`-Element eine neue Gruppe gestartet. Für jede Gruppe wird ein `<section>`-Element notiert. Mit `<xsl:for-each>` wird über alle Items der aktuellen Gruppe iteriert, diese werden durch `<xsl:copy-of>` einschließlich ihrer Nachfahrenelemente und Attribute in das Ausgabedokument kopiert *(deep-copy)*. Die Elemente, die vor dem ersten `<h1>`-Element stehen, werden in einer Gruppe zusammengefasst. Die erzeugte Ausgabe ist daher:

```
<!DOCTYPE HTML>
<html>
  <head>
    <meta http-equiv="Content-Type"
        content="text/html; charset=UTF-8">
    <title>Ausgabe - Gruppierung</title>
  </head>
  <body>
    <section>
      <p>Absatz 1-1</p>
      <p>Absatz 1-2</p>
    </section>
    <section>
      <h1>Erste Überschrift</h1>
      <p>Absatz 2-1</p>
      <p>Absatz 2-2</p>
      <p>Absatz 2-3</p>
    </section>
    <section>
      <h1>Zweite Überschrift</h1>
      <p>Absatz 3-1</p>
```

```
      <p>Absatz 3-2</p>
    </section>
  </body>
</html>◄
```

(input.html, st3_gr_start.xsl)

Gruppierung mit group-ending-with Wird als Gruppierungsattribut `group-ending-with="Pattern"` verwendet, werden die Items der durch `select` adressierten Sequenz nacheinander prozessiert und eine Gruppe wird geschlossen, wenn ein Item zum notierten Pattern passt. Das Pattern bestimmt also das letzte Mitglied einer Gruppe.

Beispiel 4

Gegeben ist das folgende XML-Dokument.

```
<?xml version="1.0" encoding="UTF-8"?>
<doc>
  <page continued="yes">Ein wenig Text</page>
  <page continued="yes">noch Text</page>
  <page>und weiterer Text</page>
  <page continued="yes">Text</page>
  <page continued="yes">nochmals Text</page>
  <page>und nochmals Text</page>
</doc>
```

Dieses Dokument soll durch das Einfügen von `<pageset>`-Elementen weiter strukturiert werden. Ein `<page>`-Element, das über kein Attribut `continued="yes"` verfügt, kennzeichnet das Ende einer Gruppe.
Folgendes Stylesheet erzeugt die gewünschte Ausgabe:

```
<?xml version="1.0" encoding="UTF-8"?>
<xsl:stylesheet version="3.0"
    xmlns:xsl="http://www.w3.org/1999/XSL/Transform">
  <xsl:output method="xml" indent="yes"/>

  <xsl:template match="doc">
    <doc>
      <xsl:for-each-group select="*"
          group-ending-with="page[not(@continued='yes')]">
        <pageset>
          <xsl:for-each select="current-group()">
            <page><xsl:value-of select="."/></page>
```

```
        </xsl:for-each>
      </pageset>
    </xsl:for-each-group>
  </doc>
  </xsl:template>

</xsl:stylesheet>
```

Folgende Ausgabe wird erzeugt:

```
<?xml version="1.0" encoding="UTF-8"?>
<doc>
  <pageset>
    <page>Ein wenig Text</page>
    <page>noch Text</page>
    <page>und weiterer Text</page>
  </pageset>
  <pageset>
    <page>Text</page>
    <page>nochmals Text</page>
    <page>und nochmals Text</page>
  </pageset>
</doc>◀
```

```
(input.xml, st4_gr_end.xsl)
```

8.13   Mehrere Quelldokumente

Zusammenfassung

Mit der XSLT-Funktion `fn:document()` können ein oder mehrere XML-Dokumente in eine Stylesheet-Transformation einbezogen werden.

In XSLT können in XPath-Ausdrücken alle im Dokument XPath and XQuery Functions and Operators 3.1 (https://www.w3.org/TR/xpath-functions-31/) beschriebenen Funktionen verwendet werden. Zudem sind in XSLT einige wenige XSLT-spezifische Funktionen (s. XSLT 3.0 Additional Functions, https://www.w3.org/TR/xslt-30/#add-func) definiert. Zu diesen gehört die Funktion `fn:document()`. Sie ermöglicht es, während einer XSLT-Transformation auf XML-Daten, die in externen XML-Dateien gespeichert sind, zuzugreifen und ihre Inhalte in den Ergebnisbaum zu übernehmen. Ihre Signatur ist:

```
fn:document($uri-sequence as item()*) as node()*
```

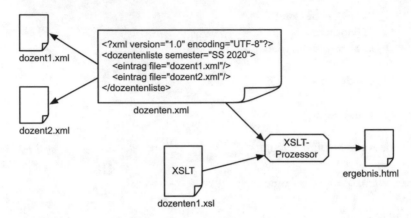

Abb. 8.11 Darstellung der Ausgangssituation von Beispiel 1

Übergabeparameter der Funktion ist eine Sequenz von URI-Referenzen, Rückgabe-wert eine Sequenz von Knoten.

Beispiel 1

Die Ausgangssituation dieses Beispiels wird in Abb. 8.11 dargestellt.

Für jeden Dozenten gibt es eine XML-Datei, z. B. hat die Datei `dozent1.xml` folgenden Inhalt:

```
<?xml version="1.0" encoding="UTF-8"?>
<dozent did="d1">
  <name>Maier</name>
  <vorname>Fritz</vorname>
</dozent>
```

In der Datei `dozenten.xml` ist vermerkt, welche Dozenten im aktuellen Semester in der Lehre tätig sind. Dazu werden Verweise auf die Dateien, die die Dozenten-informationen enthalten, als Werte des Attributes `file` gespeichert.

```
<?xml version="1.0" encoding="UTF-8"?>
<dozentenliste semester="SS 2021">
    <eintrag file="dozent1.xml"/>
    <eintrag file="dozent2.xml"/>
</dozentenliste>
```

Das Stylesheet `dozenten1.xsl` transformiert die Datei `dozenten.xml` und erzeugt eine HMTL-Datei, in der alle Dozentennamen aufgeführt werden.

```
<?xml version="1.0" encoding="UTF-8"?>
<xsl:stylesheet version="3.0"
     xmlns:xsl="http://www.w3.org/1999/XSL/Transform">
  <xsl:output method="html" html-version="5"/>

  <xsl:template match="/">
    <html>
      <head><title>Alle Dozenten</title>
      <body>
        <xsl:apply-templates/>
      </body>
    </html>
  </xsl:template>

  <xsl:template match="dozentenliste">
    <h1>Alle lehrenden Dozenten im
      <xsl:value-of select="@semester"/>
    </h1>
    <xsl:for-each select="eintrag">
      <xsl:apply-templates select="document(@file)/dozent"/>
    </xsl:for-each>
  </xsl:template>

  <xsl:template match="dozent">
    <p>
      <xsl:value-of select="name"/>
    </p>
  </xsl:template>

</xsl:stylesheet>
```

Erklärung:

Betrachten Sie die `<xsl:for-each>`-Anweisung: Für jedes Element `<ein-trag>` wird dessen Attribut `file` der Funktion `document()` übergeben. Die Funktion liefert also im ersten Iterationsschritt den Dokumentknoten des XML-Dokumentes `dozent1.xml` zurück. Insgesamt bedeutet also die Anweisung.

`<xsl:apply-templates select="document(@file)/dozent"/>`

wende weitere Schablonen auf das Kindelement `dozent` des Dokumentknotens des Dokumentes `dozent1.xml` an. Gesucht wird also nach einer Schablone für das Element `dozent`. Diese befindet sich ebenfalls in diesem Stylesheet und wird nun angewendet.

Beachte:

Steht in `<xsl:for-each>` lediglich `<xsl:apply-templates select="document(@file)"/>` sucht der XSLT-Prozessor nach Template-Regeln für den Dokumentknoten und findet hierfür die Template-Regel mit `match="/"`. Für jede Dozenten-Datei würde dann das HTML-Grundgerüst erneut in die Ausgabe geschrieben. ◄

```
(dozenten.xml, dozenten1.xsl)
```

Übung

Überlegen Sie sich ein analoges Konzept für eine "modulare Vorlesungsverwaltung".

Alternative mit XPath

In Beispiel 1 kann alternativ zu `fn:document()` auch die XPath-Funktion
`fn:doc($uri as xs:string?) as document-node()?`
verwendet werden. Es kann also:

```
<xsl:apply-templates select="doc(@file)/dozent"/>
```

notiert werden.

Die XSLT-Funktion `fn:document()` ist jedoch mächtiger, da hier als Übergabeparameter eine Sequenz von URI-Referenzen übergeben werden kann.

Beispiel 2

Das Stylesheet `dozenten2.xsl` transformiert die Datei `dozenten.xml` (s. Beispiel 1) und erzeugt aus den einzelnen Dozent-Dateien eine Gesamt-Datei im XML-Format.

```
<?xml version="1.0" encoding="UTF-8"?>
<xsl:stylesheet version="3.0"
    xmlns:xsl="http://www.w3.org/1999/XSL/Transform">
  <xsl:output method="xml" indent="yes"/>


  <xsl:template match="/">
    <dozentenliste>
      <xsl:copy-of select="document(//eintrag/@file)"/>
    </dozentenliste>
  </xsl:template>

</xsl:stylesheet>
```

Der XPath-Ausdruck `document(//eintrag/@file)` liefert eine Sequenz, die die Dokumentknoten der einzelnen Dokumente enthält. Durch `<xsl:copy-of>` (s. Abschn. 8.10) werden diese vollständig in die Ausgabe kopiert. ◄

```
(dozenten.xml, dozenten2.xsl)
```

8.14 Mehrere Ergebnisdokumente

Zusammenfassung

Mit Hilfe von `<xsl:result-document>` können in einem einzigen Transformationsvorgang mehrere Ergebnisdokumente erzeugt werden.

Mit der Anweisung `<xsl:result-document>` (ab XSLT 2.0) können während einer Transformation zusätzlich zur "primären Ergebnissequenz" eine beliebige Zahl weiterer, sogenannter "sekundärer Ergebnissequenzen" erzeugt werden. Die Anweisung hat folgende Syntax:

```
<xsl:result-document href="URI">
  <!-- Inhalte für diese Datei -->
</xsl:result-document>
```

Als Wert des Attributes `href` wird ein absoluter oder relativer URI angegeben. Ebenso ist es möglich, einen Ausdruck anzugeben, der einen URI berechnet. Alle innerhalb von `<xsl:result-document>` erzeugten Ausgaben werden in die angegebene Datei geleitet. Achten Sie darauf, dass die innerhalb eines Stylesheets notierten oder berechneten Namen eindeutig sind, ansonsten bricht der Transformationsvorgang mit einer Fehlermeldung ab.

Beispiel 1

Dieses XSLT-Stylesheet erzeugt für jeden Dozenten eine eigene HTML-Datei. Als Dateinamen wird jeweils der Wert des Attributes `did`, ergänzt durch den String `".html"`, verwendet. So wird eine einfache und eindeutige Dateinamensvergabe gewährleistet.

```
<?xml version="1.0" encoding="UTF-8"?>
<xsl:stylesheet version="3.0"
    xmlns:xsl="http://www.w3.org/1999/XSL/Transform"
    expand-text="yes">
  <xsl:output method="html" html-version="5"/>

  <xsl:template match="/">
    <html>
      <head><title>Dozentenliste</title></head>
      <body>
        <xsl:apply-templates select="fb/dozentenliste"/>
```

```
      </body>
    </html>
  </xsl:template>


  <xsl:template match="dozentenliste">
    <xsl:apply-templates/>
  </xsl:template>


  <xsl:template match="dozent">
    <xsl:result-document href="{@did}.html">
      <html>
        <head><title>Ein Dozent</title></head>
        <body>
          <h1>Dozent: {@did}</h1>
          <p>{name}, {vorname}</p>
        </body>
      </html>
    </xsl:result-document>
  </xsl:template>

</xsl:stylesheet>◀


(fb.xml, st1_result.xsl)
```

Übung

Schreiben Sie ein XSLT-Stylesheet, das für jede Vorlesung eine eigene Datei erzeugt.

Attribut format Mithilfe des Attributes `format` kann ein benanntes Ausgabeformat (s. Abschn. 8.7) den durch `<xsl:result-document>` erzeugten Dokumenten zugewiesen werden.

Beispiel 2

Das Stylesheet erzeugt eine primäre Ergebnissequenz, für diese wird das unbenannte Outputformat verwendet. Es wird eine HTML-Datei erzeugt, die die Dozentennamen in Listenform darstellt. Die durch `<xsl:result-document>`erzeugten sekundären Ergebnissequenzen verwenden das benannte Outputformat `xml-output`. Es wird für jeden Dozenten eine XML-Datei erzeugt.

```
<?xml version="1.0" encoding="UTF-8"?>
<xsl:stylesheet version="3.0"
      xmlns:xsl="http://www.w3.org/1999/XSL/Transform"
```

```
      expand-text="yes">
  <xsl:output method="html" html-version="5"/>
  <xsl:output name="xml-output" method="xml" indent="yes"/>

  <xsl:template match="/">
    <html>
      <head/>
      <body>
        <xsl:apply-templates select="fb/dozentenliste"/>
      </body>
    </html>
  </xsl:template>

  <xsl:template match="dozentenliste">
    <ul>
      <xsl:for-each select="dozent">
        <li>{name}, {vorname}</li>
      </xsl:for-each>
    </ul>
    <xsl:apply-templates/>
  </xsl:template>

  <xsl:template match="dozent">
    <xsl:result-document href="{@did}.xml"
                         format="xml-output">
      <dozent>
        <vorname>{vorname}</vorname>
        <nachname>{name}</nachname>
      </dozent>
    </xsl:result-document>
  </xsl:template>

</xsl:stylesheet>◄

(fb.xml, st2 result.xsl)
```

Weitere Attribute Das Element `<xsl:result-document>` verfügt wie das Element `<xsl:output>` über etliche weitere Attribute, z. B. `method` zur Angabe des Dokumenttyps des Ergebnisdokumentes, `indent` zur Angabe, ob das Ergebnisdokument mit Einrückungen und Zeilenumbrüchen formatiert wird.

Beispiel 3

Beispiel 2 wird wie folgt geändert: Das benannte Output-Format `xml-output` wird gelöscht, die Attribute `method` und `indent` werden dem

Element `<xsl:result-document>` hinzugefügt. Damit hat das Template für `dozent` folgende Form:

```
<xsl:template match="dozent">
  <!-- Dateiname (eindeutig!) -->
  <xsl:result-document href="{@did}.xml"
                       method="xml" indent="yes">
    <dozent>
      <vorname>{vorname}</vorname>
      <nachname>{name}</nachname>
    </dozent>
  </xsl:result-document>
</xsl:template>◀
```

`(fb.xml, st3_result.xsl)`

Übung

Schreiben Sie ein XSLT-Stylesheet, das für jede Vorlesung Dateien in verschiedenen Ausgabeformaten, z. B. `xml` und `csv`, erzeugt.

8.15   Variablen

Zusammenfassung

Mithilfe des Elementes `<xsl:variable>` wird eine Variable deklariert. Ihr Wert kann *nicht* verändert werden. Enthält die Variable als Wert einen XPath-Ausdruck, wird dieser im jeweiligen Kontext ausgewertet. Variablen, die als Top-Level-Elemente deklariert werden, sind globale, alle übrigen lokale Variablen.

In XSLT ist es möglich, Variablen zu deklarieren. Allerdings sind Variablen in XSLT nur eingeschränkt mit Variablen anderer Programmiersprachen vergleichbar.

Wird einer XSLT-Variablen ein Wert zugewiesen, kann dieser innerhalb des Stylesheets nicht mehr verändert werden, d. h. selbst eine so einfache Operation, wie die Erhöhung einer Variablen um den Wert eins, ist nicht möglich. In diesem Sinne entsprechen die Variablen in XSLT eher den Konstanten anderer Programmiersprachen. Wird eine Variable jedoch z. B. innerhalb einer `<xsl:for-each>`-Anweisung deklariert und hat als Wert einen XPath-Ausdruck, wird der XPath-Ausdruck bei jedem Item, über das iteriert wird, erneut ausgewertet, der Wert der Variablen kann also bei jedem Item ein anderer sein.

Deklaration Zur Deklaration einer Variablen dient das Element `<xsl:variable>`. Das Element hat stets das Attribut `name`, das als Wert den Variablennamen enthält.

Soll die Variable einen XPath-Ausdruck speichern, wird dieser als Wert des `select`-Attributes angegeben. In diesem Fall ist `<xsl:variable>` ein leeres Element und der Ausdruck hat folgende Form:

```
<xsl:variable name="varname" select="XPath-Ausdruck"/>
```

Alternativ kann der Wert der Variablen als Elementinhalt von `<xsl:variable>` notiert werden:

```
<xsl:variable name="varname">Zuweisungswert</xsl:variable>
```

Zugriff Zum Zugriff auf eine Variable wird dem Variablennamen ein `"$"`-Zeichen vorangestellt. Mit der folgenden Anweisung wird also der Wert einer Variablen ausgegeben:

```
<xsl:value-of select="$varname"/>
```

Alternativ ist ab XSLT 3.0 auch ein Text-Value-Template möglich: `{$varname}`. Auch in Attributwert-Templates können Variablen verwendet werden:

```
<element attribut="{$varname}">
```

Globale Variable Variablen, die als Kindelement von `<xsl:stylesheet>` angegeben werden, sind globale Variable. Ihr Gültigkeitsbereich erstreckt sich auf das komplette Stylesheet.

Lokale Variable Variablen, die innerhalb eines Elementes, z. B. `<xsl:template>` oder `<xsl:for-each>`, deklariert werden, sind lokale Variablen, also nur innerhalb dieses Elementes gültig.

▶ **Hinweis** Möchten Sie einer Variablen anhand einer Bedingung einen Wert zuweisen, ist folgende Definition zwar syntaktisch korrekt, erzeugt aber zwei(!) nur lokal gültige Variablen:

```
<xsl:choose>
  <xsl:when test="@status='draft'">
    <xsl:variable name="color">red</xsl:variable>
  </xsl:when>
  <xsl:otherwise>
    <xsl:variable name="color">black</xsl:variable>
  </xsl:otherwise>
</xsl:choose>
```

Weiterhin gibt der XSLT-Prozessor folgende Warnung aus:

```
A variable with no following sibling instructions has no
effect.
```

Richtig ist, die Fallunterscheidung innerhalb des Elementes `<xsl:variable>`
zu notieren:

```
<xsl:variable name="color">
  <xsl:choose>
    <xsl:when test="@status='draft'">red</xsl:when>
    <xsl:otherwise>black</xsl:otherwise>
  </xsl:choose>
</xsl:variable>
```

Alternative mit XPath In diesem Fall kann alternativ die Fallunterscheidung auch mit
XPath formuliert werden:

```
<xsl:variable name="color"
      select="if (@status='draft')
              then 'red' else 'black'"/>
```

Beispiel 1

Dieses Beispiel ist eine Abwandlung von Beispiel 3 aus Abschn. 8.8.

Die Vorlesungen sollen abhängig vom Semester, in dem sie stattfinden, in verschiedenen Farben dargestellt werden. In einer externen CSS-Stylesheet-Datei sind
dazu passende CSS-Klassen blue, red, green definiert.

Die passende CSS-Klasse wird in der Variablen $stclass gespeichert. Der Wert
der Variablen wird durch einen `<xsl:choose>`-Ausdruck berechnet. Dem class-
Attribut des Paragrafen wird diese Variable zugewiesen.

```
<xsl:template match="vorlesung">

  <xsl:variable name="stclass">
    <xsl:choose>
      <xsl:when test="semester='1'">blue</xsl:when>
      <xsl:when test="semester='2'">red</xsl:when>
      <xsl:otherwise>green</xsl:otherwise>
    </xsl:choose>
  </xsl:variable>

  <p class="{$stclass}">
```

```
   <xsl:value-of select="titel"/>,
   <xsl:value-of select="semester"/>. Semester
 </p>

</xsl:template>◀
```

```
(fb.xml, st_choose_var.xsl)
```

Beispiel 2: "Transformation zu SVG"

Die Werte des XML-Dokumentes `lager.xml` sollen als Balkendiagramm visualisiert werden. Dazu wird ein XSLT-Stylesheet geschrieben, das das XML-Dokument nach SVG transformiert.

XML-Dokument `lager.xml`:

```
<?xml version="1.0" encoding="UTF-8"?>
<lagerliste>
  <lager>
    <ort>Berlin</ort>
    <anzahl>35</anzahl>
  </lager>
  <lager>
    <ort>Bonn</ort>
    <anzahl>120</anzahl>
  </lager>
  <lager>
    <ort>Köln</ort>
    <anzahl>65</anzahl>
  </lager>
  <lager>
    <ort>Hannover</ort>
    <anzahl>80</anzahl>
  </lager>
</lagerliste>
```

Erläuterung zur Sprache SVG:

`<svg>` ist der Wurzelknoten eines SVG-Dokumentes. Da alle Elemente der Sprache SVG im Namensraum `http://www.w3.org/2000/svg` liegen müssen, wird dieser als Default-Namensraum angegeben. Die Attribute `width` und `height` legen Breite und Höhe der Grafik fest.

`<text x="…" y="…">Textinhalt</text>`erzeugt einen Text in einer SVG-Grafik. Die Attribute `x`, `y` geben die Koordinaten der Grundlinie an.

`<rect x="..." y="..." width="..." height="..."/>` erzeugt ein Rechteck. Die Attribute x, y geben die Koordinaten der linken oberen Ecke, `width` die Breite und `height` die Höhe des Rechtecks an. Formatierungsangaben können über ein CSS-Inline-Stylesheet hinzugefügt werden.

Erläuterung zum XSLT-Stylesheet `balken.xsl`: Die Variable $pos enthält als Wert einen XPath-Ausdruck und zwar einen Aufruf der XPath-Funktion `fn:position()` as `xs:integer`. Der Rückgabewert dieser Funktion wird verwendet, um die y-Koordinate der Position eines Balkens und des Achsentextes zu berechnen. In der Variablen $color werden, abhängig von der Position, die Farbwerte gespeichert.

```xml
<?xml version="1.0" encoding="UTF-8"?>
<xsl:stylesheet version="3.0"
    xmlns:xsl="http://www.w3.org/1999/XSL/Transform">
  <xsl:output indent="yes"/>

  <xsl:template match="/">
    <svg xmlns="http://www.w3.org/2000/svg"
        width="220" height="500">

      <xsl:for-each select="lagerliste/lager">
        <xsl:variable name="pos" select="position()"/>

        <xsl:variable name="color">
          <xsl:choose>
            <xsl:when test="$pos=1">red</xsl:when>
            <xsl:when test="$pos=2">blue</xsl:when>
            <xsl:when test="$pos=3">green</xsl:when>
            <xsl:when test="$pos=4">yellow</xsl:when>
          </xsl:choose>
        </xsl:variable>

        <text x="30" y="{50*$pos}"
            style="font-weight:bold;font-size:10px">
          <xsl:value-of select="ort"/>
        </text>
        <rect x="100" y="{(50*$pos)-10}"
            height="20" width="{anzahl}"
            style="fill:{$color}"/>
      </xsl:for-each>
    </svg>
```

Abb. 8.12   SVG-Darstellung

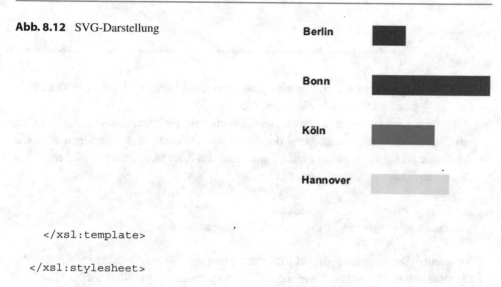

```
    </xsl:template>

</xsl:stylesheet>
```

Abb. 8.12 zeigt das erzeugte Balkendiagramm. Der Ergebniscode ist wie folgt:

```
<?xml version="1.0" encoding="UTF-8"?>
<svg xmlns:svg="http://www.w3.org/2000/svg"
     width="220" height="500">
  <text x="30" y="50"
        style="font-weight:bold;font-size:10px">
        Berlin</text>
  <rect x="100" y="40" height="20" width="35"
        style="fill:red"/>
  <text x="30" y="100"
        style="font-weight:bold;font-size:10px">
        Bonn</text>
  <rect x="100" y="90" height="20" width="120"
        style="fill:blue"/>
  <text x="30" y="150"
        style="font-weight:bold;font-size:10px">
        Köln</text>
  <rect x="100" y="140" height="20" width="65"
        style="fill:green"/>
  <text x="30" y="200"
        style="font-weight:bold;font-size:10px">
        Hannover</text>
  <rect x="100" y="190" height="20" width="80"
        style="fill:yellow"/>
</svg>◀
```

```
(lager.xml, balken.xsl)
```

Fallbeispiel

Im Vorlesungsverzeichnis soll nun zu jeder Vorlesung auch der Name des Dozenten, der die Vorlesung hält, ausgegeben werden.

Die Ausgangssituation im Fallbeispiel ist wie folgt: <dozent>-Elemente haben ein Attribut did zur Speicherung der Dozenten-ID. Vorlesungen verfügen über das Attribut vid für die Vorlesungs-ID, sowie über das Attribut did zur Speicherung der Dozenten-ID des verantwortlichen Dozenten.

```
<dozent did="d1"> ... </dozent>
<vorlesung vid="v1" did="d1"> ... </vorlesung>
```

Innerhalb der Template-Regel für das Element <vorlesung> muss der Dozentenname "berechnet" werden. Die entsprechende XPath-Anfrage lässt sich folgendermaßen formulieren: "Suche den Dozenten, dessen Attribut did den gleichen Wert hat, wie das Attribut did der aktuellen Vorlesung."
Beispiel: Die Vorlesung Informatik wird vom Dozenten mit der did='d1' gehalten. Den Namen des Dozenten können Sie mit folgendem XPath-Ausdruck erhalten:

```
/fb/dozentenliste/dozent[@did='d1']/name
```

Im Template wird in der Variablen $dozId der Wert des Attributes did gespeichert:

```
<xsl:variable name="dozId" select="@did"/>
```

Diese Variable wird in den XPath-Ausdruck eingesetzt:

```
/fb/dozentenliste/dozent[@did=$dozId]/name
```

Das Stylesheet st_dozent.xsl hat somit folgende Form:

```
<?xml version="1.0" encoding="UTF-8" ?>
<xsl:stylesheet version="3.0"
    xmlns:xsl="http://www.w3.org/1999/XSL/Transform">
  <xsl:output method="html" html-version="5"/>

  <xsl:template match="/">
    <html>
      <head>
        <title>Vorlesungsverzeichnis</title>
      </head>
```

```
    <body>
      <xsl:apply-templates select="fb/vorlesungsliste"/>
    </body>
  </html>
</xsl:template>


<xsl:template match="vorlesungsliste">
  <h1>Vorlesungen im FB</h1>
  <xsl:apply-templates/>
</xsl:template>


<xsl:template match="vorlesung">
  <p>
    <xsl:value-of select="titel"/>,
    Semester: <xsl:value-of select="semester"/>,
    <!-- Variable deklarieren -->
    <xsl:variable name="dozId" select="@did"/>
    <!-- XPATH-Ausdruck -->
    Dozent: <xsl:value-of
    select="/fb/dozentenliste/dozent[@did=$dozId]/name"/>
  </p>
</xsl:template>

</xsl:stylesheet>


(fb.xml, st_dozent.xsl)
```

Übung

Schreiben Sie ein XSLT-Stylesheet, das eine Liste der Dozenten ausgibt. Zu jedem Dozenten sollen die Vorlesungen notiert werden, die er hält. Beachten Sie, dass dies evtl. mehrere sind.

8.16   Benannte Templates und Parameter

Zusammenfassung

Templates können benannt und über ihren Namen explizit aufgerufen werden. Lokale Parameter dienen zur Übergabe von Werten an ein Template. Mithilfe globaler Parameter können Werte von außen an ein XSLT-Stylesheet übergeben werden.

Benannte Templates

Alternativ zur Angabe eines match-Attributes, das die Knoten angibt, für die eine Template-Regel gültig ist, kann ein Template auch benannt werden. Über diesen Namen wird das Template dann explizit aufgerufen. Dieses Konzept ist mit der Unterprogramm-technik anderer Programmiersprachen vergleichbar.

Ein Template wird benannt, indem ihm ein `name`-Attribut hinzugefügt wird:

```
<xsl:template name="TemplateName">
...
</xsl:template>
```

Aufruf Zum Aufruf eines benannten Templates dient das Element `<xsl:call-template>`, das immer innerhalb eines `<xsl:template>`-Elementes verwendet werden muss:

```
<xsl:call-template name="TemplateName"/>
```

▶   **Hinweis** Benannte Templates können – unabhängig vom Kontextknoten – für beliebige Knoten und beliebig oft aufgerufen werden. Der Aufruf von `<xsl:call-template>`ändert den Kontextknoten nicht.

Es ist nicht möglich benannte Templates, innerhalb eines XPath-Ausdrucks zu verwenden. Hierzu muss eine Stylesheet-Funktion programmiert werden (s. Abschn. 8.17).

Beispiel 1

Dieses Stylesheet enthält drei benannte Templates. Das Template `html.head` erzeugt den HMTL-Header, das Template `linie` zeichnet eine Linie (`<hr/>`). Das Template `fettdruck` stellt den aktuellen Kontextknoten fettgedruckt dar.

```
<?xml version="1.0" encoding="UTF-8"?>
<xsl:stylesheet version="3.0"
    xmlns:xsl="http://www.w3.org/1999/XSL/Transform">
<xsl:output method="html" html-version="5"/>

<xsl:template name="html.head">
  <head>
    <title>Dozentenliste</title>
  </head>
</xsl:template>

<xsl:template name="linie">
  <hr/>
</xsl:template>
```

```
  <xsl:template name="fettdruck">
    <b>
      <xsl:value-of select="."/>
    </b>
  </xsl:template>


  <xsl:template match="/">
    <html>
      <xsl:call-template name="html.head"/>
      <body>
        <xsl:apply-templates select="fb/dozentenliste"/>
      </body>
    </html>
  </xsl:template>


  <xsl:template match="dozentenliste">
    <h1>Dozentenliste</h1>
    <xsl:call-template name="linie"/>
    <xsl:apply-templates/>
  </xsl:template>


  <xsl:template match="name">
    <xsl:call-template name="fettdruck"/>
  </xsl:template>


  <xsl:template match="vorname">
    <xsl:value-of select="."/><br/>
  </xsl:template>


  <xsl:template match="website">
    <a href="{.}">
      <xsl:value-of select="."/>
    </a><br/>
  </xsl:template>


</xsl:stylesheet>◀


(fb.xml, st1_para.xsl)
```

Lokale Parameter

Mit Hilfe von Parametern können Werte an ein Template übergeben werden. Dies ist
sowohl für benannte Templates als auch für Templates, die über ein match-Attribut verfügen, möglich. Die Parameter müssen als erste Kindelemente in das Template eingefügt

werden. Es sind lokale Parameter, die daher nur innerhalb dieses Templates gültig sind.
Die Parameter werden bei jedem Aufruf der Template-Regel neu initialisiert.

Zur Deklaration eines Parameters dient das Element `<xsl:param>`. Das Element
hat stets das Attribut `name`, das als Wert den Parameternamen enthält:

```
<xsl:param name="ParaName"/>
```

Default-Wert Ein Parameter kann bei seiner Deklaration auch mit einem Default-Wert
belegt werden. Dazu gibt es zwei Möglichkeiten:

Der Default-Wert wird als Inhalt von `<xsl:param>` notiert:

```
<xsl:param name="ParaName">Default-Wert</xsl:param>
```

Der Default-Wert wird als Wert des `select`-Attributes angegeben. Als Wert kann
in diesem Fall auch ein XPath-Ausdruck notiert werden. Ist der Wert ein String, muss
dieser noch in weitere Hochkommata gesetzt werden.

```
<xsl:param name="ParaName" select="XPath-Ausdruck"/>
<xsl:param name="ParaName" select="'Default-Wert'"/>
```

Wird kein Wert für diesen Parameter von außen übergeben, besitzt der Parameter den
Default-Wert; wird ein Wert von außen übergeben, überschreibt dieser Wert den Default-
Wert.

Zugriff Zum Zugriff auf einen Parameter wird dem Parameternamen ein `"$"`-Zeichen
vorangestellt.

Parameterübergabe Parameter werden an eine Template-Regel übergeben, indem
`<xsl:with-param>`als Kindelement von `<xsl:apply-templates>` oder
von `<xsl:call-template>` notiert wird. Im Element: `<xsl:with-`
`param>` wird: der Name des Parameters als Wert des `name`-Attributes angegeben.
Soll der Parameter als Wert einen XPath-Ausdruck erhalten, wird dieser als Wert des
`select`-Attributes angegeben. In diesem Fall ist `<xsl:with-param>` ein leeres
Element. Insgesamt ergibt sich also:

```
<xsl:apply-templates>
  <xsl:with-param name="ParaName1">Wert</xsl:with-param>
  <xsl:with-param name="ParaName2" select="XPath-Ausdruck"/>
</xsl:apply-templates>
```

oder

```
<xsl:call-template name="TemplateName">
```

```
  <xsl:with-param name="ParaName1">Wert</xsl:with-param>
  <xsl:with-param name="ParaName2" select="XPath-Ausdruck"/>
</xsl:call-template>
```

Beispiel 2

Dieses Template stellt den Übergabeparameter fettgedruckt dar.

```
<xsl:template name="fettdruck">
  <xsl:param name="element"/>
  <b>
    <xsl:value-of select="$element"/>
  </b>
</xsl:template>
```

Das Template `liste` gibt die übergebene Knotensequenz als HTML-Liste aus.

```
<xsl:template name="liste">
  <xsl:param name="sequenz"/>
  <ul>
    <xsl:for-each select="$sequenz">
      <li>
        <xsl:value-of select="."/>
      </li>
    </xsl:for-each>
  </ul>
</xsl:template>
```

Beispiel für den Aufruf des Templates `liste`:

```
<xsl:template match="dozentenliste">
  <h1>Dozentenliste</h1>
  <xsl:call-template name="liste">
    <xsl:with-param name="sequenz" select="dozent/name"/>
  </xsl:call-template>
</xsl:template>◀
```

```
(fb.xml, st2_para.xsl)
```

Globale Parameter

Ein Parameter ist ein globaler Parameter, wenn er als Top-Level-Element, d. h. als direktes Kindelement von `<xsl:stylesheet>` definiert wird. Mit Hilfe von globalen Parametern kann eine Wertübergabe von "außen" an ein XSLT-Stylesheet realisiert werden. Der Wert eines globalen Parameters ist während des gesamten Transformationsprozesses gültig und kann nicht verändert werden.

Deklaration Die Deklaration eines globalen Parameters ist identisch zur Deklaration eines lokalen Parameters.

Beispiel 3

Das folgende Stylesheet transformiert das Dokument fb.xml. Dargestellt werden nur die Daten eines einzelnen Dozenten. Der Name des Dozenten wird als Parameter (dname) von außen an das Stylesheet übergeben. Als zweiter Parameter (align) kann ein Wert für die Ausrichtung übergeben werden. Fehlt dieser, ist die Ausrichtung zentriert, da der Parameter align den Default-Wert center hat.

```xml
<?xml version="1.0" encoding="UTF-8"?>
<xsl:stylesheet version="3.0"
    xmlns:xsl="http://www.w3.org/1999/XSL/Transform">
  <xsl:output method="html" html-version="5"/>

  <!-- Deklaration der globalen Parameter -->
  <xsl:param name="dname"/>
  <xsl:param name="align" select="'center'"/>

  <xsl:template match="/">
    <html>
      <head><title>Dozentendetail</title></head>
      <body>
        <xsl:apply-templates select="fb/dozentenliste"/>
      </body>
    </html>
  </xsl:template>

  <xsl:template match="dozentenliste">
    <h1>DozentenDetail</h1>
    <xsl:apply-templates select="dozent[name=$dname]"/>
  </xsl:template>

  <xsl:template match="dozent">
    <p style="text-align:{$align}">
      <xsl:value-of select="name"/>
      <xsl:value-of select="vorname"/>
      <a href="{website}">Homepage</a>
    </p>
  </xsl:template>
```

```
</xsl:stylesheet>◄
```

```
(fb.xml, st_globalPara.xsl)
```

Wertübergabe Beim Aufruf eines XSLT-Prozessors über die Kommandozeile wird der Parameter und sein Wert dem entsprechenden Befehl hinzugefügt.

Beispiel

Ein Aufruf des XSLT-Prozessors Xalan mit Parameterübergabe hat folgende Form, s. Xalan (http://xml.apache.org/xalan-j/commandline.html):

```
java org.apache.xalan.xslt.Process
    -in quelle.xml -xsl stylesheet.xsl
    -out ausgabe
    -param name wert◄
```

Serverseitige Transformation
Wird die XSLT-Transformation auf einem Webserver ausgeführt, können die Parameter von der aufrufenden Applikation an das XSLT-Stylesheet weitergereicht werden.

Beispiel 4

Das folgende PHP-Skript lädt das XML-Dokument fb.xml und das Stylesheet st_globalPara.xsl und führt die Transformation aus.

Zur Übergabe des Parameters an das XSLT-Stylesheet verfügt die Klasse XSLTProcessor über die Methode

```
bool setParameter(string $namespace, string $name,
                  string $value)
```

PHP-Datei dozdetail.php:

```php
<?php
  $dname=$_GET["dname"];
  $align=$_GET["align"];

  $xml = new DomDocument();
  $xml->load("fb.xml");
  $xsl = new DomDocument();
  $xsl->load("st_globalPara.xsl");

  // XSLT Prozessor Objekt erzeugen
```

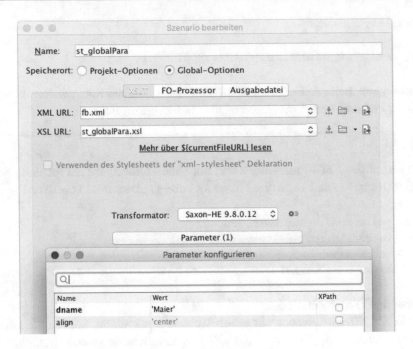

Abb. 8.13   Parameterkonfiguration im Oxygen XML-Editor

```php
$proc = new XSLTProcessor();

// Stylesheet laden
$proc->importStylesheet($xsl);

// Globale Parameter an Prozessor übergeben
$proc->setParameter('', 'dname', $dname);
$proc->setParameter('', 'align', $align);

// Transformation durchfuehren und Ergebnis
   anzeigen
echo $proc->transformToXML($xml);
?>
```

Ein Aufruf kann etwa mit der folgenden Zeile erfolgen:

```
http://ihre_domain.de/dozdetail.php?dname=Maier&align=left
```

```
(dozdetail.php) ◄
```

XML-Editor

Wird ein XML-Editor, wie z. B. Oxygen, verwendet, werden die Werte der globalen Parameter im Transformationsszenario eingetragen (s. Abb. 8.13).

Übung

Schreiben Sie ein XSLT-Stylesheet, das `fb.xml` so transformiert, dass nur die Vorlesungen eines Semesters dargestellt werden. Das Semester soll als Parameter von außen übergeben werden.

8.17 Funktionen

Zusammenfassung

In XSLT kann die XPath/XQuery-Funktionsbibliothek verwendet werden. Zudem gibt es XSLT-spezifische Funktionen. Mit dem Element `<xsl:function>` können eigene Funktionen, genannt Stylesheet-Funktionen, definiert werden. Diese können von jeder Position, in der ein XPath-Ausdruck erlaubt ist, aufgerufen werden.

XPath/XQuery-Funktionen In einem XSLT-Stylesheet können an allen Stellen, an denen XPath-Ausdrücke erlaubt sind, die in XPath/XQuery definierten Funktionen (s. Abschn. 7.8.3) verwendet werden.

XSLT-spezifische Funktionen Ergänzend zur XPath/XQuery-Funktionsbibliothek gibt es in XSLT einige wenige zusätzliche Funktionen. Dazu gehören z. B. `fn:document($uri-sequence as item()*) as node()*` zum Zugriff auf XML-Daten, die in externen XML-Dateien gespeichert sind (s. Abschn. 8.13) und `fn:current-grouping-key() as xs:anyAtomicType*` bzw. `fn:current-group() as item()*` zur Rückgabe des Gruppierungsschlüssels bzw. der Sequenz der Items der aktuell verarbeitenden Gruppe bei einer Gruppierung (s. Abschn. 8.12).

Benannte Templates Mit Hilfe benannter Templates, denen auch Parameter übergeben werden können, ist eine Funktionalität ähnlich den Unterprogrammen anderer Programmiersprachen möglich. Benannte Templates können aus jedem Template heraus aufgerufen werden. Es ist jedoch nicht möglich, sie innerhalb eines XPath-Ausdrucks zu verwenden. Für die XSLT Version 1.0 haben einige Prozessoren zu diesem Zweck Erweiterungen des Sprachumfangs angeboten.

Stylesheet-Funktionen Mit der XSLT Version 2.0 wurde die Möglichkeit, Funktionen selbst zu definieren in den Standard aufgenommen. Diese Funktionen werden selbstdefinierte Funktionen oder **Stylesheet-Funktionen** genannt.

Alle Stylesheet-Funktionen müssen in einem eigenen Namensraum liegen, daher muss im Wurzelelement `<xsl:stylesheet>` ein zusätzlicher Namensraum notiert und ein Präfix an den Namensraum gebunden werden. Eine unerwünschte Ausgabe des Namensraums im Ergebnisdokument wird verhindert, wenn das Attribut `exclude-result-prefixes` gesetzt wird, das als Wert das Namensraum-Präfix erhält.

Beispiel: Namensraum

Der Namensraum `http://www.meine-Funktionen.de` ist als Namensraum für die Stylesheet-Funktionen vorgesehen. Er wird deklariert und das Präfix `bsp` wird an diesen Namensraum gebunden. Die Ausgabe des Präfixes ist nicht gewünscht.

```
<xsl:stylesheet version="3.0"
    xmlns:xsl="http://www.w3.org/1999/XSL/Transform"
    xmlns:bsp="http://www.meine-Funktionen.de"
    exclude-result-prefixes="bsp">◄
```

Definition einer Funktion Zur Definition einer Funktion wird das Top-Level-Element `<xsl:function>` verwendet. Als Wert des Attributes `name` wird der Funktionsname notiert, ihm muss stets das festgelegte Namensraum-Präfix vorangestellt werden. Zur Angabe der formalen Parameter dient das Element `<xsl:param>`. Für die Parameter können keine Default-Werte angegeben werden. Das Element `<xsl:param>` ist daher stets ein leeres Element und hat niemals ein `select`-Attribut.

```
<xsl:function name="Präfix:Funktionsname">
   <xsl:param name="para1"/>
   <xsl:param name="para2"/>
   <!-- Anweisungen -->
</xsl:function>
```

Rückgabewert Zur Rückgabe des berechneten Wertes wird nicht – wie in anderen Programmiersprachen üblich – eine `return`-Anweisung verwendet. In XSLT kann hierzu jede Anweisung, die ein Ergebnis ausgibt, also z. B. `<xsl:value-of>` oder ein Text-Value-Template, verwendet werden.

Funktionsaufruf Ein Funktionsaufruf ist an allen Stellen möglich, an denen ein XPath-Ausdruck erlaubt ist. Beim Funktionsaufruf müssen alle Parameter übergeben werden. Die Reihenfolge entspricht der Reihenfolge der `<xsl:param>`-Elemente. Ein Überladen von Funktionen, d. h. die Definition zweier Funktionen mit gleichem Namen aber unterschiedlicher Parameterliste, ist möglich.

Beispiel 1

```
<?xml version="1.0" encoding="UTF-8"?>
<xsl:stylesheet version="3.0"
    xmlns:xsl="http://www.w3.org/1999/XSL/Transform"
    xmlns:bsp="http://www.meine-Funktionen.de"
    exclude-result-prefixes="bsp">

  <!-- Berechung der Mehrwertsteuer -->
  <xsl:function name="bsp:mwst">
    <xsl:param name="x"/>
    <xsl:value-of select="$x * 0.19"/>
  </xsl:function>

  <!-- Berechung des Bruttobetrages -->
  <xsl:function name="bsp:brutto">
    <xsl:param name="x"/>
    <xsl:value-of select="$x + bsp:mwst($x)"/>
  </xsl:function>

  <!-- Funktionsaufrufe innerhalb irgendeines Templates -->
  <xsl:template match="/">
    <xsl:value-of select="bsp:mwst(20)"/>
    <xsl:value-of select="bsp:brutto(20)"/>
  </xsl:template>

</xsl:stylesheet>◀

(function1.xsl)
```

Auch rekursive Funktionen sind möglich.

Beispiel 2

Stylesheet-Funktion zur Berechnung der Fakultät einer Zahl, rekursive Lösung:

```
<xsl:function name="bsp:fakultaet">
  <xsl:param name="zahl"/>
  <xsl:choose>
    <xsl:when test="$zahl=0">
      <xsl:value-of select="1"/>
    </xsl:when>
```

```
      <xsl:otherwise>
        <xsl:value-of select="$zahl * bsp:fakultaet($zahl - 1)"/>
      </xsl:otherwise>
    </xsl:choose>
  </xsl:function>


  <!-- Funktionsaufruf innerhalb irgendeines Templates -->
  <xsl:template match="...">
    3! = <xsl:value-of select="bsp:fakultaet(3)"/>
  </xsl:template>◀
```

(function2.xsl)

Datentypen Ist eine typsichere Programmierung gewünscht, können sowohl für die Übergabeparameter als auch für den Rückgabewert Datentypen festgelegt werden. Hierzu wird das Attribut as verwendet, das als Wert einen Sequenztyp erhält. Ist der Wert eines Übergabeparameters nicht vom deklarierten Typ, versucht der Prozessor den Wert umzuwandeln.

```
<xsl:function name="Präfix:Funktionsname" as="RückgabeTyp">
  <xsl:param name="para1" as="ParaTyp"/>
  <xsl:param name="para2" as="ParaTyp"/>
  <!-- Anweisungen -->
</xsl:function>
```

Beispiel 3

Im Beispiel 2 erzeugt der Aufruf {bsp:fakultaet(3.3)} einen Laufzeitfehler:

```
Too many nested function calls. May be due to infinite recursion.
```

Der Grund hierfür ist, dass die Abbruchbedingung $zahl=0 nie erreicht wird. Es wird nun eine typsichere Programmierung realisiert. Übergabeparameter und Rückgabewert sind vom Typ xs:integer, daher muss auch der Namensraum von XML-Schema deklariert werden.

```
<?xml version="1.0" encoding="UTF-8"?>
<xsl:stylesheet version="3.0"
    xmlns:xsl="http://www.w3.org/1999/XSL/Transform"
    xmlns:bsp="http://www.meine-Funktionen.de"
    xmlns:xs="http://www.w3.org/2001/XMLSchema"
    exclude-result-prefixes="bsp xs">

  <!-- Berechung der Fakultät einer Zahl - rekursiv -->
```

```
<xsl:function name="bsp:fakultaet" as="xs:integer">
  <xsl:param name="zahl" as="xs:integer"/>

  <!-- Funktionsrumpf wie in Beispiel 2 -->
</xsl:function>

</xsl:stylesheet>◄
```

(function3.xsl)

Template versus Funktion Viele Probleme lassen sich sowohl mit benannten Templates als auch mit Funktionen lösen. [2] empfiehlt Funktionen den benannten Templates vorzuziehen, wenn die Aufgabe darin besteht, ein Ergebnis zu berechnen, anstatt serialisierten Inhalt zu erzeugen.

▶   **Tipp** Funktionen können in eigene Dateien ausgelagert werden. Diese Dateien können dann mit `<xsl:include>`oder`<xsl:import>`inkludiert bzw. importiert werden, s. Abschn. 8.18.

Übung

Schreiben Sie eine Funktion, die für die Schulnoten 1 bis 6 die entsprechenden Texte "sehr gut" bis „ungenügend" zurückgibt.

8.18   Modularisierung

Zusammenfassung

Mithilfe der Elemente`<xsl:include>` und `<xsl:import>`können Stylesheet-Module in ein Stylesheet inkludiert bzw. importiert werden.

Auch XSLT-Stylesheets können modularisiert werden. Mit den XSLT-Elementen `<xsl:include>` und `<xsl:import>` können Stylesheet-Module in ein (Haupt-) Stylesheet inkludiert bzw. importiert werden. Module können wiederum andere Module inkludieren bzw. importieren.

Inkludieren mit `<xsl:include>`
Mithilfe des Elementes`<xsl:include>` werden externe Regeln und Deklarationen in ein Stylesheet inkludiert. Die Syntax lautet:

```
<xsl:include href="URI"/>
```

Das Element `<xsl:include>` ist ein Top-Level-Element und kann an beliebiger Stelle auf der obersten Ebene eingefügt werden. Das Inkludieren entspricht einem physikalischen Kopiervorgang, die externen Stylesheet-Anweisungen gelten als quasi am Ort der inkludierenden Instruktion geschrieben.

Präzedenz Bei konkurrierenden Stylesheet-Regeln, also Regeln mit gleichem `match`-Attribut, wird die an letzter Position stehende Regel verwendet (Abschn. 8.4.1, Abschnitt Auflösung von Template-Konflikten).

Beispiel 1

Das XSLT-Stylesheet `modul1.xsl` enthält eine Regel für den Dokumentknoten des Quellbaums. Die Regel erzeugt das HTML-Grundgerüst und wird in vielen Stylesheets benötigt. Weiterhin gibt es eine Regel, die auf das Element `fb` passt.

```
<?xml version="1.0" encoding="UTF-8"?>
<xsl:stylesheet version="3.0"
     xmlns:xsl="http://www.w3.org/1999/XSL/Transform">
  <xsl:output method="html" html-version="5"/>

  <xsl:template match="/">
    <html>
      <head><title>Dozentenliste</title></head>
      <body>
        <xsl:apply-templates/>
      </body>
    </html>
  </xsl:template>

  <xsl:template match="fb">
    <h1>Dozentenliste -- aus modul1.xsl --</h1>
    <xsl:apply-templates select="dozentenliste"/>
  </xsl:template>

</xsl:stylesheet>
```

Das Stylesheet `gesamt1.xsl` inkludiert das Stylesheet `modul1.xsl`. Auch `gesamt1.xsl` enthält eine Regel für das Element `fb`. Es wird die Regel aus `gesamt1.xsl` angewandt, da sie *nach* der importierten Regel steht. Wird `<xsl:include href="modul1.xsl"/>` an Position 2 aktiviert, ist es umgekehrt.

```
<?xml version="1.0" encoding="UTF-8"?>
<xsl:stylesheet version="3.0"
    xmlns:xsl="http://www.w3.org/1999/XSL/Transform">
```

```
<xsl:output method="html" html-version="5"/>

<!-- Position 1 -->
<xsl:include href="modul1.xsl"/>
<xsl:template match="fb">
  <h1>Vorlesungsverzeichnis -- aus gesamt1.xsl --</h1>
  <xsl:apply-templates select="dozentenliste"/>
</xsl:template>

<!-- Position 2 -->
<!-- <xsl:include href="modul1.xsl"/> -->
<xsl:template match="dozentenliste">
  <xsl:apply-templates/>
</xsl:template>

<xsl:template match="dozent">
  <p><xsl:value-of select="name"/>
    <xsl:value-of select="vorname"/>
  </p>
</xsl:template>

</xsl:stylesheet>
```

(modul1.xsl, gesamt1.xsl)

Importieren mit < xsl:import >

Mithilfe des Elementes `<xsl:import>`werden externe Regeln und Deklarationen importiert. Die Syntax lautet:

```
<xsl:import href="URI"/>
```

Das Element: `<xsl:import>` ist ein Top-Level-Element. Bis zur XSLT Version 2.0 muss es vor allen anderen Top-Level-Elementen stehen, in XSLT 3.0 wurde diese Beschränkung aufgehoben.

Import-Präzedenz Bei Template-Regeln mit gleichem `match`-Attribut haben die lokalen Template-Regeln Vorrang vor den importierten Regeln. Die importierten Regeln haben also eine niedrigere Präzedenz. Es ist folglich möglich, allgemeine Regeln in Module auszulagern, diese Module zu importieren und bei Bedarf mit lokalen Regeln zu überschreiben.

Möchten Sie eine importierte Regel zusätzlich zu der lokalen Regel auf einen Kontextknoten anwenden, ist dies mit `<xsl:apply-imports/>` möglich. Es wird genau die Regel mit nächst niedrigerer Präzedenz angewandt. Dieses Element ist also vergleichbar mit der Methode `super()` in Java.

Beispiel 2

Gegeben ist das Stylesheet `modul2.xsl`:

```xml
<?xml version="1.0" encoding="UTF-8"?>
<xsl:stylesheet version="3.0"
     xmlns:xsl="http://www.w3.org/1999/XSL/Transform">
  <xsl:output method="html" html-version="5"/>

  <xsl:template match="/">
    <html>
      <head>
        <title>Dozentenliste</title>
      </head>
      <body>
        <xsl:apply-templates/>
      </body>
    </html>
  </xsl:template>

  <xsl:template match="fb">
    <h1>Dozentenliste -- aus modul2.xsl --</h1>
  </xsl:template>

  <xsl:template match="dozent">
    <p>
      <xsl:value-of select="name"/>
      <xsl:value-of select="vorname"/>
    </p>
  </xsl:template>

</xsl:stylesheet>
```

Das Stylesheet `gesamt2.xsl` importiert das Stylesheet `modul2.xsl`.

```xml
<?xml version="1.0" encoding="UTF-8"?>
<xsl:stylesheet version="3.0"
     xmlns:xsl="http://www.w3.org/1999/XSL/Transform">
  <xsl:output method="html" html-version="5"/>

  <xsl:import href="modul2.xsl"/>
```

```
<xsl:template match="fb">
  <h1>Vorlesungsverzeichnis</h1>
  <xsl:apply-templates select="dozentenliste"/>
</xsl:template>

<xsl:template match="dozentenliste">
  <h1>Die Dozenten</h1>
  <xsl:apply-templates/>
</xsl:template>

<xsl:template match="dozentenliste">
  <h1>Die Dozenten</h1>
  <xsl:apply-templates/>
</xsl:template>

<xsl:template match="dozent">
  <xsl:apply-imports/>
  <p>
    <xsl:value-of select="website"/>
  </p>
</xsl:template>

</xsl:stylesheet>
```

Erklärung:

modul2.xsl enthält Regeln für den Dokumentknoten, fb und dozent. Die Regel für fb wird durch die lokale Regel in gesamt2.xsl überschrieben. Die lokale Regel für dozent überschreibt die importierte Regel, ruft sie aber mittels <xsl:apply-imports/>explizit auf. Daher werden Dozentenname und -vorname und der Inhalt des Elementes website ausgegeben. ◀

(modul2.xsl, gesamt2.xsl)

Literatur

1. Bongers F (2008) XSLT 2.0 & XPath 2.0–Das umfassende Handbuch. Galileo Press, Bonn
2. Mangano, S (2006) XSLT Kochbuch. O'Reilly, Köln
3. Vonhoegen, H (2018) XML: Einstieg, Praxis, Referenz. Rheinwerk Verlag, Bonn

XSL-FO

XSL-FO ist eine XML-Anwendung für die seitenorientierte Präsentation von XML-Dokumenten. Sie gehört neben XSLT und XPath zur Sprachfamilie XSL, der *Extensible Stylesheet Language.* Das Kürzel „FO" steht für *Formatting Objects.* XSL-FO ist ein W3C-Standard. Die Version 1.0 wurde im Jahr 2001 veröffentlicht, 2006 folgte die Version 1.1 (https://www.w3.org/TR/xsl/).

Ein XSL-FO-Dokument (im Folgenden kurz: FO-Dokument) beinhaltet Informationen zum Layout, der Seitenaufteilung und dem darzustellenden Inhalt. FO-Dokumente können zum jetzigen Zeitpunkt noch nicht direkt dargestellt werden, stattdessen werden sie mithilfe eines **XSL-FO-Prozessors** meistens zu PDF gerendert (Abb. 9.1). Bei diesem Prozess werden die im FO-Dokument referenzierten Dateien, meist Grafiken, vom Prozessor in das Dokument eingebettet. Alternativ zu PDF ist je nach Prozessor auch ein Rendering zu Text oder Postscript möglich.

XSL-FO-Prozessoren (Auswahl):

- Apache FOP (https://xmlgraphics.apache.org/fop/): Dieser Prozessor ist Open-Source.
- RenderX XEP (http://www.renderx.com): Hierzu ist auch eine Free Personal Version erhältlich, die zum Testen sehr gut geeignet ist.
- XSL Formatter der Firma Antenna House (https://www.antennahouse.com).

Ergänzende Information Die elektronische Version dieses Kapitels enthält Zusatzmaterial, auf das über folgenden Link zugegriffen werden kann https://doi.org/10.1007/978-3-658-35435-0_9

M. Becher, *XML,* https://doi.org/10.1007/978-3-658-35435-0_9

Abb. 9.1   Prozess: Von FO
zu PDF

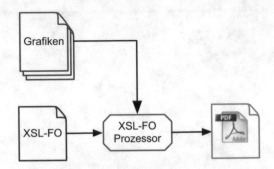

Es ist jedoch unüblich und auch mehr als aufwendig FO-Dokumente „zu Fuß" zu schreiben. Typischerweise wird XSL-FO als „Zwischensprache" verwendet, um aus XML-Dokumenten PDF-Dokumente zu erzeugen. Abb. 9.2 zeigt den Prozess: Mithilfe eines XSLT-Stylesheets wird das XML-Dokument zu einem FO-Dokument transformiert, dieses FO-Dokument wird anschließend zu PDF gerendert.

Im Folgenden werden die wichtigsten Grundkonzepte der Sprache XSL-FO behandelt:

- 9.1 Seitenaufbau und Seitenfolgen
- 9.2 Block und Inline
- 9.3 Grafiken und Hyperlinks
- 9.4 Listen
- 9.5 Tabellen

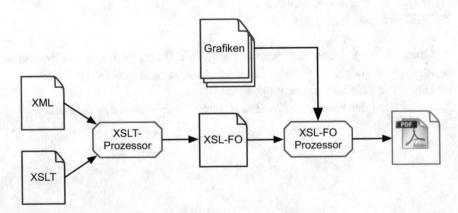

Abb. 9.2   Prozess: Von XML zu PDF

▶ **Hinweis** Alle Beispiele wurden mit Apache FOP und der Free Personal Version von RenderX XEP getestet. Auf Inkompatibilitäten wird an entsprechender Stelle hingewiesen.

9.1 Seitenaufbau und Seitenfolgen

Zusammenfassung

Ein FO-Dokument besteht aus zwei Teilen. Im `<fo:layout-master>` werden die Seitenvorlagen für die gewünschten Seitentypen beschrieben und ihre Abfolge festgelegt. In einer `<fo:page-sequence>` wird angegeben, wie die Seiten mit Inhalten befüllt werden.

Im Gegensatz zur HTML-Darstellung im Browser, wo eine Seite quasi beliebig lang und breit sein kann, ist ein FO-Dokument ein Dokument, welches für den Ausdruck auf Papier vorgesehen ist. Dabei wird davon ausgegangen, dass auf einzelne Blätter gedruckt wird und nicht auf Papier von der Rolle. Dies bedeutet, dass in einem FO-Dokument die Blattgröße, die Ränder, sowie Bereiche für Kopf- bzw. Fußzeilen oder auch Marginalien vordefiniert werden müssen. Zudem besteht ein Dokument häufig nicht aus gleichen Seiten, sondern aus verschiedenen Seitentypen, wie z. B. einem Deckblatt, Seiten, die für das Inhaltverzeichnis vorgesehen sind, Seiten für den eigentlichen Inhalt, Litcraturvei-zeichnis usw. Diese verschiedenen Seitentypen können sich bzgl. der Ränder, Kopf- und Fußzeilenbereiche, Seitennummerierung usw. unterscheiden (Abb. 9.3).

Seitenvorlage Zu jedem im Dokument vorkommenden Seitentyp muss im FO-Dokument eine sogenannte **Seitenvorlage** definiert werden.

Die Grundstruktur eines FO-Dokumentes ist wie folgt:

```
<?xml version="1.0"?>
<fo:root xmlns:fo="http://www.w3.org/1999/XSL/Format">
</fo:root>
```

Abb. 9.3 Abfolge verschiedener Seitentypen

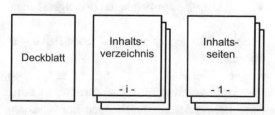

Das Wurzelelement eines FO-Dokumentes ist das Element `root`. Es enthält die Namensraumdeklaration. Alle FO-Elemente und Attribute gehören dem Namensraum `http://www.w3.org/1999/XSL/Format` an. Dieser Namensraum wird üblicherweise an das Präfix `"fo"` gebunden.

Aufbau FO-Dokument Ein FO-Dokument besteht aus mehreren Teilen:

- einem: `<fo:layout-master-set>`zur Definition der Seitenvorlagen,
- ggf. einem: `<fo:page-sequence-master>`zur Definition von Seitenfolgenvorlagen, d. h. mehrere Seitenvorlagen werden zu einer Folge zusammengefasst,
- einem oder mehreren: `<fo:page-sequence>`-Elementen zur Festlegung, wie die Seitenfolge(n) innerhalb eines Dokuments verwendet werden und wie die Seiten mit Inhalten gefüllt werden.

Layout-Master-Set Im **Layout-Master-Set** werden die Seitenvorlagen für alle gewünschten Seitentypen definiert. Für jede Seitenvorlage wird ein`<fo:simple-page-master>`-Element notiert, dem über das Attribut `master-name` ein Name zugewiesen wird.

Seitenaufbau Die weiteren Attribute im Element: `<fo:simple-page-master>` definieren die Seitengröße (`page-height` und `page-width`) und die Ränder. Ränder sind Bereiche, die nicht bedruckt werden. Sie werden durch die Angaben `margin-bottom`, `margin-left`, `margin-right` und `margin-top` festgelegt. Abb. 9.4 zeigt den Aufbau einer Seite.

Regionen Als Kindelemente von `<fo:simple-page-master>`werden sogenannte **Regionen** *(regions)* notiert. Regionen sind die Seitenbereiche, die bedruckt werden können. XSL-FO sieht folgende Regionen vor:

- `region-before`: Kopfbereich, z. B. für fortlaufende Kopfzeilen,
- `region-after`: Fußbereich, z. B. für fortlaufende Fußzeilen,
- `region-start`, `region-end`: linker bzw. rechter Bereich, z. B. als Platz für Randbemerkungen, Marginalien,
- `region-body`: beinhaltet den eigentlichen Inhalt der Seite.

Die `region-body` muss auf jeden Fall angegeben werden, die übrigen Regionen sind optional.

Die Elemente `region-before`, `region-after`, `region-start` und `region-end` besitzen das Attribut `extent`, dessen Wert die Ausdehnung (Höhe bzw. Breite) des entsprechenden Bereiches angibt. Der Ausgabebereich der `region-body` umfasst die übrigen Regionen. Für die `region-body` sind die Ränder (Attribut `margin`) auf mindestens die gleichen Werte zu setzen, wie die Ausdehnungsbereiche der übrigen Regionen, da sich sonst die Bereiche überlappen.

Abb. 9.4 Seitenaufteilung eines FO-Dokumentes

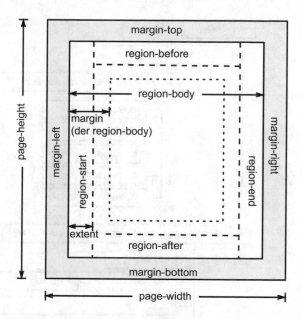

Einfaches FO-Dokument Das einfachste FO-Dokument (Abb. 9.5) besteht lediglich aus einem Seitentyp. In diesem Fall enthält das `<fo:layout-master-set>` nur einen `<fo:simple-page-master>` zur Definition der Seitenvorlage für diesen Seitentyp. Die Seitenvorlage lässt sich der Seitenfolge `<fo:page-sequence>` direkt zuordnen, indem das Attribut `master-reference` als Wert den Wert des Attributes `master-name` des Elementes `<fo:simple-page-master>` erhält. Benötigt der Inhalt mehr als eine Seite, werden Folgeseiten vom FO-Prozessor angelegt.

Seitenbefüllung Innerhalb von `<fo:page-sequence>` wird die Seite mit Inhalt gefüllt. Ein `<fo:static-content>`-Element enthält alle Inhalte, die auf jeder Seite wiederholt werden. Das Attribut `flow-name` gibt die Region an, in der die Inhalte platziert werden. Für die Regionen können die vordefinierten Namen `xsl-region-before`, `xsl-region-after`, `xsl-region-start` und `xsl-region-end` verwendet werden.

Nach den `<fo:static>`-Elementen folgt ein einziges(!) `<fo:flow>`-Element. Es ist für die Aufnahme des Fließtextes vorgesehen.

Beispiel

Dies ist ein Beispiel für ein einfaches FO-Dokument. Die Regionen werden in verschiedenen Farben dargestellt. Texte müssen innerhalb eines `<fo:block>`-Elementes notiert werden (Abschn. 9.2). Abb. 9.6 zeigt einen Screenshot des generierten PDF-Dokumentes.

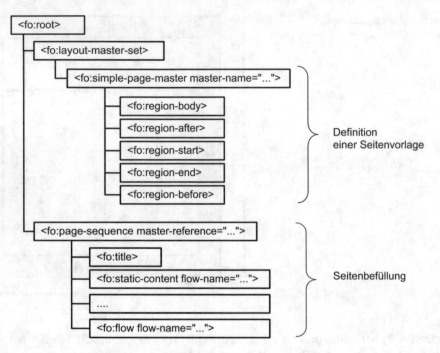

Abb. 9.5 Aufbau eines einfachen FO-Dokumentes

Abb. 9.6 Aus Beispiel 1
generiertes PDF-Dokument

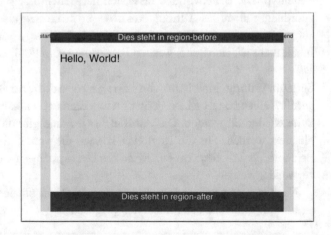

```
<?xml version="1.0" encoding="UTF-8"?>
<fo:root xmlns:fo="http://www.w3.org/1999/XSL/Format">
  <fo:layout-master-set>
    <fo:simple-page-master master-name="my-page"
        page-height="21 cm" page-width="29.7cm"
```

```
          margin-bottom="1 cm margin-left="2cm"
          margin-right="2 cm" margin-top="2cm">

      <fo:region-body margin="2cm"
          background-color="lightgray"/>
      <fo:region-before extent="1cm"
          background-color="red"/>
      <fo:region-after extent="2cm"
          background-color="blue"/>
      <fo:region-start extent="1cm"
          background-color="lightgray"/>
      <fo:region-end extent="1cm"
          background-color="lightgray"/>
    </fo:simple-page-master>
  </fo:layout-master-set>

  <fo:page-sequence master-reference="my-page">
    <fo:static-content flow-name="xsl-region-before">
      <fo:block font-size="24pt" text-align="center"
                color="white">
        Dies steht in region-before.
      </fo:block>
    </fo:static-content>
    <fo:static-content flow-name="xsl-region-after">
      <fo:block font-size="24pt" text-align="center"
                color="white">
        Dies steht in region-after.
      </fo:block>
    </fo:static-content>
    <fo:static-content flow-name="xsl-region-start">
      <fo:block font-size="16pt" text-align="center">
        Start.
      </fo:block>
    </fo:static-content>
    <fo:static-content flow-name="xsl-region-end">
      <fo:block font-size="16pt" text-align="center">
        end.
      </fo:block>
    </fo:static-content>

    <fo:flow flow-name="xsl-region-body" font-size="30pt">
      <fo:block>Hello, World!</fo:block>
    </fo:flow>
  </fo:page-sequence>
</fo:root>
```

Erklärung zur Darstellung der Seite:

Der Rand der `region-body` beträgt 2 cm. Daher steht der Text "Hello, World!" 2 cm vom oberen bzw. linken Seitenrand entfernt. Die `region-before` und die `region-start` haben einen Ausdehnungsbereich von 1 cm. Aus diesem Grund liegt zwischen diesen Regionen und der `region-body` ein weißer Streifen der Breite 1 cm. Der Ausdehnungsbereich der `region-end` beträgt 2 cm, daher grenzen die Flächen der `region-body` und der `region-end` direkt aneinander. ◀

(fo1.fo)

Übung

Ändern Sie das obige Beispiel so, dass ein PDF im DIN A5-Format erstellt wird. Setzen Sie für die Ränder und Regionen verschiedene Werte ein, um deren Wirkung zu testen.

9.2   Block und Inline

Zusammenfassung

Ein Block ist ein rechteckiger Bereich (Absatz), der Text, andere Blöcke und Inline-Elemente enthalten kann. Er wird durch das Element `<fo:block>` festgelegt. Das Element `<fo:inline>` dient der inzeiligen Formatierung.

Block Ein Block ist ein rechteckiger Bereich, getrennt durch einen Zeilenumbruch und evtl. *Whitespace* vom vorangehenden und folgenden Inhalt. Blöcke können normalen Fließtext, Inline-Objekte und andere Blöcke enthalten. Zur Darstellung eines Blocks dient in XSL-FO das Element `<fo:block>`.

Ein Block hat ein Inhaltsrechteck. Optional wird das Inhaltsrechteck von einem Auffüllungsrechteck und einem Rahmen umgeben (Abb. 9.7).

Abstände, Einzüge Folgende Attribute sind zur Angabe dieser Eigenschaften vorgesehen:

- `space-before`, `space-after`: Abstand vor bzw. nach dem Block.
- `start-indent`, `end-indent`: Einzug des Inhaltsrechtecks vom linken bzw. rechten Seitenrand.
- `padding`: Innenabstand, d. h. der Abstand zwischen Inhaltsrechteck und Rahmenrechteck. Er verhindert, dass der Inhalt direkt an den Rahmen stößt. Die verschiedenen Seiten können auch einzeln festgelegt werden, dazu werden dann die Attribute `padding-top`, `padding-bottom`, `padding-left`, `padding-right` verwendet.

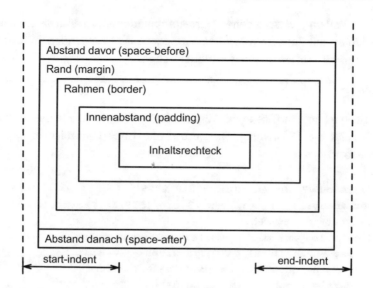

Abb. 9.7 Ränder, Abstände und Einzüge eines Blocks. Die gestrichelte Linie kennzeichnet den Rand der region-body

- `margin`: leerer Bereich außerhalb des Blocks. Auch hier können die Seiten einzeln festgelegt werden. Die Attribute lauten: `margin-top`, `margin-bottom`, `margin-left`, `margin-right`.

Formatierung Mithilfe weiterer Attribute wird der Inhalt eines Blocks formatiert. Die Attribute entsprechen i. W. den Eigenschaftsnamen, die auch in CSS verwendet werden. Die meisten dieser Attribute werden an die Elemente innerhalb des Blocks vererbt. Einige wichtige Attribute sind:

- `font-family`: Schriftart
- `font-size`: Schriftgröße
- `line-height`: Zeilenhöhe
- `color`, `background-color`: Textfarbe, Hintergrundfarbe
- `text-align`: Textausrichtung, Werte: `left`, `right`, `justify`
- `text-indent`: Erstzeileneinzug
- `border`: Rahmen. Die Rahmeneigenschaften können auch in der CSS-Kurzform angegeben werden, z. B. `border="1px solid black"`

▶ **Hinweis** Nach der Spezifikation von XSL-FO darf die `region-body` keinen Innenabstand und keinen Rahmen besitzen. Entsprechende Attribute werden von Apache FOP nicht unterstützt und erzeugen eine Fehlermeldung. In Beispiel 1 ist eine gestrichelte Linie um die `region-body` erwünscht, um die Wirkung verschiedener Wertekombinationen zu visualisieren. Dies funktioniert mit RenderX XEP. Wenn Sie Apache FOP verwenden, müssen Sie `border="0"` setzen oder das Attribut löschen.

Beispiel 1

Dieses Beispiel enthält Blöcke mit verschiedenen Werten für Einzüge und Abstände. Abb. 9.8 zeigt die Darstellung. Die gestrichelte Linie kennzeichnet den Rand der region-body.

```xml
<?xml version="1.0" encoding="UTF-8"?>
<fo:root xmlns:fo="http://www.w3.org/1999/XSL/Format">
  <fo:layout-master-set>
    <fo:simple-page-master master-name="A5_quer"
        page-height="21 cm" page-width="14.8cm"
        margin-bottom="1 cm" margin-left="2cm"
        margin-right="2 cm" margin-top="2cm">
      <fo:region-body margin-bottom="2cm"
                      margin-top="2 cm"
                      border="0.5pt dashed blue"/>
    </fo:simple-page-master>
```

Abb. 9.8 Darstellung von Beispiel 1

Block 1: Der Inhalt füllt die gesamte Breite. Der Textinhalt stößt direkt an den Rahmen.

Block 2 mit padding="0.5cm". Der Inhalt füllt die gesamte Breite. Zwischen Rahmen und Text ist ein Innnenabstand. Der Rahmen rückt nach außen.

Block 3 mit padding="0.5cm", start-indent="1cm". Wegen der Angabe start-indent="1cm", beginnt der Textinhalt 1cm vom Rand der region-body.

Block 4 mit padding="0.5cm", margin="1cm". Der Rahmen des Blocks hat an allen vier Seiten einen Rand von 1cm.

Block 5

Block 6 mit space-before="0.5cm"

```
      <fo:page-sequence-master master-name="my-page">
        <fo:single-page-master-reference.
            master-reference="A5_quer"/>
      </fo:page-sequence-master>
</fo:layout-master-set>

<fo:page-sequence master-reference="my-page">
  <fo:flow flow-name="xsl-region-body">
    <fo:block font-size="12pt" border="solid 1pt black">
        Block 1: Der Inhalt füllt die gesamte Breite.
      …
    </fo:block>

    <fo:block font-size="12pt" text-align="left"
            border="solid 1pt black" padding="0.5cm">
      Block 2 mit padding="0.5 cm".
      …
    </fo:block>

    <fo:block font-size="12pt" text-align=""left".
            border="solid 1pt black" padding="0.5cm"
            start-indent="1 cm">
      Block 3 mit padding="0.5 cm", start-indent="1cm"
      …
    </fo:block>

    <fo:block font-size="12pt" text-align="left".
            border="solid 1pt black" padding="0.5cm"
            margin="1 cm">
      Block 4 mit padding="0.5 cm", margin="1cm"
        …
    </fo:block>

    <fo:block font-size="12pt" text-align="left"
            border="solid 1pt black">
      Block 5.
    </fo:block>

    <fo:block font-size="12pt" space-before="12pt"
            border="solid 1pt black">
      Block 6 mit space-before="0.5cm"
      …
    </fo:block>
```

```
      </fo:flow>
    </fo:page-sequence>
  </fo:root>◄
```

(block.fo)

Experimentieren Sie mit den Attributen für Einzüge und Abstände. Testen Sie auch die im Abschnitt „Formatierungen" vorgestellten Attribute. ◄

▶   **Hinweis** In XSL-FO können keine Texte direkt in eine Tabellenzelle oder einen Listenaufzählungspunkt notiert werden. Alle Texte, Bilder, Links usw. müssen in einen Block oder einen Inline-Bereich eingetragen werden.

Inline Das Element: <fo:inline> dient der inzeiligen Formatierung. <fo:inline>-Elemente können ineinander verschachtelt werden. Typische Formatierungsattribute sind:

- font-weight: Schriftgewichtung, z. B. bold für Fettdruck,
- font-style: Schriftstil, z. B. italic für kursiv,
- text-decoration: Textdekoration, z. B. underline für unterstrichen.
- color: Schriftfarbe.

Beispiel 2

Dieser Block enthält Inline-Bereiche. Abb. 9.9 zeigt die Darstellung.

```
<fo:block font-size="12pt" border="solid 1pt black">
    normal -
  <fo:inline font-weight="bold">Fett
    <fo:inline font-style="italic">FettKursiv</fo:inline>
        Fett
  </fo:inline>
    - normal
</fo:block>◄
```

(inline.fo)

> normal - **Fett** *FettKursiv* **Fett** - normal

Abb. 9.9 Darstellung von Beispiel 2

9.3 Grafiken und Hyperlinks

Zusammenfassung

Grafiken können mit dem Element `<fo:external-graphic>` in ein FO-Dokument eingebunden werden. Für Hyperlinks gibt es das Element `<fo:basic-link>`. Linkziele können sowohl externe Ressourcen als auch Positionen innerhalb des Dokumentes sein.

Grafiken

Zur Darstellung von Grafiken dient das Element `<fo:external-graphic>`. Im Attribut `src` wird die Referenz auf die Grafik-Datei angegeben. Unterstützt werden die Grafikformate `gif` und `jpeg`, je nach FO-Prozessor auch noch weitere.

Beispiel 1

Die Abb. 9.10 zeigt die Darstellung des folgenden FO-Blocks.

```
<fo:block font-size="12pt">
  vor dem Bild.
    <fo:external-graphic src="xslt.jpg"/>
  nach dem Bild.
</fo:block>◀
```

```
(bild1.fo)
```

Attribute Standardmäßig wird eine Grafik in der abgespeicherten Größe dargestellt. Mit dem Attribut `content-height` bzw. `content-width` kann die Höhe bzw. Breite der Grafik angegeben werden. Wird nur eine Angabe notiert, wird die zweite vom Prozessor passend skaliert. Weitere Attribute zur Formatierung von Grafiken sind z. B. `background`, `padding`, `border`, `space-before`, `space-after`.

▶ **Hinweis** `<fo:external-graphic>` ist – wie das `<img>`-Element in HTML – ein Inline-Element. Soll es in einem eigenen Absatz dargestellt werden, muss es in ein `<fo:block>`-Element eingebettet werden.

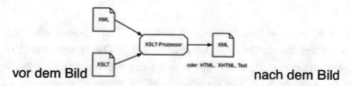

Abb. 9.10 Darstellung von Beispiel 1

Beispiel 2

Das Bild wird nun in einem eigenen Block dargestellt.

```
<fo:block font-size="12pt">vor dem Bild</fo:block>
  <fo:block>
    <fo:external-graphic src="xslt.jpg"/>
  </fo:block>
<fo:block>nach dem Bild</fo:block>◀
```

(bild2.fo)

Hyperlinks

Das Element: `<fo:basic-link>` dient zur Definition von Hyperlinks. In XSL-FO ist es möglich, Links zu externen Ressourcen, sogenannte externe Links, und auch Links zu Positionen innerhalb eines Dokumentes, sogenannte interne Links, zu definieren.

Externer Link Bei einem externen Link wird das Sprungziel als Wert des Attributes `external-destination` angegeben.

Beispiel 3

```
<!-- Externer Link -->
<fo:block>
  <fo:basic-link.
     external-destination="http://www.springer.de">
    zum Springer Verlag.
  </fo:basic-link>
</fo:block>◀
```

(link1.fo)

Interner Link Mithilfe des Attributes `internal-destination` wird eine Verknüpfung zu einem anderen Knoten im selben Dokument notiert. Attributwert ist der Wert des Attributes `id` des Elementes, zu dem die Verknüpfung hergestellt werden soll.

Beispiel 4

Das Attribut `break-after="page"` in `<fo:block>` bedeutet, dass nach dem Block ein harter Seitenumbruch eingefügt wird. Das generierte PDF-Dokument besteht daher aus drei Seiten. Auf der ersten Seite werden zwei Links dargestellt, der erste führt zur zweiten Seite, der zweite zur dritten Seite.

```
<fo:page-sequence master-reference="my-page">
   <fo:flow flow-name="xsl-region-body">

      <!-- 1. Seite -->
      <fo:block>
        <fo:basic-link internal-destination="p2">
           Dies ist ein Link zu Seite 2.
        </fo:basic-link>
      </fo:block>
      <fo:block break-after="page">
         <fo:basic-link internal-destination="p3">
            Dies ist ein Link zu Seite 3.
         </fo:basic-link>
      </fo:block>

      <!-- 2. Seite -->
      <fo:block id="p2" text-align="center" break-after="page">
         Seite 2.
      </fo:block>

      <!-- 3. Seite -->
      <fo:block id="p3" text-align="center">
          Seite 3.
      </fo:block>
   </fo:flow>
 </fo:page-sequence>◀
```

(link2.fo)

▶   **Hinweis** Im Unterschied zu HTML werden Links in XSL-FO nicht automatisch formatiert. Die gewünschten Formatierungsangaben müssen
daher als Attribute zu `<fo:basic-link>` hinzugefügt werden. Beispielsweise wird ein Link unterstrichen dargestellt, wenn `text-`
`decoration="underline"` gesetzt wird.

Übung

Probieren Sie verschiedene Formatierungseigenschaften für Grafiken und Hyperlinks
aus. Setzen Sie bei einem Link statt eines Linktextes eine Grafik ein.

9.4   Listen

Zusammenfassung

Listen werden durch das Element `<fo:list-block>` definiert. Für jedes Listen-element gibt es ein `<fo:list-item>` mit den Kindelementen `<fo:list-item-label>` für das Listenaufzählungszeichen und `<fo:list-item-body>` für den Listentext. Mit diversen Attributen können Abstände zwischen Listenaufzählungs-zeichen und Listentext sowie Einzüge beeinflusst werden.

Eine Liste in XSL-FO (s. Abb. 9.11) beginnt mit einem `<fo:list-block>`-Element. Für jeden Listeneintrag wird dann ein `<fo:list-item>`-Element: angegeben. Jedes `<fo:list-item>`-Element hat zwei Kindelemente: `<fo:list-item-label>` für das Listenaufzählungszeichen und `<fo:list-item-body>` für den Inhalt des Listen-eintrag.

▶   **Hinweis** Beachten Sie, dass in XSL-FO nur ein Listentyp existiert und nicht, wie in HTML, die Listentypen „Aufzählungsliste *(unorderd list)*" und „nummerierte Liste *(orderd list)*". Der Programmierer muss sich daher selbst um das Listenaufzählungszeichen „kümmern". Bei einer nummerierten Liste muss dies ggf. berechnet werden.

Abstände, Einzüge Es gibt mehrere Attribute, mit denen der Abstand zwischen dem Listenaufzählungszeichen und dem Listeneintragstext, die Einzüge des Listenblocks bzw. auch einzelner Listeneinträge vom linken und rechten Rand beeinflusst werden können. Abb. 9.12 visualisiert diese.

Attribute in `<fo:list-block>`

- `provisional-distance-between-starts`: Abstand zwischen dem linken Rand des Aufzählungszeichens und dem linken Rand des Listeneintrags.
- `provisional-label-separation`: Abstand zwischen dem rechten Rand des Aufzählungszeichens und dem linken Rand des Listeneintrag.

Abb. 9.11 Listenstruktur in XSL-FO

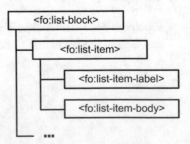

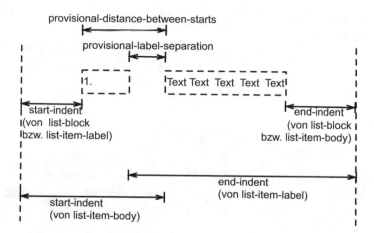

Abb. 9.12 Attribute für Abstände und Einzüge einer Liste

- start-indent: Abstand des Listenblocks vom linken Rand der region-body.
- end-indent: Abstand des Listenblocks vom rechten Rand der region-body.

Attribute in <fo:list-item label>

- start-indent: Abstand des linken Rands des Aufzählungszeichens von linken Rand der region-body, überschreibt die start-indent-Werte von <fo:list-block>.
- end-indent: Abstand zwischen dem rechten Rand des Aufzählungszeichens und dem rechten Rand der region-body. Hier kann ein fester Wert notiert werden, besser und einfacher ist es jedoch, diesen Abstand berechnen zu lassen, dazu wird end-indent="label-end()" gesetzt.

Attribute in <fo:list-item-body>

- start-indent: Abstand zwischen linkem Rand der region-body und rechtem Rand des Listeneintrags. Hier kann ein fester Wert notiert werden, besser und einfacher ist es jedoch, diesen Abstand berechnen zu lassen, dazu wird start-indent="body-start()" gesetzt.
- end-indent: Abstand des linken Rands des Listeneintrags vom rechten Rand, überschreibt die end-indent-Werte von <fo:list-block>.

Beispiel

Abb. 9.13 zeigt die Darstellung dieses Beispiels.

Bei beiden Listen beträgt der Abstand zwischen dem rechten Rand des Aufzählungszeichens und dem linken Rand des Listeneintrags (provisional-

Abb. 9.13 Darstellung der
Liste aus Beispiel 1

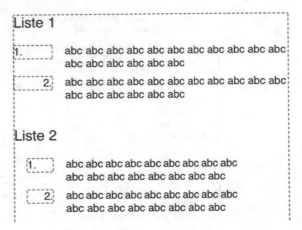

label-separation) 2 cm und Abstand zwischen dem linken Rand des
Aufzählungszeichens und dem linken Rand des Listeneintrags (provisional-
distance-between-starts) 0.5 cm. Bei Liste 2 sind die Listenaufzählungszeichen um 0.5 cm vom linken Rand eingerückt (start-indent="0.5cm"
im Element <fo:list-item-label>), der rechte Rand des Listeneintrags
hat einen Abstand von 2 cm von der region-body (end-indent="2cm" im
Element <fo:list-item-body>). Der erste Listenpunkt ist jeweils linksbündig,
der zweite rechtsbündig. Die Listenaufzählungszeichen haben einen gestrichelten
Rahmen, damit ihr Ausdehnungsbereich erkennbar ist.

```
<?xml version="1.0" encoding="UTF-8"?>
<fo:root xmlns:fo="http://www.w3.org/1999/XSL/Format">
  <fo:layout-master-set>
    <fo:simple-page-master master-name="my-page"
        page-height="21 cm" page-width="14.8cm"
        margin-bottom="1 cm" margin-left="2cm"
        margin-right="2 cm" margin-top="2cm">
      <fo:region-body border="0.5pt solid blue"/>
    </fo:simple-page-master>
  </fo:layout-master-set>

<fo:page-sequence master-reference="my-page">
  <fo:flow flow-name="xsl-region-body">

    <!-- Liste 1 -->
    <fo:block space-after="0.5cm"
            font-size="16pt">
      Liste 1</fo:block>
    <fo:list-block.
```

```
        provisional-distance-between-starts="2cm"
        provisional-label-separation="0.5cm">
    <fo:list-item space-after="0.2cm">
      <fo:list-item-label end-indent="label-end()">
        <fo:block border="0.5pt dashed">1.</fo:block>
      </fo:list-item-label>
      <fo:list-item-body start-indent="body-start()">
        <fo:block>abc abc abc abc abc abc abc abc
        abc abc abc abc abc abc abc abc abc</fo:block>
      </fo:list-item-body>
    </fo:list-item>
    <fo:list-item space-after="0.2 cm">
      <fo:list-item-label end-indent="label-end()">
        <fo:block border="0.5pt dashed"
                  text-align="right">2.</fo:block>
      </fo:list-item-label>
      <fo:list-item-body start-indent="body-start()">
        <fo:block>abc abc abc abc abc abc abc abc
          abc abc abc abc abc abc abc abc abc</fo:block>
      </fo:list-item-body>
    </fo:list-item>
  </fo:list-block>
  <!-- Liste 2 -->
  <fo:block space-before="1 cm" space-after="0.5cm"
          font-size="16pt">Liste 2</fo:block>

  <fo:list-block.
      provisional-distance-between-starts="2cm"
      provisional-label-separation="0.5cm">
    <fo:list-item space-after="0.2cm">
      <fo:list-item-label start-indent="0.5cm"
                          end-indent="label-end()">
        <fo:block border="0.5pt dashed">1.</fo:block>
      </fo:list-item-label>
      <fo:list-item-body start-indent="body-start()"
                         end-indent="2cm">
        <fo:block>abc abc abc abc abc abc abc abc
          abc abc abc abc abc abc abc abc abc
        </fo:block>
      </fo:list-item-body>
    </fo:list-item>

    <fo:list-item space-after="0.2cm">
      <fo:list-item-label start-indent="0.5cm"
                          end-indent="label-end()">
```

```
      <fo:block border="0.5pt dashed"
                text-align="right">2.</fo:block>
    </fo:list-item-label>
    <fo:list-item-body start-indent="body-start()"
                end-indent="2cm">
      <fo:block>abc abc abc abc abc abc abc abc
          abc abc abc abc abc abc abc abc abc
      </fo:block>
    </fo:list-item-body>
   </fo:list-item>
  </fo:list-block>

  </fo:flow>
 </fo:page-sequence>
</fo:root>◀
```

(liste.fo)

Übung

Schreiben Sie ein FO-Dokument, das eine geschachtelte Liste enthält.

9.5   Tabellen

Zusammenfassung

Für Tabellen stehen die Elemente<fo:table>,<fo:table-row>**und**<fo:table-cell>zur Verfügung. Tabellen können eine Tabellen-beschriftung (<fo:table-and-caption>) und Tabellenkopf- bzw. Tabellenfußzeilen (<fo:table-header> bzw.<fo:table-footer>) besitzen. Mit<fo:table-column> wird die Spaltenbreite festgelegt.

Das Tabellenmodell von XSL-FO basiert wie das Tabellenmodell von HTML auf dem CALS-Tabellenmodell (https://www.oasis-open.org/specs/tablemodels.php).

Abb. 9.14 zeigt den strukturellen Aufbau einer Tabelle in XSL-FO. Soll eine Tabelle mit einer Tabellenbeschriftung versehen werden, beginnt sie mit dem Element<fo:table-and-caption>. Als Kindelement wird dann das Element<fo:table-caption> notiert, das die Überschrift enthält. Nach dem Element<fo:table-caption> folgt<fo:table>. Eine Tabelle ohne Tabellen-beschriftung beginnt mit dem Element<fo:table>.

Tabellenkopf- bzw. -fußzeilen Mit<fo:table-header> bzw. <fo:table-footer> können eigene Tabellenkopf- bzw. Tabellenfußzeilen festgelegt werden. Für jede Zeile wird ein<fo:table-row>-Element: notiert. Innerhalb der Zeilen

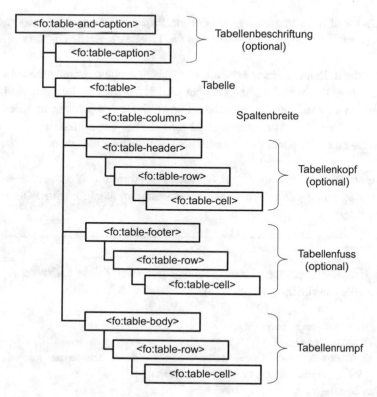

Abb. 9.14 Tabellenstruktur in XSL-FO

werden für die Tabellenzellen `<fo:table-cell>`-Elemente: angegeben. Textinhalte können nicht direkt in die Tabellenzelle eingefügt werden, sondern müssen innerhalb eines `<fo:block>`-Elementes stehen. Die Tabellenkopf- bzw. Tabellenfußzeilen werden im Falle einer mehrseitigen Tabelle auf jeder Seite wiederholt, es sei denn, Sie setzen im Element `<fo:table>` das Attribut `table-omit-header-at-break` bzw. `table-omit-footer-at-break` auf den Wert `true`.

Tabellenrumpf Die Tabelle selbst wird innerhalb des Elementes `<fo:table-body>` beschrieben. Für Zeilen und Zellen gibt es die Elemente `<fo:table-row>` und `<fo:table-cell>`.

Spaltenbreite Standardmäßig hat im Element `<fo:table>` das Attribut `table-layout` den Wert `auto`. Die Breite der Tabellenspalten wird – wie bei der Anzeige einer HTML-Tabelle im Browser – automatisch berechnet und ergibt sich aus dem benötigten Platz der Zelleninhalte. Eine feste Spaltenbreite kann durch die Angabe von `<table-column>` für jede Spalte festgelegt werden. In jedem `<table-column>`-Element wird das Attribut `column-width` notiert. Als Wert dieses

Attributes ist eine feste Breitenangabe oder ein Prozentwert erlaubt. Ergibt die Summe der Prozentwerte aller Spalten 100 %, nimmt die Tabelle die Breite des Satzspiegels ein.

Formatierungen Rahmenlinien erhalten die Tabellenzellen, wenn ihnen das Attribut `border` hinzugefügt wird. Über das Attribut `padding` wird ein Innenabstand zwischen Zellenrahmen und Zelleninhalt angegeben. Die vertikale Ausrichtung in einer Tabellenzelle kann mithilfe des Attributes `display-align` beeinflusst werden. Mögliche Werte sind `before` für oben, `center` für zentriert, `after` für unten.

▶   **Hinweis** Die   Elemente   zur   Tabellenbeschriftung `<fo:table-and-caption>` und `<fo:table-caption>` werden von Apache FOP nicht unterstützt.

Beispiel 1

Dieses Beispiel zeigt eine einfache Tabelle mit zwei Zeilen und zwei Spalten und einer Tabellenbeschriftung (Abb. 9.15).

```
<fo:table-and-caption>
  <fo:table-caption>
    <fo:block text-align="left">Dieser Text ist eine
        Tabellenbeschriftung</fo:block>
  </fo:table-caption>

<fo:table border-style="solid">
  <fo:table-column column-width="3cm"/>
  <fo:table-column column-width="6cm"/>

  <fo:table-body>
    <!-- erste Zeile der Tabelle -->
    <fo:table-row>
      <fo:table-cell border="0.5pt solid">
        <fo:block>Zeile 1 Spalte 1</fo:block>
      </fo:table-cell>
      <fo:table-cell border="0.5pt solid">
        <fo:block>Zeile 1 Spalte 2</fo:block>
      </fo:table-cell>
    </fo:table-row>
```

Abb. 9.15 Darstellung der Tabelle aus Beispiel 1

Dieser Text ist eine Tabellenbeschriftung	
Zeile 1 Spalte 1	Zeile 1 Spalte 2
Zeile 2 Spalte 1	Zeile 2 Spalte 2

```
        <!-- zweite Zeile der Tabelle -->
        <fo:table-row>
          <fo:table-cell border="0.5pt solid">
            <fo:block>Zeile 2 Spalte 1</fo:block>
          </fo:table-cell>
          <fo:table-cell border="0.5pt solid">
            <fo:block>Zeile 2 Spalte 2</fo:block>
          </fo:table-cell>
        </fo:table-row>
      </fo:table-body>
    </fo:table>

  </fo:table-and-caption>◄

  (tabelle1.fo)
```

Zellen verbinden Tabellenzellen können miteinander verbunden werden, sodass eine Zelle mehrere Zeilen oder Spalten oder sogar beides überspannt. Dazu wird das Element <fo:table-cell> um das Attribut number-columns-spanned bzw. number-rows-spanned ergänzt, das als Wert dann die entsprechende Zeilen- bzw. Spaltenzahl erhält.

Beispiel 2

Dieses Beispiel zeigt eine Tabelle mit zwei Zeilen und zwei Spalten. Die Zelle in der ersten Zeile überspannt zwei Spalten (s. Abb. 9.16).

```
<fo:table border-style="solid">
  <fo:table-body>
    <fo:table-row>
      <fo:table-cell number-columns-spanned="2">
        <fo:block text-align="center" padding="5pt">
          über zwei Zellen
        </fo:block>
      </fo:table-cell>
    </fo:table-row>
    <fo:table-row>
      <fo:table-cell border="0.5pt solid blue"
```

Abb. 9.16 Darstellung der
Tabelle aus Beispiel 2

über zwei Zellen	
Zeile 2 Spalte 1	Zeile 2 Spalte 2

```
                         padding="5pt">
        <fo:block>Zeile 2 Spalte 1</fo:block>
      </fo:table-cell>
      <fo:table-cell border="0.5pt solid blue"
                        padding="5pt">
        <fo:block>Zeile 2 Spalte 2</fo:block>
      </fo:table-cell>
    </fo:table-row>
  </fo:table-body>
</fo:table>◀
```

(tabelle2.fo)

Seitenumbruch Einen Seitenumbruch in einer Tabelle können Sie vermeiden, wenn Sie dem Element `<table>` das Attribut `keep-together="always"` hinzufügen.

Übung

Erweitern Sie obige Tabelle um weitere Zeilen und Spalten. Dabei sollen einzelne Zellen auch mehrere Zeilen überspannen.

Weiterführende Literatur

1. Krüger, M (2006) XSL-FO verstehen und anwenden, dpunkt.verlag, Heidelberg
2. Krüger, M (2018) XSL-FO Vollständige Referenz, https://www.antennahouse.com/xsl-fo-vollstandige-referenz-by-manfred-kruger-free-download/. Zugegriffen: 25.07.2021
3. Krüger, M, Welsch, U (2007) XSL-FO Praxis, entwickler.press, Frankfurt

SAX und DOM

10

Zur Verarbeitung eines XML-Dokumentes muss der Anwendung der Inhalt des XML-Dokumentes zur Verfügung gestellt werden, genauer gesagt, benötigt die Anwendung Zugriff auf den Inhalt von Elementen, auf Attributwerte, Kommentare usw. Diese Aufgabe übernimmt ein Parser. Über eine **API** stellt er einer Applikation eine einfache Schnittstelle zum Zugriff auf ein XML-Dokument (plus eventuell zum Manipulieren und erneutem Abspeichern) zur Verfügung. Es werden zwei Grundtypen von APIs unterschieden: die ereignisbasierte API und die baumbasierte API (s. Abb. 10.1 aus [2], S. 52).

Im Folgenden werden die Grundkonzepte der ereignisbasierten und der baumbasierten APIs erläutert und Implementationen in Java vorgestellt:

- 10.1 SAX
- 10.2 DOM

10.1 SAX

Zusammenfassung

Eine ereignisbasierte API liest ein Dokument sequenziell. Änderungen im Markup-Status werden als Ereignisse durch Callbacks gemeldet. Das Java-Paket `jaxp` bietet Klassen zur Initiierung des Parsing-Vorgangs. In einer Unterklasse der Klasse `DefaultHandler` werden die Callback-Methoden implementiert.

Ergänzende Information Die elektronische Version dieses Kapitels enthält Zusatzmaterial, auf das über folgenden Link zugegriffen werden kann https://doi.org/10.1007/978-3-658-35435-0_10

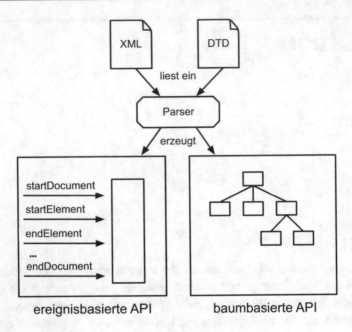

Abb. 10.1   Vergleich: ereignisbasierte API – baumbasierte API

Eine ereignisbasierte API liest ein Dokument sequenziell vom Beginn bis zum Ende und meldet während des Lesens jedes Ereignis durch sogenannte **Callbacks** an das aufrufende Programm zurück. Ein Ereignis ist ein Signal, das eine Änderung im Markup-Status anzeigt. Ein Ereignis tritt also bei Element-Tags, Zeichendaten, Kommentaren, Verarbeitungsanweisungen und den Grenzen des Dokumentes selber auf. Der Parser sendet dem aufrufenden Programm durch die *Callbacks* eine Mitteilung, welches Ereignis eingetreten ist. Das Programm, das den Parser aufgerufen hat, muss nun das Ereignis interpretieren und entsprechend reagieren. Abb. 10.2 veranschaulicht dieses Prinzip (vgl. [1], S. 259).

SAX

Eine ereignisbasierte API ist **SAX** *(Simple API for XML)*. SAX wurde durch Mitglieder der Mailingliste xml-dev (http://www.xml.org/xml-dev/) unter Leitung von David Megginson entwickelt und gilt heute als De-facto-Standard. SAX wurde zuerst als Java-API zur Verfügung gestellt, mittlerweile werden auch weitere Sprachen, z. B. C++, Perl und Python, unterstützt. Aktuell ist die Version 2. Informationen zu SAX finden Sie auf den Webseiten des SAX-Projektes (http://www.saxproject.org). Hier finden Sie auch die SAX Interface Dokumentation (http://www.saxproject.org/apidoc/index.html).

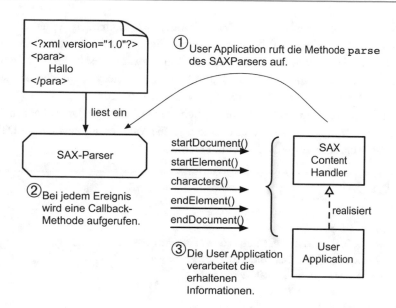

Abb. 10.2 Prinzip von SAX

Programmierung Das folgende Beispiel verwendet die SAX2-Implementierung, die durch SUN für Java unter dem Namen **JAXP** *(Java API for XML Processing)* veröffentlicht wurde und Bestandteil des JDK ab Version 1.4 ist.

Vorgehensweise In Beispiel 1 und 2 wird die Programmierung einer einfachen SAX-Anwendung vorgestellt. Implementiert werden zwei Klassen: die Klasse `SaxText` und die Klasse `MyHandler`. In der Klasse `SaxTest` wird der Parsing-Vorgang initiiert, die Klasse `MyHandler` enthält die Implementierung der Callback-Methoden.

SAXParser In der Klasse `SaxText` wird zunächst durch den Aufruf `SAXParserFactory.newInstance()` ein Objekt des Typs `SAXParserFactory` erzeugt. Instanzen dieser Klasse stellen verschiedene konfigurierbare SAX-Parser Implementierungen zur Verfügung. Unter Nutzung der aktuellen Konfiguration wird mittels `newSAXParser()` ein neuer Parser erzeugt. Im Beispiel wird die Vorgabekonfiguration verwendet. Die Methode `void   parse(String   uri, DefaultHandler  dh)` der Klasse `SAXParser` erwartet zwei Parameter. Als erster Parameter wird der Name der XML-Datei (URI) als String übergeben. Der zweite Parameter ist die Instanz einer Klasse, welche die Callback-Methoden enthält. Mit anderen Worten: Die Klasse, die den Handler implementiert hat, wird registriert.

Eigenschaften, Features Für die Validierung, das Einbinden externer Entities, Namespace Eigenschaften, und Namespace-Präfix definiert SAX2 sogenannte **Features** *(features)* und **Eigenschaften** *(properties),* die ein- bzw. ausgeschaltet, d. h. auf `true` bzw. `false` gesetzt werden können. Hierzu bietet die Factory Methoden an, wie z. B. `void setFeatures(String name, boolean value)`.

Für häufig verwendete Features gibt es auch eigene Methoden, z. B. kann mit `void setValidating(boolean validating)` die Validierung gegen eine DTD oder ein XML-Schema aktiviert oder deaktiviert werden.

Beispiel 1

```java
import java.io.*;
import javax.xml.parsers.ParserConfigurationException;
import javax.xml.parsers.SAXParserFactory;
import javax.xml.parsers.SAXParser;
import org.xml.sax.SAXException;
import org.xml.sax.helpers.DefaultHandler;

public class SaxTest {
  public static void main (String[] args) {
    // liefert eine SAXParserFactory.
    SAXParserFactory factory=SAXParserFactory.newInstance();

    try {
    // Die Methode newSAXParser() liefert einen SAXParser.
      SAXParser saxParser=factory.newSAXParser();
      DefaultHandler handler=new MyHandler();
      saxParser.parse("dozent.xml", handler);
    }
    catch (ParserConfigurationException e) {
      e.printStackTrace();
    }
    catch (SAXException e) {
      e.printStackTrace();
    }
    catch(IOException e) {
      System.out.println("I/O-Problem "+e);
    }
  }
}◀
```

    (SaxTest.java)

Handler Um die Ereignisse des SAX-Parsers verarbeiten zu können, werden Handler-Klassen benötigt. Im Paket `org.xml.sax` gibt es vier wichtige Handler-Interfaces. Diese Handler-Interfaces definieren Callback-Methoden, die der Parser aufruft, wenn ein entsprechendes Ereignis eingetreten ist. Abb. 10.3 zeigt das Klassendiagramm der SAX-API.

Erläuterung

- `ContentHandler`: empfängt Meldungen, die sich auf den logischen Inhalt beziehen, bietet Methoden zur Reaktion auf Dokumentereignisse.
- `DTDHandler`: empfängt Meldungen, die sich auf die DTD beziehen.
- `EntityResolver`: werden in der Anwendung externe Entities verwendet, können Sie dieses Interface verwenden, um diese auszuwerten.
- `ErrorHandler`: Basis-Interface für SAX-Fehlerhandler für die detaillierte Auswertung der im XML-Dokument auftretenden Fehler (`warning`, `error`, `fatalError`).

DefaultHandler Benötigt wird nun eine Implementierung der Interfaces `Content-Handler`, `EntityResolver`, `DTDHandler` und/oder `ErrorHandler`. Hierzu können Sie eine Klasse implementieren, die die benötigten Interfaces realisiert. Einfacher ist es jedoch, eine Unterklasse der Klasse `DefaultHandler` zu programmieren. Die Klasse `DefaultHandler` befindet sich im Paket `org.xml.sax.helpers` und ist eine Implementierung der oben erwähnten Interfaces (s. Abb. 10.3).

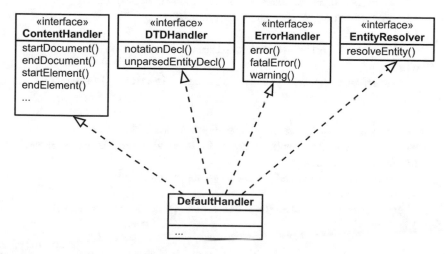

Abb. 10.3 SAX-API: Klassendiagramm

Möchten Sie auf die Attribute zugreifen, müssen Sie noch das Paket `org.xml.`
`sax.Attributes` importieren.

Beispiel 2

```
import org.xml.sax.*;
import org.xml.sax.helpers.DefaultHandler;

public class MyHandler extends DefaultHandler {
 // Wird aufgerufen, wenn der Parser den Dokumentanfang.
 // findet.
 public void startDocument() {
   System.out.println("Start document");
 }


 // Wird aufgerufen, wenn der Parser das Dokumentende.
 // findet.
 public void endDocument() {
   System.out.println("End document");
 }


 // Wird aufgerufen, wenn ein Start-Tag gefunden wird.
 // Parameter sind alle Daten des Start-Tags:
 // Namensraum-URI, lokaler Name, qualifizierter Name,
 // Attribute.
 public void startElement (String uri, String name,
                           String qName, Attributes atts) {
   // Ausgegeben wird der lokale Name. Gehört das Element.
   // zu einem Namensraum, wird die Namensraum-URI in.
   // geschweiften Klammern vorangestellt.
   if ("".equals(uri)).
     System.out.println("Start element: "+qName);
   else.
     System.out.println("Start element: {"+uri+"}"+name);
 }


 // Wird aufgerufen, wenn ein Ende-Tag gefunden wird.
 public void endElement(String uri, String name, String qName) {
   if ("".equals(uri)).
     System.out.println("End element: "+qName);
   else.
     System.out.println("End element: {"+uri+"}"+name);
 }
```

```java
      // Wird aufgerufen, wenn Zeichendaten gefunden werden.
    public void characters(char ch[], int start, int length) {
      System.out.print("Characters: \"");
      // Die Zeichendaten werden ausgegeben.
      // Evtl. vorhandene Whitespace-Zeichen werden.
      // durch ihre Escape-Zeichen dargestellt.
      for (int i=start; i<start+length; i++) {
        switch (ch[i]) {
          case'\\':
              System.out.print("\\\\");
              break;
          case'"':
              System.out.print("\\\"");
              break;
          case'\n':
              System.out.print("\\n");
              break;
          case'\r':
              System.out.print("\\r");
              break;
          case'\t':
              System.out.print("\\t");
              break;
          default:
              System.out.print(ch[i]);
              break;
        }
      }
      System.out.print("\"\n");
    }


    // Erorhandler
    public void warning(SAXParseException e).
                        throws SAXException {
      System.err.println("Warning: "+e);
    }


    // Error Event Handler.
    public void error(SAXParseException e).
                        throws SAXException {
      System.err.println("Error: "+e);
    }


    // Fatal Error Event Handler.
    public void fatalError(SAXParseException e).
```

```
                         throws SAXException {
     System.err.println("Fatal Error: "+e);
   }
}
```

Zum XML-Dokument `dozent.xml`

```
<?xml version="1.0" encoding="UTF-8"?>
<dozent did="d1">
   <name>Maier</name>
   <vorname>Fritz</vorname>
</dozent>
```

wird folgende Ausgabe erzeugt:

```
Start document
Start element: dozent
Characters: "\n"
Characters: "\n"
Start element: name
Characters: "Maier"
End element: name
Characters: "\n"
Start element: vorname
Characters: "Fritz"
End element: vorname
Characters: "\n"
End element: dozent
End document◄
```

(MyHandler.java, dozent.xml)

▶ **Hinweise**

- Eine ereignisbasierte API bietet nur Zugriff auf den Inhalt während des Parsens. Ist das Parsen beendet, hat die Anwendung über diese API keine Möglichkeit mehr, an die Inhalte eines XML-Dokumentes zu gelangen. Dies bedeutet auch, dass ein XML-Dokument nicht verändert werden kann.
- Der Vorteil der ereignisbasierten API ist ihr geringer Speicherbedarf.

Übung

Programmieren Sie eine SAX-Anwendung, die zu `fb.xml` die Anzahl der Dozenten und die Anzahl der Vorlesungen ausgibt.

10.2 DOM

Zusammenfassung

Im *Document Object Model* wird ein Dokument als Baum von Knoten repräsentiert. Es existieren Methoden zum Navigieren im Baum und zum Manipulieren des Baumes.

Das **DOM** *(Document Object Model)* wurde ursprünglich entwickelt, um die Inkompatibilitäten der verschiedenen Browser beim Zugriff auf Elemente und Attribute einer HMTL-Seite zu beseitigen.

Das W3C definiert „DOM" wie folgt:

„The Document Object Model is a platform- and language-neutral interface that will allow programs and scripts to dynamically access and update the content, structure and style of documents. The document can be further processed and the results of that processing can be incorporated back into the presented page."

DOM Level Der Entwicklungsstand des DOM wird nicht in Versionen ausgedrückt, sondern durch den Zusatz *Level*. Jedes *Level* besteht aus mehreren Modulen. Für die Verarbeitung von XML ist das Core-Modul das wichtigste Modul.

- Level 1: Unterstützung von XML 1.0 und HTML 4.0.
- Level 2: Erweiterung um Unterstützung von XML-Namensräumen, *Views, Events, Style, Traversal* und *Range*.
- Level 3: Erweiterung u. a. um verbesserte Ausnahmebehandlung, XPath-Unterstützung, laden, speichern.

Sprachbindungen Das W3C beschreibt das DOM in der sprachunabhängigen **IDL** *(Interface Definition Language)*. Zu jedem DOM-Level existieren verschiedene Sprachbindungen *(language binding)*, d. h. konkrete Implementierungen der sprachunabhängig beschriebenen Interfaces, z. B.

- DOM Level 2 – Core-Modul Java Language Binding
  (https://www.w3.org/TR/DOM-Level-2-Core/java-binding.html)
- DOM Level 2 – Core-Modul ECMA Script Language Binding
  (http://www.w3.org/TR/DOM-Level-2-Core/ecma-script-binding.html)
- DOM Level 3 – Core-Modul Java Language Binding
  (https://www.w3.org/TR/DOM-Level-3-Core/java-binding.html)

DOM-Baum DOM fasst ein XML-Dokument als Baum von Knoten auf. Entsprechend den im XML-Dokument vorkommenden Informationseinheiten werden verschiedene Knotentypen unterschieden. Dieses Modell ist fast identisch zum Baummodell von

XPath (s. Abschn. 7.1). Es unterscheidet sich aber insofern, dass z. B. eigene Knoten für Entities, CDATA-Abschnitte existieren.

DOM-Anwendungen Abb. 10.4 (vgl. [4], S. 416) zeigt die typische Struktur von Anwendungen, die auf DOM basieren. Der XML-Parser liest das XML-Dokument ein, parst es und erzeugt das DOM-Modell im Arbeitsspeicher. Das generierte Modell dient der Anwendung für die weitere anwendungsspezifische Verarbeitung.

Mit DOM ist Folgendes möglich:

- XML-Dokumente können eingelesen und der Applikation als DOM-Baum zur navigierenden Verarbeitung mit Lese- und Schreiboperationen zur Verfügung gestellt werden.
- DOM-Bäume können durch die Applikation erzeugt und in XML-Dokumente überführt werden.
- DOM-Bäume können in neue DOM-Bäume überführt werden.
- DOM-Bäume können über komfortable Event-Mechanismen mit ereignisbehandelnden Softwarekomponenten verknüpft werden.

Java Language Bindung Die Java-Klassen zu DOM befinden sich im Paket `org.w3c.dom`. Abb. 10.5 zeigt die Interface-Hierarchie dieser Klassen.

Ein detailliertes Klassendiagramm für die Interfaces `Node`, `Document` und `Element` zeigt Abb. 10.6.

Interface Node Ein `Node` repräsentiert einen Knoten im Dokumentbaum. Die `Node`-Schnittstelle ist die Basis-Schnittstelle für alle Knotentypen. In der Node-Schnittstelle befinden sich Methoden, mit denen Sie sich im Knotenbaum bewegen können, z. B. `getParentNode()`, `getChildNodes()`, `getPreviousSibling()` oder `getNextSibling()`, sowie Methoden zur Baummanipulation, z. B.

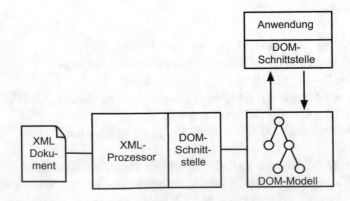

Abb. 10.4 Architektur von DOM-Anwendungen

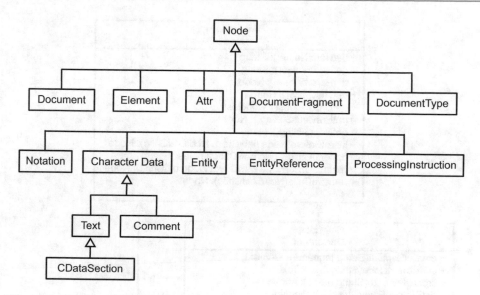

Abb. 10.5 Interface-Hierarchie von DOM

insertBefore(newChild, refChild) zum Einfügen eines Kindknotens, append-Child(newChild) zum Anhängen eines Knoten an einen anderen Knoten, replaceChild(newChild,oldChild) zum Ersetzen eines Knoten durch einen anderen und removeChild(oldChild) zum Entfernen eines Knotens aus dem Knotenbaum.

Für die verschiedenen Knotentypen sind spezielle Schnittstellen definiert.

Interface Document Das Interface Document enthält Methoden für den gezielten Zugriff auf Knoten: getElementById() bzw. getElementsByTagName() und Methoden zur Erzeugung spezieller Knotentypen wie createElement(), createTextNode().

Interface Element Das Interface Element enthält u. a. Methoden zum Setzen bzw. Entfernen von Attributen, setAttribute() bzw. removeAttribute(), und zum Abfragen von Attributwerten, getAttribute().

Interface NodeList Zusätzlich existiert noch die Schnittstelle NodeList (nicht in Abb. 10.5 dargestellt). NodeList ist ein Interface um geordnete Knotenlisten, etwa die Kindknoten eines Elementes, zu verwalten. Es verfügt über die Methode getLength() zur Ermittlung der Länge der Liste und item(int index) zur Rückgabe des Knotens an der Position index.

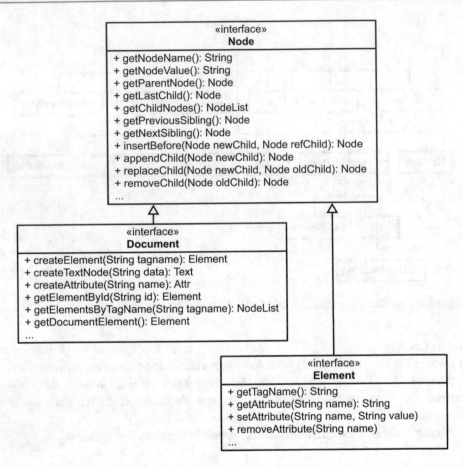

Abb. 10.6   DOM Klassendiagramm (Ausschnitt)

Programmierung mit Java

Es folgen nun drei Beispiele für die Anwendung des DOM:

- Ein XML-Dokument lesen und DOM-Baum erzeugen.
- Rekursives Durchlaufen eines DOM-Baumes.
- Erstellen eines neuen XML-Dokumentes.

Die Beispiele verwenden die DOM-Implementierung, die durch Sun für Java unter dem Namen JAXP *(Java API for XML Processing)* veröffentlicht wurde und Bestandteil des JDK ab Version 1.4 ist (s. Abb. 10.7).

Ein XML-Dokument lesen und DOM-Baum erzeugen

`DocumentBuilderFactory` ist die abstrakte Klasse, mit der ein `DocumentBuilder` erzeugt wird. Diese Klasse erzeugt mit `newDocument-`

Abb. 10.7 DOM APIs

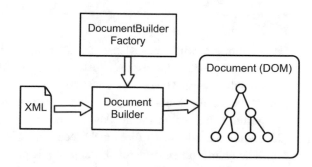

Builder() eine neue `Document`-Instanz. Die `Document`-Instanz versteht die Methode `parse(xmlDokument)`, die das XML-Dokument parst und als Ergebnis den Dokumentbaum liefert.

Beispiel 1.

Die Klasse `XML_Lesen` liest ein XML-Dokument ein und parst es:

```java
import java.io.File;
import javax.xml.parsers.*;
import org.w3c.dom.Document;

  public class XML_Lesen {
    public static void main(String[] args) throws Exception {

      // Schritt 1: Factory-Instanziierung.
      DocumentBuilderFactory.
          factory=DocumentBuilderFactory.newInstance();

      // Schritt 2: DocumentBuilder instanziieren.
      DocumentBuilder builder=factory.newDocumentBuilder();

      // Schritt 3: Eingabedatei wird geparst,
      // Ergebnis ist eine Instanz der Klasse Document.
      Document doc=builder.parse(new File("fb.xml"));

      // Aufruf der Methode traverse() aus Beispiel 2.
      // DOMdurchlaufen.traverse(document);
    }.
  }. ◀
```

(XML_Lesen.java)

Beispiel 2

Programmiert wird die Klasse DOMDurchlaufen. Sie enthält die statische Methode void traverse(Node node), mit der ein DOM-Baum rekursiv durchlaufen wird. Handelt es sich um den Dokumentknoten Node.DOCUMENT_NODE, wird die Methode traverse() für den Wurzelknoten des Dokumentes aufgerufen. Bei einem Elementknoten wird mit getChildNodes() die Liste der Kindknoten ermittelt. Ist diese nicht leer, wird die Methode traverse() rekursiv für jeden Kindknoten aufgerufen. Bei jedem Knoten wird der Knotentyp ausgegeben.

```java
import org.w3c.dom.Document;
import org.w3c.dom.Node;
import org.w3c.dom.NodeList;

public class DOMdurchlaufen {
  public static void traverse(Node node) {
    switch (node.getNodeType()) {
      case Node.DOCUMENT_NODE:
          System.out.println("DOCUMENT_NODE");
          Document doc = (Document) node;
          traverse(doc.getDocumentElement());
          break;
      case Node.ELEMENT_NODE:
          System.out.println("ELEMENT_NODE");
          NodeList children = node.getChildNodes();
          if (children != null) {
            // rekursiv für jedes Kind.
            for (int i = 0; i < children.getLength(); i++) {
              traverse(children.item(i));
            }.
          break;
      case Node.TEXT_NODE:
          System.out.println("TEXT_NODE");
          break;
      case Node.CDATA_SECTION_NODE:
          System.out.println("CDATA_SECTION_NODE");
          break;
      case Node.COMMENT_NODE:
          System.out.println("COMMENT_NODE");
          break;
      case Node.PROCESSING_INSTRUCTION_NODE:
          System.out.println("PROCESSING_INSTRUCTION_NODE");
          break;
      case Node.ENTITY_REFERENCE_NODE:
```

```
        System.out.println("ENTITY_REFERENCE_NODE");
        break;
    case Node.DOCUMENT_TYPE_NODE:
        System.out.println("DOCTYPE");
        break;
    }.
  }.
}.
```

Ein Aufruf der Methode `traverse()` kann in der Klasse `XML_Lesen` aus Beispiel 1 mit der Zeile

```
DOMdurchlaufen.traverse(document);
```

realisiert werden. ◄

```
(Domdurchlaufen.java)
```

Übung

Schreiben Sie ein Programm, welches beliebige XML-Dokumente in einen DOM-Baum parst und die Elemente und ihre Inhalte – entsprechend der Baumstruktur eingerückt – auf der Kommandozeile ausgibt.

Erstellen eines neuen XML-Dokumentes

Ein neues XML-Dokument kann erstellt werden, indem es Knoten für Knoten zusammengefügt wird. Um neue Knoten (z. B. Elemente oder Attribute) in den Baum einzufügen, muss zunächst ein Knoten des gewünschten Typs erzeugt und an passender Stelle in den Baum „eingehängt" werden.

Elementknoten Zur Erzeugung eines Elementknotens wird die Methode `createElement(String tagname)` verwendet. Der neue Elementknoten kann nun auf drei verschiedene Arten in den Baum eingehängt werden: `appendChild()` hängt den neuen Knoten an das ausführende Objekt an, `insertBefore()` fügt den neuen Knoten vor einem anderen ein und `replaceNode()` ersetzt einen bestehenden Knoten durch einen neuen.

Textknoten Mit `createTextNode()` wird ein neuer Textknoten erzeugt. Dieser muss anschließend mit der Methode `appendChild()` an ein Element angehängt werden.

Attributknoten Attribute gehören immer zu einem Element. Am einfachsten lässt sich ein Attributknoten durch Verwendung der Methode `setAttribute(String` attrname, String attrwert) aus der Klasse Element erzeugen. Ein Aufruf dieser Methode erzeugt einen Attributknoten und hängt diesen gleichzeitig an das Element an.

Serialisierung Zur Serialisierung werden Interfaces aus dem DOM Level 3 Load and Save Modul (https://www.w3.org/TR/DOM-Level-3-LS/) verwendet.

- DOMImplementationLS: enthält Factory-Methoden zur Erzeugung von Load- und Save-Objekten.
- LSSerializer: bietet eine API für die Serialisierung eines DOM-Dokumentes zu XML.
- LSOutput: repräsentiert ein Ausgabeziel für die Daten und erlaubt der Anwendung Informationen über das Ausgabeziel in einem Objekt zu kapseln.

Beispiel 3

Der in Abb. 10.8 dargestellte DOM-Baum wird Knoten für Knoten aufgebaut, serialisiert und in eine Datei ausgegeben. Die Zahlen in Klammern innerhalb der Kommentare verweisen auf die entsprechend nummerierten Knoten der Abbildung.

```
import javax.xml.parsers.DocumentBuilder;
import javax.xml.parsers.DocumentBuilderFactory;
import org.w3c.dom.*;
import java.io.*;
import org.apache.xml.serialize.OutputFormat;
import org.apache.xml.serialize.XMLSerializer;
```

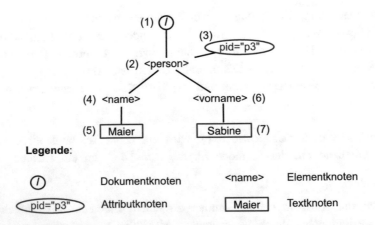

Abb. 10.8 DOM-Baum zu Beispiel 3

```java
public class DOMneu {
  public static void main (String[] args) {
    try {

      // Erzeugen eines leeren Documentes
      DocumentBuilderFactory
      factory = DocumentBuilderFactory.newInstance();
      DocumentBuilder builder = factory.newDocumentBuilder();

      // Dokumentknoten (1)
      Document doc = builder.newDocument();

      // Element person erzeugen (2)
      Element e1 = doc.createElement("person");

      // Das Element erhält ein Attribut pid mit Wert p3 (3)
      e1.setAttribute("pid","p3");

      // Element wird an doc angehängt und ist Wurzelelement
      doc.appendChild(e1);
      // Element name erzeugen (4)
      Element e2 = doc.createElement("name");

      // Textknoten "Maier" erzeugen (5)
      Text t1 = doc.createTextNode("Maier");

      // Textknoten an Element name anhängen
      e2.appendChild(t1);

      // Element name an Element person anhängen
      e1.appendChild(e2);

      // Element vorname erzeugen (6)
      Element e3 = doc.createElement("vorname");

      // Textknoten "Sabine" erzeugen (7)
      Text t2 = doc.createTextNode("Sabine");

      // Textknoten an Element vorname anhängen
      e3.appendChild(t2);

      // Element vorname an Element person anhängen
      e1.appendChild(e3);
```

```
    DOMImplementationRegistry
      registry = DOMImplementationRegistry.newInstance();

    DOMImplementationLS
      implLS = (DOMImplementationLS)
        registry.getDOMImplementation("LS");

    LSSerializer lsSerializer = implLS.createLSSerializer();
    lsSerializer.getDomConfig()
        .setParameter("format-pretty-print", true);

    LSOutput lsOutput = implLS.createLSOutput();
    lsOutput.setEncoding("UTF-8")

    Writer stringWriter = new StringWriter();
    lsOutput.setCharacterStream(stringWriter);
    lsSerializer.write(doc, lsOutput);
  }
  // einfache Fehlerbehandlung
  catch (Exception e){
    System.out.println("Fehler!!");
    e.printStackTrace();
  }
 }
}


(DOMneu.java) ◀
```

Übung

Schreiben Sie ein Programm, das das durch Beispiel 3 erzeugte XML-Dokument out_bps3.xml einliest, das Attribut pid entfernt und als Kindelement dem Element person hinzufügt.

Literatur

1. Ferguson, A (2007) Creating Content Management Systems in Java. Charles River Media, Boston
2. Klettke, M, Meyer, H (2003) XML & Datenbanken. Konzepte, Sprachen und Systeme. dpunkt. verlag, Heidelberg
3. Niedermeier, S, Scholz, M (2006) Java und XML. Grundlagen, Einsatz, Referenz. Galileo Press, Bonn
4. Vonhoegen, H (2018) XML: Einstieg, Praxis, Referenz. Rheinwerk Verlag, Bonn

Stichwortverzeichnis

Printed in the United States
by Baker & Taylor Publisher Services